21 世纪高等院校教材

有机化学实验

李　明　刘永军
王书文　于跃芹　主编

科学出版社
北京

内 容 简 介

本书是山东省有机化学精品课程建设的一项研究成果，是根据化学、应用化学、化工等专业“有机化学实验”的教学内容、国家化学实验教学示范中心对有机化学实验课的基本要求编写的。基础实验立足于让学生掌握常用仪器设备的基本使用方法、实验操作的基本技能，加强有机化合物的分离、分析技术；综合性实验以系列串联实验为主，加强由常量-半微量-微量实验方法的演变；设计性实验是以学生为主体，移植最新的科研成果，只给出研究背景、研究内容和参考文献，供学生进行研究训练。同时本书增加“绿色化”实验内容，引入了多组分反应、固体酸和固体碱催化、离子液体催化、酶催化、微波辅助合成等有机合成中的诸多新概念和新技术。书后附有常用有机试剂的纯化方法、常用试剂的恒沸物表、常用有机化合物的物理常数表、主要基团的红外特征吸收峰、核磁共振氢谱的化学位移等内容，可供相关化学工作者参考和查阅。

本书可作为高等院校化学、应用化学、化工、高分子、材料、生物、环境、医学、药学、安全及海洋等专业的教学用书，也可供相关专业的科研人员参考。

图书在版编目(CIP)数据

有机化学实验/李明等主编. —北京：科学出版社，2010.6
21世纪高等院校教材
ISBN 978-7-03-028032-9

Ⅰ.①有… Ⅱ.①李… Ⅲ.①有机化学-化学实验-高等学校-教材
Ⅳ.①O62-33

中国版本图书馆CIP数据核字(2010)第113711号

责任编辑：杨向萍 陈雅娴 / 责任校对：陈玉凤
责任印制：赵 博 / 封面设计：耕者设计工作室

科学出版社 出版
北京东黄城根北街16号
邮政编码：100717
http://www.sciencep.com
北京市文林印务有限公司印刷
科学出版社发行 各地新华书店经销
*
2010年6月第 一 版 开本：787×1092 1/16
2017年5月第十一次印刷印张：18 1/2
字数：357 000
定价：32.00元
(如有印装质量问题，我社负责调换)

《有机化学实验》编委会

主　编　李　明　刘永军　王书文　于跃芹

编　委（按姓氏笔画排序）

于凤丽　于世涛　于永良　于跃芹　王明慧
王书文　王　磊　文丽荣　吕志国　刘永军
刘香兰　刘福胜　齐　燕　孙桂春　李风起
李　明　宋修艳　张晓茹　林润雄　胡文祥
胡志强　钟惠民　袁　冰　袁　瑾　温永红

前　言

本书是青岛科技大学化工类专业化学系列课程国家教学团队、山东省应用化学品牌与特色专业和山东省有机化学精品课程建设的一项研究成果，是 21 世纪工科类化学、化工及相关专业的有机化学实验教材。

随着有机化学实验技术的不断发展，现代分析方法在有机化学领域的广泛应用，有机化学实验教学内容、实验方法和手段的不断更新，特别是社会对人才培养的要求越来越高，原有的有机化学实验教材已远远不能满足和适应新世纪人才培养的需要。

为了适应 21 世纪化学、化工等学科发展的需要，培养学生既具有系统扎实的基础知识、实验技能，又具有一定的动手能力和思考能力，同时具有自我获得知识的能力和适应环境的能力，我们根据教育部关于化学、应用化学、化工、材料、环境科学和药学等专业“有机化学实验”教学内容和教育部对国家化学实验教学示范中心建设内容中对有机化学实验的基本要求，并结合多年的教学经验，参考国内、外有关实验教材和参考书，以“基础—综合—设计”为主线，组织编写了本书。

基础实验立足于让学生掌握常用仪器设备的基本使用方法、实验操作的基本技能以及相关学科实验的基本知识，培养学生通过科学实验研究问题的基本意识和思维习惯，确保学生能够规范、正确、熟练地进行基本实验操作。同时，基础实验内容还包括实验室的安全和注意事项、工具书的使用、常规仪器的使用、化学药品的性质、规格和使用等。

综合性实验是在学生具有一定基础知识和基本操作技能的基础上，运用某一课程或多门课程的综合知识，对学生实验技能和实验方法进行综合训练的一种复合性实验。综合性实验以系列串联实验为主，加强由常量-半微量-微量实验方法的演变，要求学生能综合应用所学知识及多种实验技能解决有一定难度的实验问题。

设计性实验应在基础和综合性实验技能的基础上展开，结合我校教师的科研课题，移植最新的科研成果，将较复杂、路线成熟的科研成果转化为教学资源，实施教学科研互动，突出综合能力培养和办学特色，有利于学生个性的全面发展和潜能的充分发挥，是实现素质教育的良好途径。

绿色化学实验是绿色化学的重要组成部分，本书增加了“绿色化学”实验内容，将绿色化学的原理运用到实验设计、实验条件的控制等方面，引入多组分反应、固体酸和固体碱催化、离子液体催化、酶催化、微波辅助合成等有机合成中的诸多新概念和新技术，有利于培养学生严谨的科学态度，增强环保意识。

本书内容编排从简单到复杂，由浅至深，实验内容的选择力求做到实践与理论的平衡、基础与前沿的平衡、经典与现代的平衡、个体为主操作与群体合作协调的平衡，体现基础性，突出综合性，加强实用性和趣味性。

书后附有常用有机试剂的纯化方法、常用试剂的恒沸物表、常用有机化合物的物理常数表、主要基团的红外特征吸收峰、核磁共振氢谱的化学位移等内容，可供相关化学工作者参考和查阅。

本书是我校多年来有机化学实验教学改革与实践经验的总结。全书由李明、刘永军、王书文、于跃芹主编，袁瑾、王明慧、孙桂春、温永红、袁冰、宋修艳、于凤丽、张晓茹、胡志强、胡文祥、李风起、刘香兰、齐燕、文丽荣、于永良、钟惠民、王磊、于世涛、刘福胜、林润雄、吕志国等从事有机化学实验教学的老师参加了本书的编写。第 1 章由李明编写，其中“无水无氧操作技术”由刘永军编写；第 2 章由于跃芹编写，其中“红外吸收光谱法”由文丽荣编写，“核磁共振氢谱”由于永良编写；第 3 章由王书文编写；附录由袁冰编写；其余各实验的具体负责编写者均列在实验内容之后；全书由刘永军统稿。

青岛科技大学教务处、化学与分子工程院、化工学院和高分子材料与工程学院对本书的出版给予了极大的帮助和支持，南开大学杨华铮教授、兰州大学张自义教授、首都师范大学胡文祥教授、中国石油大学夏道红教授和青岛科技大学张书圣教授对本书的编写提出了宝贵的意见，在此表示衷心的感谢！

在编写过程中，参考了兄弟院校有机化学实验教材的内容，谨表谢意！

限于编者水平，本书疏漏之处在所难免，恳请读者不吝赐教。

编　者

2010 年 3 月于青岛科技大学

目　　录

第 5 章 综合性化学实验 ············ 181

第 1 章　有机化学实验的一般知识

1.1　有机化学实验室规则

(1) 实验之前应认真预习有关实验内容,明确实验意义和所需解决问题,安排好实验计划,写好预习报告。

(2) 熟悉实验室的安全常识及设备的使用方法,爱护公物。

(3) 必须严格遵守实验室纪律和各项规章制度,不准迟到,更不准擅自离岗。

(4) 严格按照操作规程进行实验,胆大心细,听从实验教师和工作人员的指导,发生意外事故时,要镇定自若,不要惊慌失措,及时采取应急措施,并立即报告指导老师。

(5) 实验中应仔细观察,科学地、如实地做好实验记录,实验结束后经老师审阅记录本后方可离开实验室。

(6) 始终保持实验室的整洁和安静,做到桌面、地面、水槽、仪器“四净”,不得随意乱丢纸屑、药品、火柴棍和沸石等废弃物品。

(7) 轮流值日,值日生负责打扫和整理实验室,清倒废物缸,关好水、电、煤气和门窗,经教师检查后方可离去。

1.2　化学试剂的等级标准

化学试剂的等级标准有七种,即高纯、光谱纯、基准、分光纯、优级纯、分析纯和化学纯,而国家和主管部门颁布具体标准要求的只有后三种。

(1) 优级纯,即一级品,适用于精密分析和科学研究工作。

(2) 分析纯,即二级品,纯度较一级略低,适用于重要分析工作。

(3) 化学纯,即三级品,纯度与二级品相差较大,适用于工矿、学校的一般分析工作。

因为不同等级的试剂标签的颜色不同(表 1-1),所以根据标签的颜色就可以判断试剂的级别。

表 1-1　化学试剂等级标志

试剂种类	一级品	二级品	三级品		
	优级纯,G. R. (guaranteed reagent)	分析纯,A. R. (analytical reagent)	化学纯,C. P. (chemical pure)	实验试剂,L. R. (laboratorial reagent)	生物试剂,B. R. (biological reagent)
标签颜色	绿色	红色	蓝色	棕色或其他	黄色或其他
适用范围	纯度很高,适用于精密分析和科学研究工作	纯度仅次于一级品,适用于分析和科学研究工作	纯度较二级品差,适用于一般分析工作	纯度较低,宜用作实验辅助试剂	

1.3 安全基本知识

有机化学实验中所用药品种类繁多，且多具有易燃、易爆、有毒和强腐蚀性，若使用不当，就可能“引发”着火、爆炸、中毒、烧伤等事故。同时，实验中使用的玻璃仪器、煤气、电器等，因本身性质也增加了实验中一些潜在的危险性。但是，如果实验者懂得实验基本常识，掌握正确的操作方法，就能有效地维护人身和实验室的安全，避免事故的发生，确保实验顺利进行。

1.3.1 火灾、爆炸的预防及处理

预防火灾、爆炸的发生需注意以下几点：

(1) 防火基本准则：使火源尽可能远离易燃品。

(2) 明确防火基本原则后，就应避免着火事故的发生。例如，盛有易燃溶剂的容器不能靠近火源，应妥善保管；切勿用广口容器盛装和加热；尽量避免使用明火加热；数量较多的易燃品宜放在危险药品柜内；回流、蒸馏液体时，应加沸石防止暴沸，不可向热溶剂中加沸石，同时，切忌使装置形成密封体系，一定要与大气相通。

(3) 实验开始前应该检查仪器是否完好无损，装置是否“稳、妥、端、正”。注意检查装置的接口处是否漏气。

(4) 减压蒸馏时，应使用耐压容器如圆底烧瓶或抽滤瓶作接收器，不可使用锥形瓶。高压操作应经常注意釜内压力有无超过安全负荷。

(5) 使用易燃易爆气体(如乙炔和氢气)时，应保持室内空气畅通，严禁明火操作。

(6) 其他类型的化合物，如过氧化物、叠氮化物、多硝基化合物、干燥的重氮盐等具有爆炸性，使用时需要严格遵守操作规程。有些化合物，如醚类，久置后会生成过氧化物，需经特殊处理后方能使用。在蒸馏过程中切忌蒸干。金属钠、氢化铝锂在使用时切勿遇水，否则会发生燃烧，甚至爆炸。

(7) 要经常检查煤气开关、煤气橡皮管及煤气灯是否完好。

一旦发生火灾，应保持沉着、冷静、不要惊慌失措。应先关闭火源，拉下电闸，并迅速移去着火现场的易燃物。

有机物着火，通常不能用水扑灭，否则会使火焰蔓延，无异于“火上浇油”。常采用使易燃物隔绝空气的办法，小火可使用湿布或棉布盖灭，决不能用口吹，若火势较大应根据具体情况采用相应的灭火器材。但无论使用哪一种灭火器材，都应从火的四周开始向中心喷射，把灭火器对准火焰的底部。若衣服着火，切勿乱跑。小火可小心将衣服脱下将火熄灭，或用石棉布覆盖着火处。较严重时，应躺在地上打滚或用防火毯紧紧裹住使火闷熄。一定要注意避免让火烧向头部。烧伤严重时立即送医院治疗。

1.3.2 中毒事故的预防及处理

有机溶剂除易燃、易爆外，其另一特性就是毒性。例如，许多含氮有机物积于人体内使肝脏变质，引起肝硬化。经常接触苯或芳烃可能会造成白血病，乙醚是良好的麻醉剂，

吡啶能使人暂时乏力。曾有人说过:"有机溶剂的危险性与硫酸之类的腐蚀性不相上下,但有机溶剂以别的更为隐蔽的方式显示其危险性。"在明确某些有机物的毒性后,就应该学会预防。在正规、小心的操作下,有机溶剂不会造成任何健康问题。

中毒的预防应注意以下几点:

(1) 有毒的药品应认真操作,妥善保管,不许乱放,并有专人负责收发。实验完毕后的有毒残渣应妥善处理,不得乱丢!

(2) 使用挥发性有毒药品时,一定要在通风橱内进行。取完药品后应该随时盖上瓶盖。

(3) 应最大限度地减少与有毒药品的接触,尤其是直接接触,使用时应戴橡皮手套。切勿让毒品接触伤口。杜绝在实验室内吃东西!

(4) 如有头晕、恶心等中毒症状,应立即到空气新鲜的地方休息,严重者到医院治疗。万一发生中毒事故,要具体问题具体分析。

① 皮肤接触:宜用酒精擦洗,然后用肥皂和大量水洗。

② 吞下强酸:先饮大量水,然后服用氢氧化铝膏、鸡蛋白、牛奶。

③ 吞下强碱:先饮大量水,然后服用醋、酸果汁、鸡蛋白、牛奶。

④ 气体中毒:将患者移出室外,解开衣领及纽扣。若吸入少量氯、溴、氯化氢等气体者,可用碳酸氢钠漱口。

酸、碱中毒,都不要吃呕吐剂。

1.3.3　其他事故的预防及处理

(1) 割伤是实验室中经常发生的事故,常在拉制玻璃管或安装仪器时发生。割伤后,首先将伤口处玻璃屑取出,用水洗净伤口,涂以碘酒或红汞药水,用纱布包扎,严重者送医院治疗。

(2) 强酸、强碱等腐蚀性化学品触及皮肤时可引起皮肤烧伤,因此在使用时宜多加小心。万一被酸、碱或溴烧伤,应立即用大量水洗,然后再根据不同情况分别处理。

① 浓酸烧伤:用 3%～5%碳酸氢钠溶液洗涤,涂烫伤药膏。

② 浓碱烧伤:用 1%～2%硼酸或乙酸溶液洗涤,最后再用水洗。

③ 溴烧伤:用酒精擦至无溴液,然后涂上甘油或烫伤油膏。

(3) 使用电器时,应先检查实验装置或设备的金属外壳是否接好地线,插头接线是否完好,电线是否磨损。使用时先插上插头,接通电源,再开启仪器开关。实验过程中应防止人体与电器导电部分直接接触,不能用湿手或手握湿物接触带电体。实验完毕后,先切断电源,再拔下插头。万一触电,应立即拉下电闸,切断电源,或用不导电物使接触者与电源隔离,然后对接触者进行人工呼吸并急送医疗单位抢救。

1.4　化学实验安全歌

水火无情,人命关天,安全第一,牢记心田。

一防水患,二防火险,三防爆炸,四防触电。

实验之前，准备在先，防护用品，一应俱全。
实验之中，不得擅离，及时观察，预防突变。
短暂离开，同伴照看，尤应注意，停水停电。
加热过夜，最是危险，确需如此，要五保险：
调压变压；使用继电；硅油热包，用作热源；
不准回流，不开水冷；温度恒定，方可安眠。
用水注意，水管紧连，水量勿猛，下班拔管。
使用电器，先查电线，防止短路，防止漏电。
慎用煤气，小心引燃，远离溶剂，远离实验。
明火加热，通风在先。高压气瓶，放稳放远。
氢气钢瓶，操作要严。家用冰箱，不适实验。
箱内容器，一定盖严，要放平稳，务贴标签。
剧毒试剂，专人领取，金属钾钠，存放专点。
各种溶剂，勿贮太多，存于阴处，入夏尤然。
残渣废液，不可入池，分门别类，各归其天。
实验室内，保持整洁，不能用膳，不准抽烟。
最后离室，是个关键，水电气窗，闸销复原。
灭火用具，经常检查，急救药品，常备手边。
遇有险情，先断电源，报警号码，随处可见。
此歌唱完，认真实践，胆大心细，永保安全。

——摘自：秦勤.《大学化学》，1992，7(5)：51.

1.5　常用玻璃仪器和应用范围

1.5.1　玻璃仪器

玻璃仪器示意如图 1－1 所示。

圆底烧瓶

三口烧瓶

分液漏斗

滴液漏斗

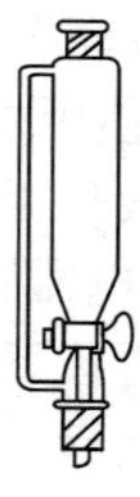

恒压滴液漏斗

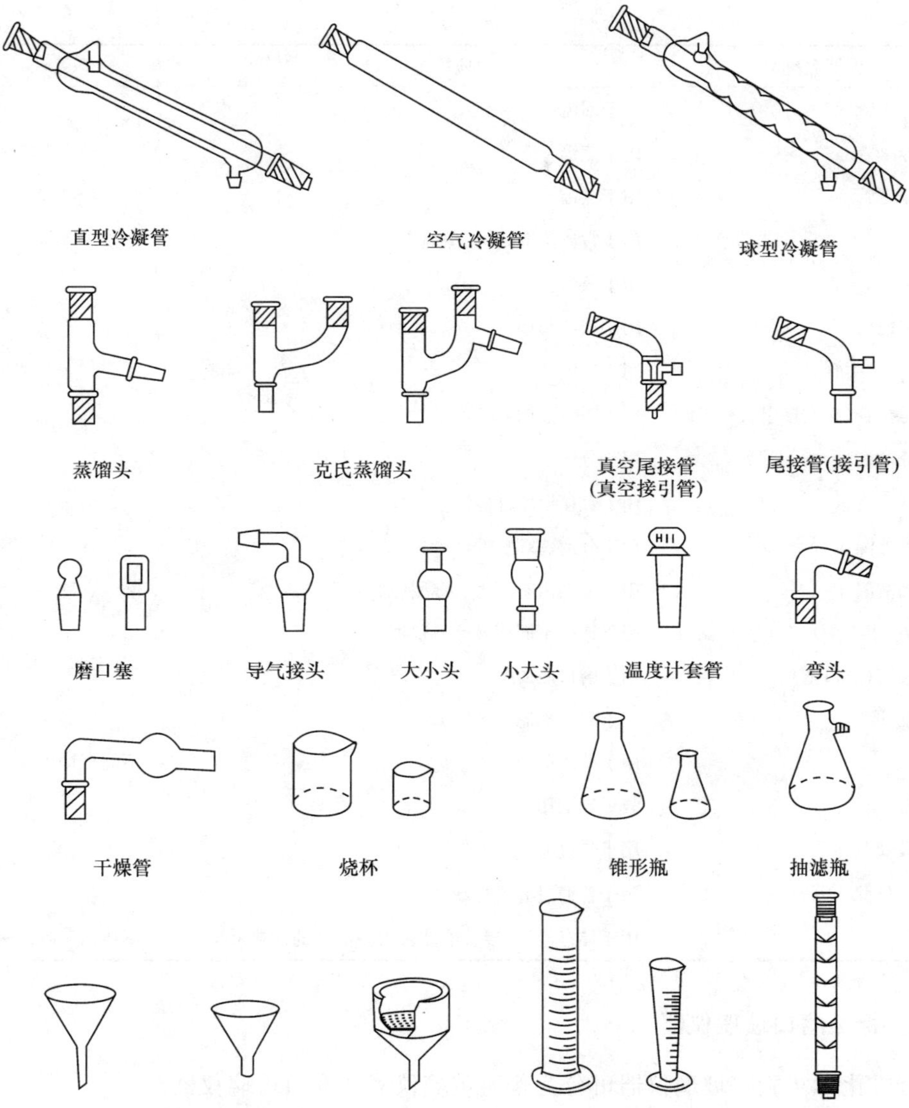

图 1-1　玻璃仪器

1.5.2　常用玻璃仪器的应用范围

常用玻璃仪器的应用范围见表 1-2。

表 1-2　常用玻璃仪器的应用范围

仪器名称	应用范围	备　注
圆底烧瓶	用于反应，回流、加热和蒸馏	
三口烧瓶	用于反应，三口可分别安装温度计、机械搅拌	

续表

仪器名称	应用范围	备　注
球型冷凝管	用于回流	
直型冷凝管	用于蒸馏	140 ℃以下
空气冷凝管	用于蒸馏	140 ℃以上
弯头	用于常压蒸馏,替代蒸馏头	
蒸馏头	用于蒸馏	
克氏蒸馏头	用于减压蒸馏	
尾接管(接引管)	用于蒸馏	
真空尾接管(真空接引管)	用于减压蒸馏	
刺形分馏柱	用于分馏	
温度计套管	用于套接温度计蒸馏	
梨形分液漏斗	用于分离、萃取、洗涤	
恒压滴液漏斗	用于体系内有压力、可顺利加料	
大小头(小大头)	用于连接不同型号磨口仪器	
空心玻塞(磨口塞)	用于磨口瓶的塞子	
布氏漏斗	用于减压抽滤	瓷质
抽滤瓶	用于减压抽滤	不能直接用火加热
干燥管	装干燥剂用	
短颈玻璃漏斗	用于热过滤	
长颈玻璃漏斗	用于普通过滤或热滤	
锥形瓶	用于储存液体,混合溶液及少量液体的加热	不能用于减压蒸馏

1.5.3　标准磨口玻璃仪器

有机化学实验室玻璃仪器可分为普通玻璃仪器和磨口玻璃仪器。

标准磨口玻璃仪器是具有标准磨口或磨塞的玻璃仪器,由于口塞尺寸具有标准化、系列化和通用化的特点,凡属于同类规格的接口,均可任意连接,各部件能组装成各种配套仪器。与不同类型规格的部件无法直接组装时,可使用转换接头连接所以使用起来尤为方便。使用标准接口玻璃仪器,既可免去配塞子的麻烦手续,又能避免反应物或产物被塞子粘污的危险,口塞磨砂性能良好,对蒸馏尤其减压蒸馏有利,对于毒物或挥发性液体的实验较为安全。

常用的标准磨口规格为 10、14、19、24、29、34、50 等多种。这里的数字指磨口最大端的直径(单位:mm),表明规格。有的标准磨口玻璃仪器用两个数字表示,如 10/30,10 表示磨口大端的直径为 10 mm,30 表示磨口的高度为 30 mm。相同数字的内外磨口可以互相套用。若两磨口编号不同,可借助大小头使其紧密相连。

使用磨口仪器可免去选塞、打孔等手续,又可避免因软木塞、橡皮塞不洁带来的污染。

但使用时，需注意以下事项：

(1) 磨口表面必须清洁，否则，磨口对接不紧，导致漏气，同时，损坏磨口。

(2) 使用磨口时一般不需涂润滑剂以免粘污产物。若反应中使用强碱，则需涂润滑剂以防粘连。减压蒸馏时，由于其所需真空度较大，宜在磨口处涂少许真空脂。

(3) 装配时，宜注意"稳、妥、端、正"，使磨口连接处不受歪斜的压力，否则，常易将仪器折断。

(4) 实验完毕，立即将仪器拆、洗干净。否则对接处会粘牢，以致拆、卸困难。

(5) 装拆时应注意相对的角度，不能在角度偏差时进行硬性装拆，否则极易造成破损。

1.6　常用有机实验典型装置

做有机化学实验，首先应学会装配仪器。有机实验装置应根据不同的要求，利用磨口仪器或普通仪器进行组装，装备原则：先下后上，从左到右。

下面是一些典型的有机化学实验装置图。

1. 蒸馏装置

蒸馏是分离两种以上沸点相差较大的液体和除去有机溶剂的常用方法。几种常用的蒸馏装置(图1-2)，可用于不同要求的场合。图1-2(a)是最常用的蒸馏装置，由于这种装置出口处与大气相通，可能逸出馏液蒸气，若蒸馏易挥发的低沸点液体时，需将接液管的支管连上橡皮管，通向水槽或室外。支管口接上干燥管，可用作防潮的蒸馏。图1-2(b)是应用空气冷凝管的蒸馏装置，常用于蒸馏沸点在140 ℃以上的液体。若使用直形水冷凝管，由于液体蒸气温度较高而会使冷凝管炸裂。图1-2(c)为蒸除较大量溶剂的装置，由于液体可自滴液漏斗中不断地加入，既可调节滴入和蒸出的速度，又可避免使用较大的蒸馏瓶。

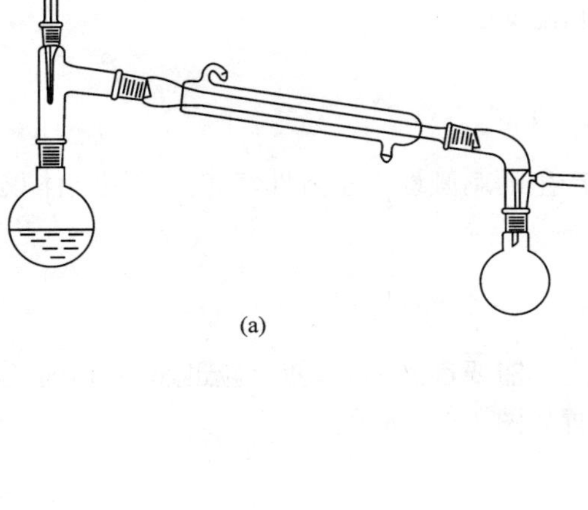

(a)

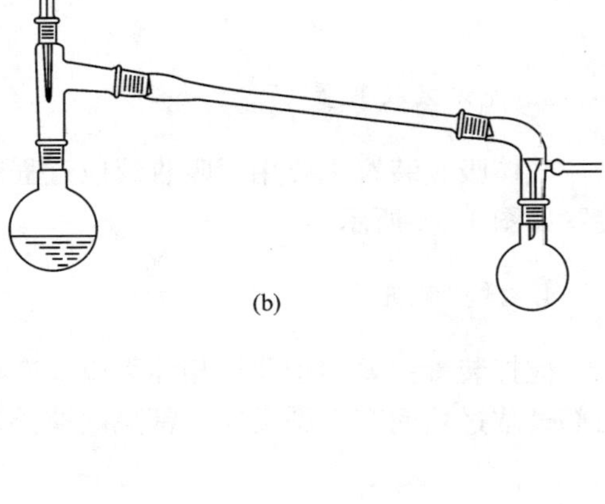

(b)

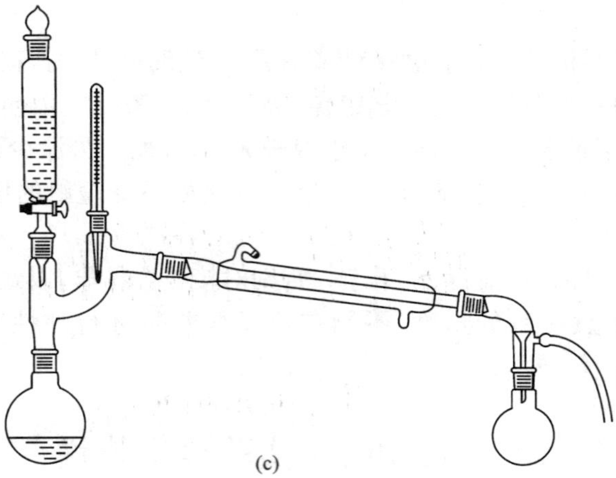

(c)

图 1-2　蒸馏装置

2. 回流装置

有机反应的加热沸腾，重结晶样品溶解，都需要采用回流装置，以防蒸气逸出。以下是两种常见的回流装置(图 1-3)。

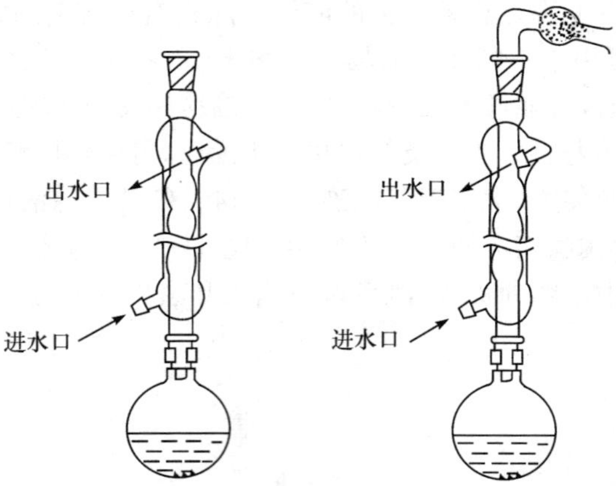

图 1-3　回流装置

3. 气体吸收装置

气体吸收装置主要用于吸收反应过程中产生的刺激性和水溶性气体。常用气体吸收装置如图 1-4 所示。

4. 搅拌装置

搅拌装置主要用于非均相体系或反应物之一需要逐滴加入，使反应迅速混合，避免因局部过浓过热而产生副反应。常见的搅拌装置如图 1-5 所示。

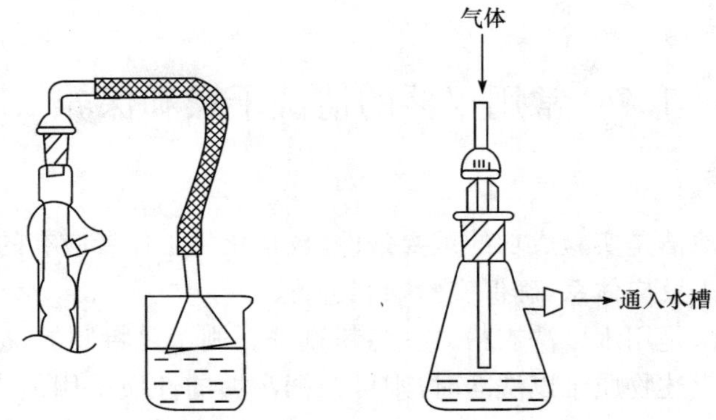

图 1-4　气体吸收装置

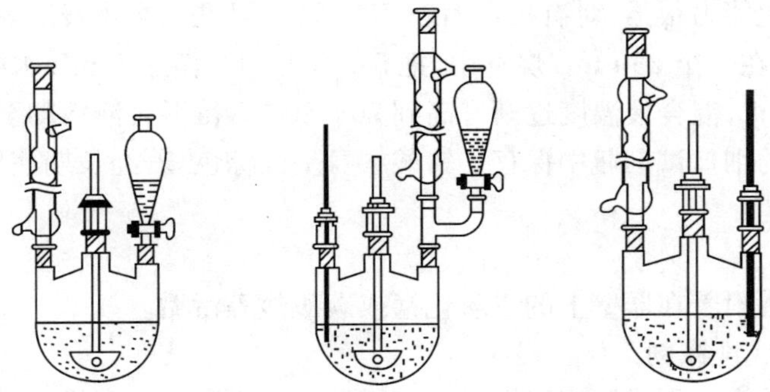

图 1-5　搅拌装置

5. 低沸点液体蒸馏装置

低沸点液体蒸馏装置,如图 1-6 所示。

6. 低熔点固体蒸馏装置

低熔点固体蒸馏装置,如图 1-7 所示。

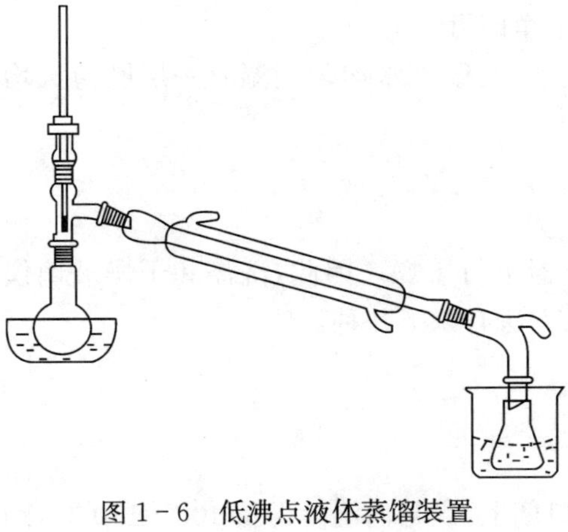

图 1-6　低沸点液体蒸馏装置

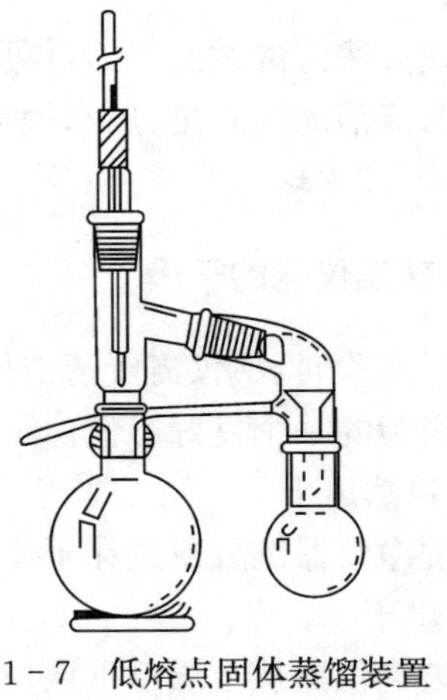

图 1-7　低熔点固体蒸馏装置

1.7　常用仪器的清洗干燥和保养

1.7.1　仪器的洗涤

保持实验仪器清洁是实验成功的重要条件，也是化学工作者应有的良好习惯，清洗的目的是避免杂质进入反应体系，确保实验顺利进行。

洗涤的一般方法是用水、洗衣粉、去污粉刷洗。刷子是特制的，如试管刷、烧杯刷、冷凝管刷等。若用上述物质难以洗净时，则可根据污垢的性质采用适当的洗液或其他方法进行洗涤。

1）铬酸洗液

铬酸洗液氧化能力很强，对有机污垢破坏力很大，可洗去炭化残渣等有机污垢。铬酸洗液的配制方法：在一个 250 mL 烧杯中，把 5 g $K_2Cr_2O_7$ 溶于 5 mL 水中，然后搅拌慢慢加入浓硫酸 100 mL，混合液温度逐渐升高到 70～80 ℃，待混合液冷却至约 40 ℃时，倒入干燥的磨口严密的细口试剂瓶中保存。铬酸本身呈红棕色，若经长期使用，洗液变成绿色时，表示已失效。

2）盐酸

盐酸可以洗去附着在器壁上的二氧化锰或碳酸盐等污垢。

3）碱液和合成洗涤剂

碱液和合成洗涤剂配成浓溶液即可。用以清洗油脂和一些有机物（如有机酸）。

4）有机溶剂洗涤液

工业碱的工业酒精溶液常是洗涤有机污垢的良好洗涤液。由于有机溶剂价值较高，同时存在一定的危险性，因此只在特殊条件下可使用。

5）超声波

有机实验中常用超声波清洗器来洗涤玻璃仪器，其优点是省时又方便。只要把用过的仪器放在配有洗涤剂的溶液中，接通电源，利用声波的振动和能量，即可达到清洗仪器的目的。

上述方法清洗过的仪器，再用自来水冲洗干净即可。

器皿清洁的标志是：加水倒置，水顺着壁流下，内壁被水均匀润湿有一层既薄又均匀的水膜，不挂水珠。

1.7.2　玻璃仪器的干燥

进行实验时，不仅需要清洁仪器，还需将仪器进行干燥。因此，洗涤和干燥玻璃仪器是进行实验的一个良好习惯。干燥玻璃仪器的方法有以下几种：

1）自然风干

将洗净仪器倒置或放在干燥架上自然风干。

2）烘干

把玻璃仪器从上层至下层放入烘箱，器皿口朝上，烘箱内温度保持 100～110 ℃，约半小时待烘箱内温度降至室温时取出即可。也可放在气流烘干器上进行干燥。

3）吹干

有时仪器洗涤后需立即使用，为了节省时间，可用少量低沸点水溶性有机溶剂淋洗后用电吹风吹冷风，待稍干后再吹热风使干燥完全（直接吹热风有时会使有机蒸气爆炸），然后再吹冷风使仪器冷却。

1.7.3　常用玻璃仪器的保养

有机实验中，常用的玻璃仪器分为两类，一类为普通玻璃仪器，另一类为标准磨口玻璃仪器。由于多数学校已使用标准磨口仪器，因此这里主要以此作介绍。

玻璃仪器，尤其是磨口玻璃仪器，虽然使用方便，但其价格较贵，因此，实验者应小心对待。应该明确，万有引力对它们每时每刻均在起作用，所以要轻拿轻放，拿稳、放稳，否则会造成不必要的损失。

正是由于玻璃仪器易碎，因此掌握其性能、保养等方法是很有必要的。

1. 温度计

温度计水银球部分玻璃较薄，容易打碎，因此，使用时应十分小心。应注意“四不”原则：

(1) 不能用温度计作搅拌棒。

(2) 不能测量超过其范围的温度。

(3) 不能长时间放在高温溶剂中。

(4) 不能在高温溶剂中久置后立即用冷水冲洗。

2. 冷凝管

冷凝管通水后很重，所以宜将夹子夹在冷凝管重心处，以免翻倒。通水时，切忌水开得太大、太猛。140 ℃以上不宜使用直型冷凝管，而宜用空气冷凝管。

3. 分液漏斗

分液漏斗的活塞和盖子是磨口的，且为原配，不得随意互换。需要强调的是，分液漏斗用完后，一定要在活塞和盖子的磨口间垫上纸片，否则，久置后难以打开。

4. 锥形瓶和平底烧瓶

锥形瓶和平底烧瓶不耐压，杜绝用于减压操作中。厚壁容器不耐热，千万不要用明火加热。

1.7.4　仪器的装配

仪器安装正确与否，对于实验的成败关系很大。

(1) 安装时，首先选好主要的仪器，按照“先下后上，从左到右”的原则，拆卸时方向相反。

(2) 仪器的装配宜做到“稳、妥、端、正”。

稳——稳固牢靠；妥——妥善安装，消除一切不安全因素；端——准确端正，横平竖直；正——正确使用和选择仪器。

(3) 装配仪器最基本的原则是切忌对玻璃仪器的任何部位施加过度的压力。

1.8 加热和冷却

1.8.1 加热

为了提高化学反应速率，通常需要对反应体系进行加热。在有机化学实验中，许多基本操作如回流、蒸馏等要用到加热。

有机化学实验室中常用的热浴有煤气灯、酒精灯、电热套、封闭电炉等。一般来说，玻璃仪器不能用火焰直接加热，因为强烈的温度变化和受热不均匀都会造成玻璃仪器的损坏，同时，由于局部温度过高，还可能引起有机化合物的分解。为了避免直接加热可能带来的弊端，实验室中常根据具体情况，选择不同的热源和加热方法。

1) 煤气灯

煤气灯是实验室中最常用的加热工具之一，多用于加热水溶液和高沸点溶液。当利用煤气灯加热烧瓶等玻璃仪器时，必须垫有石棉网。使用时，煤气灯的火焰温度可随着调节空气量的增减而不同。

在此需要指出，反应体系中有低沸点易燃溶剂时不能使用煤气灯，一定要用水浴加热。

2) 电热套

有机实验常使用电热套加热，它是一种特殊设计的加热器，由石棉玻璃纤维织成，其中镶入镍镉丝。具有不易引起火灾且受热较为均匀等特点，热效率高，加热温度可由控温装置调节或用调压器控制，使用方便。

3) 水浴加热和油浴加热

为了避免直接明火加热和保证加热均匀，在实验室中还常使用各种加热浴。热浴是间接加热，作为传热介质的可以是水、油、有机液体、熔融的盐、砂和金属等，可根据加热温度、升温速度等加以选择。常用热载体及温度范围见表 1－3。

表 1－3 常用加热浴

热浴类别	热浴媒介	容 器	温度范围	注意事项
水浴	水	铜锅或铝锅	约 90 ℃	若在水中加入各种无机盐使之饱和，则沸点可以提高，如 NaCl(109 ℃)、$CaCl_2$(186 ℃)
水蒸气浴	水		约 95 ℃	
空气浴	空气		＞80 ℃	
油浴	各种植物油	铜锅或铝锅	100～250 ℃	加热到 250 ℃以上时，冒烟及着火，常加入 1%对苯二酚作抗氧剂

续表

热浴类别	热浴媒介	容　器	温度范围	注意事项
酸浴	浓硫酸		250～270 ℃	加热至约 300 ℃会分解，冒白烟
盐浴	如硝酸钾和硝酸钠等量混合物	铁锅	220～680 ℃	浴中切勿溅水，将盐保存在干燥器中
金属浴	各种低熔点金属、合金等	铁锅等	使用金属不同，温度各异	加热至 350 ℃以上时金属渐渐氧化
硅油浴	有机硅油	铁锅或铜锅	250 ℃	性能稳定，价格较贵
甘油浴	甘油	铁锅或铜锅	140～150 ℃	温度高，甘油分解

1.8.2　冷却

在有机实验中，有时由于产物或中间体不够稳定，必须在低温下进行，如重氮化反应；有的放热反应，常产生大量的热，使反应难以控制，并引起易挥发化合物的损失，或导致有机物的分解或增加副产物。因此，制冷技术对实验的成败有着重要的作用。冷却的方法很多，实验者可根据冷却温度和带走热量来决定，见表 1－4。

表 1－4　常用冷却剂的组成及冷却温度范围

冷却剂	温度/℃	冷却剂	温度/℃
水	室温	干冰	－60
冰-水(碎冰)	0～5	干冰＋乙醇	－72
NaCl＋碎冰(质量比 1∶3)	－5～－20	干冰＋丙酮	－78
$CaCl_2 \cdot 6H_2O$＋碎冰(质量比 5∶4)	－40～－50	干冰＋乙醚	－100
NH_4Cl＋碎冰(质量比 3∶10)	约－15	液氨＋乙醚	－116
$NaNO_3$＋碎冰(质量比 3∶5)	－13～－20	液氮	－196
液氨	－33		

注意事项：

(1) 在使用低温制冷剂时，杜绝用手直接接触，以防冻伤。

(2) 为了保持制冷剂的冷却效果，通常把干冰及其混合物等放在保温瓶或其他绝热效果好的容器中，上口用棉布或铝箔覆盖，以降低其挥发速度。

(3) 在测量－38 ℃以下的低温时，不能使用水银温度计(水银的凝固点为－38.87 ℃)，应使用低温温度计(如内装：甲苯，－90 ℃；正戊烷，－130 ℃)。

1.9　实验预习、记录和实验报告的基本要求

学习本课程，必须掌握第一部分有机化学实验的一般知识。

在进行每个实验之前，必须认真预习有关实验的内容。首先要明确实验的目的、原理、内容和方法，然后写出简要的实验步骤提纲，特别应着重注意实验的关键地方和安全问题。总之，要安排好实验计划。

实验报告应包括实验的目的和要求、反应式、主要试剂的规格用量(指合成实验)、实验步骤和现象、产率计算、讨论等。要如实记录填写报告、文字精练、图要准确。

整个实验务必做到:充分预习,操作有纲,胆大心细,智圆行方。

1.9.1　实验预习

进入有机化学实验室,最重要的也是最基本的要求就是保证实验能够安全顺利地进行。为了确保实验能够达到预期的效果,实验预习的认真与否常是实验能否成功的关键因素之一。因此,要求学生必须仔细认真地写好预习报告,做到心中有数。无预习报告者不能进行实验。

预习报告的内容,大致包括以下几项:

(1) 明确实验目的和要求。

(2) 了解实验原理,主反应和副反应方程式。

(3) 查清反应机理,以了解反应过程的来龙去脉。

(4) 查阅主要试剂和产物物理常数。

(5) 领会实验内容,写出简单实验的步骤并准确画出反应装置图。

(6) 熟悉相关单元操作内容,列出粗产物纯化过程。

(7) 了解反应的注意事项、关键操作、重点和难点及安全操作问题。

总之,实验预习并不是简单的抄写工作,而应该勤于动脑,自行消化实验内容,方能做到事半功倍。

1.9.2　实验记录

实验记录是研究实验内容、书写实验报告的重要依据,应本着科学的、认真的态度如实记录,养成良好的实验记录习惯。实验记录大致包括时间、用量、温度、现象、物态等。对于预期相反的现象尤为注意,应该将所观察的现象如实地记录在笔记本上,因为它对正确解释实验结果会有很大的帮助。

注意千万不要抢时间,赶任务,否则易出事故。杜绝相互攀比、相互对照,一旦现象与他人不一致,就倒掉重做的事情发生。杜绝使用活页纸和散纸做记录,应拿实验本进行记录。杜绝涂改实验数据,违背科学、求实的作风和原则,这种性质是极其恶劣的,特别应该引起教师和学生的注意。

1.9.3　实验报告

实验报告是记录、描述、讨论、总结某项实验的过程和结果的报告,它是科技报告中应用最为广泛的一种形式。

实验报告是对实验过程的详细总结,它应包括实践过程和理论分析两部分内容,是使感性认识上升到理性认识的重要手段。实验报告的格式应不拘一格,但从写作的角度来看所有实验报告都存在共性:VARIO 原则,即 Verifiability(确认性),Accuracy(正确性),Readability(可读性),Impartiality(公正性),Objectivity(客观性)。

若所做的是一种独创性的工作,报告中应把做过的所有实验详细步骤写进去,可参考

J. Org. Chem.、*Tetrahedron*、*Synthesis*、《化学学报》、《高等学校化学学报》或《有机化学》等杂志。

实验报告应涵盖以下内容：实验名称、实验目的、实验原理、主要试剂用量及规格、主要试剂及产物的物理常数、实验装置、实验步骤和现象、粗产物纯化流程、产物的性状、产量和产率、数据处理以及结果与讨论。

需要指出：实验报告的结果与讨论部分非常重要，应该根据所观察的现象与结果，分析自己在实验过程中的成功与不足，并对实验提出改进意见，这对于提高分析问题、解决问题的能力将大有裨益。

1.9.4　实验报告示例

环己烯的制备

一、实验目的和要求

1. 学习以浓磷酸催化环己醇脱水制取环己烯的原理和方法。
2. 初步掌握分馏和蒸馏的基本操作技能。

二、反应式

主反应

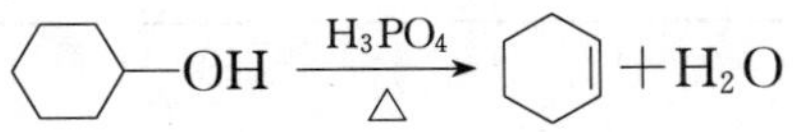

副反应

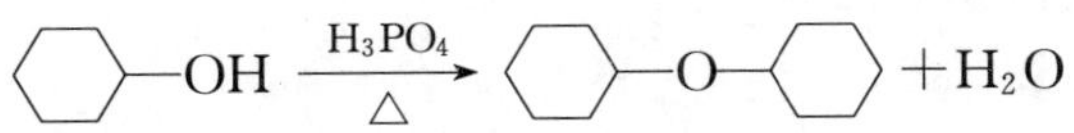

三、主要试剂及产物的物理常数

名　称	相对分子质量	性　状	折射率 n_D^{20}	相对密度 d_4^{20}	熔点/℃	沸点/℃	溶解度/[g·(100 mL 溶剂)$^{-1}$]		
							水	醇	醚
环己醇	100.16	无色黏稠液体	1.4648	0.962	22～25	161.5	5.67	溶	溶
环己烯	82.15	无色液体	1.4465	0.810	−103.5	83.0	极难溶	易溶	易溶

四、主要试剂用量及规格

环己醇：C. P.，10 g(10.4 mL，约 0.1 mol)；浓磷酸：C. P.，3.0 mL(5.1 g，0.052 mol)。

五、仪器装置

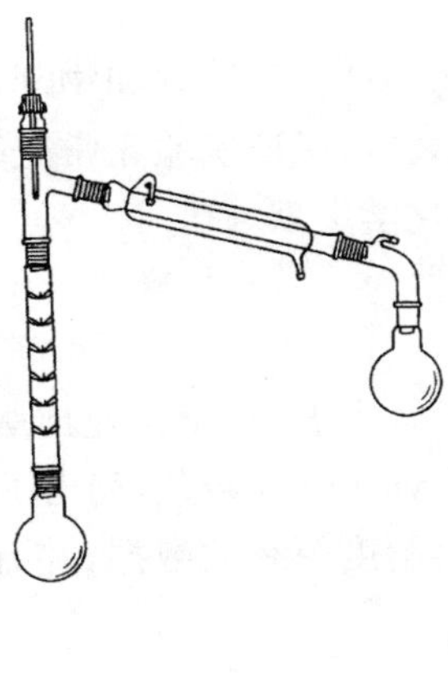

六、实验步骤及现象记录

步　骤	现　象
1. 在 50 mL 圆底烧瓶中加入 10.4 mL 环己醇，3.0 mL 浓 H_3PO_4，边摇边晃动烧瓶，使充分混合，放几粒沸石	混合液呈无色透明 烧瓶发热
2. 装置如上图。用 50 mL 圆底烧瓶作接收器。小火加热 1 h，控制顶部温度在 90 ℃以下，50 min 后加大火焰，再加热 5 min	15 min 后有液体馏出，收集温度为 70～86 ℃液体，每 3 s 1 滴，蒸馏时有刺鼻的气体产生，50 min 后出现白色烟雾，温度下降，馏出速度变慢，停止加热，残留液呈深蓝色。馏出液 30 mL
3. 馏出液用 1.0 g NaCl 饱和，再滴加 5 mL 5% Na_2CO_3 溶液至微碱性，用分液漏斗分去水分	转移至分液漏斗时少量精盐留在锥形瓶内，pH 试纸检验为 8。油层混浊。下层为水层，从下口放出
4. 从上口倒入干燥的小锥形瓶中，加 2～3 g 无水 $CaCl_2$，在不断摇动下干燥 0.5 h	液体由混浊变清亮
5. 产物滤入 50 mL 圆底烧瓶中，加几粒沸石，加热蒸馏，收集 80～85 ℃馏分	干燥剂留在锥形瓶内。蒸馏时没有前馏分。沸程：80～85 ℃。产物为无色透明液体，4.8 g，残留液少量
6. 测产品折射率	折射率为 1.4462

七、产率计算

理论产率 x：100 ∶ 82＝10 ∶ x

计算得 x＝8.2(g)

$$产率=\frac{4.8}{8.2}\times 100\%=56\%$$

八、讨论

1. 环己醇在常温下为黏稠液体，用量筒量取时，未注意转移中造成的损失，以致产量偏低。建议用加液器量取或用电子天平称量，以避免转移中的损失。

2. 本实验要求反应 1 h 完成，但实际操作时，只用了 50 min，可能造成部分未作用的环己醇被蒸出。因此，蒸馏速度不宜太快。

1.10　常用工具书和参考书

在进行实验之前，弄清反应物和产物的性状和物理常数，对于解释实验现象、预测实验结果、提高反应收率、选择正确装置、保证实验正常进行都有重要意义，因此，应该善于查阅手册、辞典、参考书和有关的化学文献。

1.10.1　常用工具书

(1)《化工辞典》(第四版)(王箴主编，化学工业出版社，2000)：为综合性化工方面的工具书，收集了有关化学和化工名词 16000 余条，列出了物质分子式、结构式、基本物理化学性质及相对密度、熔点、沸点、溶解度等有关数据，并有简要的制法和说明，书前有笔画顺序目录表，书末有汉语拼音索引。

(2) *Aldrich*，美国 Aldrich 化学试剂公司出版。*Aldrich*，全名为 *Aldrich Catalog Handbook of Fine Chemicals*，美国 Aldrich 公司出版，总部设在威斯康星州密尔沃基，在美国研究室人手一册。本目录包括 37000 种化学品的理化常数和价格，编排简洁。除了化学试剂，也刊载和出售各种实验设备，如玻璃仪器、化学书籍、仪表等；有详细附图和功能说明，是很好的购物指南，可由图文介绍了解化学仪器的用途或其英文名称。该书每年出一新版。若需要，只要填写附在书中的回执，该公司便会按照提供的姓名、地址免费邮寄。

(3) *Handbook of chemistry and physics*，是英文的化学物理手册，1913 年出第一版，之后每隔一两年再版一次，由美国化学橡胶公司(CRC)出版。

该书内容丰富，早期全书分六大部分，现今已扩大到十六部分。涉及 150000 余个化合物的名称、别名、分子式、相对分子质量、颜色、结晶形状、比旋光度、紫外吸收、熔点、沸点、密度、折射率和溶解度等物理常数。化合物按英文名称的字母顺序排列。查阅方法按英文名称或通过分子式索引查阅。

(4) *Dictionary of organic compounds*，简称 DOC，1934 年首版，每几年出一修订版，是有机化学、生物化学、药物化学家重要的参考书。内容和排版与 *Merck Index* 类似，但数目多了近十倍，包括 10 多万种化合物的资料。按照英文字母排序，有许多分册，刊载化合物的分子式、相对分子质量、别名、理化常数(熔点、沸点、密度等)、危险指标、用途、参考文献。因为数目庞大，另外出版有索引分册，包括分子式索引、CA 登记号对照索引和名字索引。

(5) *The Merck Index*，德国默克(Merck)公司出版的非商业性的化学药品手册，自称是“化学品，药品，生物试剂百科全书”。报道 1 万种常用化学和生物试剂的资料，描述简洁，每种试剂介绍文字数十至数百，以叙述方式介绍该化合物的物理常数(熔点、沸点、闪点、密度、折射率、分子式、相对分子质量、比旋光度、溶解度)、别名、结构式、用途、毒性、制备方法及参考文献。*The Merck Index* 已经成为介绍有机化合物数据的经典手册，CRC、*Aldrich* 等手册都引用化合物在 *The Merck Index* 中的编号。

该书的后半部简单介绍著名的有机人名反应(name reactions)，如 Acyloin condensation、Knorr pyrrole synthesis、Curtiues rearrangement 等，列出了反应条件及最初发表论文的作者和出处。书中刊出许多表格，报道实用资料，如缩写、放射性同位素含量、Merck 编号与 CA 登记号的对照表、重要化学试剂生产公司等。该书按照英文字母排序，书末有分子式及名字索引。

(6) *Lange's Handbook of Chemistry*，内容和 CRC 类似，分 11 章分别报道有机、无机、分析、电化学、热力学等理化资料。其中第 7 章报道有机化学，刊载 7600 种有机化合物的名称、分子式、相对分子质量、熔点、沸点、闪点、密度、折射率、溶解度、在 *Beilstein* 的参考书目等。该手册有中文翻译本出版。

(7) *Beilstein Handbuch der Organischen Chemie*，简称 *Beilstein*，由德国化学家 Beilstein 编写，1882 年首版，之后由德国化学会编辑，以德文书写，是报道有机化合物数据和资料的权威巨著。介绍化合物的结构，理化性质，衍生物的性质，鉴定分析方法，提取纯化或制备方法以及原始参考文献。*Beilstein* 所报道的化合物的制备有许多比原始文献还详尽，并且更正了原作者的错误。虽然德文不如英文普遍，但是许多早期的化学资料仍需借助 *Beilstein* 查询，因此学习和了解 *Beilstein* 的编辑和使用方法仍是需要的。

(8) *Acros*，欧洲出版的试剂目录，目前在国内流行。供货期短(2～4 周)，订购化合物方便，供应实验室一些国内买不到的试剂。

(9) *Sigma*，全名为 *Sigma Biochemical and Organic Compounds for Research and Diagnostic Clinical Reagents*，主要提供生化试剂产品，总部在美国密苏里州圣路易斯。

(10) *Organic Reactions*，一套介绍著名有机反应的综述丛书，1942 年首次出版，每1～2年出版一期，目前已经 40 几期。每期都会列出以前几期的目录和综合索引。稿件为特邀稿，综述介绍一些著名的反应，内容描述极为详尽，包括背景介绍、反应机理、各种反应类型、应用范围和限制、反应条件和操作程序、总结。每章有许多表格刊载各种研究过的反应实例，附有大量的参考文献。国外有机化学课程经常以此书作为课外作业，让学生查阅和描写某反应的内容、机理和应用范围。

(11) *Organic Synthesis*，一套详细介绍有机合成反应操作步骤的丛书。内容可信度极高，每个反应都经过至少两个实验室重复通过。最引人入胜的是后面的注释，详细说明操作时的注意事项及解释为何如此设计、不当操作可能导致的副产物等。

(12) *Reagents for Organic Synthesis*，L. F. Fieser &M. Fieser 主编，1967 年出版的系列丛书，每 1～2 年出版一期。其前身是 *Experiments in Organic Chemistry*(《有机化学实验》)。每期介绍近 1～2 年一些较特殊的化学试剂所涉及的化学反应。

(13) *Vogel's Textbook of Practical Organic Chemistry*，简称 *Vogel*，1948 年首版，是十分实用的反应参考书，可以参考归纳书中介绍的许多类似反应来设计未知的反应条件。主要按照官能团刊载反应，如同本科生的实验教材一般。该书对于反应条件和操作程序描述得十分清楚，有许多反应实例和其参考文献。书末刊载化合物的理化常数。与 CRC 等其他化学手册不同的是该书按照官能团排序，因此能同时列出该化合物衍生物的熔点或沸点数据。前面几章介绍实验操作技术，附录有各种官能团的光谱介绍，如红外吸收位置、核磁氢谱和碳谱的化学位移等。

1.10.2 美国化学文摘

美国化学文摘(*Chemical Abstracts*，简称 CA)，美国化学会主办，1907 年创刊，是目前报道化学文摘最悠久最齐全的刊物。报道涵盖世界 160 多个国家 60 多种文字，17000 多种化学及化学相关期刊的文摘。每周出版一期，一年共报道 70 万条化学文摘，占全球化学文献的 98%。

由于文摘数量庞大，CA 设计和出版了许多不同形式的索引，按照时间区分有期索引(一周)、卷索引(每 26 期)、累积索引(每 10 卷，约 5 年)三种；按照内容区分有关键词索引(keyword index)、作者索引(author index)、专利索引(patent index)、主题索引(subject index)、普通主题索引(general subject index)、化学物质索引(chemical substance index)、分子式索引(formula index)、环系索引(index of ring system)、登记号索引(registry number index)、母体化合物索引(parent compound index)、索引指南(index guide)、资料来源

索引(CAS source index)等。每种索引的使用方法可以参阅每期、每卷或每累积本第一本前面的范例说明。

1.10.3　有机化学常用期刊和网址

1. ScienceDirect(SD)

网址:http://www.sciencedirect.com/
(1) Catalysis Communications(催化通讯);
(2) Journal of Molecular Catalysis A: Chemical(分子催化 A:化学);
(3) Tetrahedron(T)(四面体);
(4) Tetrahedron: Asymmetry(TA)(四面体:不对称);
(5) Tetrahedron Letters(TL)(四面体快报);
(6) Applied Catalysis A:General(应用催化 A)。

2. EBSCOhost 数据库

网址:http://search.china.epnet.com/
(1) Synthetic Communcations(合成通讯);
(2) Letters in Organic Chemistry(LOC);
(3) Current Organic Synthesis;
(4) Current Organic Chemistry。

3. Springer 数据库

网址:http://springer.lib.tsinghua.edu.cn/
(1) Molecules(分子);
(2) Monatshefte für Chemie/Chemical Monthly(化学月报);
(3) Science in China Series B: Chemistry(中国科学 B);
(4) Catalysis Letters(催化快报)。

4. ACS Publications(美国化学会)

网址:http://pubs.acs.org/
(1) Journal of the American Chemical Society(JACS)(美国化学会志);
(2) Organic Letters(OL)(有机快报);
(3) The Journal of Organic Chemistry(JOC)(美国有机化学);
(4) Journal of Medicinal Chemistry(JMC)(美国药物化学);
(5) Chemical Reviews(化学评论)。

5. Royal Society of Chemistry(RSC)(英国皇家化学会)

网址:http://www.rsc.org/Publishing/Journals/Index.asp
(1) Green Chemistry(绿色化学);

(2) Chemical Communications(化学通讯);
(3) Chemical Society Reviews(化学会评论);
(4) Journal of the Chemical Society(化学会志);
Journal of the Chemical Society, Perkin Transactions 1(1972～2002);
Journal of the Chemical Society, Perkin Transactions 2(1972～2002);
Journal of the Chemical Society B: Physical Organic(1966～1971);
Journal of the Chemical Society C: Organic(1966～1971);
(5) Organic Biomolecular Chemistry(OBC)(有机生物化学)。

6. Wiley

网址:http://www3. interscience. wiley. com/
(1) Advanced Synthesis & Catalysis(ASC)(高等合成催化);
(2) Angewandte Chemie International Edition(德国应用化学);
(3) Chemistry-A European Journal(欧洲化学);
(4) Chemistry-An Asian Journal(亚洲化学);
(5) Chinese Journal of Chemistry(中国化学);
(6) European Journal of Organic Chemistry(欧洲有机化学);
(7) Helvetica Chimica Acta(瑞士化学);
(8) Heteroatom Chemistry(杂原子化学);
(9) Journal of Heterocyclic Chemistry(杂环化学)。

7. Ingent

网址:http://www. ingentaconnect. com/
(1) Journal of Chemical Research(化学研究杂志);
(2) Canadian Journal of Chemistry(加拿大化学);
(3) Current Organic Chemistry;
(4) Mini-Reviews in Organic Chemistry;
(5) Phosphorus, Sulfur, and Silicon and the Related Elements(磷、硫、硅和相关元素);
(6) Letters in Organic Chemistry。

8. Taylor Francis 数据库

网址:http://www. tandf. co. uk/journals/
(1) Synthetic Communications;
(2) Journal of Sulfur Chemistry(硫化学杂志);
(3) Phosphorus, Sulfur, and Silicon and the Related Elements。

9. Thieme 数据库

网址：http://www.thieme-connect.com/
(1) Synlett(合成快报)；
(2) Synthesis(合成)。

1.11　综合性实验和设计性实验

综合性实验是指在学生具有一定基础知识和基本操作技能的基础上运用某一课程或多门课程的综合知识，对学生实验技能和实验方法进行综合训练的一种复合性实验。综合性实验既应体现知识内容的综合性，又应体现能力素质培养的综合性，要求学生能综合应用所学知识解决有一定难度的实验问题。其目的在于锻炼学生对知识综合应用的能力，培养学生数据处理的能力，查阅中外文资料的能力，独立思考的能力以及分析问题、解决问题的能力。

设计性实验是指给定实验目的和要求，由学生自行设计实验方案，并加以实现的实验。设计性实验以掌握解决问题的方法为主线，倡导自学，要求学生通过文献查阅掌握实验的原理，在实验过程中解决所碰到的具体问题，通过实验报告总结提高。教师以解答学生的疑问为主，实验中学生遇到问题时，不是简单地帮助学生解决问题，而是提出问题产生的可能原因，由学生自行解决，鼓励学生提出问题和发表不同的见解。

设计性实验是以培养学生"设计能力"为目的的教学实验。设计性实验的最大特点是以一个非常明晰的、需要解决的设计问题作为起点，在教师指导下或自主进行技术性、经济性、可行性设计，并进行操作、推理、测试与总结等，以解决该问题、产出相应成果作为终点。设计性实验一般按以下几个步骤进行：

1. 实验开始阶段

设计性实验以掌握解决问题的方法为主线，教师根据教学与科研经验，坚持综合性、灵活性、材料及仪器设备易得的原则，精心设计实验题目。

学生要检索、查阅大量文献资料与工具书，教师讲解实际项目中的一些经验，推荐实验指导用书，指导学生综合应用所学的知识，确定实验方向，在规定的时间内按要求拟定实验方案和阶段性进度计划。

可以从以下几方面来进行设计实验。介绍中外文化学专业期刊、文摘及查阅法，鼓励学生走进图书馆，进入因特网。查阅文献主要有两种途径，一种是通过网络查阅，可以利用本校的数字图书馆，如中国学术期刊全文数据库、维普全文数据库、SciFinder、ACS、Wiley、RSC、Elsevier Science Direct On Site(SDOS)、Springerlink 数据库等；也可以通过谷歌(Google)和百度(Baidu)等网站进行相关资料的搜索。这种方法只要输入所要查阅文献的题名、关键字、摘要、作者、单位、主题、年、期或第一作者等即可查到相关的文献。另一种是通过书籍、期刊等书类查阅，可以利用图书馆的综合图书库、专业图书库及期刊阅览室等。这种方法是通过书刊的类别及丛书名来查找所需文献的。

通过文献的学习，学生学会了查阅文献的方法，为设计实验打下了基础。

2. 实验实施阶段

实验实施阶段，学生独立思考、分析、解决实验中发现的问题，教师在实验要求的范围内鼓励学生开拓新思路、采用新方法。实验过程中适当组织阶段性的讨论，教师定期对实验的进度和发现的问题进行讲解，并对学生阶段性实验目的的完成给予认可，充分调动学生的积极性和主动性，培养学生积极探索、创新实践的科研精神。

学生通过实验原理、实验示意图、实验所用仪器设备及耗材、实验操作步骤等对实验过程“知其然，亦知其所以然”，由“要我做”转变为“我要做”。

3. 实验总结阶段

实验总结阶段，学生对实验中发现的问题、解决的方案、仍未解决的疑惑独立进行总结归纳，以书面形式提交实验报告。通过实验总结，学生整理思路，形成科学的思维方式，养成良好的科研习惯。

1.12　绿色化学实验

绿色化学是用化学的技术和方法减少或消灭对人类健康、社区安全、生态环境有害的原料、催化剂、溶剂和试剂、产物、副产物等的使用和产生。绿色化学的理想在于不再使用有毒、有害的物质，不再产生废物，不再处理废物。其最大特点是从源头上预防污染的发生，实现过程和终端均为零排放或零污染。

Paul Anastas 和 John C Warner 提出绿色化学的 12 项原则：

(1) 防止废物：设计化学合成方法防止废物的产生，从而无需进行废物的处理。

(2) 设计更安全的化合物和产物：设计更有效、低毒或无毒的化合物。

(3) 降低化学合成方法的危险：降低或消除生成产物的合成方法对人类及环境的毒性。

(4) 使用可再生的原料：使用可再生的原料而非消耗型原料；可再生的原料一般来源于农产品或是其他过程产生的废物；消耗型原料一般来源于石油天然气煤矿物等。

(5) 使用催化剂而非当量试剂：通过催化反应将废物的量降到最低。催化剂是指少量而可以多次催化反应进行的试剂，而当量试剂一般过量且只能反应一次。

(6) 避免化合物的衍生物：避免使用保护基团或其他暂时的修饰，衍生物的产生将使用额外的试剂，并产生废物。

(7) 使原子经济最大化：最大比例地利用起始反应物的原子。

(8) 使用更安全的溶剂和反应条件：避免使用溶剂、混合物分离试剂和其他的辅助化合物。如果必须使用这些化合物，选择无害的物质。如果需要使用溶剂，尽量选择水。

(9) 提高能源效率：如可能，在常温常压下进行反应。

(10) 设计可降解的产物：产物在使用后，应可降解，而不会在环境中累积。

(11) 全程分析并防止污染：再生产过程中进行全程监控，以减少或消除副产物的生成。

(12) 使事故的可能性降到最低：设计化合物及其状态(固态、液态、气态)，以降低爆炸、火灾、泄漏发生的可能性。

以绿色化学的原则为指导，结合化学教学实验自身的特点，实现化学教学实验绿色化的改革是势在必行的。绿色化学的实验研究，涉及实验指导思想、实验内容选择、实验仪器研制、化学反应过程、实验装置和步骤的设计等。

绿色化学的核心内容之一是“原子经济性”，即充分利用反应物中的各个原子，因而既能充分利用资源，又能防止污染。原子经济性的概念是 1991 年美国著名有机化学家 Trost 提出的，用原子利用率衡量反应的原子经济性，高效的有机合成应最大限度地利用原料分子的每一个原子，使之结合到目标分子中，达到零排放。

绿色有机合成应该是原子经济性的。原子利用率越高，反应产生的废弃物越少，对环境造成的污染也越少。其定义可表示为

$$\text{原子经济性或原子利用率}(\%)=\frac{\text{被利用原子的质量}}{\text{反应中所使用全部反应物分子的质量}}\times 100\%$$

绿色化学的核心内容之二主要体现在五“R”原则：第一是 Reduction——“减量”，即减少“三废”排放；第二是 Reuse——“重复使用”，如化学工业过程中的催化剂、载体等，这是降低成本和减废的需要；第三是 Recycling——“回收”，可以有效实现“省资源、少污染、减成本”的要求；第四是 Regeneration——“再生”，即变废为宝，节省资源、能源，减少污染的有效途径；第五是 Rejection——“拒用”，指对一些无法替代，又无法回收、再生和重复使用的，有毒副作用及污染作用明显的原料，拒绝在化学过程中使用，这是杜绝污染最根本的方法。

近年来，在有机化学实验教学过程中，将“绿色化学”的理念和内容渗透到实验教学过程中，不断充实绿色化学实验教学内容，提出以下措施推进实验项目与教学的绿色化：

(1) 对化学实验进行无毒、无公害改造。

(2) 开设以绿色化学实验为主题的设计实验。

(3) 实施“系列实验教学法”，减少了实验产品废弃物，又节省了实验成本。

(4) “常”、“微”结合，开设“微型实验”：基本操作、基本技能训练采用常量实验，部分合成实验采用微型实验。

(5) 实验中注意安排副产物或废弃物的回收实验。

(6) 采用微波合成实验，降低实验能耗，加快实验进度。

1.13　无水无氧操作技术

在实验研究工作中经常会遇到一些特殊的化合物，有许多是对空气中的水和氧敏感的物质。为了研究这类化合物的合成、分离、纯化和分析鉴定，必须使用特殊的仪器和无水无氧操作技术。否则，即使合成路线和反应条件都是合适的，最终也得不到预期的产物。无水无氧操作技术在有机化学实验工作中应用广泛。目前常采用的无水无氧操作分三种：①高真空线(vacuum-line)操作；②Schlenk 操作；③手套箱(glove-box)操作。

Schlenk 操作的特点是在惰性气体气氛下(将体系反复抽真空、充惰性气体),使用特殊的玻璃仪器进行操作;这一方法排除空气比手套箱操作好,对真空度要求不太高(由于反复抽真空、充惰性气体),更安全,更有效。其操作量从几克到几百克。一般的化学反应(回流、搅拌、滴加液体及固体投料等)和分离纯化(蒸馏、过滤、重结晶、升华、提取等)以及样品的储藏、转移都可用此操作。这里重点介绍双排管 Schlenk 操作技术。

由于无水无氧操作技术主要对象是对空气敏感的物质,操作技术是成败的关键,稍有疏忽就会前功尽弃,因此对操作者要求特别严格。

(1) 实验前必须进行全盘的周密计划。由于无氧操作比一般常规操作机动灵活性小,因此实验前对每一步实验的具体操作、所用仪器、加料次序、后处理方法等都必须考虑好。所用的仪器事先必须洗净、烘干。所需的试剂、溶剂需先经无水无氧处理。

(2) 在操作中必须严格认真、一丝不苟、动作迅速、操作正确。实验时要先动脑后动手。

(3) 由于许多反应的中间体不稳定,也有不少化合物在溶液中比固态时更不稳定,因此无氧操作往往需要连续进行,直至得到较稳定的产物或把不稳定的产物贮存好为止。

1.13.1 双排管操作的实验原理

双排管进行无水无氧反应操作的工作原理:两根分别具有 5～8 个支管口的平行玻璃管,通过控制它们连接处的双斜三通活塞(图 1-8),对体系进行抽真空和充惰性气体两种互不影响的实验操作,从而使体系得到实验所需要的无水无氧的环境要求。

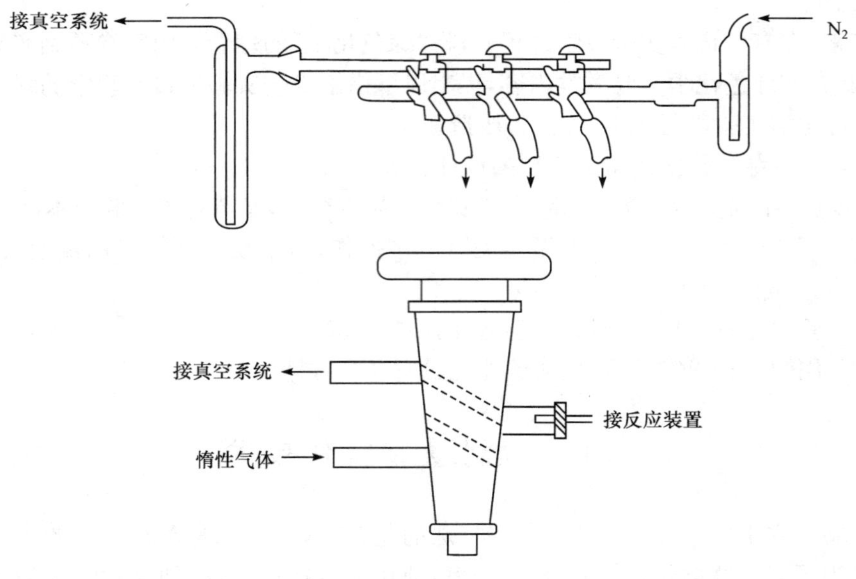

图 1-8 抽真空惰性气体分配管

1.13.2　双排管实验操作步骤

(1) 实验所需的仪器、药品、溶剂必须根据实验的要求事先进行无水无氧处理。

(2) 安装反应装置并与双排管连接好，然后小火加热烘烤器壁，抽真空—惰性气体置换(至少重复三次以上)，把吸附在器壁上的微量水和氧移走。一般用酒精灯火焰来回烘烤器壁除去吸附的微量水分；惰性气体一般用氮气或氩气。

(3) 加料。固体药品可以在抽真空前先加，也可以后加，但一定要在惰性气体保护下进行；液体试剂一般在抽真空、充入惰性气体后用注射器加入。

(4) 反应过程中，注意观察计泡器，保持双排管内始终有一定的正压(但要注意起泡速度，避免惰性气体的浪费)直到反应结束。

(5) 实验完成后应及时关闭惰性气体钢瓶的阀门(先顺时针方向关闭总阀，指针归零；再逆时针松开减压阀，同样让指针归零，关闭节制阀)。清洗双排管，填写双排管的使用情况是否正常，维护好实验仪器。

1.13.3　玻璃仪器的洗涤干燥及橡皮材质的处理

1. 玻璃仪器的洗涤干燥

不论使用干燥箱技术、注射器针管技术，还是使用双排管技术来处理对空气敏感化合物，仪器的洗涤和干燥都是十分重要的。大多数空气敏感化合物遇水和氧都会发生激烈反应，甚至酿成爆炸、火灾等事故。器壁上吸附的微量氧、水可能会导致实验失败。所以，仪器的洗涤非常重要；必要时用稀酸、稀碱洗涤，甚至用铬酸洗液浸泡，再用水和无离子水冲洗到仪器透亮、器壁上不挂水珠为止。新的仪器也要经过严格洗涤后才能使用。洗涤过的仪器放到空气中晾干，再放到干燥箱中烘烤；干燥箱的温度为125 ℃时，需要干燥过夜；140 ℃时至少干燥 4 h。干燥时，磨口接头或活塞要互相脱离，分开放置，防止“黏结”到一起，干燥后放到一起保存。从干燥箱中取出的仪器在惰性气流下趁热组装，所有的接头要涂硅脂或烃润滑脂，在惰性气流下冷却待用，或把仪器从干燥箱中取出趁热放到干燥器中冷却存放，干燥器中最好充满惰性气体保护。像双排管这种有活塞的仪器，在洗涤前一定要用蘸有溶剂的棉球将活塞内的润滑脂轻轻擦洗干净，否则润滑脂很难用水洗掉。

2. 橡皮材质的处理

在处理空气敏感化合物的操作中，通常用橡皮管作为连接物，用橡皮塞、橡皮隔膜作为密封物。这些物品在使用前必须经过严格清洗和干燥，因为这类物质的表面很粗糙，吸附着大量氧和水等杂质，也容易粘上油污，使用前又不能用加热抽空等方法除去这些杂质，因此它们的洗涤、干燥和保存更显得重要。

1.13.4　惰性气体的净化

实验室中常用的惰性气体是氮气、氩气和氦气。其中氮气最易得到，且价格便宜，因而使用最为普遍。用氮气作为保护气体的另一个优点是它的相对密度与空气很接近，在氮气保护下称量物质的质量不需要加以校正。但是，由于氮分子在室温下与锂反应，在较高温度下和别的物质（如金属镁）也能发生反应，还能与某些过渡金属形成配合物，从而限制了它的应用，因此在这种情况下必须用氩气作保护气体。氩气较氮气难得，价格昂贵，只有在特殊条件下才使用。氮气、氩气、氦气的净化方法基本相同。惰性气体净化，主要是指将惰性气体中所含的氧和水的量降到要求值以下。以氮气为例说明惰性气体的净化方法和过程。国内气体纯度一般分为普通级与高纯级，普通氮含量 99.9%，用前必须纯化；高纯氮含量 99.999%或 99.99%。高纯氮的含氧和含水总量为 10～50 ppm，这已可满足一般的无氧操作。但对于特别敏感的化合物，例如含 f 电子的金属有机化合物，要求氧的含量小于 5 ppm，这时所用的惰性气体必须再纯化处理——脱水、脱氧。

1. 脱水方法

低温凝结：降低温度，水蒸气要冷凝结冰。降低温度能使惰性气体中的水含量大幅度地降低。针对气体中含水量要求不同，可以选择不同的冷冻剂。液氮、液态空气、干冰-丙酮混合物、干冰等，能达到的最低温度相差很大。

使用干燥剂干燥惰性气体：常用干燥剂有氯化钙、氢化钙、五氧化二磷、浓硫酸以及分子筛等。

2. 脱氧方法

干法脱氧：让气体通过脱氧剂。脱氧剂通常是金属或金属氧化物，如活性铜、钠-钾合金、“401”脱氧剂等。

湿法脱氧：让气体通过具有还原性物质的溶液（由于会带入水或其他溶剂，因此很少采用）。

1.13.5　注射器针管技术

反应装置安装好后，用真空泵抽真空，同时以小火烘烤，去除仪器内的空气及表面吸附的水汽，然后通惰气。如此反复三次。将反应物加入反应瓶或调换仪器需开启反应瓶时，都应在连续通惰气情况下进行。对空气敏感的固体试剂，在连续通惰气下与固体加料口对接，然后加入反应瓶中。对空气不敏感的固体试剂，如需反应前加入，可先放在反应瓶中，与体系一起抽真空、充惰气。如需在反应过程中加入，可在连续通惰气下，直接从固体加料口加入。

1. 橡皮隔膜塞

在实验室中，多使用注射器针管计量和转移对空气敏感的液体化合物。利用针管技术处理空气敏感化合物，需要的主要器械有橡皮隔膜塞（俗称橡皮翻口塞）密封的玻璃仪器、注射针管、细金属管及双针头管。带有橡皮隔膜塞密封的玻璃器皿是在一些普通的玻璃器皿的接口插入橡皮隔膜塞。橡皮塞有一定的弹性，能和适当直径的接口管紧密配合，使器皿内物料与空气隔绝达到密封的目的。如果隔膜塞上缘翻过来后与接口贴合不够紧密，可以使用金属丝扎紧橡皮塞。

橡皮隔膜塞经过几次针刺后，气密性会下降。用针刺隔膜塞时最好刺其边缘，因为边缘的橡皮厚实易密封。刺过几次的塞子要换掉，不宜继续使用。空气可通过橡皮隔膜塞的隔膜、针孔等扩散、渗透进入容器内，所以这种密封装置不宜较长时间地贮存空气敏感化合物。

2. 注射器及其使用

注射器是注射针管技术中关键的器械，能否正确使用将决定操作成败。实验室使用的注射器有塑料的(一次性使用)和玻璃的两种，最常用的是医用玻璃的。根据计量的液体多少合理选择注射器的容量。

针头是由不锈钢管制成的，其长度和内径大小各异，可根据用途进行选择，针尖的形状也不相同。使用注射器时，容量小的注射器可用一只手操作，中指、无名指与大拇指捏住套筒，食指顶夹着内塞柱侧外端，靠食指与中指的分或合来拉出或推进内塞柱。不能用手直接接触内塞柱的磨面。使用过程中尽量减少内塞柱曝露在空气中的时间，以减少氧与水在其磨面上吸附的机会，以及磨面上微量的空气敏感化合物与空气中氧、水反应生成固体物质附于磨面上，致使内塞柱推不进套筒中。用针头刺破橡皮隔膜塞时，应使针尖的缺口面朝上，用施加给针管的推、压合力使针尖刺入橡皮膜内，不可垂直刺入橡皮膜，以防止针尖把橡皮膜切割下来堵塞针孔，且影响密封。

在使用注射器前要检查针头与针管连接处是否漏气，其方法是用惰性气体充满针筒的量程，将针头拔出插入橡皮塞中，将筒内气体压缩至原来体积的一半，放开手使内塞柱自动退回。如果内塞柱回到原处，表明不漏气。在转移计量液体时，当进入的液体稍多于需要的量时，将针头拔离液面按图 1-9 所示的方法排出筒内的气泡和多余的液体。要注意，针筒上容量刻度是按内塞柱推到顶头计量的。

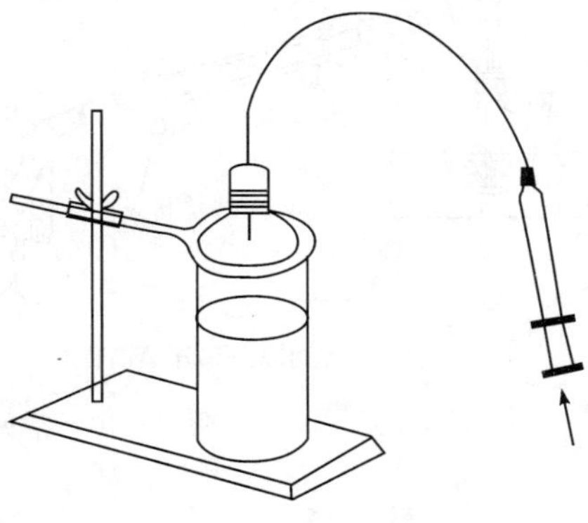

图 1-9　将气泡与过量试剂压回密封的瓶内

1.13.6　无水无氧操作简单装置

对空气、水汽等敏感的化学物质，不但种类很多且具有反应活性，因而往往采用无水无氧操作技术，以便顺利地得到不易制备或分离的产物。下面是常见的无水无氧简单操作装置示意图(图 1-10)。

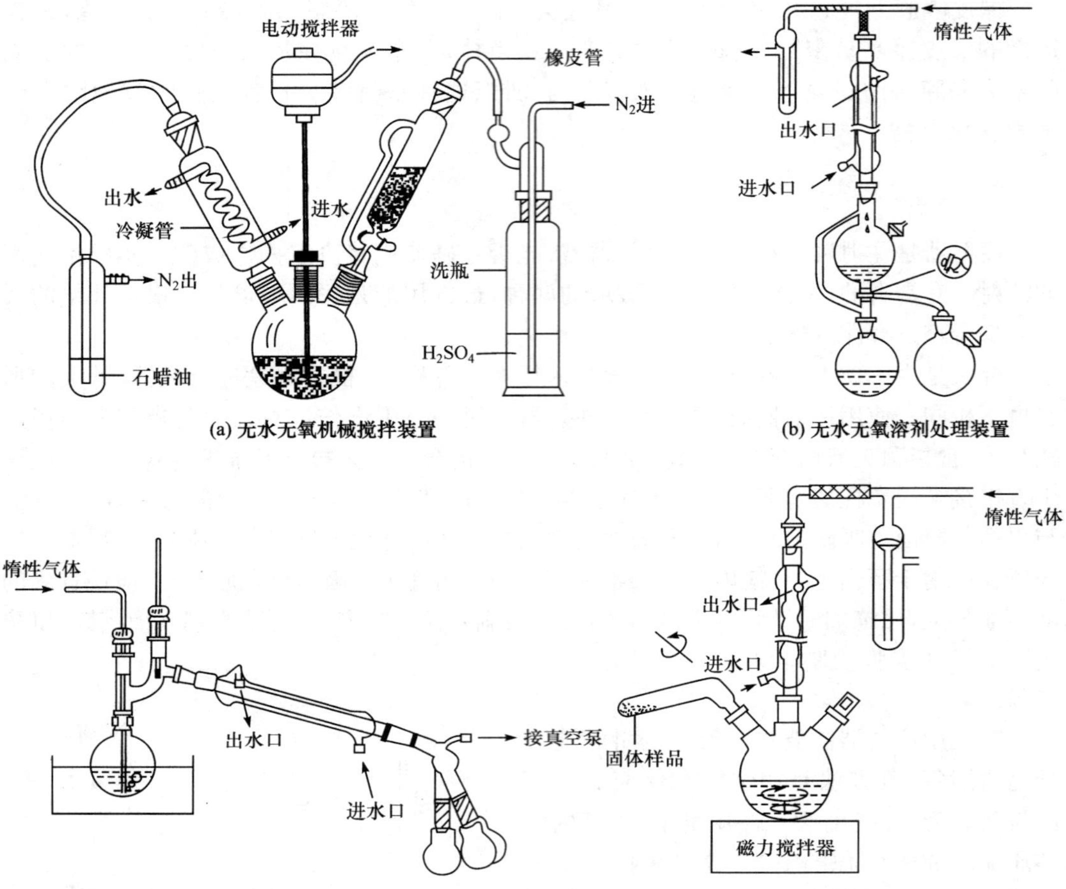

(a) 无水无氧机械搅拌装置　(b) 无水无氧溶剂处理装置

(c) 无水无氧减压蒸馏装置　(d) 无水无氧磁力搅拌装置

图 1-10　常见的无水无氧简单操作装置

第 2 章　有机化合物物理常数测定及结构鉴定

熔点、沸点、折光率以及比旋光度是有机化合物的重要物理常数，是鉴定有机化合物的必要数据，也是化合物纯度的标志。

2.1　熔点测定

2.1.1　原理

纯物质当受热达到一定温度时，即由固态转变为液态，这时的温度就是该物质的熔点。熔点的严格定义应为固-液两相在大气压力(101.3 kPa)下达到平衡状态时的温度。对于纯粹的有机化合物，一般都有固定熔点。即在一定压力下，固-液两相之间的变化都是非常敏锐的，初熔至全熔的温度不超过 0.5～1 ℃(熔点范围或称熔距、熔程)。若混有少量杂质，熔点一般会下降，且熔程也较长。由于大多数有机化合物的熔点都在 300 ℃以下，较易测定，因此，熔点测定(determination of melting point)对鉴别固体有机化合物有很大价值，同时根据熔程长短，又可以定性地判断有机化合物的纯度。可以从分析物质的蒸气压和温度的关系曲线来理解这种性质。图 2-1 为物质的蒸气压与温度的关系。图中曲线 SM 表示该物质的固相蒸气压与温度的关系，曲线 ML 表示物质的液相蒸气压与温度的关系。由于固相的蒸气压随温度变化的速率较相应的液相大，因此两曲线相交于 M 点。在交点 M 处，固液两相蒸气压一致，固液两相平衡并存，此时的温度 T_M 即该物质的熔点。当温度高于 T_M 时，这时固相的蒸气压已较液相的蒸气压大，使所有的固相全部转化为液相；若低于 T_M 时，则由液相转变为固相；只有当温度为 T_M 时，固液两相的蒸气压才是一致的，此时固液两相可同时并存。这是纯粹有机化合物有固定而又敏锐熔点的原因。当温度超过 T_M 时，甚至很小的变化，如有足够的时间，固体就可以全部转变为液体。所以要精确测定熔点，在接近熔点时加热速度一定要慢，每分钟温度升高不能超过 1～2 ℃。只有这样才能使整个熔化过程尽可能接近于两相平衡的条件。

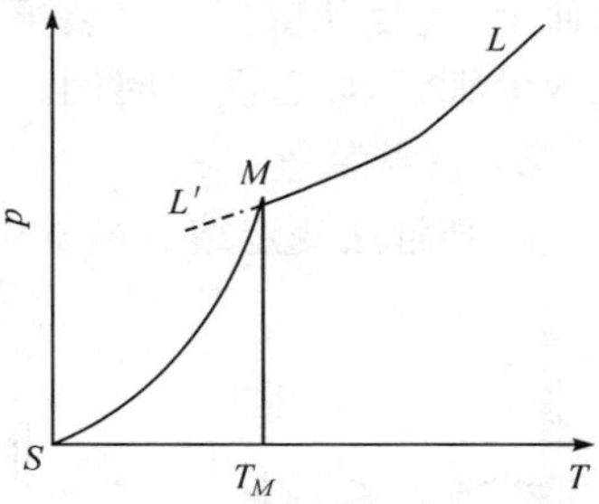

图 2-1　物质的蒸气压与温度的关系

在有机化合物的分析和研究工作中，鉴定一种新制备的化合物是否为已知的化合物，常将新制备化合物和已知物混合后测定混合物熔点。测定时将样品与已知物按一定比例(1∶1,9∶1,1∶9)混合后测定其混合熔点。若是两种不同化合物，通常会使熔点下降，熔程扩大(此时样品就相当于杂质)。有时也可能观察到熔点升高的现象，这是由于样品与已知物相互作用形成熔点较高的新化合物，此种情况遇到的较少。如果是相同化合物则熔点不变。

2.1.2　毛细管熔点测定法

在有机化学实验中，毛细管熔点测定法，又称提勒(Thiele)管法，是最简便的方法，但并不是最精确的方法，因为测得的数值常略高于真实熔点。在实际操作中，由此方法测得的不是一个温度点，而是熔化范围值(称为熔程或熔距)。影响测定结果的因素有加热速度、毛细管管壁厚薄、直径大小、样品颗粒粗细及样品装填是否紧密，最重要的是温度计的准确程度。尽管如此，该法的精度已可满足一般要求。其最大的优点是样品用量少，操作方便。

1) 毛细管的准备

毛细管的外径一般为 1～1.2 mm，长 70～75 mm(也可用市售毛细管)。将一端在酒精灯火焰上进行封闭。使用前应当手持毛细管，逐根对着亮光查看其封口部位是否严密、是否有缝隙，以免测试时渗漏进浴液使实验失败。

2) 样品装填

把 0.1～0.2 g 已干燥并研成粉末的样品放在表面皿上聚成小堆，然后将熔点管开口一端垂直插入试料堆，使样品进入管内，再把毛细管竖立起来在桌面上轻轻顿几下(熔点管的下落方向必须和桌面垂直，否则熔点管极易折断)，使样品进入管底，如此反复几次，然后把口向上的毛细管放入长 40～50 cm 垂直于桌面的玻璃管中，使其自然掉下落在表面皿上，重复几次把样品装填均匀、结实，使样品高度为 2～3 mm。一个试样最好同时装三根毛细管，以备测定时用。

3) 仪器装置

提勒管法测定熔点最常用的仪器是提勒管(又称 b 形管)，如图 2-2 所示。将其固定在铁架台上，倒入浴液，使液面在提勒管的叉管处(略高于叉管口沿)，管口安装插有温度计的开槽塞子，毛细管通过导热液黏附或用橡皮圈套在温度计上(注意：橡皮圈应在浴液液面以上)。使样品位于水银球的中部，然后调节温度计的位置，使水银球处于提勒管上下叉管中间，因为此处对流循环好，温度梯度差小，趋于均匀。在图示部位加热，受热的浴液沿管壁上升，促使整个提勒管内浴液对流循环，使浴液温度均匀。

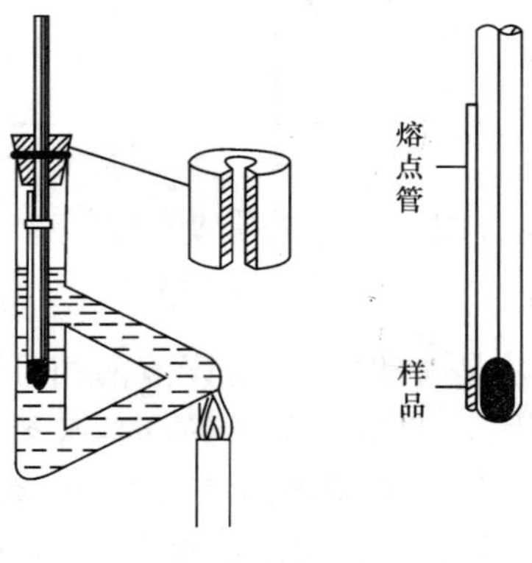

图 2-2　测熔点的装置图

4) 浴液的选择

浴液可根据待测物质的熔点选择。一般用液体石蜡、甘油、浓硫酸、硅油等。测定熔点在 140 ℃以下的物质时，最好用液体石蜡或甘油；140～220 ℃，可选用硫酸；220 ℃以上则可选用热稳定性优良的硅油为浴液。

5) 熔点测定

为了准确地测定熔点，加热的时候，特别是在加热到接近样品熔点时，必须使温度上升的速度缓慢而均匀。对于每一种样品，至少要测定两次。第一次升温可较快，1 min 上升 5 ℃左右。这样可得到一个近似的熔点。然后把热浴冷却下来，待热浴温度降至熔点下 20～30 ℃时，做第二次测定。

进行第二次测定时，开始升温可稍快，待温度到达距近似熔点低约 10 ℃时，再调小火焰，使温度缓慢而均匀地上升（1 min 上升 1 ℃）。注意观察熔点管中样品的变化，当样品在毛细管的四周开始塌落和湿润时，样品的表面有凹陷形成并出现小液滴，表明样品开始熔融，此时的温度称为初熔温度 $T_{初熔}$。继续加热至所有固体样品消失成为透明液体，此温度为样品的全熔温度 $T_{全熔}$。样品的熔点应记录为熔点 $T_{初熔}$～$T_{全熔}$，绝不可记录这两个温度的平均值。固体样品的熔化过程如图 2-3 所示。

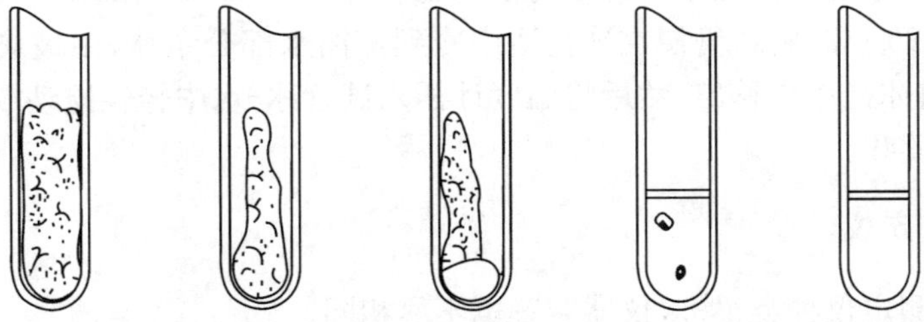

图 2-3　固体样品的熔化过程

熔点的测定，至少要有两次重复数据，每一次测定都必须用新的熔点管新装样品，不能使用已测过熔点的样品管及样品。对于已知物熔点的测定，可免去试验（初测）程序。升华物质的熔点的测定要在两端封闭的毛细管中进行，毛细管要全部浸入热浴内。测定熔点时，应使用校正过的温度计。若温度计未经校正，在记录熔点温度时需注明“温度计未校正”。

2.1.3　温度计的校正

用以上方法测定熔点时，温度计上的熔点读数与真实读数之间常有一定偏差。这可能是由于温度计的误差所引起的。因此，在使用温度计时，先要校正温度计，通常采用纯的有机化合物的熔点作为校正标准。校正时只要选择数种已知熔点的纯化合物作为标准，测定它们的熔点，以观察到的熔点作横坐标，与已知熔点的差值作纵坐标，画成曲线。在任一温度时的误差即可直接从曲线读出。标准样品的熔点见表 2-1，校正时可以选用。

表 2-1　标准样品的熔点

样　品	熔点/℃	样　品	熔点/℃
水-冰	0	萘	80.6
α-萘胺	50	间二硝基苯	90
二苯胺	53	乙酰苯胺	114.3
对二氯苯	53.1	苯甲酸	122.4
苯甲酸苯酯	70	尿素	132.7

续表

样　品	熔点/℃	样　品	熔点/℃
3,5-二硝基苯甲酸	203～205	蒽	216
α-萘酚	96	酚酞	262～263
D-甘露醇	168	蒽醌	286
水杨酸	159	对羟基苯甲酸	214.5～215.5

零度的测定最好用蒸馏水和纯冰的混合物。在一个长 150 mm、内径 25 mm 的试管中放置蒸馏水 20 mL,将试管浸在冰盐浴中冷到蒸馏水部分结冰,用玻璃棒搅动使冰、水混合,将试管自冰盐浴中移出,然后将温度计插入试管冰-水中轻轻搅动混合物,温度恒定后(2～3 min)读数。

2.1.4　熔点测定仪

目前熔点测定仪种类很多,仪器装置也不尽相同。

图 2-4(a)是实验室常用的 RY-2 型熔点测定仪。将装好样品的熔点管放入熔点管插槽中,开始电加热,通过旋钮调节电压控制升温速度,当温度接近样品熔点时,降低升温速度,以便观察样品的熔化过程。当样品开始塌陷出现液滴时,记为初熔温度;到晶体完全消失时记为终点温度,该温度区间为样品的熔程。

图 2-4(b)是显微熔点测定仪。显微熔点测定是借助显微镜观察样品的熔化过程,其优点是:可测微量及高熔点(室温至 350 ℃)样品的熔点,可以观察样品在加热中变化的全过程,如结晶的失水、多晶的变化及分解等。具体操作:测定熔点时,先将玻璃载片洗净擦干,放在一个可移动的支持器内,将微量试样研细放在载玻片上,注意不可堆积,从镜孔可以看到一个个晶体外形。使载玻片上样品位于电热板的中心空洞上,用一载玻片盖住样品。调节镜头,使显微镜焦点对准样品,开启加热器,用变压器调节加热速度,当温度接近样品熔点时,控制温度上升的速度为每分钟 1～2 ℃。当样品的结晶棱角开始变圆时,是熔化的开始,记为初熔温度;结晶形状完全消失是熔化的完成,记为终点温度。

图 2-4(c)是 RY-3 型数显显微熔点测定仪,测量原理与图 2-4(b)的仪器一致,不同的是将测定的温度通过传感器转化为数字显示。

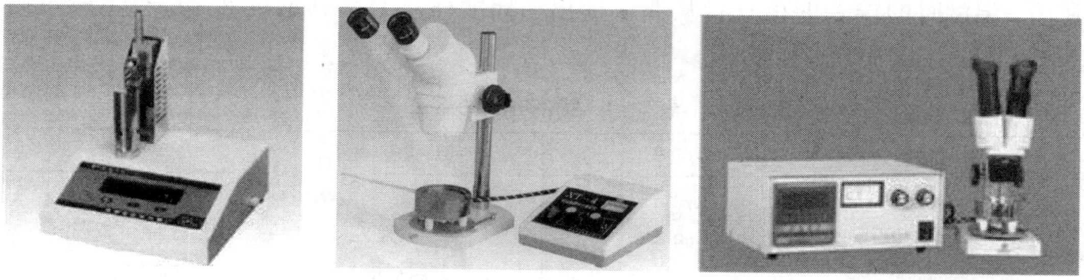

(a) RY-2型熔点测定仪　(b) 显微熔点测定仪　(c) RY-3型数显显微熔点测定仪

图 2-4　熔点测定仪

实验 1　熔点的测定

1. 从表 2-1 中选取 5 种标准物质，分别测定其熔点。
2. 记录测得数据，做出温度计校正曲线。
3. 用毛细管法分别测定苯甲酸、乙酰苯胺和一个未知样品的熔点。

【思考题】

1. 三个瓶中分别装有 A、B、C 三种白色有机固体，每一种都在 149～150 ℃熔化。A 与B(1∶1)在 130～139 ℃熔化；A 与 C(1∶1)在 149～150 ℃熔化；那么 50∶50 的 B 与 C 的混合物在什么样的温度范围内熔化呢？能说明哪两个瓶中是同一种物质吗？
2. 影响熔点测定的因素有哪些？试一一分析。
3. 测熔点时，如遇到下列情况，将产生什么后果？
   (1) 加热太快；
   (2) 样品研得不细或装得不实；
   (3) 样品管粘在提勒管壁上。

2.2　沸 点 测 定

2.2.1　实验原理

沸点是液体化合物重要的物理常数之一。在使用分离和纯化过程中，具有很重要的意义。

沸点是指液体化合物在一标准大气压下(101.3 kPa)液气的相变温度，也就是常说的液体沸腾温度。纯的液体化合物的蒸气压随着温度的升高而迅速增加，当液气的蒸气压相等时，液体物质沸腾。由于液体的沸点与外界压力密切相关，因此一般在报道化合物的沸点时应注明外界压力。一般是压力越小，沸点越低；压力越大，沸点越高。

根据液体化合物的依数性，液体化合物纯度降低时，其沸点就会降低。在一定压力下，纯液体化合物有固定的沸点。但当液体化合物不纯时，沸点有一个温度范围，常称为沸程。

2.2.2　测定方法

沸点测定(determination of boiling point)方法主要有两种：

1) 常量法测定沸点

用蒸馏法(见第 3.1 节)测定液体化合物沸点的方法，称为常量法，此方法样品用量较大，需要 10 mL 以上。

2) 微量法测定沸点

利用沸点测定管测定液体化合物的沸点。沸点测定管由内管(长 7～8 cm，内径 1 mm)和外管(长 6～7 cm，内径 4～5 mm)两部分组成。内管可用测熔点的毛细管，外管是特制的沸点管。内外管均为一端封闭的耐热玻璃管，如图 2-5 所示。

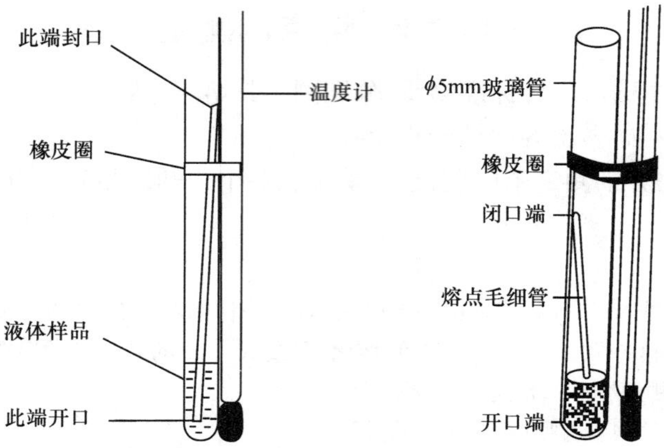

图 2-5　微量法测定沸点的装置

装样品时，将外管略微温热，迅速地把开口一端插入样品液中，这样就有少量液体吸入管内。把外管直立，外管口向上，使液体流到管底，装入样品高度为 6～8 mm。也可用细的吸管把样品装入外管，然后将内管开口朝下插入液体中。将沸点管用橡皮圈固定在温度计上，使沸点管的底部位于温度计水银球的中部，如图 2-5 所示。将温度计放入提勒管中(温度计的位置与测熔点装置相同)，必须使橡皮圈在导热液的上面。以 4～5 ℃·min^{-1}的加热速度升温，由于气体膨胀，内管中会间断有小气泡逸出。当加热温度到达液体沸点时，将有一连串的小气泡快速逸出，此时立即停止加热[1]，让浴液温度慢慢冷却，气泡逸出速度渐渐减慢。在气泡停止逸出而液体刚要进入内管的瞬间(此时要细心观察!)，毛细管内的蒸气压与外界的压力相等，记录此时的温度，即为该液体的沸点。测定时加热要慢，外管的液体量要足够多。重复操作几次，误差应小于 1 ℃。

实验 2　沸点的测定

以石蜡油为热浴，用微量法测定 98%乙醇和一个未知样品的沸点。同一样品测定三次，每次数值相差不大于 1 ℃。

【注释】

[1]　假如在液体沸腾前停止加热，由于内管中蒸气压小于大气压，将会观察到液体立即进入内管，以致得到错误结果。

【思考题】

1. 微量法测沸点时，把最后一个气泡刚欲缩回至内管的瞬间温度作为该化合物的沸点，为什么？
2. 微量法测沸点时，如果出现以下情况结果将会怎样？
   (1) 沸点管内空气未排除干净；
   (2) 沸点管未封好；
   (3) 加热太快。

2.3　折光率的测定

折光率(refractive index),又称折射率,同沸点、熔点等物理常数一样,是有机化合物的重要数据。作为液体物质纯度的标准,它比沸点更为可靠,能精确而方便地测定出来。利用折光率,还可鉴定未知有机化合物。

折光率也可用于确定液体混合物的组成。当各组分结构相似和极性较小时,混合物的折光率和物质的量组成之间常成简单的线性关系,因此在蒸馏两种以上的液体混合物且当各组分沸点彼此接近时,就可以利用折光率来确定馏分的组成。

2.3.1　原理

光在不同介质中传播的速率不同,当光线由一种介质 A 进入另一种介质 B 时,其前进的方向会发生改变(除非光线与两介质的界面垂直),这种现象称为光的折射(图 2-6)。

光在空气中的速率 $c_{空气}$ 和待测液体中的速率 $c_{液体}$ 之比,定义为该物质的折光率 n。根据光的折射定律,这两种速率之比也等于入射角(α)正弦和折射角(β)正弦之比,并能通过实验测定,即

$$n=\frac{c_{空气}}{c_{液体}}=\frac{\sin\alpha}{\sin\beta}$$

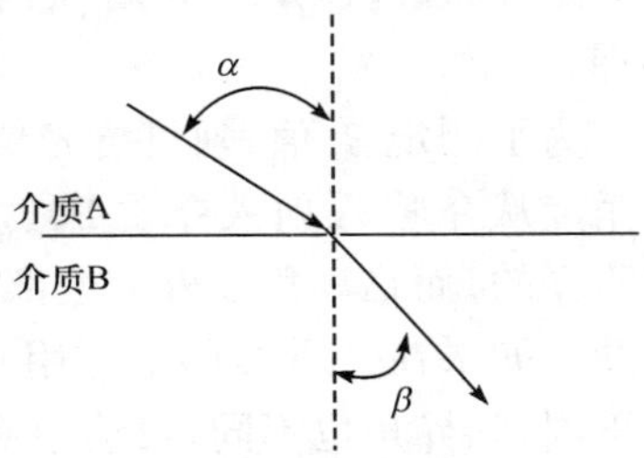

图 2-6　光的折射现象

物质的折光率不但与它的结构和光线波长有关,而且也受温度、压力等因素的影响,所以,折光率的表示需注明所用的光线和测定时的温度,常用 n_D^t 表示。D 是以钠灯的 D 线 598.3 nm 作为光源,t 是测定时的温度。一般用 n_D^{20} 作为某种液体的标准折光率。通常由于大气压的变化,对折光率的影响不大,因此只在很精密的工作中,才考虑压力的影响。光在空气中的速率接近于真空中的速率,而光在任何介质中速率均小于光速。因此所有介质的折光率均大于 1。

折光率随温度的升高而降低。一般地,温度每变化 1 ℃,折光率大约改变 4.5×10^{-4}。通过下式能将在某一温度 t 下测定的折光率 n_D^t 换算成 20 ℃时的折光率 n_D^{20}:

$$n_D^{20}=n-4.5\times10^{-4}(t-20)$$

2.3.2　阿贝折光仪

测定折光率最常用的仪器是阿贝(Abbe)折光仪(图 2-7)。当光由介质 A 进入介质 B 时,若介质 A 对于介质 B 是疏物质,即 $n_A<n_B$,则折射角 β 必小于入射角 α。当入射角为 90°,$\sin\alpha=1$ 时,折射角达到最大值,称为临界角,用 β_0 表示。在一定波长与一定条件下,β_0 是一个常数,它与折光率的关系为

$$n=\frac{1}{\sin\beta_0}$$

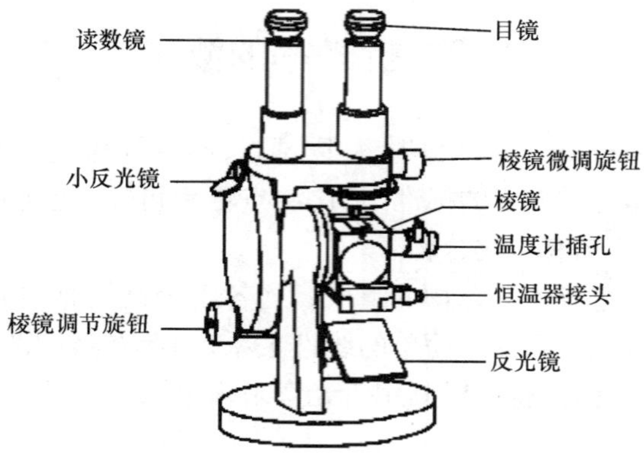

图 2-7　阿贝折光仪

因此，通过测定临界角 β_0，就能得到折光率。这就是通常所用的阿贝折光仪的基本原理。

为了测定 β_0 值，阿贝折光仪采用了"半明半暗"的方法，就是让单色光由 0°～90°的所有角度从介质 A 射入介质 B，这时介质 B 中临界角以内的整个区域均有光线通过，因而是明亮的；而临界角以外的全部区域没有光线通过，因而是暗的，明暗两区域的界限十分清楚。如果在介质 B 的上方用一目镜观测，就可看到一个界限清晰的半明半暗图像。介质不同，临界角也不同，目镜中明暗两区的界限位置也不一样。如果在目镜上刻上一十字交叉线，改变介质与目镜的相对位置，使每次明暗两区的界限总是与十字交叉线的交点重合，通过测定其相对位置（角度），并经换算，便可得到折光率。阿贝折光仪标尺上所刻读数即换算后的折光率。阿贝折光仪还装有消色散装置，故可直接使用白光，其所得的数值与钠光线所测的一致。

仪器主要部分由一个望远镜和两块直角棱镜组成。上面一块棱镜是光滑的，下面是磨砂的。当将两块棱镜紧压在一起时，放在其间的液体被压成一层薄膜，当光线由反射镜反射入下面的磨砂棱镜时，光发生漫射，以不同入射角射入两棱镜间液层，然后到达上面棱镜光滑表面上。由于棱镜的折光率很高，一部分光线可以再经折射进入空气而到达测量目镜，另一部分光线则发生全反射。调节螺旋使望远镜中的视野如图 2-8(b)所示，使半明半暗界限清晰并与目镜的十字交叉线交点重合，然后自读数镜中读出折光率。阿贝折光仪的量程为 1.3000～1.7000，精密度为 0.0001。

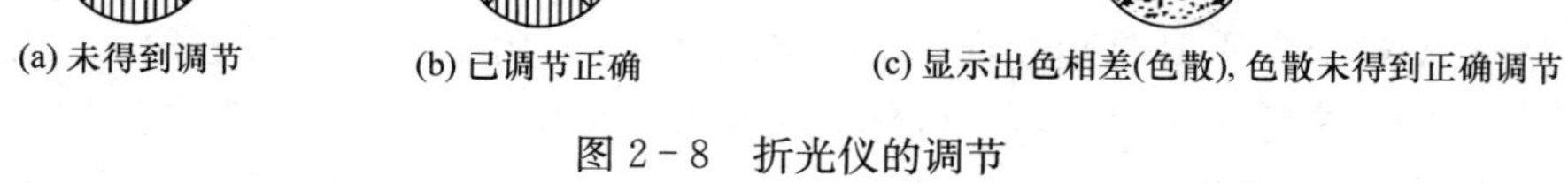

图 2-8　折光仪的调节

2.3.3　实验操作

将折光仪与超级恒温槽相连，恒温后（温度应控制在±0.1 ℃之内），把棱镜分开，用少量丙酮或乙醇润湿上下镜面，稍干后用擦镜纸顺一个方向轻擦镜面。待晾干后在下面棱镜(要处于水平位置)上加 1 滴蒸馏水，关闭棱镜(旋紧)，转动反射镜使光进入棱镜，并使望远镜内视场明亮。转动左面刻度盘(粗调)，直到镜内有界线或出现彩色光带。若出现彩色光带，可转动消色散调节器至界线明暗清晰。再转动左面刻度盘(微调)，使界限恰好通过十字的交点，记下读数。重复两次，将测得水的平均折光率与纯水标准值(n_D^{20}=1.33299)比较，可求得仪器的校正值。如校正值太大，整台仪器必须重新调试。

阿贝折光仪是一种精密的光学仪器，使用时应注意以下几点：

(1) 阿贝折光仪最关键的地方是一对棱镜，使用时应注意保护棱镜，擦镜面时只能用擦镜纸而不可用滤纸等。加试样时切勿将管口触及镜面。滴管口要烧光滑，以免不小心碰到镜面造成刻痕。酸碱等腐蚀性液体不得使用阿贝折光仪。

(2) 试样不宜加得太多，一般只需滴入 2～3 滴即可铺满一薄层。

(3) 要保持仪器清洁，注意保护刻度盘。每次实验完毕，要用柔软的擦镜纸擦净，干燥后放入箱中，镜上不准有灰尘。

(4) 读数时，有时在目镜中看不到半明半暗界线而是畸形的，这是由于棱镜间未曾充满液体；若出现弧形光环，则可能是有光线未经过棱镜而直接照射在聚光透镜上。

(5) 若液体折光率不在 1.3000～1.7000，则阿贝折光仪不能测定，也看不到明暗界线。

(6) 阿贝折光仪不能在较高温度下使用，对于易挥发或易吸水样品测试也有困难；另外对样品的纯度要求也较高。

(7) 长期使用，刻度盘的标尺零点可能会移动，需加以校正。校正的方法是，用已知折光率的液体，一般是用纯水，按上述方法进行测定，其标准值与测定值之差即校正值。也可使用专用调节器直接调节目镜前面凹槽中的调节螺丝。只要先将刻度盘读数与标准液体的折光率对准，再转动调节螺丝，直至临界线与十字线三线交于一点，仪器即校正完毕。

实验 3　测定水、乙醚、乙酸乙酯的折光率

利用阿贝折光仪分别测定水、乙醚、乙酸乙酯的折光率。按照阿贝折光仪的使用方法，重复两次测得水的平均折光率，并与纯水的标准值对照，求得折光仪的校正值。然后以同样的方法测定乙醚和乙酸乙酯的折光率。

本实验约需 1.5 h。

纯水的标准值：n_D^{20}=1.33299；纯乙醚的标准值：n_D^{20}=1.3526；纯乙酸乙酯的标准值：n_D^{20}=1.3723。

【思考题】

1. 测定有机化合物折光率的意义是什么？
2. 每次测试样品折光率前后为什么要擦洗上下棱镜面？
3. 使用阿贝折光仪应注意哪些事项？
4. 17.5 ℃时测得 2-甲基-1-丙醇的折光率为 $n_D^{17.5}$=1.3968，试计算 20 ℃时其折光率。

2.4 旋光度的测定

2.4.1 原理

具有手性结构的有机化合物,能使通过它的偏振光的振动方向旋转一定角度,这种现象称为旋光现象,这种化合物称为旋光性化合物或光活性化合物。物质使偏振光旋转的角度称为旋光度 α(specific rotation)。使偏振光的振动方向向左旋转的称为左旋性物质,用(—)表示;使偏振光的振动方向向右旋转的为右旋性物质,用(+)表示。

物质的旋光度与溶液的浓度、溶剂、旋光管长度和所用光源的波长等都有关系,因此,常用比旋光度$[\alpha]_\lambda^t$来表示物质的旋光性。当光源、温度和溶剂固定时,$[\alpha]_\lambda^t$等于单位长度、单位浓度物质的旋光度 α。物质的比旋光度与旋光度的关系为

溶液的比旋光度: $$[\alpha]_\lambda^t=\frac{\alpha}{c\cdot l}$$

纯液体的比旋光度: $$[\alpha]_\lambda^t=\frac{\alpha}{\rho\cdot l}$$

式中,$[\alpha]_\lambda^t$为旋光性物质在 t ℃、光源波长为 λ 时的比旋光度,一般用钠光(用 D 光表示,λ 为 589.3 nm),用$[\alpha]_D^t$表示;α 为标尺盘转动角度的读数,即旋光度;l 为旋光管的长度,dm;c 为溶液浓度,$g\cdot mL^{-1}$;ρ 为纯液体的密度,$g\cdot mL^{-1}$。

表示比旋光度时通常要标明测定时所用的溶剂。比旋光度是物质特性常数之一。测定旋光度,可以鉴定旋光性化合物的纯度和含量。

2.4.2 旋光仪

测定旋光度一般用自动指示旋光仪,其基本结构如图 2-9 所示。

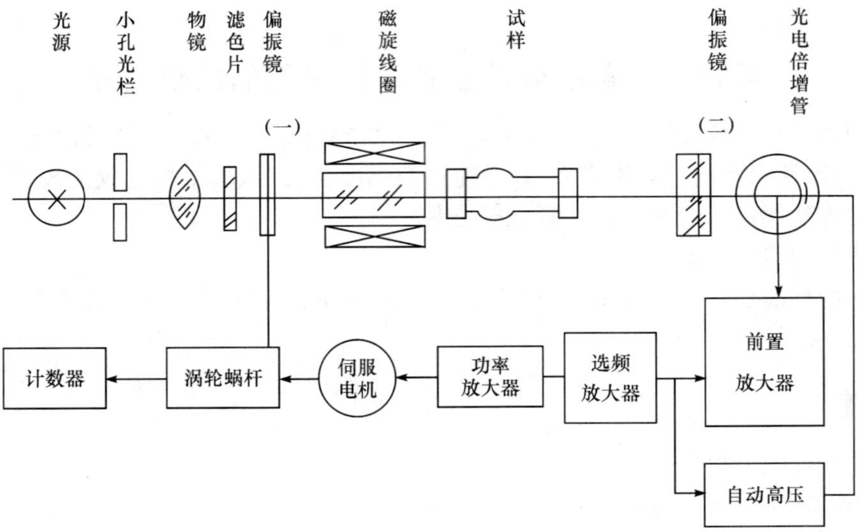

图 2-9 自动旋光仪结构示意图

该仪器采用 20 W 钠光灯为光源，光线通过聚光镜、小孔光阑和物镜后形成一束平行光。平行光通过起偏镜后产生平行偏振光，这束平行偏振光经过一个法拉第效应的磁线圈时，其振动平面产生 50 Hz 的 β 角往复摆动，光线通过检偏镜投射到光电倍增管上，产生交变的光电信号。当检偏镜的透光面与偏振光的振动面正交时，为仪器的光学零点，此时出现平衡指示。当偏振光通过具有一定旋光性的样品时，偏振光的振动面转过一个角度 α，此时光电信号即能驱动工作频率为 50 Hz 的伺服电机，并通过涡轮蜗杆带动检偏镜转动 α 角而使仪器回到光学零点，此时读数盘的读数即为所测物质的旋光度。自动指示旋光仪由于应用了光电检测和晶体管自动示数装置，因此灵敏度高，读数方便，且可避免人为误差。

2.4.3　测定方法

(1) 打开玻璃恒温水浴，将水温调到测定所需温度。

(2) 打开旋光仪的开关(power)，并将光源开关向下扳到交流位置，这时钠光灯发亮，经 5 min 钠光灯发光稳定。将光源开关由 AC 转为 DC(变交流为直流)。按“回车”键，这时液晶显示器有 MODE、L、C、n 选项显示，本实验要求测量旋光度，MODE 为 1，对其他选项无要求，按默认值即可，按回车键数次至“α：0000”出现。

(3) 旋光仪零点的校正。蒸馏水为非旋光物质，用其校正仪器的零点。先洗净样品管，将管一端的盖子旋上，倒置并在管内灌满蒸馏水，使液体形成凸液面，加上盖子。用滤纸将样品管外擦干，通光面两端的玻璃片上的雾状水滴应用镜头纸揩干。将装有蒸馏水的样品管放入样品室，注意样品管的位置和方向，盖上箱盖，按“清零”键，显示“0.000”读数。

(4) 样品管用待测液洗三次后，将样品溶液注入样品管，按相同的位置和方向放入样品室，盖好箱盖。仪器数显窗将显示出该样品的旋光度。逐次按下复测按钮，重复读几次数，取平均值作为样品的测定结果。

光学纯度(o. p.)的定义：旋光性产物的比旋光度除以光学纯度标样在相同条件下的比旋光度。根据下式可以求出样品的光学纯度：

$$\text{o. p.}=\frac{[\alpha]_{\mathrm{D}}^{t}\ \text{观测值}}{[\alpha]_{\mathrm{D}}^{t}\ \text{理论值}}\times 100\%$$

(5) 实验结束后，将旋光管中溶液倒掉，用自来水冲洗干净。仪器使用完毕，应依次关闭测量、光源、电源开关。

实验 4　比旋光度的测定

1. 测定已知浓度($20\ \mathrm{g}\cdot 100\ \mathrm{mL}^{-1}$)葡萄糖溶液的比旋光度。

2. 测定未知浓度葡萄糖溶液的旋光度，已知葡萄糖溶液的比旋光度$[\alpha]_{\mathrm{D}}^{20}=+52.7°$，计算未知样葡萄糖溶液的浓度。

【思考题】

1. 葡萄糖有变旋现象，假定给你一个新配置的 α-和 β-葡萄糖的混合溶液，试描述如何测定溶液中葡萄糖的浓度。

2. 实验测的旋光度以 60°出现，解释为 420°、−300°等同样是可以的。怎样确定哪一个旋光度是正确的?

2.5 红外吸收光谱法

利用物质的分子对红外辐射的吸收，得到与分子结构相应的红外光谱图，从而来鉴别分子结构的方法，称为红外吸收光谱法（infrared absorption spectrometry，简称 IR）。红外辐射的波长范围为 0.78～40 μm，其中应用最广泛的是中红外，范围为 2.5～25 μm，相应波数为 4000～400 cm^{-1}。IR 特征性高，只要分子结构不同，其 IR 谱图肯定不同。利用这一特性，可以进行有机物的结构剖析、定性鉴定和定量分析。图 2-10 为对氯苯甲酸和邻氯苯甲酸的红外谱图。

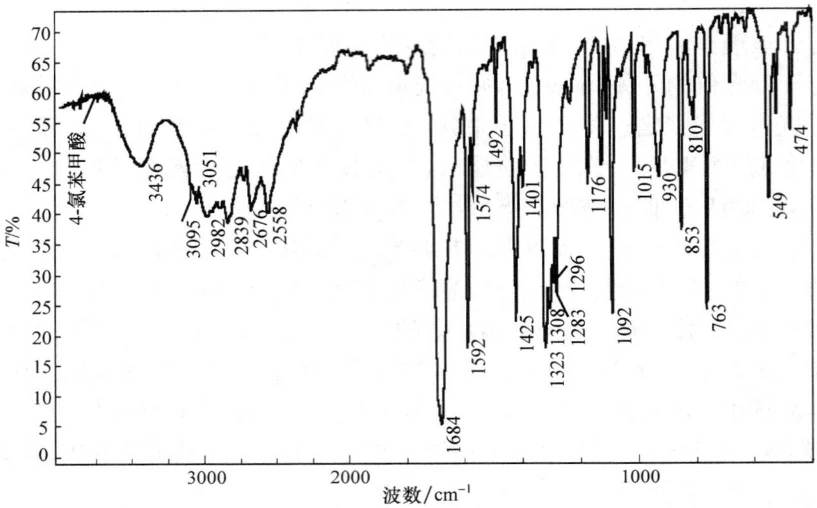

(a) 对氯苯甲酸

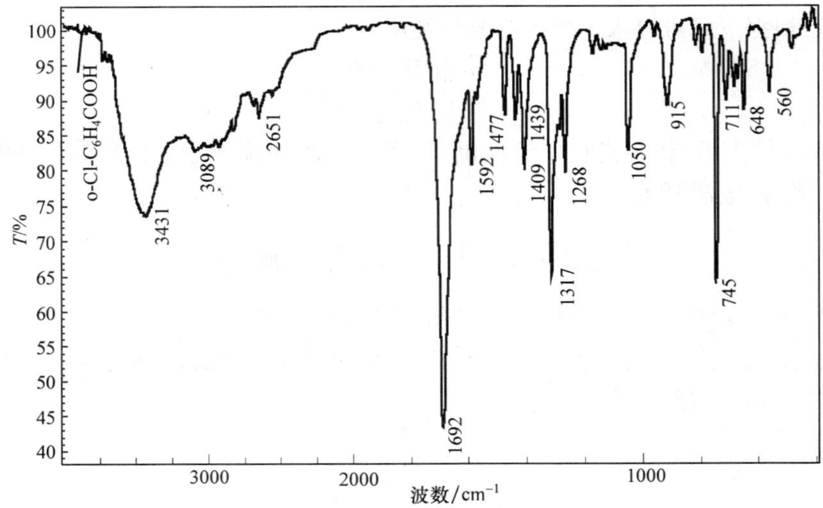

(b) 邻氯苯甲酸

图 2-10 对氯苯甲酸和邻氯苯甲酸的红外谱图

红外光谱法最突出的应用是从特征吸收频率来识别不同分子的结构，其过程可表示为

辐射→分子振动能级跃迁→红外光谱→官能团→分子结构

图2-11为一未知物的红外谱图。

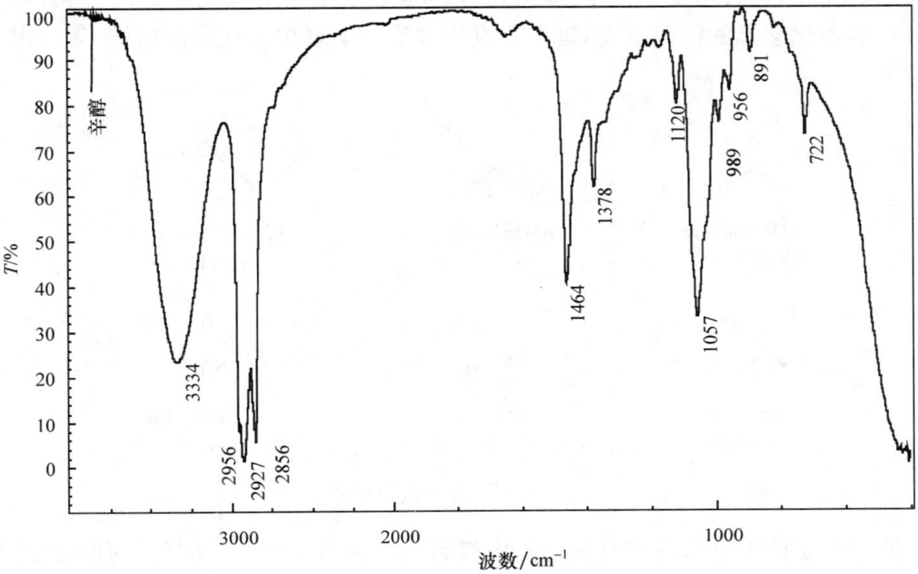

图2-11 未知物的红外谱图

谱图解析如下：

3334 cm^{-1}是—OH的伸缩振动吸收峰；2956～2856 cm^{-1}是—CH_2，CH_3的伸缩振动吸收峰；1464 cm^{-1}是—CH_2剪式振动吸收峰；1378 cm^{-1}是—CH_3的对称变形振动吸收峰；1057 cm^{-1}是C—O的伸缩振动吸收峰；722 cm^{-1}是—$(CH_2)_n$—的面内摇摆振动吸收峰($n \geqslant 4$)。由此可知，未知物为一长链伯醇(实际是1-辛醇)。

该法具有样品用量少，不破坏样品，分析速度快，灵敏度高的特点，而且，样品无论是气态、液态、固态均可分析，应用范围非常广。

2.5.1 红外吸收光谱法基本原理

1. 产生红外吸收的条件

分子必须同时满足以下两个条件，才能产生红外吸收：

(1) 分子振动时，必须伴随有瞬时偶极矩的变化。一个分子有多种振动方式，只有使分子偶极距发生变化的振动方式，才会吸收特定频率的红外辐射。

(2) 只有当照射分子的红外辐射的频率与分子某种振动方式的频率相同时，分子吸收能量后才能从基态跃迁到较高能量的振动能级，从而在图谱上出现相应的吸收带。

2. 分子振动方式与振动数

红外光谱源于分子振动产生的吸收，其吸收频率对应于分子的振动频率。

分子振动形式有两种：伸缩振动和弯曲振动(图 2-12)。伸缩振动是原子沿键轴方向做周期性变化，这种振动使原子间的键长改变，键角不发生改变；而弯曲振动则是共有一个原子的各化学键的键角改变，键长不发生改变。前者出现在高波数端，后者出现在低波数端。

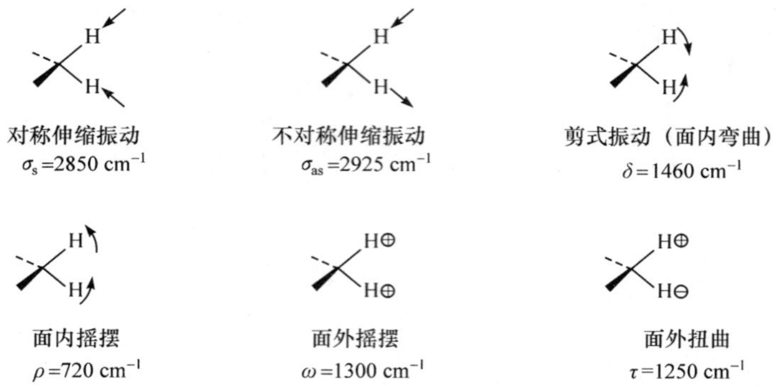

图 2-12 分子振动形式

多原子分子的振动数目与其振动自由度有关。含有 n 个原子的分子有 $3n$ 个自由度，对于非线形分子，3 个自由度描述转动，3 个自由度描述平动，剩下 $3n-6$ 个自由度是振动自由度；线形分子有 $3n-5$ 个振动自由度。

一般观察到的振动要少于振动自由度，原因是：

(1) 分子的对称性，如 CO_2 的对称伸缩振动无红外活性。

(2) 两个或多个振动的能量相同时，产生简并。

(3) 吸收强度很低时无法检测。

(4) 振动能对应的吸收波长不在中红外区。

3. 分子基团(或键)的(伸缩)振动频率

绝大多数的分子是多原子分子，其振动方式很复杂。但是，一个多原子分子总可以视作双原子分子的集合。

双原子分子犹如同一根弹簧连接的两个小球，其质量分别为 m_1 和 m_2，弹簧的质量忽略不计，当一外力(相当于红外辐射能)作用于弹簧时，两小球沿轴心来回振动。若将这种振动视作简谐振动，且遵循胡克定律，则振动频率可由下式表示：

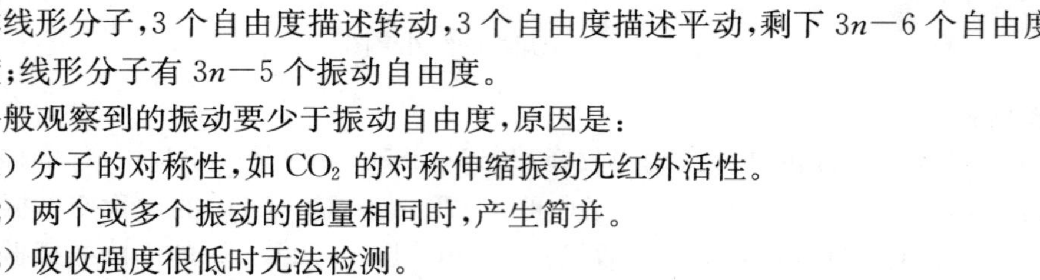

$$\nu=\frac{1}{2\pi}\sqrt{\frac{k}{\mu}}$$

$$\sigma=\frac{1}{2\pi c}\sqrt{\frac{k}{\mu}}$$

式中，ν 为振动频率；σ 为波数；k 为力常数，表示每单位位移的弹簧恢复力；μ 为折合质量：

$$\mu=\frac{m_1 m_2}{m_1+m_2}$$

可以看出，发生振动能级跃迁需要能量的大小（或产生吸收峰的频率）取决于键两端原子的折合质量和键的力常数，即取决于分子的结构特征。化学键越强（键的力常数 k 越大），则其振动频率越大，即吸收峰将出现在高波数区。原子的质量越小，产生的吸收峰频率越高，即吸收峰将出现在高波数区。

2.5.2　基团特征吸收频率及谱图解析方法

1. 基团特征吸收频率

在红外光谱中，某些化学基团虽然处于不同分子中，但它们的吸收频率总是出现在一个较窄的范围内，例如羰基总是在 1870～1650 cm^{-1}出现强吸收峰，它们的频率不随分子结构变化而出现较大的改变。这类频率称为基团特征吸收频率，简称基团频率。它们可作为鉴别官能团的依据。

2. 解析红外光谱的三要素

在解析红外光谱时，要同时注意吸收峰的位置、强度和峰形。

以羰基为例。羰基的吸收一般为最强峰或次强峰。如果在 1680～1780 cm^{-1}有吸收峰，但其强度低，这表明该化合物结构中并不存在羰基，而是该样品中存在少量的羰基化合物，它以杂质形式存在。吸收峰的形状取决于官能团的种类，从峰形可以辅助判断官能团。以缔合羟基、缔合伯胺基及炔氢为例，它们的吸收峰位只略有差别，但主要差别在于峰形：缔合羟基峰宽、圆滑而钝；缔合伯胺基，由于氢键作用较小，吸收峰相对较窄；炔氢则显示尖锐的峰形。

3. 同一基团的几种振动相关峰应同时存在

任何一个官能团由于存在伸缩振动（某些官能团同时存在对称和反对称伸缩振动）和多种弯曲振动，因此，会在红外谱图的不同区域显示出几个相关吸收峰。所以，只有当几处应该出现吸收峰的地方都显示吸收峰时，方能得出该官能团存在的结论。

以芳香化合物为例，在 3100～3000 cm^{-1}处有═C—H 的伸缩振动吸收峰出现时，还应该在 1600 cm^{-1}、1580 cm^{-1}、1500 cm^{-1}、1450 cm^{-1}处出现苯环骨架振动峰，在 850～650 cm^{-1}处会出现苯环取代模式的特征吸收峰。

4. 常见官能团的出峰区域

(1) 4000～3000 cm^{-1}：O—H，N—H，≡C—H，═C—H 伸缩振动。

(2) 2500～1600 cm^{-1}：C≡C，C≡N，C═C，C═N，C═O，N═C═O，N═C═S 双键和累积双键伸缩振动。

(3) 1300～910 cm^{-1}：C—O，C—N，C—C，C—F 单键伸缩振动。

(4) 910 cm^{-1}以下：C—Cl，C—Br，C—I 伸缩振动；苯环 C—H 变形振动，反映苯环的取代模式。

对于完全未知的样品，则需要进行谱图解析。但完全依靠红外光谱来进行化合物的最后确认比较困难，需要结合其他谱图信息（核磁共振、质谱、紫外光谱等）。

2.5.3 试样制备方法

1. 气体

使用气体样品池进行测定。气体样品池结构如图 2－13 所示，一般为两端装有可透红外光的窗片的玻璃池。使用时，先抽真空，再向池内充入测试气体。在池中加设反射镜，可增加光程，从而提高灵敏度。

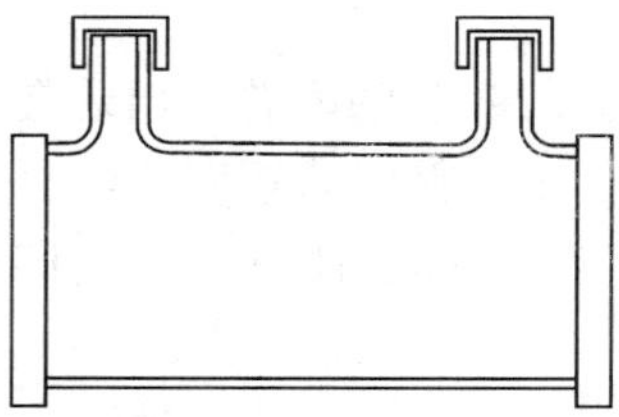

图 2－13　气体样品池示意图

2. 液体

1）液膜法

液体样品常用液膜法。该法适用于难挥发液体(b. p. >80 ℃)或黏稠物。对前者，可采用两片 KBr 晶体，将 1～2 滴液体样品夹在中间后进行测定。对于后者，可直接将样品涂在 KBr 晶体片上进行测定。对于挥发性较大的液体，需采用液体样品池密闭测定。

2）溶液法

对于必须在溶液状态测定的样品，采用溶液法。将溶液装入可变厚度的可拆式液体样品池中进行测定，如图 2－14 所示。

(a) 可拆式液体样品池　　(b) 可变厚度的可拆式液体样品池

图 2－14　可拆式液体样品池

3. 固体

1）KBr 压片法

固体样品常用 KBr 压片法。将固体粉末样品 0.5～1 mg 在玛瑙研钵中研细后，加入 100 mg 左右干燥的光谱纯 KBr 粉末一起研磨至粒度约 2.5 μm 后，装入模具，用压片机压成约 1 mm 厚的透明薄片。

2）研糊法（液体石蜡法）

在空气中易分解样品可采用研糊法。将样品 5～10 mg 在玛瑙研钵中研细后，滴入液体石蜡油调成糊状，涂在 KBr 晶体片上进行测定。

3）薄膜法

不易研磨成粉末的高聚物常用薄膜法测定。试样材料溶解于合适的、易挥发的有机溶剂后，将溶液滴于 KBr 晶体片上，待溶剂挥发后，进行测定。

2.6　核磁共振氢谱

核磁共振（nuclear magnetic resonance，简称 NMR）是具有自旋的原子核，在外加静磁场中所产生的吸收射频电磁波的一种吸收光谱。从 1946 年核磁共振现象的发现，1953 年第一台商品化核磁共振谱仪的诞生，经过几十年的发展，到目前为止，核磁共振技术已经成为测试鉴定物质结构，特别是有机化合物的结构、构型、构象以及研究化学动力学的重要手段。它已广泛应用于化学、生物学、医药学、材料科学等各个领域。

2.6.1　基本原理

1. 原子核的自旋与自旋磁矩

原子核是具有一定几何形状的带正电荷的粒子，像电子一样也具有自旋现象，其自旋现象可用自旋量子数 I 来表征，自旋量子数 I 与组成原子核的质子数（Z）和中子数（N）有关，或者说与原子序数（Z）和质量数（A）有关：

（1）质子数和中子数均为偶数（原子序数和质量数均为偶数）时，$I=0$，如^{12}C、^{14}C、^{16}O、^{18}O、^{32}S、^{34}S 等。

（2）质子数和中子数一奇一偶（质量数为奇数，原子序数为奇数或偶数）时，$I=$半整数，如 $I=1/2$，^{1}H、^{13}C、^{15}N、^{19}F、^{29}Si、^{31}P 等；$I=3/2$，^{11}B、^{23}Na、^{33}S、^{35}Cl、^{39}K、^{79}Br 等；$I=5/2$，^{17}O、^{25}Mg、^{27}Al、^{55}Mn 等。

（3）质子数和中子数均为奇数（原子序数为奇数，质量数为偶数）时，$I=$整数，如 $I=1$ 的^{1}H、^{6}Li、^{14}N 等；$I=2$ 的^{58}Co；$I=3$ 的^{10}B 等。当原子核的自旋量子数 I 不等于零时，它具有自旋角动量 $P=h[I(I+1)]^{1/2}/(2\pi)$；h 为普朗克常量。

根据电磁学原理，带电体的电荷分布在带电体的外表面上，电荷的运动产生磁场，那么带正电荷的原子核自旋时，便有了磁性。原子核磁性的强弱一般用原子的自旋磁矩 μ 表示，它与原子核的自旋角动量 P 成正比：$\mu=\gamma P$，比例系数 γ 称为旋磁比或磁旋比，它是原子核磁性大小量度的物理常数。

在外加静电磁场 B_0（设为 Z 轴）存在的情况下，原子核的自旋角动量 P 和自旋磁矩 μ 都存在着空间量子化，它们在 Z 轴上的投影都只能取一些不连续的数值：$P_z=mh/(2\pi)$；$\mu_z=\gamma P_z=\gamma mh/(2\pi)$；$m$ 为原子核的磁量子数，$m=I,I-1,\cdots,-I$，共有 $2I+1$ 个取值。

2. 核磁共振

原子核的自旋磁矩 μ 与外加静电磁场 B_0 的相互作用能（自旋核在外加静磁场中所具有的能量）为 $E=\mu\cdot B_0=\mu_z B_0=\gamma mhB_0/(2\pi)$，因为 m 有 $2I+1$ 个不同的取值，所以自旋核在外加静电磁场中有 $2I+1$ 个不同的能级，这些不同的能级称为塞曼能级。

原子核不同塞曼能级之间的能量差为 $\Delta E=-\gamma\Delta mhB_0/(2\pi)$；由量子力学的跃迁选律可知，只有相邻两个能级之间才能发生跃迁，即 $m=\pm1$，所以相邻两个塞曼能级之间的能量差为 $\Delta E_{邻}=\gamma hB_0/(2\pi)$。

当射频电磁波照射静磁场中具有磁矩的原子核时，如果射频电磁波的能量等于相邻两个塞曼能级间的能量差，处于低能态的原子核就会吸收电磁波的能量，从低能态跃迁到高能态，产生吸收电磁波的现象，称为核磁共振，即

$$h\nu=E_{邻}=\gamma hB_0/(2\pi)$$

$$\nu=\gamma B_0/2\pi$$

3. 化学位移

由于核外电子云的存在，在外加静磁场的作用下，核外电子云也会产生磁场，对原子核产生一定的屏蔽作用。核外电子云在外加静电磁场 B_0 中产生的感应磁场为

$$B'=-\sigma B_0$$

式中，σ 称为磁屏蔽系数。

那么，原子核实际受到的有效磁场感强度为

$$B_{eff}=B_0+B'=(1-\sigma)B_0$$

所以原子核的实际共振频率为 $\nu=\gamma(1-\sigma)\ B_0/2\pi$。

对于同一种元素的原子核，由于原子核所处的化学环境不同，原子核周围的电子云密度不同，从而对原子核的屏蔽系数 σ 不同，因而共振频率不同，在谱图中出峰的位置不同，称为化学位移(chemical shift)。

化学位移(δ)表示为 $\delta=(\nu_{样品}-\nu_{参考物})\times10^6/\nu_{参考物}$。$^1H$ NMR 和 ^{13}C NMR 谱选用的参考物为四甲基硅烷(TMS)。

4. 自旋偶合与裂分

由于相邻自旋核在外加静磁场中各有不同的自旋状态（自旋磁矩在外加磁场中有不同的取向），使相邻自旋核共振频率发生变化，谱线发生裂分，这种相邻自旋核的相互影响，称为自旋-自旋偶合(spin-spin coupling)。由于自旋偶合引起的谱线裂分，称为自旋-自旋裂分(spin-spin splitting)，相邻裂分峰间距，称为偶合常数(coupling constant)，一般用 J 来表示。当相邻自旋核共振频率的差 $\Delta\nu\gg6J$ 时，谱线的裂分遵从“$n+1$”规律，即当相邻基团有 n 个 $I=1/2$ 的自旋核时，该基团要裂分成$(n+1)$条峰，且各裂分峰的强

度比(面积比)为二项式$(a+b)^n$展开式中各项系数之比，而相邻裂分峰间距为相邻自旋核的偶合常数J，并且各基团的面积比等于各基团的原子核数比。

5. 弛豫过程

由于核磁共振的灵敏度较低，测量信号要不断累加，就要使处于高能态的自旋核把能量释放出来回到低能态，使处于高、低能态自旋核的分布达到玻耳兹曼平衡，这样再加射频电磁波，满足共振条件，产生核磁共振，然后测量信号，信号才能不断累加。然而，由于相邻自旋核的磁能级差很小，处于高能态的自旋核不能通过自发辐射的方式把能量释放出来回到低能态，这就要通过其他非自发辐射的方式，把能量释放出来。

处于高能态的自旋核，通过非自发辐射的方式，把能量释放出来，回到低能态，使处于高能态和低高能态的核粒子分布达到新的玻耳兹曼平衡的过程，称为弛豫过程。根据弛豫机理不同，弛豫过程又分为自旋-晶格弛豫和自旋-自旋弛豫，处于高能态的自旋核把能量转移到周围的环境(固体的晶格，液体的溶剂等)中，把能量释放出来回到低能态的过程，称为自旋-晶格弛豫；处于高能态的自旋核把能量转移到处于低能态的自旋核，而自身回到低能态的过程称为自旋-自旋弛豫。自旋-晶格弛豫又称横向弛豫，是宏观磁化强度矢量 **M** 在垂直于外加磁场方向的分量(横向)恢复到平衡状态的过程，自旋-自旋格弛豫又称纵向弛豫，是宏观磁化强度矢量 **M** 在平行于外加磁场方向的分量(纵向)恢复到平衡状态的过程。

2.6.2 仪器设备简介

核磁共振谱仪按磁体分为永久磁体、电磁体和超导磁体三类，由于永久磁体和电磁体的谱仪灵敏度较低，已经逐渐被淘汰，目前使用的主要为超导磁体的核磁共振谱仪。其主流仪器为 500 MHz 谱仪，德国-瑞士联营的 BRUKER 公司生产的 AV-500 PFT NMR 谱仪如图 2-15 所示。

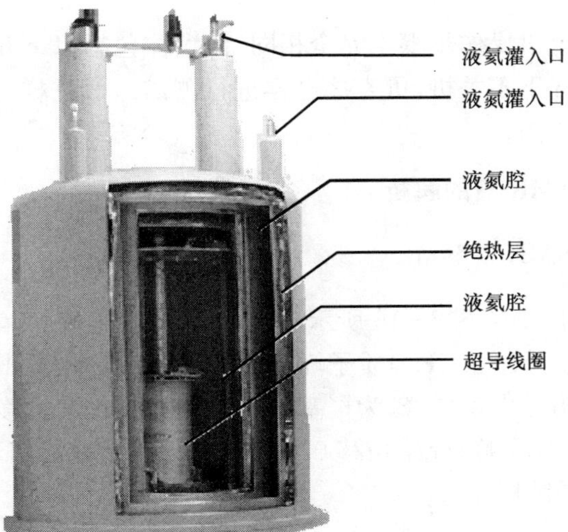

图 2-15　仪器的结构剖面图

核磁共振谱仪主要有磁体、射频发生器(频率综合器)、发射和接受线圈(探头)、放大、记录器。

2.6.3 样品制备

除不能溶解的固体样品用固体核磁共振谱仪测量外,其余被测样品都要用氘代试剂溶解,常用的氘代试剂主要有氘代氯仿、氘代苯、氘代甲苯、氘代丙酮、氘代二甲基亚砜、氘代甲醇、氘代吡啶及重水等。常见氘代试剂残留质子化学位移见表 2-2。

表 2-2 常见氘代试剂残留质子化学位移

名　称	分子式	δ_H (以 TMS 为标准)[a]	名　称	分子式	δ_H (以 TMS 为标准)[a]
氯仿-d_1	$CHCl_3$-d_1	7.27	二氧六环-d_8	$C_4H_8O_2$-d_8	3.55
丙酮-d_6	$(CH_3)_2CO$-d_6	2.05	三氟乙酸	CF_3COOH	11.34
重水	H_2O-d_2	4.7[b]	甲苯	$C_6H_5CH_3$	2.31;7.10
二甲基亚砜-d_6	$(CH_3)_2SO$-d_6	2.50	环己烷	C_6H_{12}	1.42
苯-d_6	C_6H_6-d_6	7.20	二氯甲烷	CH_2Cl_2	5.32
甲醇-d_4	CH_3OH-d_4	3.35;4.8[b]	吡啶-d_5	C_5H_5N-d_5	6.98;7.35;8.50
乙酸-d_4	CH_3COOH-d_4	2.05;8.5[b]			

注:a. 对氘代溶剂则是指残留质子信号;

b. 数值随溶质和温度而变化。

参考物一般选用四甲基硅烷(TMS),重水作溶剂选用三甲基硅丙磺酸钠(DDS)。

取被测样品 3～5 mg,加到直径为 5 mm 的核磁样品管中,加入 5 mL 氘代试剂,把参考物按 1%左右加到溶剂中,作内标,待样品充分溶解后,即可测量。

2.6.4 实验操作步骤简介

尽管不同仪器的上机操作步骤不完全相同,但大体包括以下几个步骤:①开机(超导核磁共振谱仪一般情况下不关机,可直接进样进行测试);②进样;③锁场与匀场;④设置采样参数;⑤采样;⑥绘图。

2.6.5 核磁共振 ^{1}H NMR 谱的解析

1. 正辛醇的 ^{1}H NMR 谱解析

正辛醇的 ^{1}H NMR 谱如图 2-16 所示,其氢谱出现 5 组峰:化学位移 3.6 附近出现三重峰,为与羟基相连的 CH_2(α-CH_2)质子峰;化学位移 1.55 附近出现 5 重峰,为 α-CH_2 质子峰;化学位移 1.46 附近出现单峰,为羟基(OH)质子峰;化学位移 1.3 附近出现多重峰,为 β-位到 ε-位$(CH_2)_4$ 质子峰;化学位移 0.8 附近出现三重峰,为 CH_3 质子峰。其面积比为 2∶2∶1∶10∶3,与结构相符。

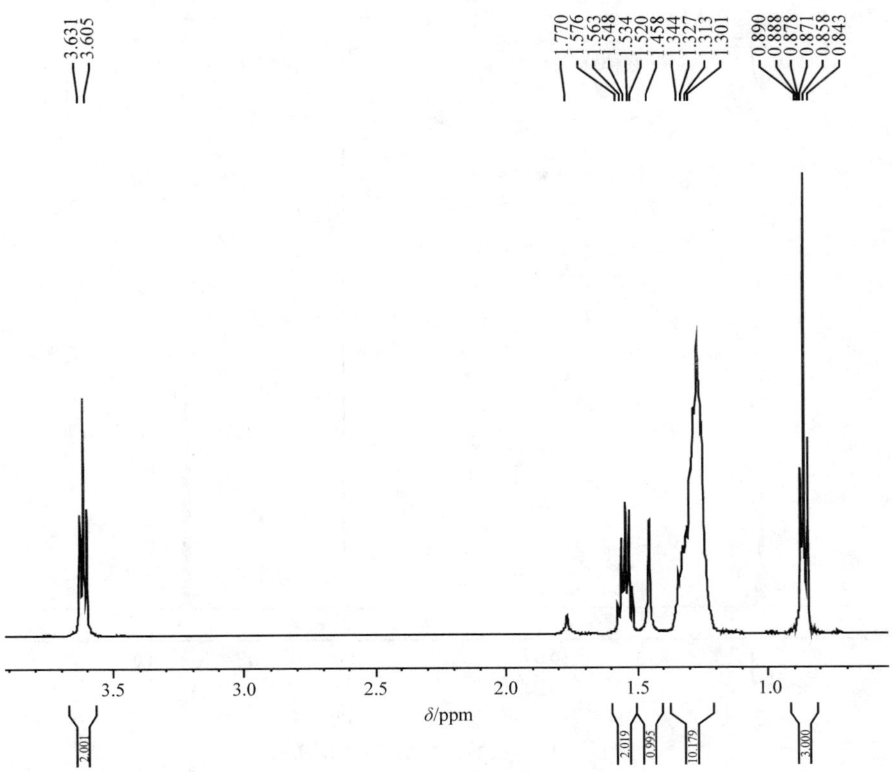

图 2－16　正辛醇的[1]H NMR 谱

2. 乙酸乙酯的[1]H NMR 谱解析

乙酸乙酯的[1]H NMR 谱如图 2－17 所示，其氢谱出现 3 组峰，面积比为 2∶3∶3。化学位移 4.0 处的四重峰，对应面积为 2，是与羧基氧连接的亚甲基，由于受羧基的诱导效应，化学位移较大，四重峰是与甲基相连引起的裂分；化学位移 2.0 处的单峰，面积对应为 3，是与羰基碳连接的甲基，受羰基的诱导效应较羧基氧小得多，化学位移较亚甲基小，无自旋偶合裂分，所以为单峰；化学位移 1.2 处的三重峰，对应面积为 3，是与亚甲基连接的甲基，三重峰是亚甲基对它产生的自旋偶合裂分。

3. 正辛醇与乙酸乙酯混合物相对含量的计算

正辛醇与乙酸乙酯混合物[1]H NMR 谱解如图 2－18 所示，谱图归属除羟基质子的化学位移受浓度影响外，其他基团质子的化学位移与纯正辛醇和乙酸乙酯的谱图归属完全一致。根据正辛醇与羟基相连的亚甲基质子在化学位移 3.6 处的积分面积 h_a 和乙酸乙酯亚甲基质子在化学位移 4.0 处的积分面积 h_b 就可以得到混合物中两种物质的物质的量的比，以 W_a 和 W_b 分别为代表正辛醇和与乙酸乙酯酮式的相对分子质量，由两物质的物质的量的比，就可得到混合物中两种物质的质量分数。

$$w(a)/\% = h_a W_a / (h_a W_a + h_b W_b)$$

$$w(b)/\% = h_b W_a / (h_a W_a + h_b W_b)$$

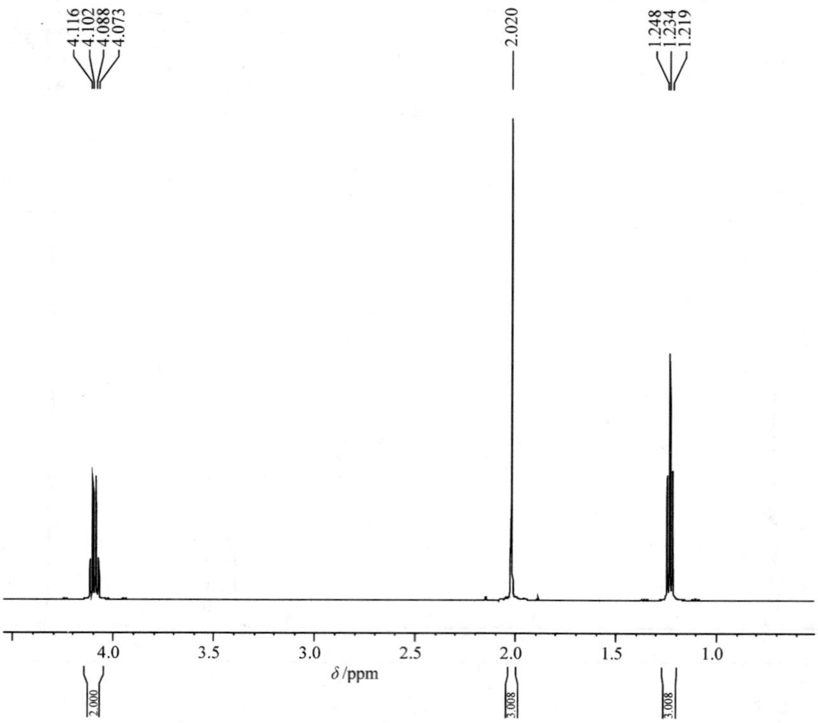

图 2-17　乙酸乙酯的¹H NMR 谱

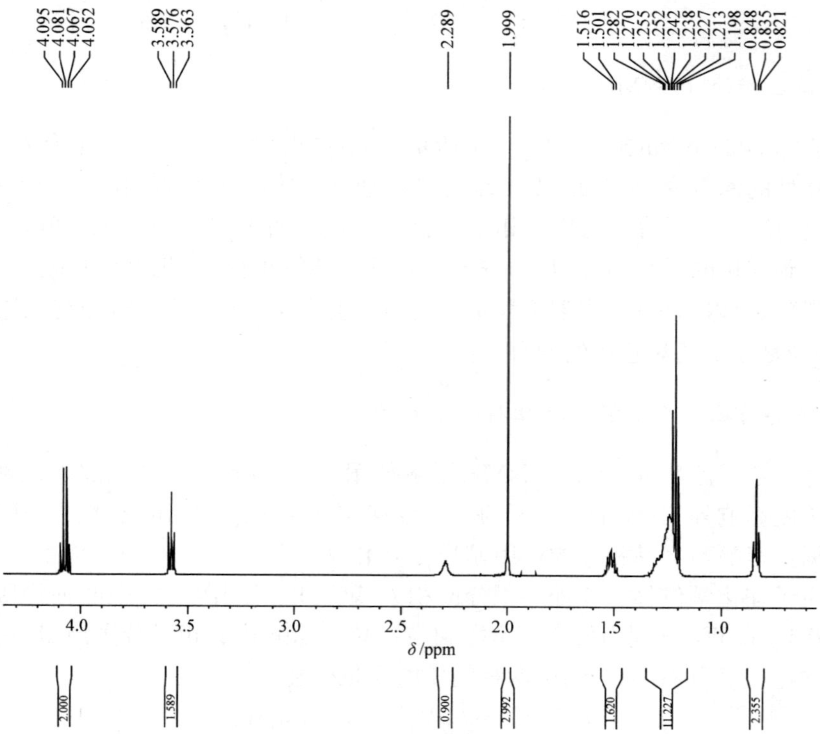

图 2-18　正辛醇与乙酸乙酯混合物¹H NMR 谱

第 3 章　有机化合物的分离和提纯

3.1　蒸　　馏

3.1.1　实验原理

液体的分子由于分子运动有从表面逸出的倾向，这种倾向随着温度的升高而增大。如果把液体置于密闭的真空体系中，液体分子不断逸出而在液面上部形成蒸气，最后使得分子由液体逸出的速度与分子由蒸气中回到液体中的速度相等，使其蒸气保持一定的压力。此时液面上的蒸气达到饱和，称为饱和蒸气，它对液面所施加的压力称为饱和蒸气压。

实验证明，液体的蒸气压大小只与温度有关（图 3－1），即液体在一定温度下具有一定的蒸气压。这是指液体与它的蒸气平衡时的压力，与体系中存在的液体或蒸气的绝对量无关。

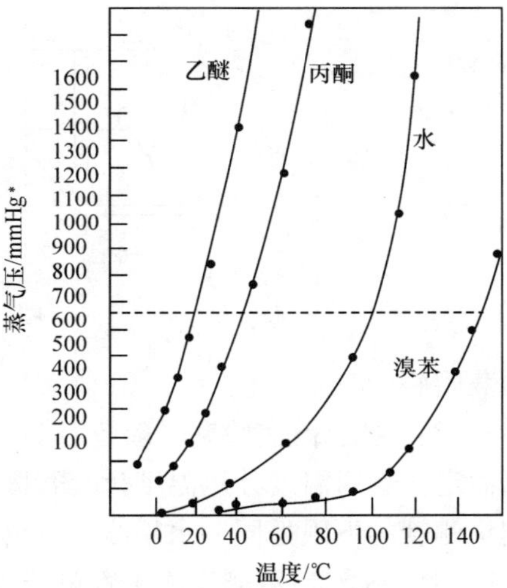

图 3－1　温度与蒸气压关系图

当液体的蒸气压增大到与外界施于液面的总压力（通常是指大气压力）相等时，就有大量气泡从液体内部逸出，即液体沸腾。这时的温度称为液体的沸点。

纯的液体有机化合物在一定的压力下具有一定的沸点。利用这一特点，可以测定纯液体有机物的沸点（常量法，沸程 0.5～1.5 ℃）和定性检验物质的纯度。

但是具有固定沸点的液体不一定都是纯净化合物，因为某些有机化合物常和其他组分形成二元或三元恒沸物，它们也有一定的沸点。

蒸馏是将液体有机物加热到沸腾状态，使液体变成蒸气，又将蒸气冷凝为液体的过程。蒸馏是提纯液体物质和分离混合物的常用方法之一。通过蒸馏可以将易挥发的物质和不易挥发的物质分离开来，也可将混合液体中各组分沸点相差 30 ℃以上的物质进行分离。

3.1.2　实验装置

蒸馏最常用的装置如图 3－2 所示，主要由气化、冷凝和接收三部分组成。

（1）蒸馏瓶：蒸馏瓶的选用与被蒸液体量的多少有关，通常装入液体的体积应为蒸馏瓶容积 1/3～2/3。蒸馏低沸点液体时，宜选用长颈蒸馏瓶；而蒸馏高沸点液体时，选用短

---

*　mmHg 为非法定单位。1 mmHg＝133 Pa。

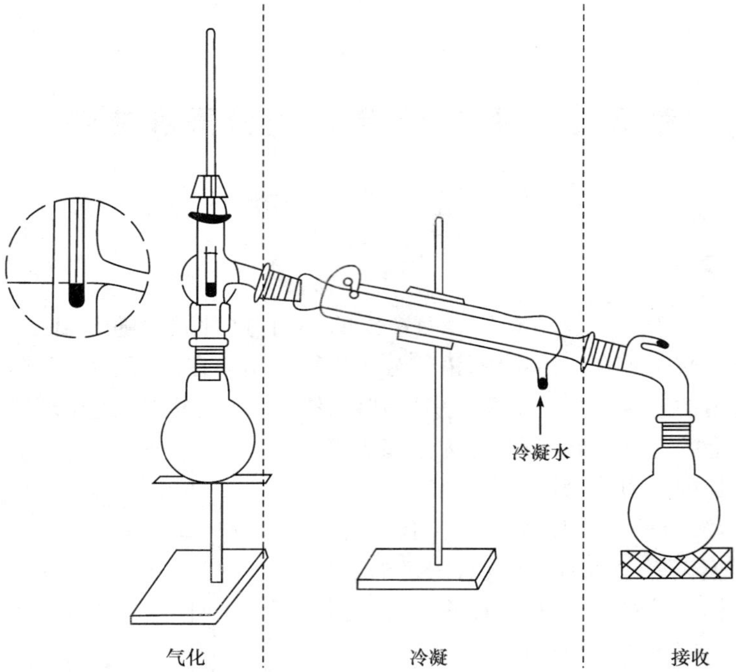

图 3-2 普通蒸馏装置

颈蒸馏瓶。

(2) 温度计:实验室一般备有 100 ℃、200 ℃、300 ℃三种温度计,视被蒸馏液体的沸点而定。普通温度计用温度计套管固定在蒸馏头的上口处,使温度计水银球的上限与蒸馏头侧管的下限处同一水平线上,这样水银球能完全被蒸气所包围,所测沸点准确。

(3) 冷凝管:蒸馏用冷凝管可分为直型冷凝管和空气冷凝管两类,直型冷凝管用于蒸馏沸点低于 140 ℃的液体;空气冷凝管用于蒸馏沸点高于 140 ℃的液体。冷凝水应遵循"低进高出"的原则,从直型冷凝管的下口进入,上口流出,且上端的出水口应朝上,以保证直型冷凝管套管中充满水,达到最佳冷凝效果。

(4) 尾接管及接收瓶:尾接管将冷凝液导入接收瓶中,接收瓶一般用锥形瓶或圆底烧瓶,不用烧杯等敞口容器。接收预期主馏分的接收瓶应事先称量并做记录。常压蒸馏体系应与大气相通,不能构成密闭体系,否则,易导致爆炸事故。

在半微量蒸馏实验中,一般用较小规格的标准磨口仪器,蒸馏瓶最好采用梨形,冷凝管宜短而粗。

3.1.3 实验操作

仪器安装顺序一般是自下而上,自左而右。安装仪器要做到:稳、妥、端、正。稳,即稳固牢靠;妥,即妥善安装;端,即端正好看;正,即正确使用和选用仪器。

1) 加料

做任何实验都应先组装好仪器后再加料。加液体原料时,取下温度计和温度计套管,在蒸馏头上口放一长颈漏斗，注意长颈漏斗下口处的斜面应超过蒸馏头支管，慢慢地将液体倒入蒸馏瓶中。调整好温度计的位置，检查装置是否稳妥与严密。

2）加沸石

为了防止液体暴沸，应加入 2～3 粒沸石。沸石为多孔性物质，当加热液体时，孔内的小气泡形成气化中心，使液体平稳地沸腾。

如加热中断，再加热时应重新加入沸石，因原来沸石上的小孔已被液体充满，不能再起气化中心的作用。

3）加热

用直型冷凝管时，缓缓通入冷水，并缓慢加热。加热时可见蒸馏瓶中液体逐渐沸腾，蒸气逐渐上升，温度计读数也略有上升。当蒸气的顶端达到水银球部位时，温度计读数急剧上升。控制加热温度以调整蒸馏速度，通常以每秒 1～2 滴为宜。蒸馏时，应使温度计水银球上始终有被冷凝的液滴存在。此时的温度即为气液平衡时的温度。温度计的读数就是液体的沸点。如果热源温度太高，使蒸气成为过热蒸气，将造成温度计所显示的沸点偏高；如果热源温度太低，蒸馏速度过慢，馏出物蒸气不能充分浸润温度计水银球，将造成温度计读得的沸点偏低。

4）观察沸点及馏分的收集

进行蒸馏前，至少要准备两个接收瓶，其中一个接收沸点之前所馏出的液体。这部分馏出液称为前馏分(或称馏头)，可作为杂质弃去。有时被蒸馏的液体几乎没有馏头，应将蒸馏出来的前 1～2 滴液体作为冲洗仪器的馏头弃去，不要收集到馏分中去，以免影响产品质量。另一个经过称量并干燥好的接收瓶用于接收预期温度范围内的主馏分，并记下该馏分的沸程。纯粹液体的沸程一般不超过 1～2 ℃。

5）停止蒸馏

在所需馏分蒸出后停止蒸馏。蒸馏时切勿蒸干，以免蒸馏瓶破裂及发生其他意外事故。蒸馏完毕，应先停止加热，撤去热源，待稍冷却后无馏出液流出时，取下接收瓶并妥善保存。然后关掉冷凝水，拆除蒸馏装置(与安装顺序相反)并清洗。

3.1.4　特殊蒸馏——易凝固物质的蒸馏装置

有些物质在蒸馏时极易凝固，在冷凝管中迅速形成固体导致冷凝管堵塞，使得蒸馏不能正常进行。对此，可采用如图 3－3 所示易凝固物质的蒸馏接收装置。

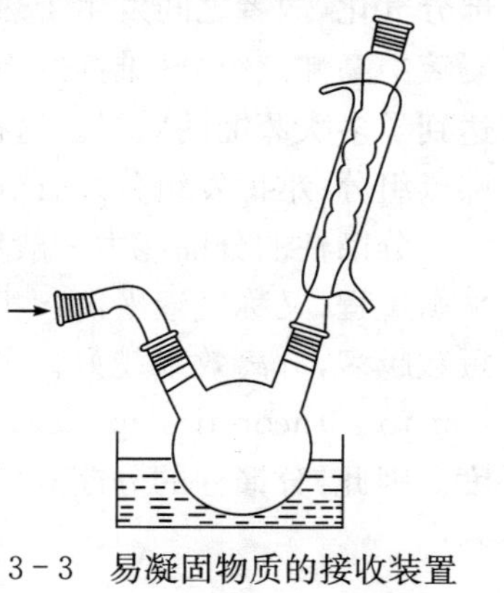

图 3－3　易凝固物质的接收装置

由图 3－3 可知，从蒸馏头出来的蒸气经弯管接头直接进入二口接收瓶，该接收瓶的另一口与球型冷凝管相连，冷凝管的出口可按不同实验要求接真空系统或干燥管或直接放空，接收瓶置于冷却浴中。应注意的是所用的接收瓶应选择容量稍大一些的。在这种装置中，从蒸馏头中出来的蒸气在接收瓶中得到比较充分的冷却，绝大部分均冷凝为固体，只有极少部分易冷凝物质的蒸气进入回流冷凝管，再一次得到冷却，而流入接收瓶中。由于这部分气体极少，因此不会堵塞冷凝管。

实验 5　丙酮-水混合物的蒸馏

蒸馏 10 mL 丙酮和 10 mL 水的混合物，注意记录每增加 1 mL 馏出液时的温度及总体积。以温度为纵坐标，馏出液体积(mL)为横坐标，绘制蒸馏曲线。收集 56～62 ℃、62～72 ℃、72～98 ℃、98 ℃以上的馏分，记录 4 个馏分的体积。

【思考题】

1. 什么叫沸点？液体的沸点和大气压有什么关系？
2. 蒸馏时加入沸石的作用是什么？如果蒸馏前忘记加沸石，能否立即将沸石加入到将近沸腾的液体中？当重新蒸馏时，用过的沸石能否继续使用？
3. 为什么蒸馏时最好控制馏出液的速度为 1～2 滴 · 秒$^{-1}$为宜？
4. 如果液体具有恒定的沸点，能否认为是纯物质？

3.2　简 单 分 馏

分馏(fractional distillation)又称为精馏。它是用分馏柱使几种沸点相近(沸点差在 1～10 ℃)而又完全互溶的液体混合物不需多次重复蒸馏，一次得以完成分离或提纯的操作。精密的分馏装置可以使沸点相差 1～2 ℃混合液中的组分分离出来。

3.2.1　原理

蒸馏和分馏的基本原理是一样的，都是利用有机物质的沸点不同，在蒸馏过程中低沸点的组分先蒸出，高沸点的组分后蒸出，从而达到分离提纯的目的。不同的是，分馏通过多次部分气化多次部分冷凝的方法，以得到纯度更高的冷凝液。简言之，分馏即多次的简单蒸馏。在实验室常采用分馏柱来实现，工业上采用精馏塔。

将几种具有不同沸点而又可以完全互溶的液体混合物加热，当其总蒸气压等于外界压力时，就开始沸腾气化，蒸气中易挥发液体的成分比在原混合液中多。在分馏柱内，当上升的蒸气与下降的冷凝液互相接触时，上升的蒸气部分冷凝放出热量使下降的冷凝液部分气化，两者之间发生了热量交换。其结果，上升蒸气中易挥发组分增加，而下降的冷凝液中高沸点组分(难挥发组分)增加。如此继续多次，就等于进行了多次的气液平衡，即达到了多次蒸馏的效果。这样靠近分馏柱顶部易挥发物质的组分比例高，而在烧瓶里高沸点组分(难挥发组分)的比例高。这样只要分馏柱足够高，就可将几种组分彻底分开。

分馏柱的分馏能力一般用理论塔板数表示。分馏柱的混合物经过一次气化和冷凝的平衡过程(又称气液平衡)，相当于一次简单蒸馏或一块理论塔板。显然，分馏柱的理论塔板数越多，分离效果越好。分馏柱的分馏效率通常用理论塔板当量高度(height equivalent to a theoretical plate，HETP)表示。它表示与一个理论塔板数所相当的分馏柱高度。因此，分馏柱的分馏效率越高，其 HETP 就越小。

3.2.2　仪器与装置

实验室常用的分馏柱主要有刺形和管式两种，如图 3－4 所示。

刺形分馏柱又称韦氏(Vigreux)分馏柱。在柱的内壁每隔一定距离，向内伸入三根倾斜的刺状物，在柱的中间相交并排成螺旋状，是一种常用的仪器。它不需要其他填料，易于安装和清洗，结构简单，且在蒸馏过程中留在柱内的液体很少，但是比相同柱长的管式分馏柱分馏效率低。

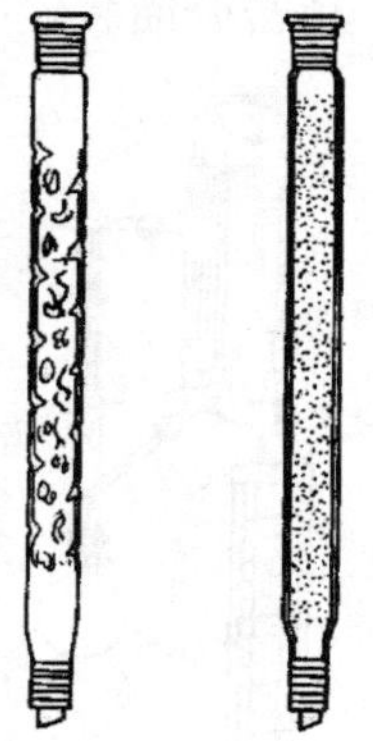

图 3－4　常用的分馏柱

管式分馏柱又称赫姆帕(Hempel)分馏柱，是一种填充柱，在柱内填有惰性材料，以增加表面积，使气液两相充分接触。常用的填料有玻璃珠、直径与长度相等的玻璃管等。

3.2.3　实验操作

1. 简单分馏操作

简单分馏操作与普通蒸馏大致相同。按图 3－5 装配好分馏装置。在圆底烧瓶里加入待分馏的液体混合物，加入 2～3 粒沸石，配上韦氏分馏柱、温度计及套管和直型冷凝管、尾接管、锥形瓶等。

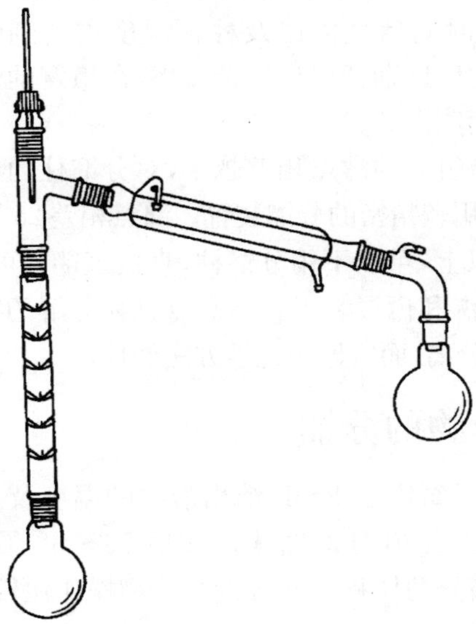

图 3－5　简单分馏装置

分馏柱外面需用一定厚度的保温材料(如石棉布)包起来，减少柱内热量的散发和波动，以保证柱内有一定的温度梯度，防止蒸气在柱内冷凝太快，回流液体在柱内聚集，即发生液泛。液泛会减少液体和蒸气的接触面积，或者使上升的蒸气将液体冲入冷凝管中。当使用填充柱时，往往由于填料装得太紧或不均匀，造成柱内液体聚集，这时需要重新装柱。在分馏开始时，还可以人为地利用液泛将液体均匀地分布在填料表面，使柱身及填料完全被液体浸润，充分发挥填料本身的效率，这种情况称为预液泛。

分馏时为了保温还应选择适当的热浴，使温度平稳上升。当有液滴滴出后，馏出液的速率应控制在每 2～3 秒 1 滴，使有相当数量的液体流回烧瓶中，即控制好合适的回流比。所谓回流比，是指在同一时间内流回蒸馏瓶的冷凝液数量与馏出液数量之比。回流比越大，分离效果越好。回流比的大小根据物系和操作情况而定，一般回流比控制在 4∶1，即冷凝液流回蒸馏瓶 4 滴，柱顶馏出液为 1 滴。若温度计读数突然下降时，说明低沸点的组分已基本蒸完，可以逐渐升高温度，另换一只锥形瓶或烧瓶承接馏出液。当达到第二低组分沸点时，将有第二组分的馏分液滴出。至全部组分馏出，才停止加热，切忌蒸干。

简单分馏操作一般适用于混合物各组分沸点相差较大的分离操作，若预分离液体组分沸点相差很小（几度），必须采用精密分馏装置。

2. 精密分馏装置

精密分馏装置如图 3－6 所示。精密分馏原理与简单分馏完全相同。为了提高分馏效率，在操作中采取了两项措施：一是在分馏柱上加保温和恒温装置，以利于气液两相平衡；二是控制一定的回流比。在分馏柱上安装全回流可调蒸馏头，就可以测量和控制回流比。回流比越大，分馏效率越高。对于非常精密的分馏，使用高效分馏柱，有时采用 100∶1 的回流比。

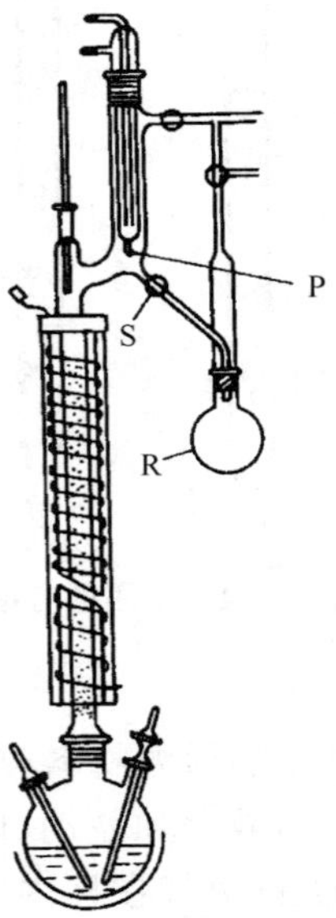

图 3－6　精密分馏装置

精密分馏操作时，将待分馏物放入烧瓶中，加入几粒沸石，柱头的回流冷凝管中通入冷凝水，关闭出料活塞 S（注意：系统不得密闭）。对电热套和保温套加热，并控制保温套温度略低于待分离组分中易挥发组分的沸点。调节电热套使液体沸腾，保持液泛 5 min，之后升高加热温度，重复液泛 1～2 次，充分润湿填料。经过上述过程后，调节柱温，使之与待分馏组分中易挥发组分沸点相同或略低，控制加热温度，使蒸气缓慢上升至柱顶，冷凝而全回流。经过一定时间后柱内以及柱顶温度均达到恒定，表示平衡已经建立。此后逐渐开启出料活塞 S，在稳定的情况下，按一定的回流比连续蒸出。

总之，混合液中被分馏组分的沸点相差越小，对分馏柱的要求越高。例如，分离沸点相差 10 ℃左右的混合物，要用较精密的分馏装置。沸点相差 25 ℃左右时，可以用简单的分馏装置。沸点相差 100 ℃以上，可以不用分馏柱，直接蒸馏即可。精密分馏时或分馏物沸点较高时，应在分馏柱上加保温和恒温装置。高沸点且易分解的物质，宜采用减压分馏装置。恒沸物不能用分馏的方法分离，而应该用化学方法处理。

实验 6　丙酮-水混合物的分馏

分馏 10 mL 丙酮和 10 mL 水的混合物，注意记录每增加 1 mL 馏出液时的温度及总体积。以温度为纵坐标，馏出液体积（mL）为横坐标，绘制分馏曲线。收集 56～62 ℃、62～72 ℃、72～98 ℃、98 ℃以上的馏分，记录 4 个馏分的体积。并分别与蒸馏操作比较，讨论分离效率。

【思考题】

1. 总结分馏和蒸馏在原理及装置上的异同。
2. 在分离两种沸点相近的液体时，为什么装有填料的分馏柱比不装填料的效率高？
3. 什么是恒沸物？为什么不能用分馏法分离恒沸物？

3.3　水蒸气蒸馏

水蒸气蒸馏(steam distillation)是将水蒸气通入不溶或难溶于水但有一定挥发性的有机物质中,使该物质在低于 100 ℃的温度下,随水蒸气一起蒸馏出来。它是分离和纯化与水不相混溶的挥发性有机物常用的方法,适用于如下几种情况:

(1) 从大量树脂状杂质或不挥发性杂质中分离有机物。

(2) 除去不溶于水的挥发性有机杂质。

(3) 从固体混合物中分离被吸附的液体有机物。

(4) 常用于蒸馏沸点较高且在接近或达到沸点温度时易分解的有机物。

被提纯物质必须具备以下几个条件:

(1) 不溶或难溶于水。

(2) 与水共沸温度时不发生反应。

(3) 在 100 ℃时,必须具有一定的蒸气压(一般不低于 1.333 kPa)。

3.3.1　基本原理

当与水不相混溶的物质与水共存时,根据道尔顿定律:在一定温度下总蒸气压 p 应等于各组分气体分压之和,即

$$p=p_{H_2O}+p_A \qquad \text{(A 为不溶或难溶于水的有机物)}$$

p 随着加热温度的升高而增大,当温度升至 p 与外界大气压 p_0 相等时,该体系开始沸腾,这时的温度为该体系的沸点。此沸点比体系中任一组分的沸点都低。因为:

纯物质沸腾时

$$p_AV=n_ART_A=p_0V \tag{3.1}$$

混合物体系沸腾时

$$pV=(n_{H_2O}+n_A)RT=p_0V \tag{3.2}$$

综合式(3.1)和式(3.2)得

$$T=[n_A/(n_{H_2O}+n_A)]T_A$$

又因为 $n_A/(n_{H_2O}+n_A)<1$,所以 $T<T_A$。

蒸馏时,混合物沸点保持不变,直至该物质随水全部蒸出,温度才会上升到水的沸点。因此,在不溶于水的有机物质中,通入水蒸气进行水蒸气蒸馏时,在低于 100 ℃温度时即可使该物质蒸馏出来。蒸出的水和与水不混溶的物质很容易进行分离,从而达到纯化有机物的目的。

根据气体状态方程式,蒸出的混合蒸气中气体分压之比 $p_{H_2O}:p_A$ 等于它们的物质的量之比 $n_{H_2O}:n_A$,即

$$p_{H_2O}/p_A=n_{H_2O}/n_A$$

物质的量 n 等于质量 m 除以摩尔质量 M,将 $n_{H_2O}=m_{H_2O}/M_{H_2O}$ 和 $n_A=m_A/M_A$ 代入

上式得

$$m_{H_2O}/m_A = p_{H_2O}M_{H_2O}/p_AM_A$$

即蒸出混合物的相对质量之比与它们的蒸气压和摩尔质量成正比。

水具有低的摩尔质量和较大的蒸气压，可通过水蒸气蒸馏分离较高摩尔质量和较低蒸气压的物质。由于各种有机化合物或多或少溶于水，导致水的蒸气压降低，故实际蒸出的质量与理论值略有偏差。

3.3.2 实验操作

水蒸气蒸馏装置主要包括水蒸气发生器、蒸馏、冷凝和接收四部分，如图 3－7(a)所示。水蒸气导出管与蒸馏部分导管之间由一 T 形管相连接。T 形管用来除去水蒸气中冷凝下来的水，并在操作异常的情况下及时使水蒸气发生器与大气相通。蒸馏的液体量不能超过其容积的 1/3。水蒸气导入管应正对烧瓶底中央，距瓶底约 8～10 mm，导出管连接在一直型冷凝管上。若反应在单口烧瓶进行，可在圆底烧瓶上装配蒸馏头代替三口烧瓶，如图 3－7(b)所示。

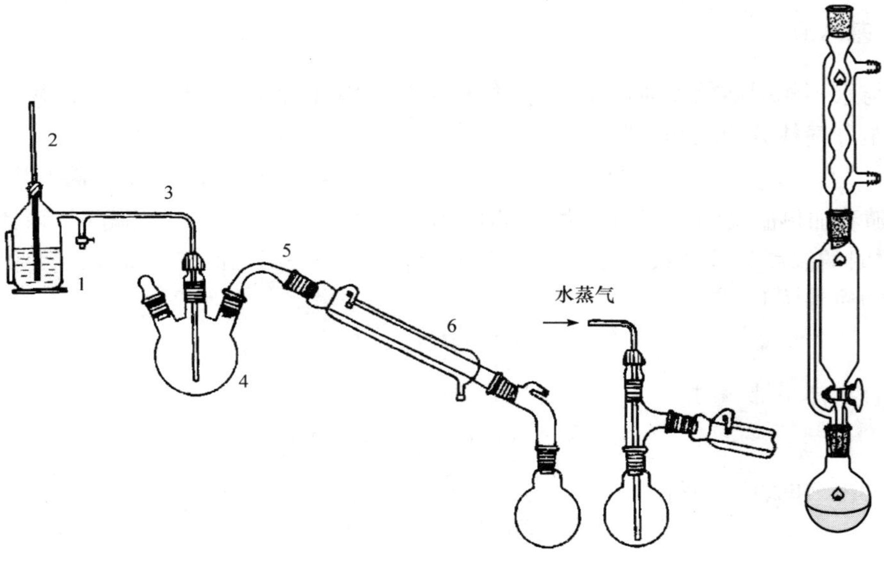

图 3－7　水蒸气蒸馏装置

1. T 形管的螺旋夹；2. 安全管；3. T 形管；4. 蒸馏瓶；5. 弯头；6. 冷凝管

在水蒸气发生器中，加入约占容器 1/2 的水，在三口烧瓶中加入约为烧瓶容量 1/3 的待蒸馏物质。检查整个装置不漏气后，旋开 T 形管的螺旋夹，加热至沸。当有大量水蒸气产生并从 T 形管的支管冲出时，立即旋紧螺旋夹，水蒸气便进入蒸馏部分，开始蒸馏。在蒸馏过程中，通过水蒸气发生器安全管中水面的高低，可以判断水蒸气蒸馏系统是否畅通。若水平面上升很高，则说明某一部分被阻塞了，这时应立即旋开 T 形管的螺旋夹，移去热源，拆下装置进行检查和处理(通常是由于水蒸气导入管被树脂状物质或焦油状物堵塞)。如由于水蒸气的冷凝而使蒸馏瓶内液体量增加，可适当加热蒸馏瓶。但要控制蒸馏速度，以每秒 2～3 滴为宜，以免发生意外。

当馏出液无明显油珠，澄清透明时，便可停止蒸馏。其顺序是先旋开螺旋夹通大气，再停止加热并移去热源，否则可能发生倒吸现象。

3.3.3 改进的水蒸气蒸馏装置

常规的水蒸气蒸馏装置在蒸馏时间较长时，需要不停地往水蒸气发生器中补加水。此外，当被提取的物质的水溶性较大时，则需要使用有机溶剂萃取溶于水的部分以减少损失。这时，可采用一种简单有效的循环水蒸气蒸馏装置，如图 3-7(c)所示。该装置只需蒸馏瓶、恒压漏斗和球型冷凝管即可进行水蒸气蒸馏操作。

将被提取或分离的混合物置于蒸馏瓶中，加入适量水。加热蒸馏瓶使液体沸腾，蒸气经恒压漏斗的支管进入球型冷凝管，冷却后的液体即流入恒压漏斗筒里。如被提取物质的密度小于水，分层后位于上层，下层的水通过活塞放回蒸馏瓶中重复使用。经过一段时间的循环，被提取物质富集于漏斗的上层。如被提取物质的密度大于水，则水在上层，可从支管直接流回烧瓶，或预先在漏斗中加入适量的有机溶剂作为萃取剂，如乙酸乙酯、苯、乙醚等都是较为理想的萃取溶剂。这样被提取的物质就被萃取到上层，下层的水同样可以重复使用。

通过调节蒸馏速度和水层流回烧瓶的速度大致相等，可达到连续操作的目的。

该装置对于水溶性较大的有机化合物的分离、提纯效果明显优于常规的水蒸气蒸馏装置，同时也可以作为从植物中提取精油(挥发油)的天然产物的实用装置。

实验 7 苯甲酸乙酯的水蒸气蒸馏

取 10 mL 苯甲酸乙酯于三口烧瓶中，进行水蒸气蒸馏，至馏出液澄清后，再多收集 10～20 mL的清液。

把馏出液转移到分液漏斗中，分离出有机层。水层于烧杯中用食盐饱和后再移入分液漏斗，用 10 mL 乙酸乙酯萃取 3 次。萃取液与分离出的有机层合并，用无水硫酸镁干燥。蒸馏除去乙酸乙酯，剩余物改用空气冷凝管蒸馏，收集 213～215 ℃的馏分。

【思考题】

1. 被提纯物应具备什么条件可使用水蒸气蒸馏?
2. 水蒸气蒸馏和普通蒸馏有何异同?
3. 一般进行水蒸气蒸馏时，蒸出液由混浊变澄清后还要多蒸出 10～20 mL 的清液，为什么? 如果不这样做会有什么影响?
4. 试简述安全管的作用。

3.4 减压蒸馏

减压蒸馏(vacuum distillation)是在真空条件下(压力小于 1 个标准大气压)进行蒸馏的过程，也称真空蒸馏。减压蒸馏是分离、提纯液体有机化合物(或低熔点固体)的常用方法之一，特别适用于沸点较高、难以常压蒸馏或常压蒸馏时易分解、氧化或聚合的物质的分离纯化。

3.4.1 基本原理

液体的沸点随外界压力的变化而变化，如果外界施加于液体表面的压力降低，液体的沸点也降低，这是减压蒸馏操作的理论依据。这种在较低压力下进行蒸馏的操作称为减压蒸馏。

减压蒸馏时，物质的沸点与体系内压力有一定的对应关系。对于一般的高沸点有机物，当压力降低到 2.67 kPa(20 mmHg) 时，其沸点要比常压下的沸点低 100～120 ℃。当减压蒸馏在 1.33～3.33 kPa(10～25 mmHg)进行时，大体上压力每相差 0.133 kPa(1 mmHg)，沸点约相差 1 ℃，见表 3-1。当要进行减压蒸馏时，预先估计出相应的沸点或压力，对具体操作时选择合适的温度计、热浴以及控制收集馏分都有一定的参考价值。

表 3-1 苯甲醛、甘油在不同压力下的沸点数据

压力/kPa	101.08	6.65	3.99	3.325	2.66	1.995	1.33	0.665
苯甲醛沸点/℃	179	95	84	79	75	69	62	50
甘油沸点/℃	290	204	192	188	182	175	167	156

有时在文献中查不到减压蒸馏选择的压力与相应的沸点，则可根据图 3-8 的经验曲线找出近似值。例如，苯甲醛的沸点 179.5 ℃/760 mmHg，欲在 100 mmHg 条件下减压

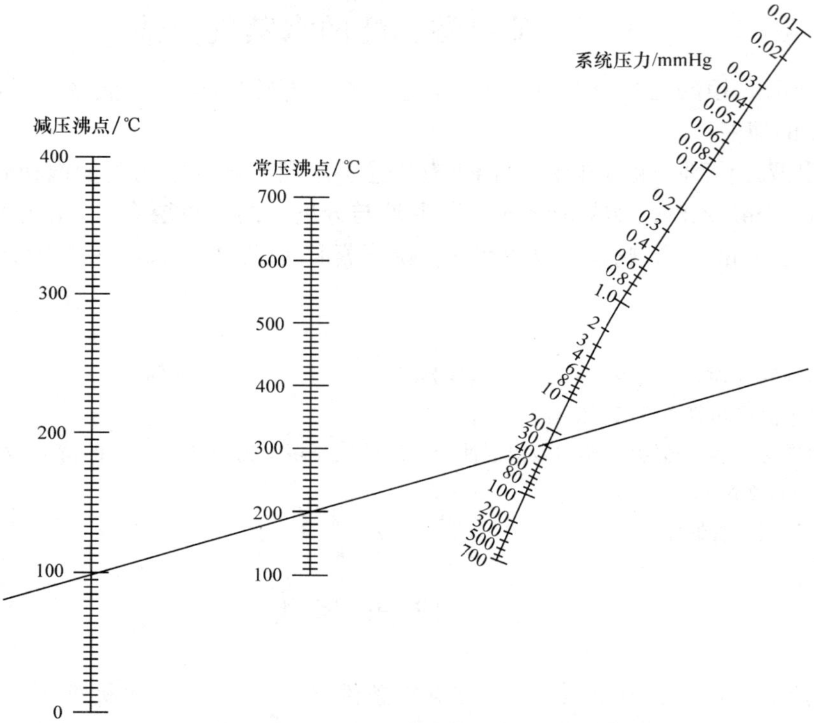

图 3-8 有机液体的沸点-压力的经验曲线图

蒸馏，它的沸点(或选择的热浴范围)是多少？在图 3-8 中，在压力 p/mmHg 曲线中找出 100 的位置，在常压沸点直线中找到 179.5 ℃的位置，用直尺连接两个位置点并延长到减压沸点直线上，该交叉点 112 ℃即为苯甲醛在 100 mmHg 条件下的沸点数据，可表示为苯甲醛的沸点 112 ℃/100 mmHg。再如，甘油常压下的沸点为 290 ℃，欲在 120 ℃以下进行减压蒸馏，真空度应为多少？在压力-沸点关系图中，连接减压沸点直线中 120 位置点与常压沸点直线中 290 ℃位置点，并延长至压力 p/mmHg 曲线中，交叉点为 2 mmHg。即在 120 ℃减压蒸馏，真空度必须达到 2 mmHg 以下才能进行减压蒸馏。

3.4.2　操作步骤

1. 减压蒸馏装置

常用的减压蒸馏装置如图 3-9 所示，主要由蒸馏、抽气(减压)、安全保护和测压四部分组成。整套装置均需使用圆形耐压仪器，不能使用不耐压的平底仪器(如锥形瓶、平底烧瓶等)，否则由于受力不均匀，减压过程中易炸裂。

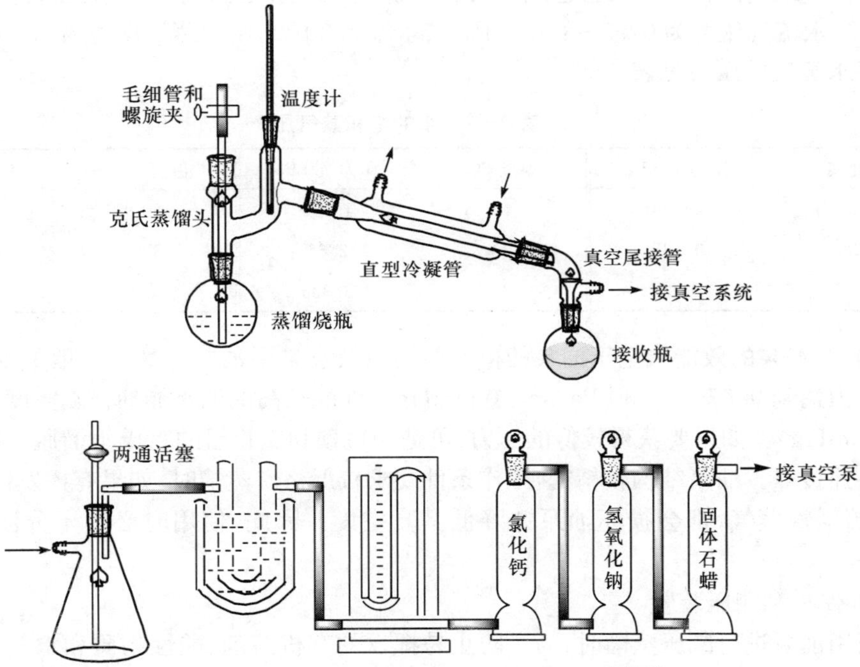

图 3-9　减压蒸馏装置

1) 蒸馏部分

蒸馏部分由热源、圆底烧瓶、克氏蒸馏头、毛细管、温度计、直型冷凝管、真空尾接管以及接收瓶等组成。

减压蒸馏中通常采用克氏蒸馏头，其目的是避免减压蒸馏时瓶内液体由于沸腾而冲入冷凝管中。带支口的瓶口插入一温度计，另一瓶口插入一根距瓶底约 1～2 mm、末端拉成毛细管的玻管。毛细管的上端连有一段带螺旋夹的橡皮管，螺旋夹用以调节进入空气的量，使极少量的空气进入液体，呈微小气泡冒出，以作为液体沸腾的气化中心，使蒸馏平稳进行，又起搅拌作用。必要时，在橡皮管内放一细铜丝，拧紧螺旋夹，可用磁力搅拌代替毛细管。

尾接管需使用真空尾接管。蒸馏时，若要收集不同的馏分而又不中断蒸馏，则可用两尾或多尾尾接管（或称燕尾管）。转动多尾尾接管，就可使不同的馏分进入指定的接收器中。

整个系统磨口之间的连接处要涂真空脂，使仪器密封，操作完毕后易于拆除。

根据化合物的沸点不同，可选择不同的热浴方式，包括水浴、油浴、空气浴（切忌用明火直接加热），使受热均匀，尽量避免局部过热。控制热浴温度比液体的沸点高 20～30 ℃。

若是高沸点或低熔点的固体物质，可以不用冷凝管，但接收器需进行适当冷却。

2）抽气（减压）部分

实验室通常用水泵或油泵进行减压。

水泵（或水循环泵）：所能达到的最低压力为当时室温下水蒸气的压力。若水温为 6～8 ℃，水蒸气压力为 0.93～1.07 kPa；若水温为 30 ℃，则水蒸气压力为 4.2 kPa。不同温度下水蒸气的压力见表 3－2。

表 3－2　水的饱和蒸气压

温度/℃	压力 p/kPa	温度/℃	压力 p/kPa	温度/℃	压力 p/kPa
0	0.6090	15	1.995	30	3.99
5	0.665	20	2.66	35	4.655
10	1.33	25	3.325		

油泵：油泵的效能决定于油泵的机械结构以及真空泵油的好坏。一般的油泵可使系统内压力达到 0.67～1.33 kPa(5～10 mmHg)，性能较高的油泵能抽至真空度为 13.3 Pa (0.1 mmHg)。如果要获得较低的压力，可选用短颈和支管粗的克氏蒸馏瓶，同时尽量减少接头连接点。油泵结构较精密，工作条件要求较严格。蒸馏时，如果有挥发性的有机溶剂、水或酸性蒸气，都会损坏油泵并降低其真空度。因此，使用时必须十分注意油泵的保护。

3）保护和测压装置

当用油泵进行减压蒸馏时，为了防止易挥发的有机溶剂、酸性物质和水气进入油泵，必须在接收器与油泵之间顺次安装缓冲瓶、冷却阱、真空压力计和几个吸收塔。缓冲瓶也称安全瓶，上面装有一个两通活塞，其作用是在接收器与油泵之间起缓冲作用，以及减压结束后使系统与大气相通。冷却阱的构造如图 3－10 所示，将它置于盛有冷却剂的广口保温瓶中，其作用是将蒸馏装置中冷凝管没有冷凝的低沸点物质捕集起来，防止其进入后面的干燥系统或油泵中。冷却阱中冷却剂的选择随需要而定，如可用冰/水、冰/盐、干冰/丙酮等冷冻剂。吸收塔（图 3－11）通常设三个：第一个装无水 $CaCl_2$ 或硅胶，干燥除水；第二个装粒状 NaOH，吸酸性气体；第三个装切片石蜡，吸烃类等有机气体。一定要注意保护仪器的连接顺序及气路的方向。气路方向为塔底进气，塔顶抽气。

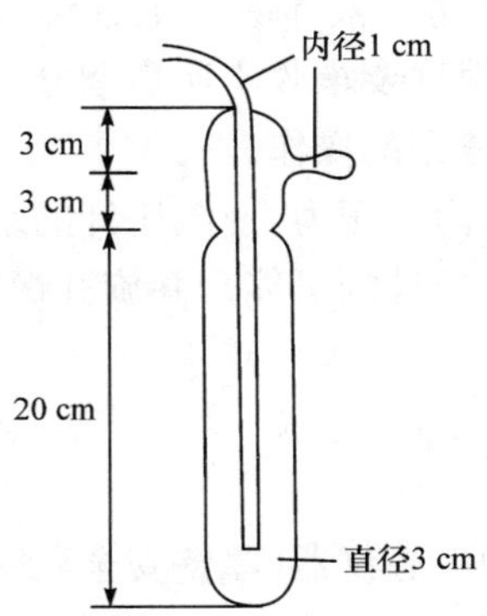

图 3 - 10　冷却阱

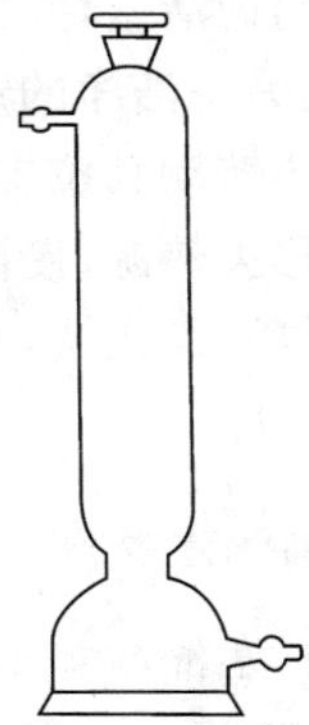

图 3 - 11　吸收塔

实验室通常利用水银压力计来测量减压系统的压力。水银压力计有开口式和封闭式两种。开口式水银压力计是一支两端开口的 U 形玻璃管，内装水银。工作时与真空系统相接的一端液面上升，另一端液面下降。两液面的高度差即大气压与系统压强之差。用大气压减去这个差值即得系统内的压强，必要时还需用大气压力计校正。封闭式水银压力计是玻璃管弯制的双 U 形管，其优点是短小方便，较为安全，可直接读出系统内压强；缺点是装水银较麻烦。

随着绿色化学的需要，常采用电子真空表来代替有毒的水银压力计，典型的电子真空表是数字式低真空测压仪。这类仪表采用精密差压传感器将压力信号变成电信号，经低漂移、高精度的集成运算和放大后再转换成数字显示出来。

2. 减压蒸馏操作

被蒸馏液体中若含有低沸点物质时，通常先进行常压蒸馏，再进行减压蒸馏，必要时油泵减压蒸馏可在水泵减压蒸馏后进行。

如图 3 - 9 安装好减压蒸馏装置后，在蒸馏瓶中加入待蒸液体（不超过容量的二分之一），先旋紧毛细管上的螺旋夹，打开安全瓶上的两通活塞，使体系与大气相通，启动油泵抽气，逐渐关闭两通活塞至完全关闭，注意观察瓶内的鼓泡情况（如发现鼓泡太剧烈，有冲料危险，立即将两通活塞旋开些），从压力计上观察体系内的真空度是否符合要求。如果是因为漏气（而不是油泵本身效率的限制）而不能达到所需的真空度，可检查各部分塞子、橡皮管和玻璃仪器接口处连接是否紧密，必要时可用熔融的固体石蜡密封。

如果超过所需的真空度，可小心地旋转两通活塞，使其慢慢地引进少量空气，同时注意观察压力计上的读数，调节体系真空度到所需值（根据沸点与压力关系）。

调节毛细管上端螺旋夹，使液体中有连续平衡的小气泡产生，如无气泡，可能是螺旋夹夹得太紧，应旋松点；但也可能是毛细管已经堵塞，应予更换。

在调节好系统真空度后，开启冷凝水，选用适当的热浴加热蒸馏，控制馏出速度 1～2 滴 · 秒$^{-1}$。如果使用油浴，蒸馏瓶圆球部至少应有三分之二浸入油浴中，在油浴中放一温度计，控制油浴温度比待蒸液体的沸点高 20～30 ℃。在整个蒸馏过程中，密切注意温度计和真空计的读数，及时记录压力和相应的沸点值。先接收前馏分，然后移去热源，待稍冷后，渐渐打开两通活塞，并松开毛细管上的螺旋夹(可防止液体吸入毛细管)，使系统与大气相通。更换另一洁净的蒸馏瓶，再重复前述操作，根据要求收集所需馏分。如果有多尾尾接管，则只要转动其位置即可收集不同馏分，避免复杂的操作。

蒸馏完毕，移去热源，慢慢打开两通活塞，平衡体系内外压力，使测压计的水银柱慢慢地回复原状(若打开得太快，水银柱很快上升，有冲破测压计的可能)，并旋开螺旋夹，然后再关闭油泵和冷却水。

3. 减压蒸馏注意事项

减压蒸馏时，蒸馏瓶和接收瓶均不能使用不耐压的平底仪器(厚壁安全瓶除外)，所有玻璃仪器上不能有裂纹。必要时，安全瓶外接口处应用胶布贴上，以防炸裂。

磨口接口处必须干净，并涂有真空油脂，所用橡皮管必须耐压。

先抽气，待达到真空度后，再进行加热，否则物料易冲出。

实验 8　乙酰乙酸乙酯的蒸馏

本实验是对粗制的乙酰乙酸乙酯进行纯化。

乙酰乙酸乙酯的沸点为 180.8 ℃，沸点较高，为防止其在常压蒸馏时分解产生去水乙酸，可通过减压蒸馏进行提纯。但粗制的乙酰乙酸乙酯中，含有少量的乙酸乙酯、乙酸和水等低沸点物质，故要先进行常压蒸馏和水泵预减压蒸馏，才能进行油泵减压蒸馏。

在 25 mL 蒸馏瓶中，加入 8 mL 粗制的乙酰乙酸乙酯，加入几粒沸石，安装好常压蒸馏装置，进行常压蒸馏，收集 120 ℃之前的低沸点馏分，停止蒸馏。

如图 3－9 所示安装减压蒸馏装置，通过减压蒸馏进行纯化，并计算收率。

【思考题】

1. 在什么情况下使用减压蒸馏？
2. 使用油泵减压时，需要哪些保护装置？其作用是什么？
3. 在进行减压蒸馏时，为什么必须用热浴加热，而不能直接用明火加热？为什么进行减压蒸馏时需先减压才能加热？
4. 当减压蒸馏操作结束后，应如何停止减压蒸馏？为什么？

3.5　重　结　晶

将晶体用溶剂先进行加热溶解，又重新成为晶态析出的过程称为重结晶(recrystallization)。有机反应中，分离出来的固体有机物往往是不纯的，其中常夹杂一些反应副产物、未作用的原料及催化剂等。若除去这些杂质，通常是选用合适的溶剂进行重结晶。重结晶是纯化固体化合物最常用的方法之一。

3.5.1　基本原理

固体有机物在溶剂中的溶解度与温度有密切关系。一般是温度升高，溶解度增大。

若把固体溶解在热的溶剂中达到饱和，冷却时由于溶解度降低，溶液变成过饱和而析出晶体。利用溶剂对被提纯物质及杂质的溶解度不同，可以使被提纯物质从过饱和溶液中析出，而让杂质全部或大部分仍留在溶液中(若在溶剂中的溶解度极小，则配成饱和溶液后被过滤除去)，从而达到提纯目的。

假设一固体混合物由9.5 g被提纯物A和0.5 g杂质B组成，选择某种溶剂进行重结晶，室温时A、B在此溶剂中的溶解度分别为S_A和S_B，通常存在下列三种情况：

(1) 室温下杂质较易溶解($S_B>S_A$)。设在室温下$S_B=2.5\ g\cdot(100\ mL)^{-1}$，$S_A=0.5\ g\cdot(100\ mL)^{-1}$，如果A在此沸腾溶剂中的溶解度为$9.5\ g\cdot(100\ mL)^{-1}$，则使用100 mL溶剂即可使混合物在沸腾时全溶。若将此滤液冷却至室温时可析出A 9 g(不考虑操作上的损失)而B仍留在母液中，A损失很小，即被提纯物回收率达到94%。如果A在此沸腾溶剂中的溶解度为$47.5\ g\cdot(100\ mL)^{-1}$，则只要使用20 mL溶剂即可使混合物在沸腾时全溶，这时滤液可析出A 9.4 g，B仍可留在母液中，被提纯物的回收率高达99%。由此可见，如果杂质在低温时的溶解度大而产物在低温时的溶解度小，或溶剂对产物的溶解性能随温度的变化大，这两方面都有利于提高回收率。

(2) 室温下杂质较难溶解($S_B<S_A$)。设在室温下$S_B=0.5\ g\cdot(100\ mL)^{-1}$，$S_A=2.5\ g\cdot(100\ mL)^{-1}$，A在此沸腾溶剂中的溶解度仍为$9.5\ g\cdot(100\ mL)^{-1}$，则在100 mL溶剂重结晶后的母液中含有2.5 g A和0.5 g B，析出结晶A 7 g，产物的回收率为74%。但这时，即使A在沸腾溶剂中的溶解度更大，使用的溶剂也不能再少了，否则杂质B也会部分地析出，就需再次重结晶。如果混合物中杂质含量很多，则重结晶的溶剂量就要增加，或者重结晶的次数要增加，致使操作过程冗长，回收率极大地降低。

(3) 室温下两者溶解度相等($S_A=S_B$)。设在室温下皆为$2.5\ g\cdot(100\ mL)^{-1}$，若也用100 mL溶剂重结晶，仍可得到纯A 7 g。但如果这时杂质含量很多，则用重结晶分离产物就比较困难。在A和B含量相等时，重结晶就不能用来分离产物了。

从上述讨论可以看出，在任何情况下，杂质的含量过多不利于重结晶(杂质太多还会影响结晶速度，甚至妨碍结晶的生成)。一般情况下，重结晶只适用于纯化杂质含量在5%以下的固体有机混合物。

3.5.2 实验操作

重结晶的操作过程主要包括下列几个步骤：

1) 溶剂的选择

重结晶的关键在于选择适当的溶剂，溶剂影响被提纯物质的纯度与收率。理想的溶剂必须具备下列几个条件：

(1) 不与被提纯物质发生化学反应。

(2) 在较高温度时能溶解较多的被提纯物质，而在室温或更低温度时只能溶解很少量。

(3) 对杂质的溶解度非常大或者非常小(前一种情况是使杂质留在母液中不随被提纯物晶体一同析出；后一种情况是使杂质在热过滤时被滤去)。

(4) 沸点适中，易与被提纯物质分离。

(5) 能给出较好的结晶。

(6) 无毒或毒性很小，便于操作，价格低廉。

常用的重结晶溶剂见表 3-3。具体选择溶剂时，大部分化合物可先从手册或文献资料查出溶解度数据，如无法查到，可通过实验，根据“相似相溶”的原则来选择溶剂[1]。

表 3-3 常用的重结晶溶剂

溶 剂	沸点/℃	相对密度	与水的混溶性	易燃性
水	100	1.00	+	0
甲醇	65	0.79	+	+
95% 乙醇	78	0.80	+	++
冰醋酸	118	1.05	+	+
丙酮	56	0.79	+	+++
乙醚	35	0.71	−	++++
石油醚	30～60	0.64	−	++++
乙酸乙酯	77	0.90	−	++
苯	80	0.88	−	++++
氯仿	62	1.48	−	0
四氯化碳	77	1.59	−	0

注：“+”表示容易；“−”表示不易；“0”表示不燃。

单溶剂的选择方法：取若干小试管，各加入 0.1 g 待重结晶物质，再分别加入 0.5～1 mL不同类型的溶剂，室温下不断振摇，观察是否溶解。若完全溶解(此溶剂称为良溶剂)，表明此溶剂不适用。若溶解不明显，可加热并观察溶解现象，若完全溶解或多数溶解，表明此溶剂适用。若加热时没有溶解迹象(此溶剂为不良溶剂)，此溶剂也不适用。

一般在室温下，当物质的溶解度大于 10 g 时为易溶，物质的溶解度在 10～1 g 时为可溶，当物质的溶解度在 1～0.01 g 时微溶，小于 0.01 g 为难溶。

若一种物质有两种或多种合适溶剂可用于重结晶，则应根据晶体的回收率、操作难易、溶剂的毒性、易燃性和价格等来选择。

混合溶剂的选择方法：如果找不到合适的单溶剂，宜选用混合溶剂。混合溶剂通常由两种互溶的溶剂组成，其中一种为良溶剂，另一种为不良溶剂。在小试管中先加入预纯化物质和良溶剂，然后加入不良溶剂，当溶液混浊时，加热溶解直至在热溶液中形成饱和溶液，注意每次滴加不良溶剂为 0.5～1 mL。自然冷却，若能形成形状较大的结晶，此混合溶剂是重结晶的理想溶剂。常用的混合溶剂有水-乙醇、水-甲醇、水-丙酮、水-冰醋酸、乙醇-苯、乙酸乙酯-乙醇、乙酸乙酯-石油醚等。

2) 溶解粗产品

通常将粗产品置于锥形瓶(或圆底烧瓶)中，加入较需要量[2]稍少的适宜溶剂，加热到微微沸腾。若固体未完全溶解，可再分批添加溶剂，每次加入后均需再加热使溶液沸腾，直至物质恰好溶解，记录溶剂用量。最后再多加 20%左右的溶剂(也可过量更多，视被提纯物的溶解度随温度的变化大小而定)以防止热过滤时因溶剂挥发和温度降低而导致结晶析出，热过滤失败。

有机溶剂沸点较低，易挥发、易燃烧，因此加热溶解时，应在锥形瓶或圆底烧瓶上装回流冷凝管。沸点比较高，挥发性不大或者重结晶溶剂为水时，可省去回流冷凝装置，直接在锥形瓶中制备热饱和溶液。因锥形瓶瓶口较窄，溶剂不易挥发，便于摇动，促进固体物质溶解。

3）脱色

粗产品溶解后，如其中含有有色杂质或树脂状杂质，会影响产品的纯度甚至妨碍晶体的析出，此时常加入吸附剂以除去杂质，最常用的吸附剂有活性炭和三氧化二铝。吸附剂的选择和重结晶的溶剂有关，活性炭适用于极性溶剂（如水、乙醇等有机溶剂）；三氧化二铝适用于非极性溶剂（如苯、石油醚），否则脱色效果较差。一般用活性炭脱色，如要在酸性溶液中使用，最好先用盐酸处理，即将活性炭用 1∶1 的盐酸煮沸 2～3 h，再用蒸馏水稀释后抽滤，用热蒸馏水洗至无酸性，抽滤后烘干。活性炭的用量，根据所含杂质的多少而定。一般为干燥产品质量的 1%～5%，有时还要多些。若一次脱色不彻底，则可将滤液用 1%～5%的活性炭进行再脱色。但必须注意：活性炭除吸附杂质外，也会吸附产品，因而活性炭加入过多是不利的。为了避免液体的暴沸，甚至冲出容器，活性炭绝对不能往沸腾的溶液中加入，必须稍冷后加入，然后煮沸 5～10 min，再趁热过滤，除去活性炭。

4）热过滤

热过滤的目的是除去不溶性杂质（包括用作脱色的吸附剂）。为了尽量减少过滤过程中晶体的损失，常使用热水漏斗和折叠滤纸[3]进行常压保温快速过滤，这样的热过滤较快，并可防止在过滤过程中因溶剂的冷却或挥发使溶质析出而造成损失[4]。热水漏斗如图 3-12(a)所示，即短而粗的玻璃漏斗外边装有金属夹套，夹套间充水。金属夹套上面的小孔为装水和水蒸气挥发的进出口。热水漏斗可用铁夹和铁圈固定，漏斗下用锥形瓶接收。过滤前先在金属夹套支管端加热，使夹套水近沸腾。为了保持热水漏斗有一定温度，在过滤时可用小火加热。但必须注意，过滤易燃溶剂时应将火焰熄灭！

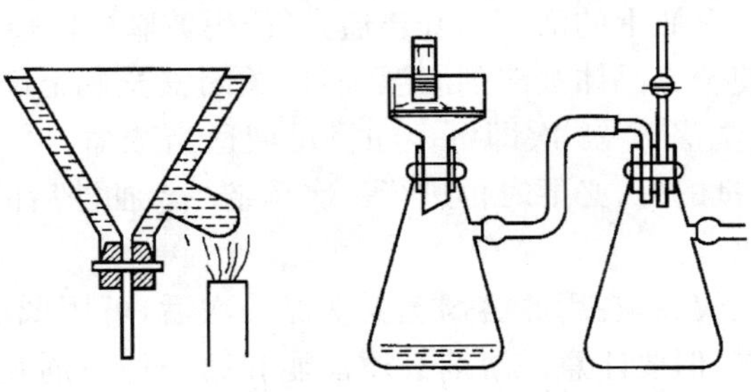

(a) 热水漏斗　　(b) 减压过滤

图 3-12　热过滤及抽滤装置

用折叠滤纸过滤时，应先用少量热溶剂润湿，以免干滤纸吸收溶液中的溶剂使晶体析出而堵塞滤纸孔。过滤时，漏斗上应盖上表面皿（凹面向下），起到保温和减少溶剂挥发的作用。若析出的晶体较多时，必须用刮刀刮回到原来的瓶中，再加入适量的溶剂加热溶解并过滤。

5）冷却结晶

热溶液冷却，使溶解的物质自过饱和溶液中析出，而一部分杂质仍留在母液中。冷却的方式有两种：一种是快速冷却，一种是自然冷却。

(1) 快速冷却：将滤液在冷水或冰水浴中迅速冷却并剧烈搅拌，可得到颗粒很小的晶体。小晶体包含杂质较少，但其表面积大，吸附在表面的杂质较多，其优点是冷却时间短。

(2) 自然冷却：将热的饱和溶液（如在滤液中已析出晶体，可加热使之溶解）静置，自然地冷却，缓慢地降温。当溶液的温度降至接近室温且有大量的晶体析出后，可进一步用冷水或冰水冷却，使结晶充分析出，这样析出的晶体大而均匀。大的晶体内部虽然含杂质较多些，但晶体大，表面积小，吸附杂质少，而且容易用新鲜溶剂洗涤除去。

总的来说，自然冷却得到的晶体比快速冷却得到的晶体洁净。重结晶选择何种冷却方法要根据产品要求而定。

有时晶体不易从过饱和溶液析出，这是由于溶液中尚未形成结晶中心，此时可用加“晶种”（同物质的晶体）或用玻璃棒刮擦容器内壁的方法诱发结晶。

6）抽滤与洗涤

把晶体从母液中分离出来，一般采用布氏漏斗和吸滤瓶进行抽气过滤（简称抽滤，又称减压过滤），如图 3－12(b)所示。吸滤瓶的侧管用耐压的橡皮管与安全瓶相连，安全瓶再用耐压的橡皮管和水泵相连，安全瓶的作用在于防止因水压突然改变而使水倒流入吸滤瓶中。

布氏漏斗中铺的圆形滤纸应比漏斗的内径略小，紧贴于漏斗的底壁。在抽滤前先用少量溶剂润湿滤纸，然后打开水泵将滤纸吸紧，防止固体在吸滤时自滤纸边沿吸入瓶中。借助玻棒，将待分离物分批倒入漏斗中，并用少量母液将黏附在容器壁上的残留晶体转移至布氏漏斗中[5]。滤完，用玻璃塞挤压晶体，尽量除去母液。滤得的固体，习惯称为滤饼。

晶体表面吸附的母液会沾污晶体，可用新鲜溶剂进行洗涤，用量要少些，以减少溶解损失。洗涤时应先将安全瓶上的活塞打开连通大气，用玻璃棒轻轻挑松晶体（勿将滤纸弄破！），加入少量溶剂，使全部晶体被溶剂润湿，然后关闭安全瓶上的活塞，继续抽气过滤，把溶剂除去，一般重复洗涤 2～3 次即可。如将母液适当浓缩，再冷却，可得到第二批晶体，但纯度常不及第一批的好，必要时再进行一次重结晶。抽滤后的滤液，若为有机溶剂，一般应用蒸馏方法回收。

如重结晶溶剂沸点较高，在用原溶剂至少洗涤一次后，可用低沸点的溶剂洗涤，使最后的结晶产物易于干燥，但要注意该溶剂必须是能和第一种溶剂互溶而对晶体是不溶或微溶的。

7）晶体的干燥

用重结晶纯化后的晶体，其表面吸附有少量溶剂，因此必须用适当的方法进行干燥。固体干燥的方法很多，要根据重结晶所用溶剂及结晶的性质来选择（具体见 3.7 干燥和干燥剂）。

实验9 乙酰苯胺的重结晶

在250 mL烧杯中放入3.0 g乙酰苯胺粗品[6]，加入60 mL水，盖上表面皿，加热至沸腾，使其完全溶解。若不溶或出现油珠应搅动，如仍有油珠状物[7]，可添加少量水，再加热直至油状物全部消失。然后移去热源，稍冷却，加入适量活性炭到溶液中，搅动使混合均匀，继续煮沸5 min。

在加热溶解乙酰苯胺的同时，准备好热水漏斗与折叠滤纸，将上述脱色后的热溶液尽快地倾入热水漏斗，滤入100 mL烧杯中。每次倒入的溶液不要太满，也不要等溶液全部滤完后再加。为了保持溶液的温度，应将未过滤的部分继续小火加热。

滤毕，将盛有滤液的烧杯盖上表面皿，放置自然冷却后再放入冷水中冷却，使晶体析出完全。抽滤，用约5 mL水分两次洗涤漏斗中的晶体，然后抽干并用玻璃塞挤压至无水滴下。取出晶体置于表面皿上，摊开置空气中晾干或放在红外灯下干燥后称量，计算回收率。

【注释】

［1］“相似相溶”的原则，即溶质一般易溶于结构与其近似的溶剂中，极性物质较易溶于极性溶剂中，非极性物质较易溶于非极性溶剂中。

［2］溶剂的用量可根据待重结晶物质在这种沸腾溶剂中的溶解度(或溶解度试验方法所得的结果)预先计算，考虑到待重结晶物质中含有少量杂质，所加溶剂应比计算量略少些。

［3］折叠滤纸又称菊花滤纸，因面积较大，可加快过滤速度，减少损失。折叠滤纸的折法如图3-13所示。

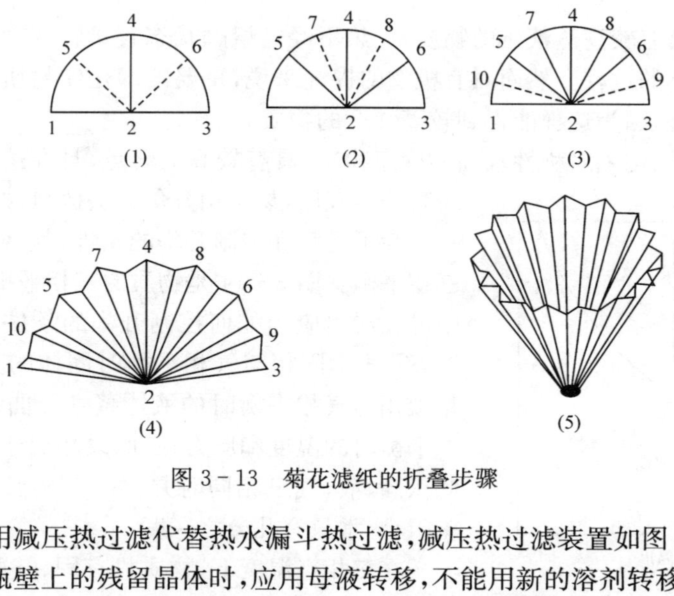

图3-13 菊花滤纸的折叠步骤

［4］也可用减压热过滤代替热水漏斗热过滤，减压热过滤装置如图3-12(b)所示。

［5］转移瓶壁上的残留晶体时，应用母液转移，不能用新的溶剂转移，以防溶剂将晶体溶解而造成产品损失。用母液转移的次数和每次母液的用量都不宜太多，一般2～3次

即可。

［6］　水为溶剂时可用烧杯进行重结晶。乙酰苯胺在水中的溶解度见表 3－4。

表 3－4　乙酰苯胺在水中的溶解度

t/℃	20	25	50	80	100
溶解度/[g·(100 mL)$^{-1}$]	0.46	0.56	0.84	3.45	5.55

［7］　未溶解的乙酰苯胺，此时已成为熔融状态的含水油珠状，沉于瓶底。

【思考题】

1. 如何选择重结晶溶剂？什么情况下使用混合溶剂？
2. 为什么活性炭要在固体物质全部溶解后加入？为什么不能在溶液沸腾时加活性炭？
3. 进行热过滤时，为什么要尽可能减少溶剂挥发？如何减少其挥发？
4. 当待提纯物为未知物时，如何选择重结晶溶剂？
5. 用有机溶剂和水进行重结晶时，在仪器装置和操作上有什么不同？

3.6　升　　华

升华(sublimation)是提纯固体有机物的一种方法，但只有在其熔点温度以下具有相当高蒸气压(一般高于 2.67 kPa)的固体物质才可应用升华来提纯。利用升华可除去不挥发性杂质，或分离不同挥发度的固体混合物。升华常可得到较高纯度的产物，但操作时间长，损失也较大，在实验室里一般只用于较少量(1～2 g)物质的纯化。

3.6.1　基本原理

升华是指具有较高蒸气压的物质，受热不经过熔融状态直接转变为气体，气体遇冷，又直接变为固体的过程。然而对有机物的提纯来说，重要的却是使物质蒸气不经过液态而直接变成固态，因为这样能得到较高纯度的物质。

一般来说，结构上对称性较高的固态物质，具有较高的熔点，且在熔点温度以下具有较高的蒸气压，易于用升华方法提纯，如樟脑、蒽醌等。

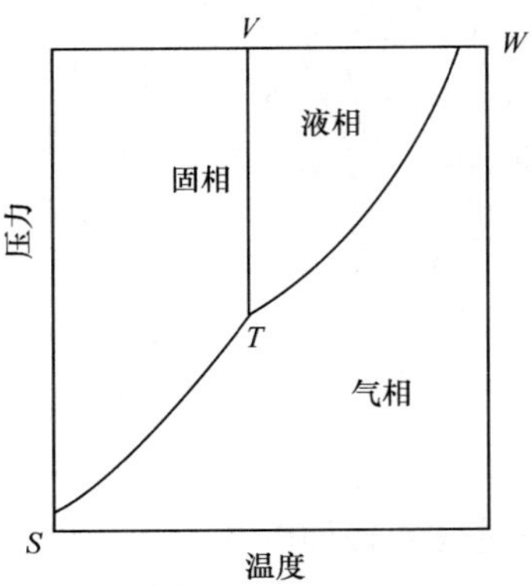

图 3－14　物质三相平衡图

为了了解和控制升华的条件，就必须研究固、液、气三相平衡。图 3－14 是物质的三相平衡图。从图 3－14 中可以看出应当如何控制升华的条件。图 3－14 中曲线 ST 表示固相与气相平衡时固体的蒸气压曲线；TW 是液相与气相平衡时的液体蒸气压曲线；TV 是固液两相平衡时的温度和压力；三曲线相交于 T，T 为三相点，此点固、液、气三相同时并存。三相点与物质的熔点相差很小，常只有几分之一度。

在三相点温度下，物质只有固、气两相。升高温度，固体直接转变为蒸气；降低温度，气相直接转变为固相，这就是升华。因此,凡是在三相点以下具有较高蒸气压的固态物质都可以在三相点温度以下进行升华提纯。

在升华时,通入少量空气或惰性气体,可以加速蒸发,同时使物质的蒸气离开加热面易于冷却。但不宜通入过多的空气或惰性气体,以免带走升华产品造成损失。另外,利用抽真空以排除蒸发物质表面的蒸气,可提高升华速度。通常是减压与通入少量空气(或惰性气体)同时应用,以提高升华速度。再有,升华速度与被蒸发物质的表面积成正比,因此被升华的物质颗粒越小越好。

3.6.2 实验操作

1) 常压升华[1]

将经过干燥、粉碎的待精制的物质放入蒸发皿中[2],在其上覆盖一张刺有若干小孔的圆滤纸,滤纸直径应比漏斗口要大。将此漏斗倒盖在蒸发皿上,漏斗颈部塞一团棉花(可减少蒸气逃逸),如图 3-15(a) 所示。

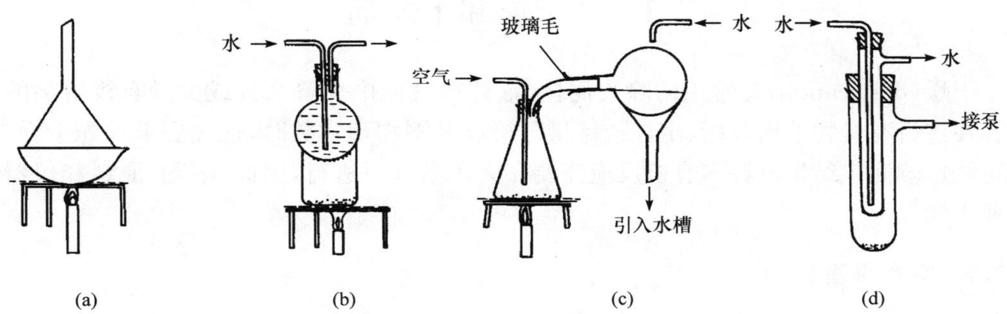

图 3-15 升华装置

加热蒸发皿,逐渐地升高温度,使待精制的物质气化,蒸气遇到滤纸又冷凝为晶体,附在滤纸的小孔上[3]。收集滤纸上的晶体,即为经过升华提纯的物质。

较大量物质的升华可在烧杯中进行,烧杯上放置一个内部通冷水的烧瓶,使蒸气在烧瓶底部凝结成晶体并附在瓶底上,如图 3-15(b)所示。

图 3-15(c)是在空气或惰性气体中(常用氮气)进行升华的装置。锥形瓶上装有双口木塞,一孔插入导气管,一孔插入接引管,接引管另一端伸入圆底烧瓶,瓶口塞以棉花。当物质开始升华时,通入空气或惰性气体,可以加速蒸发,同时使待精制的物质的蒸气离开加热面,遇到冷水冷却的烧瓶壁就凝结在瓶壁上。

2) 减压升华

减压升华适用于常压下其蒸气压不大或受热易分解的物质。图 3-15(d)是用于少量物质的减压升华装置图。将被提纯物放在吸滤管中,利用水泵或油泵减压,接通冷凝水,再用热浴加热吸滤管,使升华的物质冷凝于通有冷水的管壁上。升华完毕,冷却后小心放气,慢慢取出管子,以防结晶脱落。

【注释】

［1］ 在升华操作时，选择与安装升华装置，应注意蒸气从蒸发皿至冷凝面的途径不宜过长。尤其是相对分子质量大的分子在进行升华操作时更应如此，不然要使蒸气压达到一定的高度，需对物质进行强烈的加热。

［2］ 被升华的固体化合物一定要干燥，如有溶剂将会影响升华后固体的凝结。

［3］ 如升华的产品较多、升华时间较长，则蒸气会通过滤纸孔，冷凝为晶体后附在滤纸上方和漏斗的内壁上。

【思考题】

1. 什么样的物质可以用升华方法进行提纯？
2. 升华时蒸发皿上为什么要覆盖一张带有小孔的滤纸？漏斗颈部为何要用棉花塞住？

3.7 干燥和干燥剂

干燥(desiccation)是常用的除去固体、液体或气体中少量水分或少量有机溶剂的方法。在进行有机物波谱分析、定性或定量分析以及测物理常数时，往往要求预先干燥，否则可能影响测定结果。许多有机反应需要在无水条件下进行，因此，溶剂、原料和仪器等均要干燥。

3.7.1 基本原理

有机化合物的干燥方法，从原理上可分为物理方法和化学方法两种：

1）物理方法

物理方法通常是用吸附、分馏、共沸蒸馏、冷冻、加热、真空干燥、离子交换树脂或分子筛等脱水的物理过程达到干燥的目的。离子交换树脂是一种不溶于水、酸、碱和有机溶剂的高分子聚合物。分子筛是含水硅铝酸盐的晶体。它们都可逆地吸附水分，加热解吸除水活化后可重复使用。

2）化学方法

化学方法是采用干燥剂(desiccant)来除水。根据除水作用原理又可分为两种：

第一种，能与水可逆地结合，生成水合物。例如：

$$CaCl_2 + nH_2O \rightleftharpoons CaCl_2 \cdot nH_2O$$

第二种，与水发生不可逆的化学反应，生成新的化合物。例如：

$$2Na + 2H_2O \longrightarrow 2NaOH + H_2\uparrow$$

使用干燥剂时要注意以下几点：

(1) 干燥剂与水的反应为可逆反应时，反应达到平衡需要一定时间。因此，加入干燥剂后，一般需要一段时间才能收到较好的干燥效果。因反应可逆，不能将水完全除尽，故干燥剂的加入量要适当。当温度升高时，这种可逆反应的平衡向脱水方向移动，所以蒸馏前必须将干燥剂滤除，否则被除去的水将返回到液体中。另外，若把盐残留在蒸馏瓶底，受热时会发生迸溅。

(2) 干燥剂与水的反应为不可逆反应时,蒸馏前可不必滤除。

(3) 干燥剂只适用于干燥少量水分。若水的含量较大,应先采用其他方法除水,再进行干燥。

3.7.2　气体的干燥

实验室中临时制备的或由储气钢瓶中导出的气体在参与反应之前往往需要干燥。进行无水反应或蒸馏无水溶剂时,为避免空气中水气的侵入,也需要对可能进入反应系统或蒸馏系统的空气进行干燥。气体的干燥主要有以下几种方式:

(1) 在有机反应体系需要防止湿空气时,常在反应器连通大气的出口处装接干燥管,管内盛氯化钙或碱石灰。

(2) 在洗瓶中盛放浓硫酸,化学惰性气体进入洗气瓶进行干燥。在洗气瓶的前后往往安装两只空的洗气瓶作为安全瓶。

(3) 在干燥塔中放固体干燥剂,需要干燥的气体从塔底部进入干燥塔,经过干燥剂脱水后,从塔的顶部流出。

后两种方式常用于反应原料气的净化。不同性质的气体,应当选择不同类型的干燥剂。常用的气体干燥剂见表 3-5。

表 3-5　常用的气体干燥剂

干燥剂	干燥气体	干燥剂	干燥气体
CaO	NH_3、胺等	KOH	NH_3、胺等
$CaCl_2$	H_2、O_2、HCl、CO、CO_2、N_2、SO_2、烷烃、烯烃、卤代烷、乙醚	碱石灰	O_2、N_2、NH_3、胺等
P_2O_5	H_2、O_2、CO_2、N_2、SO_2、烷烃、烯烃	分子筛	H_2、O_2、CO_2、H_2S、烃、烯烃
H_2SO_4	O_2、CO_2、N_2、SO_2、Cl_2、烷烃		

3.7.3　液体的干燥

1. 干燥剂去水

液体有机化合物的干燥,通常是用干燥剂直接与其接触,并不时剧烈振荡而使液体得到干燥。常用液体干燥剂的性能与应用范围见附录 5。

在使用干燥剂进行液体有机化合物干燥时,应考虑以下几个问题:

1) 干燥剂的选择

液体有机化合物的干燥,通常是将干燥剂直接与之接触,因而干燥剂的选择必须遵循以下原则:

首先干燥剂与被干燥的液体有机化合物不发生化学反应,包括溶解、缔合和催化等作用;吸水容量大、干燥效能强、干燥速度快等。

其次,要考虑干燥剂的吸水容量和干燥效能。吸水容量是指单位质量干燥剂所吸收水的量。干燥效能是指达到平衡时液体被干燥的程度，对于形成水合物的无机盐干燥剂，常用吸水后结晶水的蒸气压来表示。例如，硫酸钠形成10个结晶水的水合物，其吸水容量为1.25，在25 ℃时$Na_2SO_4 \cdot 10H_2O$的水蒸气压为260 Pa；氯化钙最多能形成6个结晶水的水合物，其吸水容量为0.97，在25 ℃时$CaCl_2 \cdot 6H_2O$水蒸气压为39 Pa。可以看出，硫酸钠的吸水容量较大，但干燥效能弱；而氯化钙吸水容量较小，但干燥效能强。因此，在干燥含水量较大而又不易干燥的化合物时(含亲水基团)，常先用吸水量较大的干燥剂除去大部分水分，再用干燥效能强的干燥剂进行干燥。

2) 干燥剂的用量

掌握好干燥剂的用量十分关键。若用量不足，则达不到预期的干燥效果；若用量太多，则由于干燥剂吸附产品造成不必要的损失。一般根据水在液体中的溶解度和干燥剂的吸水量，可算出干燥剂的最低用量。但是，干燥剂的实际用量是大大超过计算量的，不过使用时应控制得严一些，因为干燥剂也能吸附一部分液体，影响产品收率，故干燥剂用量要适中。从结构上看，对含亲水基团的有机物，所用的干燥剂过量要多些，而对不含亲水基团的可过量少些。一般每10 mL样品需0.5～1.0 g干燥剂。在干燥一定时间后，应该观察干燥剂的形态，若其大部分棱角还清晰可辨，表明干燥剂的用量已经足够。

3) 干燥时的温度

对于生成水合物的干燥剂，加热虽可加快干燥速度，但远远不如水合物放出水的速度快，因此，干燥通常在室温下进行。

4) 干燥方法

把已分净水分的液体(不应有可见水层)置于锥形瓶中，先加入适量干燥剂，用塞子塞紧，振摇片刻。如见部分干燥剂溶解，出现水层，则应将干燥剂滤去，重新进行干燥操作。如见干燥剂附着瓶壁或互相黏结，通常是因为干燥剂用量不够，应该补加。有时在干燥前，液体呈混浊，经干燥后变为澄清。虽可简单认为水分已经基本除去，但并不一定表明它已不含水分，澄清与否和水在该化合物中的溶解度有关。干燥后的液体应放置半小时以上并不时加以振摇。干燥剂颗粒大小要适宜，太大时因表面积小吸水很慢，且干燥剂内部不起作用；太小则因表面积太大不易过滤，且吸附有机物也多。在使用块状干燥剂(如氯化钙)时要适当碎成颗粒状。对一些细颗粒的干燥剂(如硫酸钠、硫酸镁)，若使用时发现已结块，表明已吸收了许多水分，必须烘干后再使用。

总之，对于一个具体的干燥过程来说，需要考虑的因素有干燥剂的种类、用量、干燥温度和时间以及干燥效果的判断等。这些因素是相互联系、相互制约的，因此需要综合考虑。

2. 共沸干燥法

许多有机溶剂能与水形成恒沸物，实验中经常利用形成恒沸物去水的方法进行干燥分离。例如，工业酒精通过简单蒸馏只能得到95%的乙醇，但如果在酒精中加入适量苯进行共沸蒸馏的话，则先蒸出苯-水-乙醇三元恒沸物(沸点65 ℃)，再蒸出苯-乙醇二元恒沸物(沸点68 ℃)，在水和苯蒸完后，剩余物继续蒸出即为无水乙醇。

3.7.4 固体有机物的干燥

干燥固体有机化合物，主要是为了除去残留在固体中的少量低沸点溶剂，如水、乙醚、乙醇、丙酮、苯等。由于固体有机物的挥发性比溶剂小,因此可采取蒸发和吸附的方法来达到干燥的目的,常用干燥法如下：

1）在空气中晾干

对热稳定性较差且在空气中不吸潮的固体有机物,或固体中吸附有易燃和易挥发的溶剂如乙醚、石油醚等时,可以将待干燥的固体摊开在滤纸或培养皿中自然晾干。此法简便、经济、实用。

2）红外线干燥

利用红外线穿透能力强的特点,使水分或溶剂从固体内部蒸发出来。其干燥速度较快。实验室常用的是红外灯或红外线快速干燥箱。在进行干燥时,需注意经常翻动固体,这样既可以加速干燥,又可避免烤焦。

3）烘箱烘干

对空气和温度稳定的物质可在烘箱中干燥,但必须保证其中不含易燃溶剂,还要严格控制温度,烘箱温度应比被干燥物质的熔点低 20～50 ℃。

4）真空干燥箱干燥

熔点比较高,或受热时易发生分解,或易升华的固体有机物,可采用真空干燥箱进行干燥。其优点是在真空环境下大大降低了需要驱除的液体的沸点,并有效缩短干燥时间。

5）干燥器干燥

对于易吸潮或在高温干燥时会分解、变色的固体有机化合物,可置于干燥器中进行干燥。用干燥器干燥时必须使用干燥剂。干燥剂与被干燥固体同处于一个密闭容器中但不相互接触,固体中的水分子缓慢挥发出来并被干燥剂所吸收。

实验室常用普通干燥器和真空干燥器(图 3－16)。真空干燥器与普通干燥器大体相似,只是顶部装有带活塞的导气管,可接真空泵抽真空,使干燥器内压力降低,从而提高干燥速度。

(a) 普通干燥器

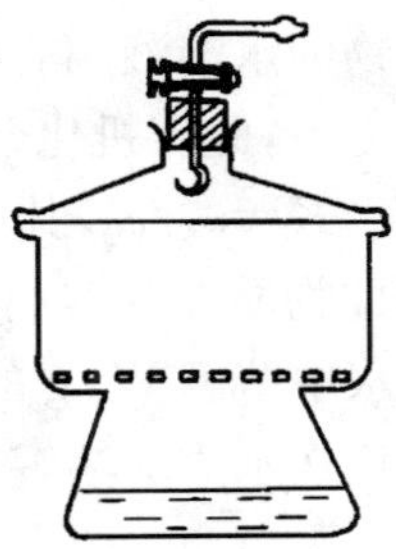

(b) 真空干燥器

图 3－16　干燥器

6）冷冻干燥

冷冻干燥法不同于以上的干燥方法,产品的干燥基本上在 0 ℃ 以下的温度进行,即在产品冻结的状态下进行。冷冻干燥时把含有水分的物质预先进行降温冻结成固体,然后在真空的条件下使水蒸气直接升华出来,而物质本身留在冻结时的冰架中。冷冻干燥有下列优点：

(1) 冷冻干燥在低温下进行,因此对于许多热敏性的物质特别适用,如蛋白质、微生物之类不会发生变性或失去生物活力,因此在医药上得到广泛的应用。

(2) 在冷冻干燥过程中,微生物的生长和酶的作用无法进行,因此能保持原来的性状。

(3) 由于在冻结的状态下进行干燥,被干燥物质能够保持原来的结构,干燥后的物质疏松多孔,加水后可立即恢复原来的性状。

(4) 由于干燥在真空下进行,氧气极少,因此一些易氧化的物质得到了保护。

(5) 干燥能排除 95%以上的水分,使干燥后产品能长期保存而不致变质。

因此,冷冻干燥目前在医药工业、食品工业、科研和其他部门得到广泛的应用。

3.8 萃取与洗涤

萃取(extraction)和洗涤(washing)是分离和提纯有机化合物常用的操作方法。萃取是指选用一种溶剂加入到某混合溶液中时,这种溶剂只对混合液中的某一物质有极好的相溶性而对其他物质不相溶(也不发生化学反应)的提取操作。通常被萃取的是固态或液态的物质。萃取与洗涤在原理上是一样的,只是目的不同。如果从混合液中提取的物质是需要的,这种操作称为萃取;如果是不需要的,那么这种操作称为洗涤。因此本节只叙述萃取的基本原理和操作,洗涤的操作可参照进行。

3.8.1 基本原理

萃取是利用物质在两种不互溶(或微溶)溶剂中溶解度或分配比的不同来达到分离、提取或纯化目的的一种操作。在相同溶剂用量条件下,采用少量多次的方法,萃取效率较高。

将含有机化合物的水溶液用有机溶剂萃取时,有机化合物在两液相间进行分配。在一定温度和一定压力下,此有机化合物在有机相中和在水相中的浓度之比为一常数,此即所谓"分配系数 K"。$K=c_A/c_B$,其中 c_A 和 c_B 分别表示物质在两液相 A 和 B 中的浓度。K 可以近似地看作此物质在两溶剂中溶解度之比。

设在 V mL 的水中溶解 W_0 g 的有机物,每次用 S mL 与水不互溶的有机溶剂(有机物在此溶剂中一般比在水中的溶解度大)重复萃取。

第一次萃取:

设 V 为被萃取溶液的体积(mL),W_0 为被萃取溶液中溶质的总含量(g),S 为萃取时所用溶剂 B 的体积(mL),W_1为第一次萃取后溶质在溶剂 A 中的剩余量(g),W_2为第二次萃取后溶质在溶剂 A 中的剩余量(g),W_n为经过 n 次萃取后溶质在溶剂 A 中的剩余量(g),即

$$W_n=W_0(KV/(KV+S))^n$$

由于 $KV/(KV+S)$ 总小于 1,因此在此,n 越大,W_n 就越小,萃取效果越好。但是,当 n 大于 5 时,n 和 S 的影响几乎抵消,再增加萃取次数时,萃取效果变化不大。故一般萃取 3~5 次即可。

3.8.2　液-液萃取

1. 萃取剂的选择

萃取溶剂的选择，应根据被萃取化合物的溶解度而定，同时要易于和被萃取物分离，所以最好用沸点较低的溶剂。

一般选择萃取剂时，可应用“相似相溶”原理，难溶于水的物质用石油醚作萃取剂，较易溶于水的物质用苯或乙醚作萃取剂，易溶于水的物质用乙酸乙酯或类似的物质作萃取剂。

2. 操作方法

实验室中常用的萃取仪器是分液漏斗，分液漏斗的使用是有机化学实验的基本操作之一。每次使用萃取溶剂的体积一般是被萃取液体的 1/5～1/3，两者的总体积不应超过分液漏斗总体积的 2/3。

在操作前，在分液漏斗中盛少量水，检查它的活塞、顶塞及磨口是否匹配。如果不匹配，在操作时会渗液。取出活塞，擦干活塞与磨口，在活塞孔的两边涂好润滑脂，塞后旋转数圈，使润滑脂均匀分布，再用小像皮圈套住活塞尾部的小槽，防止活塞滑脱。确认不漏水后，将漏斗固定于铁圈中，关好活塞，装入待萃取物，然后加入少量萃取溶剂。塞好顶塞，取下分液漏斗，右手握住瓶口颈，并用手掌顶住上口塞，左手的食指和中指蜷握在活塞的柄上，拇指压紧活塞(图 3-17)，上下轻轻振摇分液漏斗，使两相之间充分接触，以提高萃取效率。每振摇几次后，就要将漏斗尾部向上倾斜(朝无人处)打开活塞放气，以解除漏斗中的压力。如此重复放气至只有很小压力后，再剧烈振摇 2～3 min，静置，待两相完全分开后，打开上面的玻塞，再将活塞缓缓旋开，下层液体自活塞放出，有时在两相间可能出现一些絮状物，也应同时放去。然后将上层液体从分液漏斗上口倒出，切不可从活塞放出，以免被残留在漏斗颈上的另一种液体所沾污。若分不清哪一层为有机相时，可取少量任何一层液体，加入含有水的烧杯中，若与水分层，则为有机相，否则为水相。将所有的萃取液合并后，加入合适的干燥剂干燥，然后蒸去溶剂，根据化合物的性质利用蒸馏、重结晶等方法纯化。

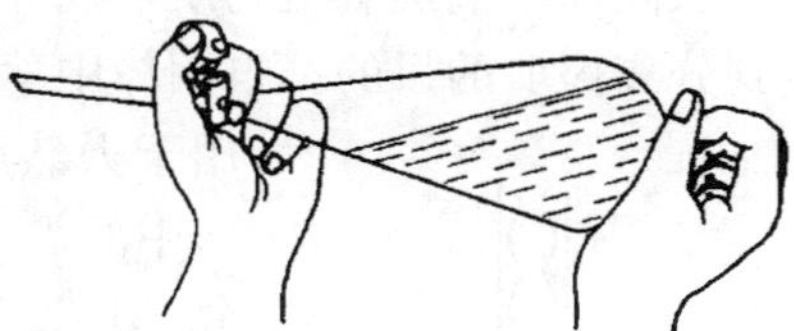

图 3-17　分液漏斗的使用方法

使用分液漏斗注意事项：分液漏斗的塞子或活塞必须原配，不得调换；不能把活塞上涂有凡士林的分液漏斗放在烘箱内烘干；用碱液萃取后一定要洗净，并在塞子和磨口之间垫上薄纸片，以免粘住。

在萃取的过程中，若在水溶液中先加入一定量的电解质(如氯化钠)，利用“盐析效应”，可降低有机物和萃取溶剂在水中的溶解度，提高萃取效果。

萃取某些有碱性的物质时，常会发生乳化现象，有时长时间静置也难以分成明显的两层，这时应采取下列方法：

(1) 若是由于两种溶剂能部分互溶而发生乳化，可加入少量电解质如氯化钠等，利用盐析作用加以破坏。另外,加入食盐,可增加水相的密度,有利于两相密度相差很小的分离;较长时间静置。

(2) 加入几滴醇类溶剂(乙醇、异丙醇、丁醇或辛醇)以破坏乳化。

(3) 若因溶液碱性而产生乳化,常可加入少量稀硫酸破坏乳状液。

(4) 通过离心机离心或抽滤以破坏乳化。

(5) 在一般情况下,长时间静置分液漏斗,可达到乳浊液分层的目的。

在萃取或洗涤时,从分液漏斗所分出的拟弃的液体可收集在锥形瓶中保留到实验完毕,一旦发现取错液层,尚可及时纠正,否则如果操作发生错误,便无可补救。

3.8.3 化学萃取

化学萃取(利用萃取剂与被萃取物发生化学反应)也是常用的分离方法之一。这类操作经常用在有机合成反应中,以除去杂质或分离出有机物,操作方法和前面的液-液萃取相同。常用的萃取剂有5%氢氧化钠溶液、5%或10%碳酸钠溶液、5%或10%碳酸氢钠溶液、稀盐酸、稀硫酸和浓硫酸等。碱性萃取剂可以从有机相中萃取出有机酸或从有机化合物中除去酸性杂质(使酸性杂质生成钠盐溶解于水中)。酸性萃取剂可以从有机相中萃取出有机碱性物质或用于除去碱性杂质。浓硫酸则可用于从饱和烃中除去不饱和烃,从卤代烷中除去醇及醚等。

3.8.4 液-固萃取

从固体中抽提有机物质,是利用溶剂对样品中被提取物质和杂质之间溶解度不同而达到分离提取的目的。自固体中萃取化合物,通常是用冷浸法或采用脂肪提取器,前者常用于天然产物的萃取,主要靠溶剂长期的浸润溶解而将固体物质中的需要成分浸出来,其优点是减少受热时间,不破坏物质组分,但效率低,溶剂量大。这时可用索氏(Soxhlet)提取器(图3-18)进行萃取。

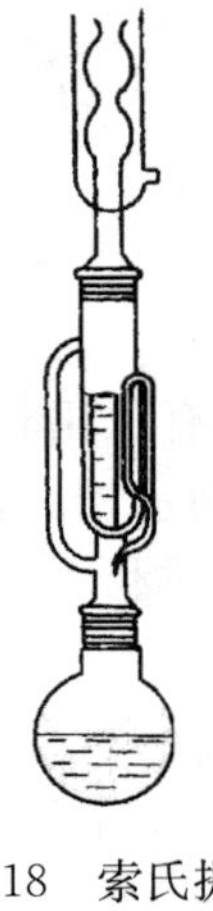

图3-18　索氏提取器

索氏提取器又称脂肪提取器,是利用溶剂回流和虹吸原理,使固体物质每一次都能被纯的溶剂所萃取,因而效率较高。为增加液体浸溶的面积,萃取前应先将物质研细,用滤纸套包好置于提取器中。提取器下端接盛有萃取剂的烧瓶,上端接冷凝管,当溶剂沸腾时,冷凝下来的溶剂滴入提取器中,待液面超过虹吸管上端后,即虹吸流回烧瓶,因而萃取出溶于溶剂的部分物质。就这样利用溶剂回流和虹吸作用,使固体中的可溶物质富集到烧瓶中,提取液浓缩后,将所得固体进一步提纯,即得所需物质。

实验10　分离甲苯、苯胺、苯酚和苯甲酸的混合物

请利用所学知识自行设计实验方案分离提纯25 mL多组分混合物(其中甲苯、苯胺、苯酚、苯甲酸的用量分别为10 mL、5 mL、10 mL、1.5 g),并计算回收率。

【思考题】

1. 什么叫萃取？在什么情况下可以使用？
2. 乙醚是一种常用的萃取剂，其优缺点是什么？
3. 若用下列溶剂萃取水溶液：乙醚、氯仿、正己烷、苯，它们将在上层还是下层？

3.9 色谱法

色谱法(chromatography)是分离、提纯和鉴定有机化合物的重要方法之一，有着极其广泛的用途。1906 年，Tswett 研究植物色素分离，提出色谱法概念。他在研究植物叶的色素成分时，将植物叶子的萃取物倒入填有碳酸钙的直立玻璃管内，然后加入石油醚使其自由流下，结果色素中各组分互相分离形成各种不同颜色的谱带。按光谱的命名方式，这种方法因此得名为色谱法。以后此法逐渐应用于无色物质的分离，“色谱”二字虽已失去原来的含义，但仍被人们沿用至今。

色谱法有许多种类，但基本原理是一致的，即利用混合物中各组分在某一物质中的吸附或溶解性能(分配作用)的不同或其他亲和作用性能的差异，使混合物的溶液流经该物质时进行反复的吸附和分配等作用，从而将各组分分开。流动的混合物溶液称为流动相(mobile phase)；固定的物质称为固定相(stationary phase)，可以是固体或液体。

根据组分在固定相中的作用原理不同，可分为吸附色谱、分配色谱、离子交换色谱、排阻色谱等；根据操作条件不同，可分为柱色谱、纸色谱、薄层色谱、气相色谱及高效液相色谱等类型。

3.9.1 柱色谱

柱色谱(column chromatography)按其分离原理可分为吸附色谱和分配色谱两类。前者常用氧化铝和硅胶作固定相，后者则以附着在惰性固体(如硅藻土、纤维素等)上的活性液体作为固定相(也称固定液)。实验室常用的是吸附色谱。

柱色谱方法比较费时，但由于操作方便，分离量可以大至几克，小至几十毫克，仍显示出较大的实用价值。

1. 基本原理

柱色谱是分离、提纯复杂有机化合物的重要方法。柱色谱是通过色谱柱来实现分离的，图 3－19 是一般色谱柱的装置。

液体样品从柱顶加入，当待分离的混合物溶液流过吸附柱时，各种成分同时被吸附在柱的上端，然后从柱顶加入洗脱剂洗脱。当洗脱剂流下时，由于固定相对各组分吸附能力不同，各组分往下洗脱的速度也不同，于是形成了不同层次，即溶质在柱中自上而下按对吸附剂的亲和力大小不同分别形成一段一段的层带。若是有色物质，则在柱上可以直接看到色带(图 3－20)。若是无色物质，可用紫外光照射，或在洗脱时分段收集一定体积的洗脱液，然后通过薄层色谱(参见 3.9.2)逐个鉴定，再将相同组分的收集液合并在一起，蒸除溶剂，即得到单一的纯净物质。如此，可将各组分分离开。

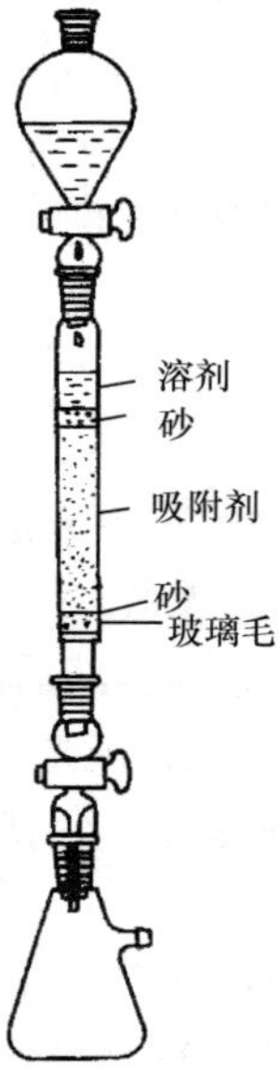

图 3-19　色谱柱装置

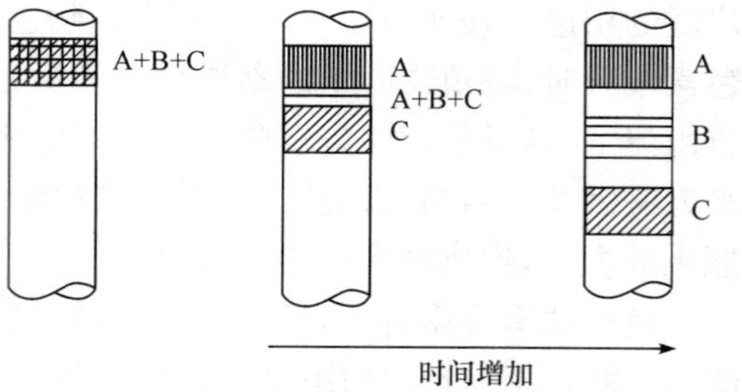

图 3-20　色带的展开

色谱法能否获得满意的分离效果，关键在于色谱条件的选择。

1）吸附剂

常用的吸附剂有氧化铝、硅胶、氧化镁、碳酸钙和活性炭等。选择吸附剂的首要条件是与被吸附物及展开剂均无化学作用。吸附能力与颗粒大小有关，颗粒太粗，流速快分离效果不好，太细则流速慢，通常使用的颗粒大小为 100～150 目为宜。色谱用的氧化铝有酸性、中性和碱性三种。

吸附剂的活性与其含水量有关，含水量越高、活性越低，吸附剂的吸附能力越弱；反之则吸附能力越强，吸附剂的含水量和活性等级关系见表 3-6。

表 3-6　吸附剂的含水量和活性等级关系

活性等级	Ⅰ	Ⅱ	Ⅲ	Ⅳ	Ⅴ
氧化铝含水量/%	0	3	6	10	15
硅胶含水量/%	0	5	15	25	38

吸附剂的吸附能力不仅仅取决于吸附剂本身，还取决于被吸附物质的结构。化合物的吸附性与它们的极性成正比，化合物分子中含有极性较大的基团时，吸附性也较强，以氧化铝为例，对各种化合物的吸附性按以下次序递减：

酸和碱＞醇、胺、硫醇＞酯、醛、酮＞芳香族化合物＞卤代物＞醚＞烯＞饱和烃

2）洗脱剂

在柱色谱分离中，洗脱剂的选择是至关重要的。通常根据被分离物中各组分的极性、溶解度和吸附剂活性来考虑。

一般洗脱剂的选择是通过薄层色谱实验来确定的。具体方法:先用少量溶解好(或提取出来)的样品,在已制备好的薄层板上点样(具体操作方法见 3.9.2 薄层色谱),用少量展开剂展开,观察各组分在薄层板上的位置,并计算 R_f 值(见 3.9.2)。能将样品中各组分完全展开的展开剂,即可作为柱色谱的洗脱剂。当单纯一种展开剂达不到要求的分离效果时,可考虑选用混合展开剂。

选择洗脱剂的另一个原则是洗脱剂的极性不得大于样品中各组分的极性。否则会由于洗脱剂在固定相上被吸附,迫使样品一直保留在流动相中。在这种情况下,组分在柱中移动的速度非常快,难以建立起分离所要达到的平衡,影响分离效果。另外,所选择的洗脱剂必须能够将样品中各组分溶解,但不能同各组分竞争与固定相的吸附。

色谱柱的洗脱首先使用极性最小的溶剂,使最容易洗脱的组分分离,然后逐渐增加洗脱剂的极性,使极性不同的化合物按极性由小到大的顺序自色谱柱中洗脱下来。常用洗脱剂的极性与洗脱能力按如下顺序递增:

己烷和石油醚＜环己烷＜四氯化碳＜三氯乙烯＜二硫化碳＜甲苯＜苯＜二氯甲烷＜氯仿＜乙醚＜乙酸乙酯＜丙酮＜正丙醇＜乙醇＜甲醇＜水＜吡啶＜乙酸

另外,所用洗脱剂必须纯粹和干燥,否则会影响吸附剂的活性和分离效果。

3) 色谱柱的大小和吸附剂的用量

柱子的粗细和长短,要根据试样的多少和成分来选择。一般来说,柱长为内径的10～30倍。长度和内径比,可根据分离难易程度来考虑,对于易分离的或粗分离的混合物,柱子的长度和内径比可小些;而对于分离一些性质非常类似,成分非常复杂的混合物,要使用长度和内径比大的柱子。

根据分离的难易和精粗,虽然吸附剂的用量和试样量的比有所不同,但通常是从数十倍到数百倍(一般为 30～50 倍),如果增加吸附剂的用量,将会降低试样的回收率和延长分离时间。

2. 柱层析操作技术

1) 装柱

装柱是柱色谱中最关键的操作,装柱的好坏直接影响到分离效果。装柱之前,先将柱洗净、干燥,然后将柱子垂直固定在铁架台上。如果色谱柱下端没有砂芯横隔,就取一小团脱脂棉,用玻璃棒推至柱底,再在上面铺一层 0.5 cm 厚的石英砂,然后进行装柱。装柱的方法有干法和湿法两种。

(1) 干法装柱。首先将干燥的吸附剂经漏斗均匀地成一细流慢慢装入柱内,中间不应间断,时时轻轻敲打玻璃管,使柱子填装得尽可能均匀,适当的紧密。然后加入洗脱剂,并打开下端活塞,用洗脱剂洗涤,除去吸附剂中可溶性杂质及驱赶气泡,直至柱身均匀无气泡且柱中上端吸附剂界面不再下移为止。洗涤时应注意在柱中上端保持一段液柱,以防吸附剂干涸或龟裂。柱子装好后再铺一层石英砂,以防加入样品或洗脱时冲击吸附剂表面,影响层析效果。此法装柱子的缺点是容易使柱中混有气泡,另外吸附剂也可能发生溶胀。

(2) 湿法装柱。将吸附剂用洗脱剂中极性最低的洗脱剂调成糊状,向柱中加入约 3/4 柱高的洗脱剂,再将调好的吸附剂边敲边倒入柱中,同时打开柱子的下端活塞,在色谱柱下面放一个干净并干燥的锥形瓶，接收洗脱剂。待所有的吸附剂全部装完后，用流下的洗脱剂转移残留的吸附剂，并将柱内壁残留的吸附剂淋洗下来。在此过程中，应不断敲打色谱柱，以使色谱柱填充均匀并没有气泡。柱子填充完毕后，再在上面加一层约 0.5 cm 厚的石英砂。在整个装柱过程中，柱内洗脱剂的高度始终不能低于吸附剂最上端，否则柱内会出现裂痕和气泡。

2）加样

液体样品可直接加入到色谱柱中，如浓度低可浓缩后再进行分离。若样品为固体，加样有两种方法。一种是湿法加样，当洗脱剂液面刚好流至石英砂面时，将试样用少量溶剂溶解后用滴管沿管壁一次加入至柱顶部，开启下端活塞，使样品进入石英砂层后，再加入少量的洗脱剂将壁上的样品洗下来。如此连续 2～3 次，待这部分液体的液面和吸附剂表面相齐时即开始用洗脱剂进行洗脱。

另一种方法是干法加样，难溶于溶剂（或高黏稠物质）的试样，加样前先将样品混以吸附剂（与柱层析吸附剂相同），在研钵中研细均匀混合后（黏稠物质加吸附剂拌成疏松状，在红外灯下烘干）通过玻璃漏斗慢慢加入柱中，用橡皮塞轻轻敲打柱身使试样表面平整，再用洗脱剂洗涤盛样容器两三次后转移至柱内，开启下端活塞，使洗脱液缓缓流出至液面与样品上表面平齐，再加入少量脱脂棉或细沙覆盖样品表面。加入洗脱剂进行洗脱。

3）洗脱

洗脱剂的流速对柱色谱分离效果具有显著影响。在洗脱过程中，样品在柱内的下移速度不能太快，否则样品中各组分在固定相和流动相之间得不到充分的吸附或分配作用；太慢则由于吸附剂表面活性较大，有时会使某些成分破坏，产生次生产物，所以应尽量在短时间内完成一次柱层析操作。

为了提高层析效率，洗脱可采用分段洗脱和梯度洗脱等方法。分段洗脱，就是先用极性较弱的洗脱剂洗脱，再用极性较强的洗脱剂分段进行洗脱。梯度洗脱是采用两种以上极性不同的混合溶剂洗脱，依次增加混合溶剂中极性强的溶剂比例，形成一个极性梯度，从而逐步提高溶剂的洗脱能力。此法优于分段洗脱。

不管何种洗脱方法，在整个洗脱过程中，洗脱液要始终保持一定的高度，绝对避免吸附剂表面的溶剂流干。

4）分离成分的收集

如果样品各组分有颜色，在柱上分离的情况可直接观察出来，分别收集各个组分即可。在多数情况下化合物无颜色，一般采用多份收集，每份收集量要小，对每份洗脱液，采用薄层色谱作定性检查。根据检查结果，可将组分相同的洗脱液合并后蒸去溶剂，留待作进一步的结构分析。对于组分重叠的洗脱液可以再进行柱色谱分离。

3.9.2　薄层色谱

薄层色谱（thin layer chromatography，常用 TLC 表示），又称薄层层析，是近年来发展起来的一种微量、快速而简单的分离分析方法，其特点是所需样品少（几到几十微克）、分离时间短（几分钟到几十分钟）、效率高，可用于精制样品、化合物鉴定、跟踪化学反应进程和柱色谱的先导（柱色谱摸索最佳条件）等方面。薄层色谱也可以分离较大量的样品

(可达几百毫克),特别适用于挥发性低、或在高温下易发生变化而不能用气相色谱进行分离的化合物。

1. 基本原理

薄层色谱和柱色谱在分离原理上基本相同。吸附剂的性质和洗脱剂的相对洗脱能力在柱色谱中适用的同样适用于薄层色谱中。与柱色谱不同的是,薄层色谱中的流动相沿着薄板上的吸附剂向上移动,而柱色谱中的流动相则沿着吸附剂向下移动。

薄层色谱是将吸附剂涂布在玻璃板上作为固定相,待干燥、活化后将样品溶液用管口平整的毛细管滴加于离薄层板一端约 1 cm 处的起点线上,晾干或吹干后置薄层板于盛有展开剂(流动相)的展开瓶中,浸入深度为 0.5 cm。当展开剂在吸附剂上展开时,由于吸附剂对各组分吸附能力的不同,展开剂对各组分的溶解能力也不同,各组分向前移动的速度会不同。其结果是吸附能力强的组分相对移动得慢些,而吸附能力弱的组分移动得快些。待展开剂前沿离顶端约 1 cm 附近时,将薄层板取出,各组分便停留在薄板的不同部位,从而使混合物的各组分彼此分开。

如果各组分本身有颜色,则薄层板干燥后会出现一系列高低不同的斑点,如果本身无色,则可用各种显色方法或在紫外灯下显色,以确定斑点的位置。在薄板上混合物的每个组分展开后上升的高度与展开剂的前沿距原点中心的距离称为该化合物的 R_f 值,又称比移值,计算公式为

$$R_f=\frac{\text{样品中某组分移动离开原点中心的距离}}{\text{展开剂前沿距原点中心距离}}$$

R_f 值随被分离化合物的结构、固定相和流动相的性质、温度以及薄层板本身的因素而变化。当固定相、流动相、温度、薄板厚度等实验条件固定时,各物质的 R_f 值是恒定的,因此可利用 R_f 值对未知物进行定性鉴定。但由于影响 R_f 值的因素很多,在鉴定时采用标准品对照,通过比较两者的 R_f 值,可对样品作出定性鉴定,还可以通过比较未知物和标准物的色斑大小或深浅来定量判定甚至定量测定其含量。良好的分离 R_f 值应在 0.15～0.75,否则应该调换展开剂重新展开。

2. 实验操作

1) 吸附剂的选择

薄层色谱的吸附剂最常用的是氧化铝和硅胶。

硅胶是应用最广泛的一种极性吸附剂。硅胶是无定形多孔性物质,略具酸性,适用于中性或酸性物质的分离和分析。薄层色谱用的硅胶分为:硅胶 H,不含黏合剂;硅胶 G,含煅石膏黏合剂;硅胶 HF_{254},含荧光物质,可在波长 254 nm 的紫外光下发出荧光;硅胶 GF_{254},既含黏合剂,又含荧光剂。

与硅胶相似,氧化铝也分为氧化铝 G、氧化铝 GF_{254} 及氧化铝 HF_{254}。氧化铝极性比硅胶大,显弱碱性,对遇碱不稳定的物质易发生反应,如对酯类发生水解反应,对丙酮溶剂发生醇醛缩合反应,对酸性物质产生不可逆吸附,因此氧化铝层析常用于中性或偏碱性的极性小的物质的分析分离。

黏合剂除上述的煅石膏(半水合硫酸钙:$2CaSO_4 \cdot H_2O$)外,还可用淀粉、聚乙烯醇、羧甲基纤维素钠(CMC)。使用时,一般配成水溶液。例如,羧甲基纤维素钠的质量分数一般为 0.5%~1%,淀粉的质量分数为 5%。通常将薄层板分为硬板(加黏合剂)和软板(不加黏合剂)。

在薄层色谱中所用的吸附剂颗粒比柱层析用的要小很多,一般 260 目以上。颗粒太大,展开剂移动速度快,分离效果不好;反之,颗粒太小,溶剂移动太慢,斑点不集中,效果也不理想。

2) 薄层板的制备和活化

薄板的制备方法有两种:一种是干法制板,另一种湿法制板。

薄层板制备的好坏直接影响色谱分离的效果。吸附剂应尽可能涂得牢固、均匀且厚度(0.25~1 mm)要固定。太厚展开时会出现脱尾,太薄样品分不开。其大小可根据样品量、组分种类和数目、展开方式来确定。根据铺制方法的不同,薄层板的制备可分为平铺法、倾注法和浸涂法三种。

(1) 平铺法:用薄层涂布器(图 3-21)涂布,适合于科研工作中数量较大要求较高的情况。

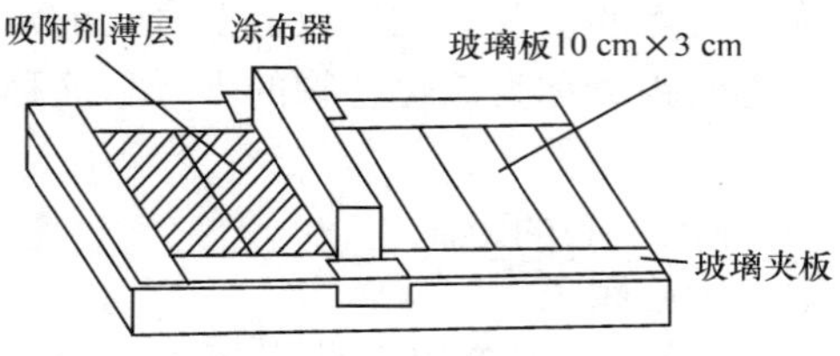

图 3-21　薄层涂布器

(2) 倾注法(简易平铺法):将配制好的浆料倾注到清洁干燥的载玻片上,拿在手中轻轻地左右摇晃,使其表面均匀平滑,然后放在水平的台面上晾干后进行活化。

(3) 浸涂法:把两块干净的玻片叠合,浸入调制好的吸附剂浆料中,取出后分开、晾干。薄层板经过自然干燥后,再放入烘箱中活化,进一步除去水分。不同的吸附剂及配方,需要不同的活化条件。例如,硅胶一般在烘箱中逐渐升温,在 105~110 ℃下,加热30 min;氧化铝在 200~220 ℃下烘干 4 h 可得到活性为Ⅱ级的薄层板,在 150~160 ℃下烘干 4 h 可得到活性为Ⅲ~Ⅳ级的薄层板。当分离某些易吸附的化合物时,可不用活化。

3) 点样

通常将样品溶于低沸点溶剂(丙酮、甲醇、乙醇、氯仿、苯、乙醚和四氯化碳)中配成 1%的溶液,用内径小于 1 mm 管口平整的玻璃点样管点样。在距薄层板一端约 1 cm 处点样,斑点直径一般不超过 2 mm。若样品溶液太稀,可重复点样,但应待前次点样的溶剂挥发后方可重新点样,以防样点过大,造成拖尾、扩散等现象,而影响分离效果;若在同一板上点几个样,样点间距离应为 1~1.5 cm;点样要轻,不可刺破薄层。

在薄层色谱中,样品的用量对物质的分离效果有很大影响,所需样品的量与显色剂的灵敏度、吸附剂的种类、薄层的厚度均有关系。样品太少,斑点不清楚,难以观察,但样品量太多时往往出现斑点太大或拖尾现象,不易分开。

4) 展开剂的选择与展开

薄层色谱的展开,需要在密闭容器中进行。为使溶剂蒸汽迅速达到平衡,防止边缘效应,可在展开槽内衬一滤纸。常用的展开方式有:

(1) 上升法：将色谱板垂直于盛有展开剂的容器中，适合于含黏合剂的色谱板。

(2) 倾斜上行法：色谱板倾斜 10°～15°，适用于干板或无黏合剂软板的展开；色谱板倾斜 45°～60°，适用于含有黏合剂的色谱板。

(3) 下降法：用滤纸或纱布等将展开剂吸到薄层板的上端，使展开剂沿薄板下行，这种连续展开的方法适用于 R_f 值小的化合物。

(4) 单向多次展开：如果用某种展开剂展开后，有些组分还没有完全分开。例如，在柱层析洗脱条件选择时(一般要求斑点最大 $R_f<0.2$)，通过薄层展开一次，难以预测柱层析的分离结果，这时可取出薄层板，挥发除去展开剂，再置于相同或不同溶剂中展开。

(5) 双向展开：如图 3－22 所示，将样品点在方形薄层板的角上，先向一个方向展开，待展开剂挥发后，将板转动 90°，再用相同或换另一种展开剂展开。该法适合于成分复杂的化合物分离。

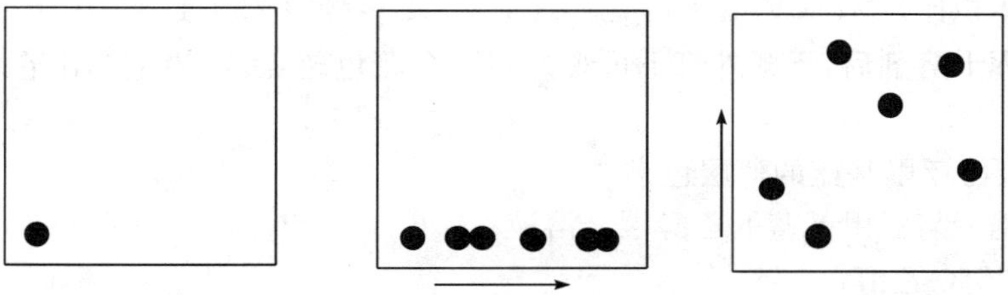

(a) 点样后展开以前的正方形薄层板　(b) 沿箭头方向第一次展开　(c) 与箭头垂直的方向第二次展开

图 3－22　薄层板的双向展开

5) 显色

展开后若样品组分本身有颜色，可直接确定斑点的位置。若本身无色，则需要采用其他方法进行显色。对于荧光物质，可在紫外灯下观察其荧光斑点；对于非荧光物质，可用硅胶制成的薄板展开，而后用紫外灯照射，绿色荧光背景下将呈现暗色斑点。有些物质在绿色背景下仍无斑点显出，这时就需使用其他显色剂使分离后物质显色。

实验室常用的显色剂见表 3－7。

表 3－7　实验室常用的显色剂示例

显色剂	配制方法	适用范围
浓硫酸	5 mL 浓硫酸加 100 mL 乙醇	大多数有机化合物在加热后可显出黑色斑点
碘蒸气	将单质碘放入碘瓶内	很多有机化合物显黄棕色
磷钼酸-乙醇溶液	5%磷钼酸乙醇溶液，喷后 120 ℃烘干	还原物质显蓝色
香兰素-硫酸	3 g 香兰素溶于 100 mL 乙醇中，再加入 0.5 mL 浓硫酸	高级醇及酮显绿色

用各种方法使斑点出现后，应立即用铅笔圈好斑点的位置，并计算 R_f 值。

实验 11　甲基橙与亚甲基蓝的柱色谱分离

样品：甲基橙与亚甲基蓝的乙醇混合溶液。

1）吸附剂：层析用中性氧化铝。

2）洗脱剂：95％乙醇和水。

实验 12　薄层色谱

1）APC 药片的薄层色谱

取 APC 止痛药两片，在研钵中研细，然后转移至盛有 10 mL 乙醇的锥形瓶中，充分搅拌 20 min，过滤除去不溶物，滤液用无水硫酸镁干燥，得样品溶液。

吸附剂：硅胶 GF_{254}（青岛海洋化工厂）；

展开剂（体积比）：$V_{苯}:V_{乙醚}:V_{冰醋酸}:V_{甲醇}=120:60:18:1$；

展开后，挥干溶剂后，于紫外灯下可观察到三个暗色斑点，用铅笔描出它们的相对位置，计算 R_f 值。

2）甲基橙与亚甲基蓝的薄层色谱

样品：甲基橙与亚甲基蓝的乙醇混合溶液；

展开剂：95％ 乙醇；

展开后，挥干溶剂后，肉眼观察有色斑点的位置，计算 R_f 值。

3）苯甲酸与苯甲酸乙酯的薄层色谱

样品：苯甲酸与苯甲酸乙酯的乙醇混合溶液；

展开剂（体积比）：$V_{石油醚(60\sim90\ ℃)}:V_{乙酸乙酯}=5:1$；

展开后，溶剂挥发后于紫外灯下可观察到两个暗色斑点，用铅笔描出它们的相对位置，计算 R_f 值。

【思考题】

1. 柱色谱实验中，若装柱时，柱中有气泡或填装不均匀，对分离效果有何影响？
2. 如何选择柱色谱用洗脱剂？
3. 影响比移值 R_f 的因素有哪些？
4. 展开剂的液面高出薄板的斑点，将会产生什么后果？
5. 如何确定混合物各组分在薄板上的位置？如果斑点出现拖尾现象，这可能是什么原因引起的？

3.10　天然产物的提取

天然产物（natural products）化学是以天然资源为研究对象，探讨其化学组成、合成和作用的一门基础研究和应用基础研究科学。天然产物化学的研究推动着有机化学、合成化学、分析化学、结构化学、植物化学等基础学科的进步。通过对活性天然产物的合成研究，人们创造了许多新的有机合成方法和路线，从而极大地推动了现代医药、农药、材料等产业的发展，对国民经济的健康持续发展具有重要的意义。

分离、纯化、鉴别天然产物一直都是天然有机化学的重要课题。因为任何天然物质都是由很复杂的有机物组成的，从这一复杂的混合物中得到所要求的纯品，自然需要化学工作者进行大量的研究。分离天然有机化合物的方法一般为溶剂或混合溶剂萃取法。随着现代分离技术的发展，许多新型的提取方法应用于天然产物中，如超临界 CO_2 萃取技术、双水相萃取、微波提取、超声波提取和液膜提取等。

纯化天然有机化合物目前较为有效的方法之一是色谱法。纸色谱与柱色谱对天然产物具有很重要的作用。薄层色谱、制备薄层色谱、液-液色谱以及气-液色谱等技术也越来越多地用来纯化天然有机化合物。随着现代测试技术的发展，核磁共振、质谱、红外、紫外光谱已被广泛应用于天然产物的结构鉴定中。

下面介绍几个从天然产物中提取有效成分的实例。

实验13　茶叶中提取咖啡因

咖啡因(caffeine)又称咖啡碱，为嘌呤的衍生物，化学名称是1,3,7-三甲基-2,6-二氧代嘌呤，其结构式与茶碱、可可碱类似。咖啡因具有增加肾脏血流量、强心、利尿、兴奋神经中枢、消除疲劳等作用，应用前景广阔，因而需要一条经济合理的路线来获取咖啡因。现代制药工业多用合成方法来制得咖啡因。

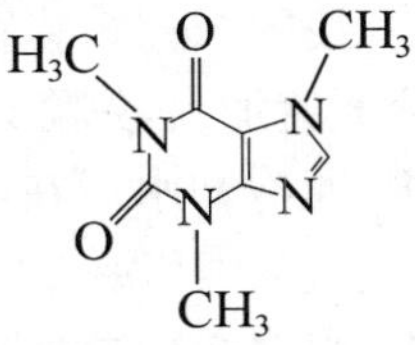

咖啡因

茶叶中含有多种生物碱，其中咖啡因的含量占茶叶干质量的2%～5%。茶叶中的其他成分主要还有丹宁酸(或称鞣酸)，约占11%～12%，具有酸性，可与咖啡因成盐，使咖啡因不能够升华，因此升华前必须加生石灰中和丹宁酸，它是酯类化合物，可以与醇羟基及糖分子中的羟基发生酯交换反应，可以被乙醇提取出来，但不溶于苯；蛋白质与氨基酸，约占0.6%，它们可以与乙醇发生酯化反应而被提取出来。

含结晶水的咖啡因为白色针状结晶粉末，味苦，能溶于水、乙醇、丙酮、氯仿等，微溶于石油醚。在100 ℃时失去结晶水，开始升华，120 ℃时升华显著，178 ℃以上升华加快。无水咖啡因的熔点为238 ℃。

【实验原理】

从茶叶中提取咖啡因(extraction of the caffeine from tea)，是用适当的溶剂(氯仿、乙醇、苯等)在索氏提取器中连续抽提或用溶剂浸提，浓缩得粗咖啡因。粗咖啡因中还含有一些其他的生物碱和杂质，可利用升华进一步提纯。

【试剂与规格】

茶叶末(市售)；95%乙醇 C. P.；生石灰 C. P.；氢氧化钠 C. P.；二氯甲烷 C. P.；石油醚(60～90 ℃) C. P.；蒸馏水(自制)。

【实验步骤】

方法一:索氏提取法

称取 5.0 g 茶叶末,放入索氏提取器的滤纸套筒中[1],然后在 100 mL 圆底烧瓶里加入 60 mL 95%乙醇和几粒沸石,电热套加热。连续抽提 1 h[2]后,待回流液基本无色即可停止加热。然后改装成蒸馏装置,蒸出提取液中的大部分乙醇,至提取液浓缩至约为10 mL时停止蒸馏。将浓缩液趁热倾入蒸发皿中,拌入 3.0 g 研细的生石灰[3],搅拌中和。用电热套小火加热蒸干并焙炒片刻,除去全部水分[4],冷却后,擦去沾在蒸发皿上的粉末,以免升华时污染产品。

取一只合适的玻璃漏斗,罩在覆盖着刺有许多小孔的滤纸的蒸发皿上,用电热套小心加热升华[5]。如果出现棕色烟雾时,即升华完毕,停止加热。冷却后,揭开漏斗和滤纸,仔细把附在纸上及器皿周围的咖啡因结晶用小刀刮下,残渣经拌和后,再加热升华一次。合并两次升华收集的咖啡因并称量。

方法二:改进的提取装置

在 100 mL 圆底烧瓶中加 2 粒沸石,在恒压漏斗口放置一脱脂棉,称取 5.0 g 茶叶末放入恒压漏斗中,按图 3-23 装置好提取装置。将 60 mL 95%乙醇从球型冷凝管加入,先将茶叶末浸泡片刻,然后将液体放入圆底烧瓶中,通冷却水后在电热套上加热。当溶剂被加热沸腾时,溶剂蒸汽从恒压漏斗侧管上升,被冷凝管冷凝为液体并滴到样品上,当溶剂在提取器内达到一定高度时,调节恒压漏斗活塞,使冷凝液的滴入速度与恒压漏斗的放液速度一致。此过程反复进行,溶剂便被一遍又一遍地重复使用,样品每一次都接触到新溶剂,最后将所要提取的物质都集中到下面的烧瓶中。连续提取 0.5 h 后,恒压漏斗中的提取液颜色变得很淡,即可停止提取。冷却,将恒压漏斗从烧瓶上取下,换上常压蒸馏装置,电热套直接加热蒸馏回收大部分乙醇,浓缩至10～15 mL。将浓缩液转移到蒸发皿中,加生石灰 3.0 g,在不断搅拌下,用电热套小火加热蒸干,边蒸边碾,至固体变为细小粉末。实验装置改为升华装置,电热套小火加热,至开始产生棕色烟雾止,产物为白色针状晶体,收集并称量。

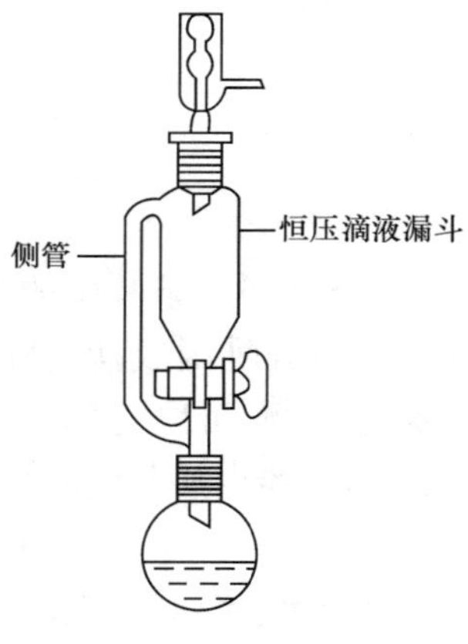

图 3-23　改进的提取装置

方法三:浸取法

称取茶叶末 5.0 g 于 100 mL 单口烧瓶中,加入乙醇 50 mL,安装回流冷凝装置,加热煮沸 40 min。过滤后将提取液常压蒸馏浓缩至约为 10 mL。将提取液转移至蒸发皿中,加入 3.0 g 研细的生石灰,蒸发浓缩至干。用玻璃棒将研细的固体粉末平铺于蒸发皿底部,盖上刺有许多小孔的滤纸,上面再倒扣一短颈漏斗,漏斗口颈部塞少许棉花,加热升华。大约 15 min 后,停止加热,自然冷却 15 min,小心收集滤纸下方的白色针状晶体并称量。

【注释】

［1］ 用一支比索氏提取器内径细的试管封口端顶在圆形滤纸的中间，然后用试管将滤纸推入到索氏提取器内，这样滤纸在索氏提取器内就自然成圆柱状。如果滤纸筒在索氏提取器内的高度太高，则可在滤纸推入前将滤纸边缘剪去一截。滤纸筒上端不封口，回流时，乙醇直接滴入茶叶末，可提高萃取效果。

［2］ 当提取液颜色很淡时，即可停止萃取。

［3］ 生石灰起中和作用，除去丹宁酸，防止它与咖啡因成盐，降低咖啡因的蒸气压；另外还可以除去残存的少量水分。

［4］ 水分除不干净，会给后面的升华带来烟雾。

［5］ 升华操作是实验成败的关键，升华过程中一定要严格控制加热的温度。若温度太低，升华速度会较慢；若温度太高，会使产物发黄（分解）。

【思考题】

1. 本实验中生石灰的作用有哪些？
2. 除可用乙醇萃取咖啡因外，还可采用哪些溶剂萃取？

实验 14　黄连中提取黄连素

黄连为我国名产药材之一，抗菌性很强，对急性结膜炎、口疮、急性细菌性痢疾、急性肠胃炎等均有很好的疗效，另外还有抗高血压、扩张血管、增强耐缺氧能力、局部麻醉、止痛、降血糖、抗腹泻、利胆、退热、镇静等广泛的药理作用。随着野生、栽培及产地的不同，黄连中黄连素的含量为 4%～10%。含黄连素的植物很多，如黄柏、三棵针、伏牛花、白屈菜、南天竹等均可作为提取黄连素的原料，但以黄连含量为高。

从黄连中已分离出 20 种以上的生物碱，主要为黄连素（俗称小檗碱 *Berberine*），其次是巴马汀（又称掌叶防己碱，*Palmatime*）、药根碱（*Jatrorrhizine*）、小檗胺（*Berbamine*）、非洲防己胺碱（*Columbamine*）、氧化小檗碱（*Oxyberberine*）、刺檗碱（*Oxyacanthine*）、木兰碱（*Magnoflorine*）、异粉防己碱（*Isotetrandrine*）等。

黄连素是一种黄色的针状结晶，味极苦，熔点 145 ℃，化学名称为 5,6-二氢-9,10-二甲氧苯并[*g*]-1,3-苯并二氧戊环[5,6-*α*]-喹啉，从水或稀乙醇中析出的晶体带有 5.5 分子结晶水，在 100 ℃干燥后，失去分子结晶水而转为棕红色。若从氯仿、丙酮或苯中结晶，也带有相应的结晶溶剂分子。黄连素用不同的碱处理，可得到季铵碱式、醛式和醇式等三种不同形式的小檗碱，其中以季铵碱式最稳定。

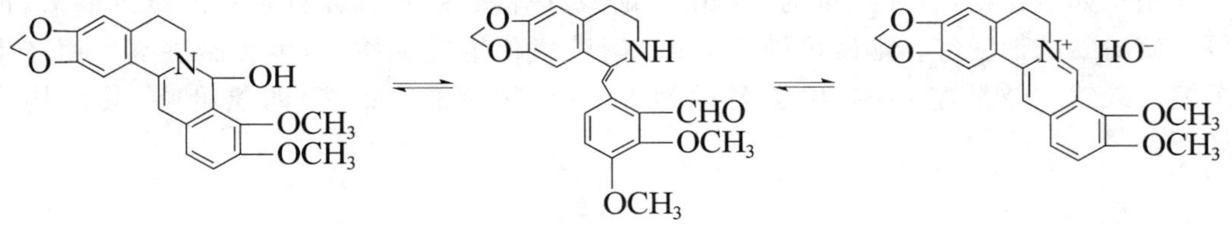

醇式　　醛式　　季铵碱式

【实验原理】

黄连素微溶于水和乙醇，较易溶于热水和热乙醇中，几乎不溶于乙醚，其盐酸盐难溶于水，但易溶于热水，而硫酸盐则易溶于水。本实验就是利用这些性质从黄连中提取黄连素的(extraction of the berberine from coptis)。

【试剂与规格】

黄连(市售)；95% 乙醇 C. P.；浓盐酸 C. P.；乙酸 C. P.；氢氧化钙 C. P.；丙酮 C. P.。

【实验步骤】

称取 10 g 中药黄连切碎，研磨成粉状，放入 250 mL 圆底烧瓶中，加入 100 mL 乙醇，装上回流冷凝管，加热回流 0.5 h，静置溶泡 1 h，抽滤。滤渣重复上述操作处理两次，合并三次所得滤液，在水泵减压下蒸出乙醇(回收)[1]，直到得到棕红色糖浆状残留物。再加入 1%乙酸(30～40 mL)，加热溶解，抽滤以除去不溶物，然后向溶液中滴加浓盐酸，至溶液混浊为止。放置冷却，即有黄色针状体的黄连素盐酸盐析出，抽滤、结晶用冰水洗涤两次，再用丙酮洗涤一次，然后将粗品加热水至刚好溶解煮沸，用石灰乳调节 pH 为 8.5～9.8。冷却，滤除杂质，继续冷却至室温以下，即有黄连素结晶析出。抽滤，得到黄色小檗碱结晶，在 50～60 ℃的烘箱中烘干[2]，称量，约 1.0 g，熔点 145 ℃。

【注释】

[1]　在减压蒸馏时，温度应控制在 65～68 ℃，如果温度过高，产品会随乙醇一起蒸馏出去，降低产率。

[2]　烘干温度不可过高，否则很容易失去结晶水变为红棕色。

【思考题】

1. 黄连素为何种生物碱类的化合物？
2. 为何要用石灰乳来调节 pH，用强碱氢氧化钠(钾)可以吗？为什么？

实验 15　烟叶中提取烟碱

烟碱又名尼古丁(nicotine)，淡黄色透明油状液体，是烟草中含氮生物碱的主要成分，在烟叶(tobacco leaf)中的含量为 1%～3%。它能迅速溶于水及酒精中，通过口、鼻、支气管黏膜很容易被人体吸收。粘在皮肤表面的烟碱可"渗"入人体内。烟碱剧毒，毒性作用快如氰化物，致死剂量为 40 mg。烟碱具有碱性，可以使红色石蕊试纸变蓝，也可以使酚酞试剂变红。烟碱可被 $KMnO_4$ 溶液氧化生成烟酸，与生物碱试剂作用产生沉淀。天然烟碱是左旋体，化学名称为 *S*-1-甲基-2-(3-吡啶基)四氢吡咯，其结构式如下：

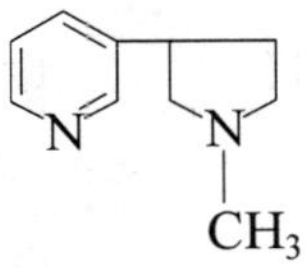

【实验原理】

由于烟碱是含氮的生物碱，具有碱性，很容易与盐酸反应生成烟碱盐酸盐而溶于水，因此可以用稀盐酸提取，在酸提取液中加入碱后可使烟碱游离出来。游离烟碱在 100 ℃左右具有一定的蒸气压，因此可用水蒸气蒸馏法分离提取。

【试剂与规格】

干燥烟叶(市售)；苦味酸 C. P.；无水乙醇 C. P.；甲醇 C. P.。

【实验步骤】

将 2.0 g 干燥碎烟叶装入 50 mL 圆底烧瓶蒸馏瓶中，加入 10%盐酸 30 mL，装上冷凝管回流 20 min。待瓶中混合物冷却后倒入小烧杯中，用 50% NaOH 溶液中和至明显碱性(石蕊试纸检验，注意充分搅拌)。将混合物转入蒸馏烧瓶中，按照图 3－7(b)进行水蒸气蒸馏，直到所得的馏分中滴加饱和苦味酸的甲醇溶液不再产生黄色沉淀为止。抽滤、干燥，得二苦味酸烟碱盐 0.78 g，熔点 217～220 ℃。

将粗产物移入 25 mL 烧瓶中，加入 4 mL 50%(体积分数)乙醇-水溶液，加热溶解，室温下静置冷却，析出亮黄色长形棱状结晶。抽滤、烘干，得二苦味酸烟碱盐 0.67 g，熔点 219～221 ℃。

【思考题】

1. 为什么要用盐酸溶液提取烟碱？
2. 水蒸气蒸馏提取烟碱时，为什么要用 NaOH 中和至明显碱性？

实验 16　槐花米中提取芸香苷

芸香苷(rutioside)又称芦丁(rutin)，具有调节毛细血管壁渗透性的作用，临床上用作毛细血管止血药，作为高血压症的辅助治疗药物。

芸香苷存在于槐花米和荞麦叶中，槐花为豆科植物槐的干燥花及花蕾，主要含芸香苷，含量高达 12%～20%，荞麦叶中含 8%。芸香苷是黄酮类植物的一种成分，黄酮类植物成分是存在于植物界并具有以下基本结构的一类化合物：就黄色色素而言，它们的分子中都有一个酮式羰基又显黄色，所以称为黄酮。

黄酮的中草药成分几乎都带有一个以上羟基，还可能有甲氧基、烃基、烃氧基等其他取代基，3、5、7、3′、4′几个位置上有羟基或甲氧基的机会最多，6、8、1′、2′等位置上有取代基的成分比较少见。黄酮类化合物结构中的羟基较多，大多数情况下是一元苷，也有二元苷。芸香苷是黄酮苷，其结构如下：

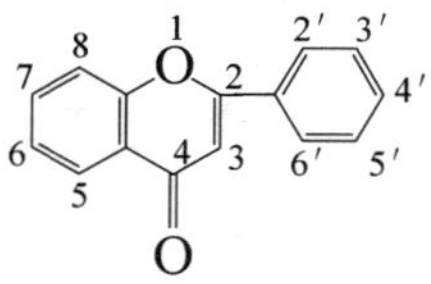

黄酮

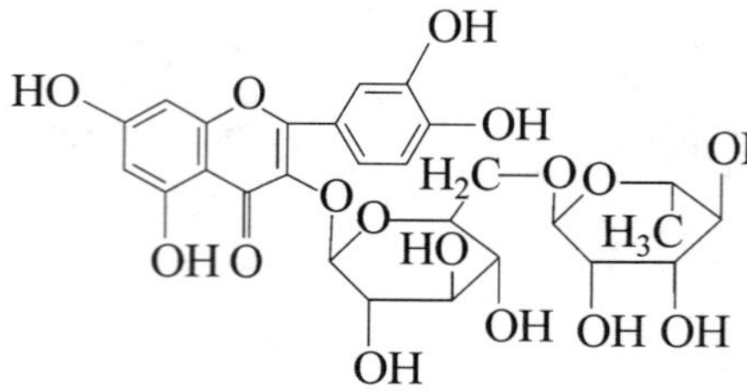

槲皮素-3-*O*-葡萄糖-*O*-鼠李糖

芸香苷(槲皮素-3-*O*-葡萄糖-*O*-鼠李糖),分子式 $C_{27}H_{30}O_{16}$,相对分子质量 610.51,淡黄色针状结晶,熔点 177～178 ℃。难溶于冷水(1∶8000),略溶于热水(1∶200),溶于热甲醇(1∶7)、冷甲醇(1∶100)、热乙醇(1∶30)、冷乙醇(1∶650),难溶于乙酸乙酯、丙酮,不溶于苯、氯仿、乙醚、石油醚等,易溶于碱液如吡啶及稀碱液中,呈黄色,酸化后复析出。溶于浓硫酸和浓盐酸呈棕黄色,加水稀释复析出。含 3 个结晶水的熔点为 174～188 ℃,无水物的熔点为 188 ℃。

槲皮素(quercetin),分子式 $C_{15}H_{10}O_7$,相对分子质量 302.23,黄色针状结晶,熔点 314 ℃(分解)。溶于热乙醇(1∶23)、冷乙醇(1∶300),可溶于甲醇、丙酮、乙酸乙酯、冰醋酸、吡啶等,不溶于石油醚、苯、氯仿、乙醚中,几乎不溶于水。

芸香苷水解生成槲皮素、葡萄糖及鼠李糖。槲皮素的结构如下:

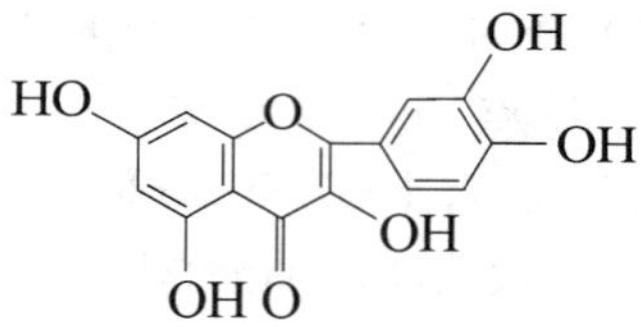

槲皮素

【实验原理】

由槐花米中提取芸香苷的方法很多。本实验是利用芸香苷分子中酚羟基的酸性用碱液煮沸提取槐花米,其提取液加酸酸化后则芸香苷游离析出,得到芸香苷的粗品,再用水对芸香苷粗品进行重结晶,得芸香苷精品。

【试剂与规格】

槐花米(自采);饱和石灰水溶液;15% 盐酸;去离子水(自制)。

【实验步骤】

称取 15 g 槐花米于研钵中研成粉状物,置于 150 mL 圆底烧瓶中,加入 80 mL 水煮沸,加入饱和石灰水[1]调节 pH 为 9,微沸 30 min,趁热抽滤。滤渣再用 80 mL 水煮沸后同上操作,趁热抽滤,合并两次滤液,然后用 15% 盐酸中和,调节 pH 为 5[2],搅匀,放置 1～2 h,使沉淀完全。抽滤,沉淀用 50 mL 水分 2～3 次洗涤,得到芸香苷的粗产物,干燥,称量。

将制得的粗芸香苷置于200 mL的烧杯中，加入去离子水100 mL，加热溶解。趁热过滤，滤液放置1 h，抽滤，干燥，即得到芸香苷精品。称量，计算收率。

【注释】

［1］ 加入饱和石灰水溶液既可以达到碱溶解提取芸香苷的目的，又可以除去槐花米中大量多糖黏液质。

［2］ pH过低会使芸香苷与酸形成鉡盐而增加水溶性，降低收率。

【思考题】

1. 槐花米中萃取芸香苷时加入饱和石灰水的作用是什么？
2. 萃取液使用盐酸反滴的目的何在？

第 4 章　有机化合物的制备与反应

4.1　烯烃的制备

实验 17　环己烯的制备

【实验目的】

1. 熟悉环己烯反应原理，掌握环己烯的制备方法；
2. 学习分馏原理及分馏柱的使用方法。

【实验原理】

实验室中通常可用浓硫酸或浓磷酸催化环己醇脱水制备环己烯(cyclohexene)。该反应历程为 E1 历程，整个反应是可逆的，即

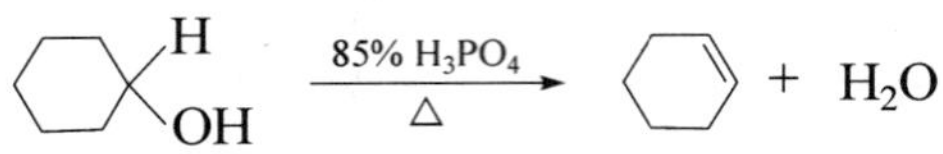

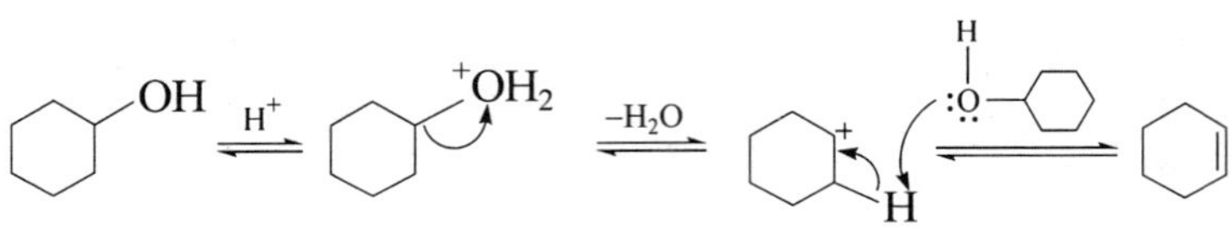

【试剂与规格】

环己醇 C. P.；磷酸(85%)C. P.；无水氯化钙 C. P.。

【物理常数】

环己醇：相对分子质量 100.16，沸点 161.1 ℃，d_4^{20} 0.9493，n_D^{20} 1.4648。无色油状吸湿性液体，低于 23 ℃时为白色结晶，有樟脑的气味，易潮解；微溶于水，可与乙醇、乙酸乙酯、乙醚、芳烃、丙酮、氯仿等大多数有机溶剂及油类混溶。

环己烯：相对分子质量 82.16，沸点 82.98 ℃，沸点 83 ℃，d_4^{20} 0.8102，n_D^{20} 1.4465。无色透明液体，微溶于水，溶于乙醇、乙醚，有中等毒性。

【实验步骤】

在 25 mL 干燥的圆底烧瓶中，放入 5 mL 环己醇及 2 mL 85%磷酸[1]，充分摇荡[2]使两种液体混合均匀。投入几粒沸石，安装分馏装置。用小锥形瓶作接收器，置于碎冰浴里。

用小火慢慢加热混合物至沸腾，以较慢速度进行蒸馏，并控制分馏柱顶部温度不超过

73 ℃，馏出液为带水的混合物[3]。当无液体馏出时，继续升温蒸馏。当温度计达到 85 ℃时，停止加热。

将馏出液用精盐饱和，然后加入 2～3 mL 5%碳酸钠溶液中和微量的酸。将此液体倒入小分液漏斗中，振摇后静置分层。将下层水溶液自漏斗下端活塞放出[4]，上层的粗产物自漏斗的上口倒入干燥的小锥形瓶中，加入无水氯化钙干燥。

将干燥后的产物滤入干燥的蒸馏瓶中，加入沸石后用水浴加热蒸馏[5]，收集 80～85 ℃的馏分。产量 1.9～2.4 g，产率 46%～56%。

【图谱】

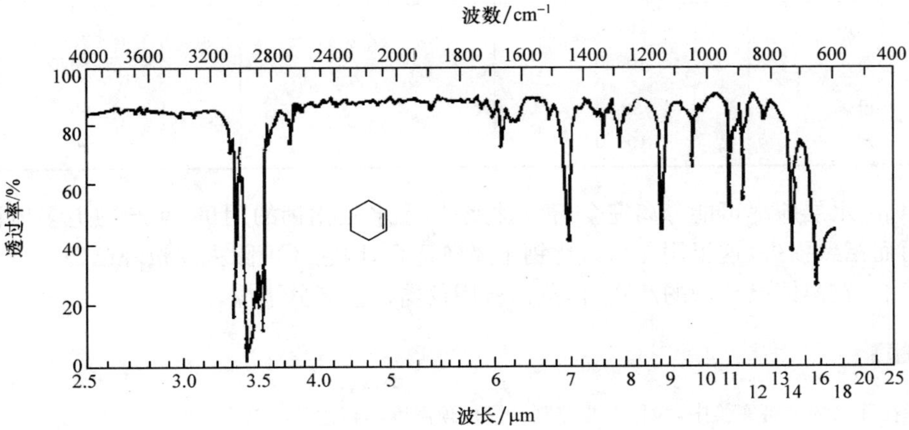

图 4-1　环己烯的红外光谱图

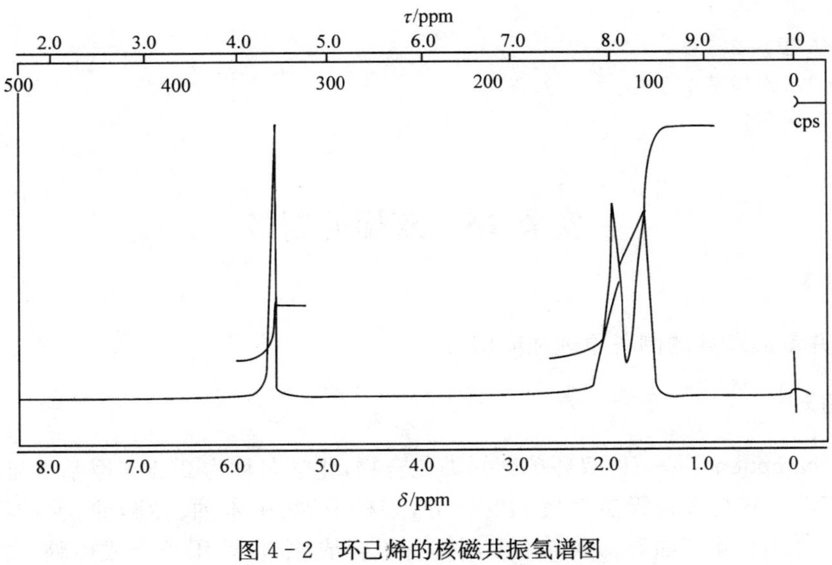

图 4-2　环己烯的核磁共振氢谱图

【注释】

[1]　浓磷酸代替浓硫酸作为催化剂的好处：无刺激性气体二氧化硫生成。

[2]　环己醇在常温下是黏稠状液体，因而若用量筒量取时应注意转移中的损失。环己烯与磷酸应充分混合。

[3]　环己醇和水、环己烯和水皆形成二元恒沸物。

环己醇、环己烯和水形成的二元恒沸物

物　质	沸点/℃		恒沸物的组成/%
	组分	恒沸物	
环己醇 水	161.5 100.0	98.7	～20.0 ～80.0
环己烯 水	83.0 100.0	70.8	90 10

[4]　水层应尽可能分离完全，否则将增加无水氯化钙的用量，使产物更多地被干燥剂吸附而招致损失，这里用无水氯化钙干燥较适合，因它还可除去少量环己醇。

[5]　在蒸馏已干燥的产物时，蒸馏所用仪器都应充分干燥。

【思考题】

1. 在环己烯制备实验中，为什么要控制分馏柱顶温度不超过 73 ℃？
2. 环己烯的制备过程中如果实验产率太低，试分析主要在哪些操作步骤中造成损失。
3. 下列醇用浓硫酸进行脱水反应的主要产物是什么？
   (1) 3-甲基-1-丁醇；
   (2) 3-甲基-2-丁醇；
   (3) 3,3-二甲基-2-丁醇。

（刘香兰）

实验 18　莰烯的制备

【实验目的】

了解并掌握莰烯的制备原理和应用。

【实验原理】

莰烯(camphene)是一种双环单萜烯类化合物，化学名称为 2,2-二甲基-3-亚甲基二环[2.2.1]庚烷。它是多种天然挥发油的成分，如松节油、柏木油、樟脑油、香柠檬油、香茅油、橙花油、姜油、缬草油等。莰烯主要用作有机合成原料，可用于合成樟脑、香料、农药、毒杀芬等。

工业上生产莰烯主要以优质松节油（主要组成为蒎烯）为原料，经减压蒸馏，收集

70～80 ℃/66.5～69.2 kPa 馏分得 α-蒎烯，再用水合氧化钛作催化剂，于 135～140 ℃进行异构化，再经减压分馏得莰烯成品。或由蒎烯在催化剂偏钛酸或酸性白土作用下加热异构化而成，也可用氯化冰片制备。

在实验室中莰烯常用冰片或异冰片在 $KHSO_4$、H_2SO_4、P_2O_5 或 $ZnCl_2$ 等脱水剂的存在下，脱水重排而得。

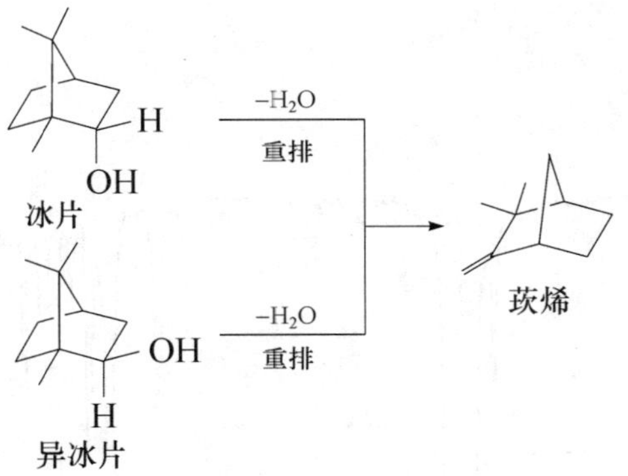

其反应机理是：

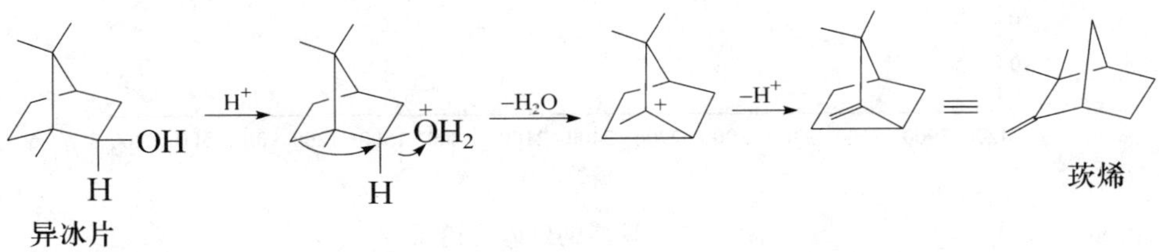

由于异冰片迁移的亚甲基和离去基团处于反式，从背后进攻很容易进行，而在冰片中，相邻的亚甲基和离去基团互为顺式，无法直接参与反应，而是脱水后再重排，因此其反应速率比异冰片慢。

【试剂与规格】

冰片 C. P.；硫酸氢钾 A. R.；无水硫酸钙 A. R.。

【物理常数】

冰片(borneol)：六方形片状结晶，分子式 $C_{10}H_{17}OH$，相对分子质量 154.24，熔点 206～207 ℃，沸点 210～212 ℃，d_4^{20} 1.011。几乎不溶于水，溶于乙醇、乙醚、石油醚、苯、丙酮等。

莰烯：无色晶体，分子式 $C_{10}H_{16}$，相对分子质量 136.23，熔点 52～54 ℃，沸点 158.5～159.5 ℃，d_4^{54} 0.8422，n_D^{54} 1.4551。易升华，不溶于水，微溶于醇，溶于醚、环己烷、环己烯、二氧六环和氯仿等。

【实验步骤】

安装常压蒸馏装置，直型冷凝管也可不用，直接用尾接管接收[1]。将 5 g(0.032 mol)

冰片和 10 g(0.074 mol)无水硫酸氢钾一起研磨至粉碎,加入到 50 mL 蒸馏瓶中。开启加热蒸馏,冰片转变成莰烯约需 30 min[2]。

在蒸气浴上将粗莰烯熔化,用滴管吸出水(下层),然后将粗产物转移至 50 mL 蒸馏瓶中,加入 1 g 无水硫酸钙和几粒沸石,再次蒸馏,收集 154～158 ℃馏分,产物为无色固体。称量,计算产率。

本实验约需 3 h。

【图谱】

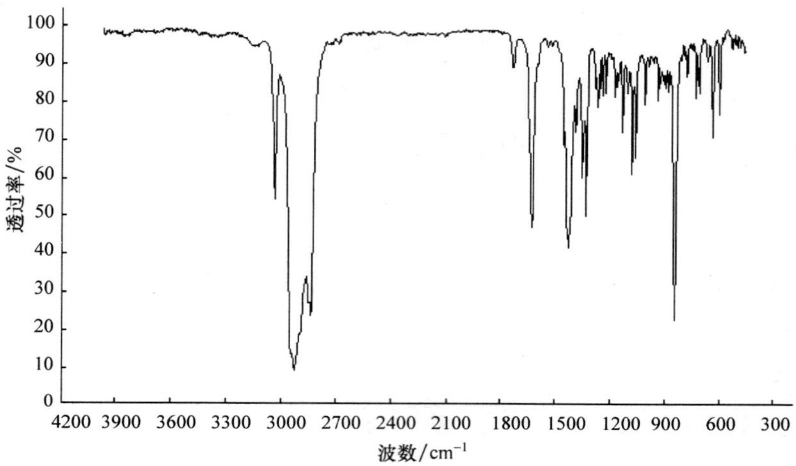

图 4－3　莰烯的红外光谱图

【注释】

[1]　以防止馏出物固化而堵塞管道。

[2]　如用异冰片所需要时间更短。

【思考题】

1. 脱水反应后留在蒸馏瓶里的固体是什么?
2. 为什么冰片的反应时间比异冰片的长?

(于凤丽)

4.2　卤代烃的制备

实验 19　正溴丁烷的制备

【实验目的】

1. 学习以溴化钠、浓硫酸和正丁醇为原料制备正溴丁烷(*n*-bromobutane)的方法与原理；

2. 练习带有气体吸收装置的回流加热操作。

【实验原理】

卤代烷是一类重要的有机合成中间体，常用结构对应的醇作为原料来制备。由于合成和使用上的方便，一般实验室中常用的卤代烷是溴代烷。它的主要合成方法是由醇与氢溴酸作用，使醇中的羟基被溴原子所取代。氢溴酸是一种极易挥发的无机酸，因此在制备时采取用溴化钠与硫酸作用产生氢溴酸直接参与反应。

在反应中，过量的硫酸可以起到移动平衡的作用，通过产生更高浓度的氢溴酸促使反应加速，还可以将反应中生成的水质子化，阻止卤代烷通过水的亲核进攻而返回到醇。但硫酸的存在易使醇生成烯和醚等副产品，因此要控制硫酸的用量。

主反应：

$$NaBr + H_2SO_4 \longrightarrow HBr + NaHSO_4$$

$$n\text{-}C_4H_9OH + HBr \xrightarrow{H_2SO_4} n\text{-}C_4H_9Br + H_2O$$

副反应：

$$CH_3CH_2CH_2CH_2OH \xrightarrow{H_2SO_4} CH_3CH_2CH{=}CH_2 + H_2O$$

$$2CH_3CH_2CH_2CH_2OH \xrightarrow{H_2SO_4} (CH_3CH_2CH_2CH_2)_2O + H_2O$$

$$2HBr + H_2SO_4 \longrightarrow Br_2 + SO_2 + 2H_2O$$

【试剂与规格】

浓硫酸 C. P.；正丁醇 C. P.；溴化钠 C. P.；10%碳酸钠溶液。

【物理常数】

正丁醇：相对分子质量 74.12，沸点 117.7 ℃，n_D^{20} 1.3992，d_4^{20} 0.8098。无色透明易燃液体，溶于水、苯，易溶于丙酮，与乙醚、丙酮可任意比例混合。

正溴丁烷：无色液体，分子式 C_4H_9Br，相对分子质量 137.02，熔点 −112.4 ℃，沸点 101.6 ℃，d_4^{20} 1.2758，n_D^{20} 1.4401。不溶于水，易溶于乙醇、乙醚、丙酮、氯仿。易燃，闪点 18 ℃，空气中容许浓度 0.7 $mg \cdot m^{-3}$。

【实验步骤】

在 50 mL 圆底烧瓶中，加入 10 mL 水，在冷却和振荡下，分批加入 10 mL 浓硫酸。待混合均匀并冷却后，依次加入 6.2 mL(0.068 mol)正丁醇和 8.3 g(0.060 mol) 研细的溴化钠。充分振荡后再加入 1～2 粒沸石。烧瓶上装一回流冷凝管，在冷凝管上口用搅拌器套管连一气体吸收装置[1]。用小火加热反应混合物至沸腾，保持平稳回流 30 min。

反应完毕，稍冷后，改为蒸馏装置，蒸馏出正溴丁烷粗品[2]。将馏出液倒入分液漏斗中，加入 10 mL 水洗涤[3]，分出水层。有机层用 5 mL 浓硫酸洗涤[4]，尽量分离干净硫酸层。有机层依次用 10 mL 水、5 mL 10%碳酸钠溶液和 10 mL 水洗涤[5]。将下层正溴丁烷放入干燥的小锥形瓶中，加入 1～2 g 小颗粒的无水氯化钙干燥。间歇振摇锥形瓶直至液体澄清为止。

将干燥后的粗产物滤入或倾入 50 mL 圆底烧瓶中，加入沸石进行蒸馏，收集 99～102 ℃的馏分。称量，并计算产率。

【图谱】

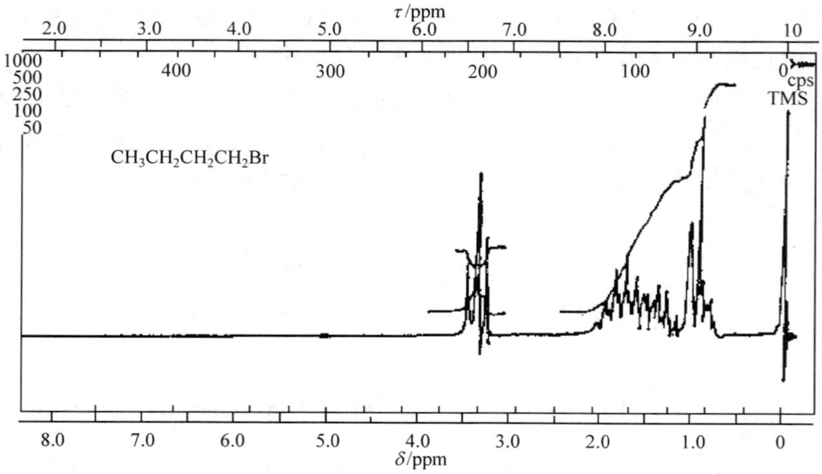

图 4－4　正溴丁烷的核磁共振氢谱图

【注释】

［1］　注意溴化氢吸收装置，玻璃漏斗不要全部浸入水中，防止倒吸。

［2］　正溴丁烷是否蒸完，可以从下列现象判断：①蒸出液是否由混浊变为澄清；②反应瓶内漂浮油层是否消失；③取一试管，收集几滴馏液，加水摇动，观察有无油珠出现。

［3］　如水洗后产物尚呈红色，是浓硫酸的氧化作用生成游离溴的缘故，可加入几毫升饱和亚硫酸氢钠溶液洗涤除去。

$$2NaBr + 3H_2SO_4(浓) \longrightarrow Br_2 + SO_2 + 2H_2O + 2NaHSO_4$$

$$Br_2 + 3NaHSO_3 \longrightarrow 2NaBr + NaHSO_4 + 2SO_2 + H_2O$$

［4］　浓硫酸的作用，是溶解并除去粗产物中少量未反应的正丁醇及副产物正丁醚等杂质。因为在以后的蒸馏中，正丁醇可与正溴丁烷形成共沸物（沸点 98.6 ℃，含正丁醇 13%）而难以除去。

［5］　洗涤时注意顺序，要分清哪一层是产品，若不知密度，可根据水溶性判断。

【思考题】

1. 本实验有哪些副反应？如何减少副反应的发生？
2. 反应时硫酸的浓度太高或太低会有什么影响？
3. 试说明各步洗涤的作用。

（刘香兰）

实验 20　溴乙烷的制备

【实验目的】

1. 熟悉溴乙烷(bromoethane)反应原理，掌握溴乙烷的制备方法；
2. 学习低沸点蒸馏的基本操作；
3. 巩固分液漏斗的使用方法。

【实验原理】

实验室制备卤代烷最常用的方法是将结构对应的醇通过亲核取代反应转变为卤代物，常用的试剂有氢卤酸、三卤化磷和氯化亚砜。对于溴乙烷的制备，工业上多采用乙醇-氢溴酸法。本实验采用实验室常用的方法，即溴化钠和浓硫酸与乙醇作用，合成溴乙烷。

主反应：

$$NaBr + H_2SO_4 \longrightarrow HBr + NaHSO_4$$

$$C_2H_5OH + HBr \longrightarrow C_2H_5Br + H_2O$$

副反应：

$$2C_2H_5OH \xrightarrow{H_2SO_4} C_2H_5OC_2H_5 + H_2O$$

$$C_2H_5OH \xrightarrow{H_2SO_4} C_2H_4 + H_2O$$

【试剂与规格】

溴化钠 C. P.；浓硫酸 C. P.；乙醇 C. P.。

【物理常数】

溴乙烷：相对分子质量 108.98，沸点 38.4 ℃，n_D^{20} 1.3611，d_4^{20} 0.7893。无色透明液体，有醚的气味，易挥发，易燃，有中等毒性。微溶于水，能与乙醇、乙醚、氯仿等有机溶剂混溶。

【实验步骤】

在 25 mL 圆底烧瓶中加入 3.3 mL(2.60 g，56.7 mmol) 95%乙醇，及 3 mL 水[1]，在不断振摇和冷水冷却下，慢慢加入 6.3 mL(11.62 g，113.3 mmol) 浓硫酸[2]，冷至室温后，在冷却下加入 5.00 g(50 mmol) 研成细粉状的溴化钠，稍加振摇混合后，加入几粒沸石，安装常压蒸馏装置。接收器内外均应放入冰水混合物，以防止产品的挥发损失。尾接管的支管用橡皮管导入下水道或室外。将反应混合物在石棉网上小火加热蒸馏，使反应平稳发生[3]，直至无油状物馏出为止[4]。

将馏出液倒入分液漏斗中，分出的有机层置于 25 mL 干燥的锥形瓶中，在冰水浴中，边振摇边滴加浓硫酸，直至锥形瓶底分出硫酸层为止[5]。用干燥的分液漏斗分去硫酸液，将溴乙烷粗产品倒入干燥的蒸馏瓶中，水浴加热蒸馏，接收器外冰水浴冷却，收集 37～

40 ℃的馏分。称量、计算产率。

【图谱】

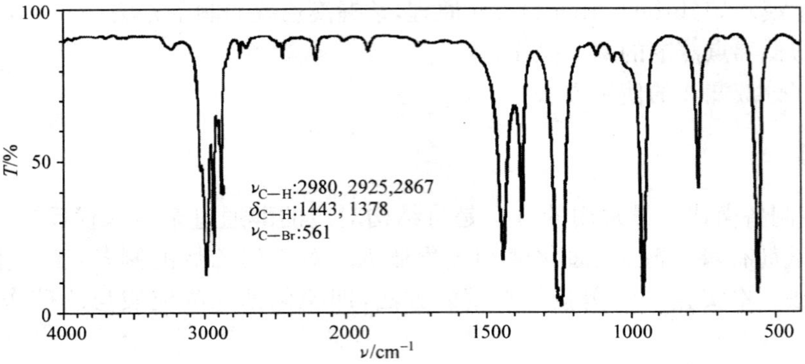

图 4-5　溴乙烷的红外光谱图(液膜)

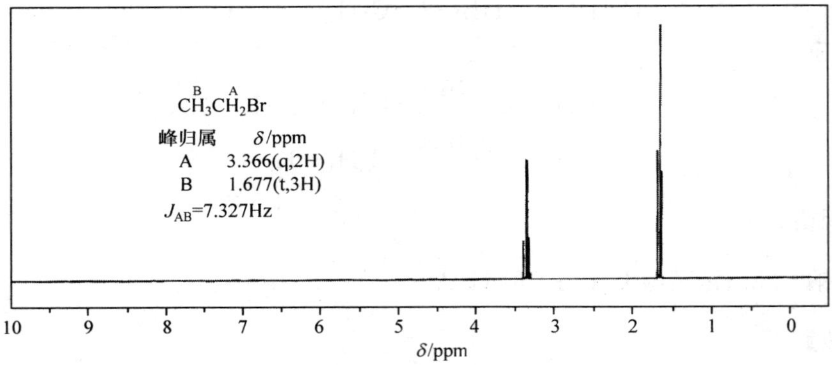

图 4-6　溴乙烷的核磁共振氢谱图

【注释】

[1]　加入少量水可防止反应进行时产生大量泡沫,减少副产物乙醚的生成和避免氢溴酸的挥发。

[2]　加浓硫酸要边加边摇变冷却,充分冷却后(在冰水浴中)再加溴化钠,以防反应放热冲出。

[3]　加热要先小火,逐渐稍大,使反应平稳发生,避免大火,否则产物损失,并有副产物生成。

[4]　反应结束时,烧瓶中残液由混浊变为清亮透明。应趁热将残液倒出,以免冷却后硫酸氢钠结块,不易倒出。

[5]　精制时要先彻底分去水,冷却下加硫酸,否则加硫酸产生热量使产物挥发损失。

【思考题】

1. 在溴乙烷制备实验中，硫酸浓度太高或太低会带来什么结果？
2. 粗产物中可能有什么物质？是如何除去的？

（刘香兰）

实验 21　3-溴代环己烯的制备

【实验目的】

学习并掌握游离基取代反应制备卤代烃的原理和方法。

【实验原理】

烯丙基或苄基型卤代烃是一类活泼的反应中间体。该类卤代烃的制备一般采用溴代试剂 *N*-溴代丁二酰亚胺（简称 NBS）在过氧化物存在下进行，反应为游离基机理。反应过程中溴始终保持较低浓度，有利于取代反应的进行。为避免加成副反应，常用非极性的四氯化碳作溶剂。

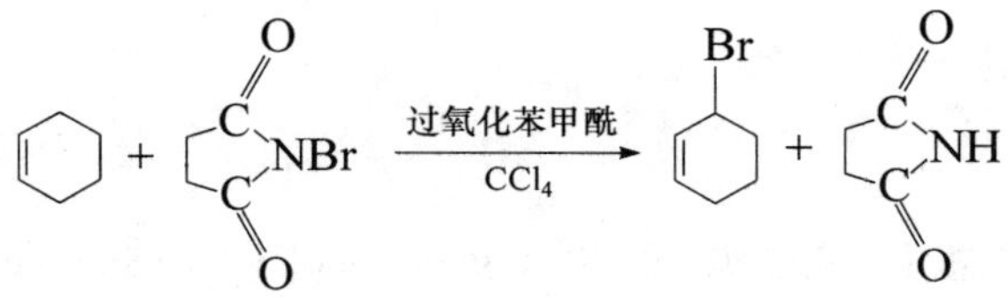

【试剂与规格】

环己烯 C. P.；*N*-溴代丁二酰亚胺 A. R.；过氧化苯甲酰 A. R.；四氯化碳 C. P.。

【实验步骤】

将 6.8 g(0.083 mol)环己烯溶解在 90 mL 经五氧化二磷干燥过的四氯化碳中，并加入 8.9 g(0.05 mol)已干燥但未重结晶的 *N*-溴代丁二酰亚胺和 0.2 g 过氧化苯甲酰。将混合物在 150 mL 圆底烧瓶中加热回流至反应开始[1]。待密度大的 *N*-溴代丁二酰亚胺全溶转变为丁二酰亚胺浮于液面的现象出现时，可认为反应终止[2]。冷却，滤去丁二酰亚胺，并用少量四氯化碳洗涤，合并滤液和洗液，先旋蒸去四氯化碳，再减压蒸馏，收集 70～72 ℃/4.389 Pa 馏分，即得产物 3-溴代环己烯(3-bromocyclohexene)。称量并计算产率。

【注释】

[1]　这时会有剧烈沸腾，如有必要可稍冷却，但不能使反应停顿。

[2]　为了保证反应完全，可将混合物再继续沸腾 10 min，因与烯烃的反应大约 1 h 左右。

（王书文）

实验 22　1-碘丁烷的制备

【实验目的】

学习并掌握 1-碘丁烷(*n*-ionobutane)的制备原理和方法。

【实验原理】

通常情况下,亲核性的大小顺序为 $I^- > B^- > Cl^-$。因此在碘化钠的丙酮溶液中,1-溴丁烷发生亲核取代反应,生成 1-碘丁烷。

$$CH_3CH_2CH_2CH_2Br + NaI \xrightarrow{\text{丙酮}} CH_3CH_2CH_2CH_2I$$

【试剂与规格】

正溴丁烷 C. P.;碘化钠 A. R.;丙酮 C. P.;乙醚 C. P.;亚硫酸钠 A. R.;无水硫酸镁 A. R.。

【物理常数】

1-碘丁烷:无色液体,分子式 C_4H_9I,相对分子质量 184.02,熔点 −103 ℃,沸点 130.5 ℃,闪点 31 ℃,d_4^{20} 1.62,不溶于水,溶于醇、醚,主要用作分析试剂、溶剂,也用于有机合成等。

【实验步骤】

在 250 mL 圆底烧瓶中,加入 80 mL 含 15 g(0.1 mol)碘化钠的丙酮溶液。磁力搅拌下,加入 5.4 mL(6.85 g,50 mmoL)正溴丁烷,水浴加热回流 20 min。安装蒸馏装置,蒸出丙酮。剩余物冷却后,加入 50 mL 水,用 20 mL 乙醚萃取,然后用 10 mL 饱和亚硫酸钠溶液洗涤[1]。无水硫酸镁干燥后,先水浴蒸出乙醚,常压蒸馏收集 125～135 ℃馏分[2],并计算产率。

本实验需 3～4 h。

【图谱】

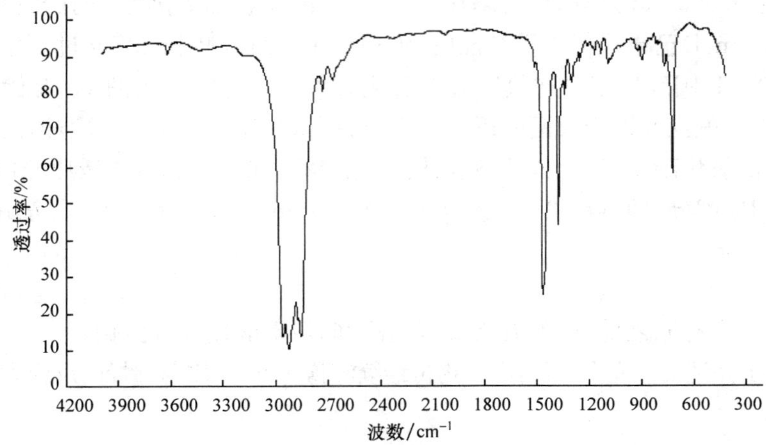

图 4-7　1-碘丁烷的红外谱图(KBr 压片)

【注释】

[1]　饱和亚硫酸钠溶液洗涤的目的是除去反应中生成的碘。

[2]　在蒸馏产物时，为减少产物的分解，可在蒸馏烧瓶内加入一截铜丝。

【思考题】

1. 1-碘丁烷的制备反应是 S_N1 还是 S_N2？为什么？
2. 反应结束冷却后，为什么要加入水？

（于凤丽）

4.3　醇和酚的制备

实验 23　格氏反应及 2-甲基-2-己醇的制备

【实验目的】

1. 了解并掌握格氏试剂的制备原理和应用；
2. 学习用格氏反应制备醇的原理；
3. 学习并掌握无水操作的实验技术。

【实验原理】

卤代烷在无水乙醚等溶剂中和金属镁作用后生成的烷基卤化镁 RMgX 称为格氏(Grignard)试剂，X=Cl，Br，I。

$$RX + Mg \xrightarrow{\text{无水乙醚}} RMgX$$

用格氏试剂与醛、酮、酯或环氧乙烷反应制备各种复杂结构的醇是有机合成中常用的方法。反应必须在无水、无氧、无活泼氢的条件下进行，否则会破坏格氏试剂。格氏试剂与醛、酮等形成的加成物，通常用稀盐酸或稀硫酸进行水解，以使产生的碱式卤化镁转变成易溶于水的镁盐，同时得到相应的醇。

本实验通过正溴丁烷与金属镁在无水乙醚中反应生成正丁基溴化镁(格氏试剂)，然后滴加丙酮进行亲核加成反应，最后用 10%硫酸溶液使加成产物水解而得到 2-甲基-2-己醇(2-methyl-2-hexanol)。

主反应：

$$n\text{-}C_4H_9Br + Mg \xrightarrow{\text{无水乙醚}} n\text{-}C_4H_9MgBr$$

$$n\text{-}C_4H_9MgBr + CH_3-\overset{\overset{\large O}{\|}}{C}-CH_3 \xrightarrow{\text{无水乙醚}} n\text{-}C_4H_9-\underset{\underset{\large CH_3}{|}}{\overset{\overset{\large OMgBr}{|}}{C}}-CH_3$$

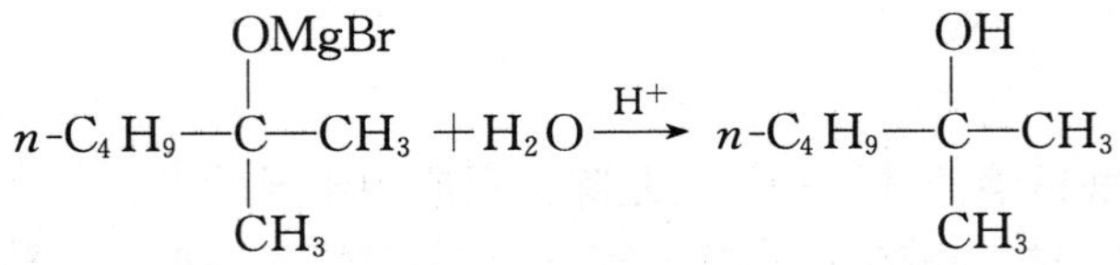

副反应：

$$RMgX + H_2O \longrightarrow RH + Mg(OH)X$$

$$2RMgX + O_2 \longrightarrow 2ROMgX$$

$$RMgX + CO_2 \longrightarrow RCO_2MgX$$

$$RMgX + RX \longrightarrow R-R + MgX_2$$

【试剂与规格】

正溴丁烷 C. P.；镁屑(新制)；丙酮 A. R.；无水乙醚(自制)；10%硫酸；5%碳酸钠溶液；无水碳酸钾 C. P.；乙醚 C. P.。

【物理常数】

2-甲基-2-己醇：无色液体，分子式 $C_7H_{16}O$，相对分子质量 116.2，沸点 141～142 ℃，d_D^{20} 0.812，n_D^{20} 1.4175。微溶于水，易溶于醚和酮。

【实验步骤】

向配有搅拌器、恒压滴液漏斗和球型冷凝管(冷凝管上端配置氯化钙干燥管)的 50 mL三口烧瓶[1]中加入 0.75 g(约 0.03 mol)镁屑[2]和 5 mL 无水乙醚。恒压滴液漏斗中盛有 3.3 mL(4.1 g，0.006 mol)正溴丁烷和 5 mL 无水乙醚，混合均匀。先向三口瓶中滴入 1～2 mL 混合液，引发反应[3]。数分钟后即见溶液呈微沸状态，乙醚自行回流。反应开始比较剧烈，待反应缓和后自冷凝管上端加入 7.5 mL 无水乙醚。开启搅拌[4]，并滴入剩余的正溴丁烷和乙醚的混合液，控制滴加速度，维持乙醚溶液呈微沸状态。滴加完毕，用温水浴加热回流 15 min 以保证反应完全[5]。冷水浴冷却，并在搅拌下自恒压滴液漏斗加入 2.3 mL(3.5 g，0.06 mol)丙酮和 2.5 mL 无水乙醚的混合液，加入速度仍维持乙醚微沸[6]。加完后继续搅拌 15 min。

在冰水浴冷却及搅拌下，自滴液漏斗慢慢加入 25 mL 10%硫酸溶液[7]，分解产物。待分解完全后，将反应液移入分液漏斗，分出醚层。水层每次用 7.5 mL 乙醚萃取 2 次，合并醚层。醚层用 7.5 mL 5%碳酸钠溶液洗涤，无水碳酸钾干燥。过滤[8]，水浴蒸馏除去乙醚。剩余物倒入 25 mL 蒸馏瓶中，蒸馏收集 137～141 ℃的馏分。产量 2～3 g，产率约 50%。

本实验约需 6 h。

【图谱】

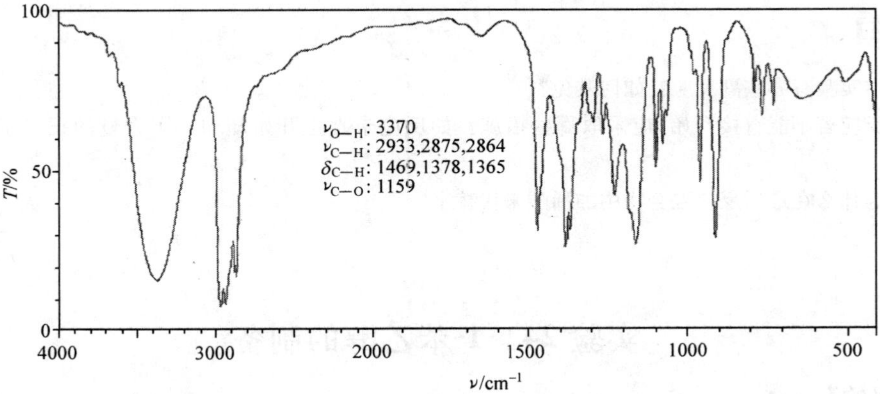

图 4-8　2-甲基-2-己醇的红外光谱图(液膜)

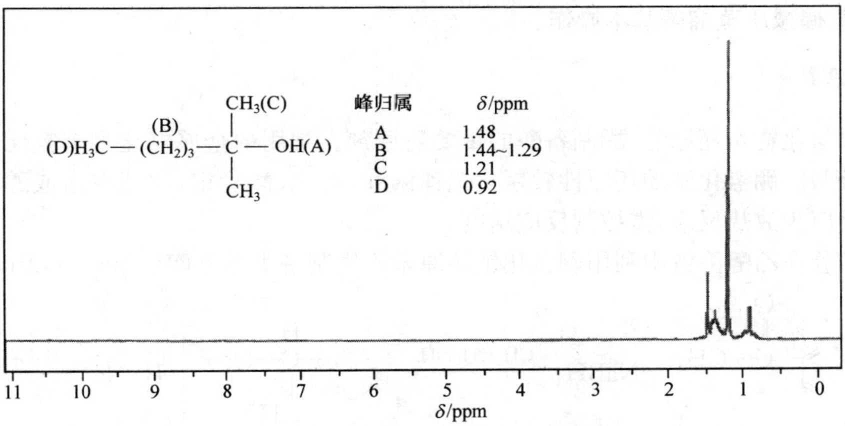

图 4-9　2-甲基-2-己醇的核磁共振氢谱图

【注释】

[1]　实验所用仪器及试剂必须充分干燥。操作过程应快捷、迅速,尽量减少湿气侵入。

[2]　镁条如长期放置,使用前应将氧化层用砂纸打磨擦亮,剪成小段。

[3]　反应是否引发可从以下现象判断:反应液是否由澄清变混浊,是否有白色沉淀物产生。如反应未引发,可采取的措施有:①加热,但温度不能太高,保持有微小气泡缓慢产生即可;②加碘,芝麻粒大小即可;③加入少许格氏试剂。

[4]　必须等反应引发后才能搅拌和滴加混合液。

[5]　反应结束时,可能有镁条未完全反应,但对后续实验操作没有影响。

[6]　该加成反应为放热反应,故应严格控制滴加速度。

［7］ 开始加入硫酸一定要慢，否则反应太激烈，会发生脱水反应。

［8］ 2-甲基-2-己醇与水形成恒沸物，因此必须很好地干燥，否则前馏分将大大增加。

【思考题】

1. 本实验有哪些副反应？如何避免？

2. 反应若不能直接开始，应采取哪些措施？如反应未真正开始却加入了大量的正溴丁烷，有何不好？

3. 为什么在最后反应混合物中加稀酸来代替水？

（于凤丽）

实验 24　1-苯乙醇的制备

【实验目的】

1. 学习用硼氢化钠还原羰基化合物制备醇的原理和方法；
2. 掌握减压蒸馏等基本操作。

【实验原理】

金属氢化物是还原醛、酮制备醇的重要还原剂。常用的金属氢化物有氢化铝锂和硼氢化钠(钾)。硼氢化钠的还原性较氢化铝锂温和，对水、醇稳定，故能在水或醇溶液中进行。该反应为放热反应，需控制反应温度。

本实验在乙醇溶液中利用硼氢化钠还原苯乙酮制备 1-苯乙醇(1-phenylethanol)。

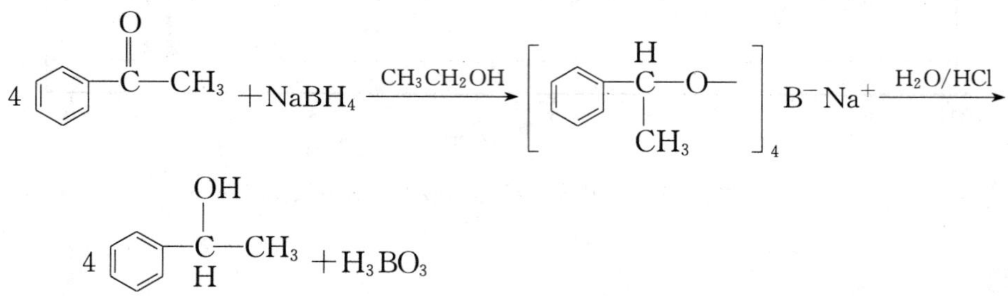

【试剂与规格】

苯乙酮 C. P.；硼氢化钠 A. R.；95％乙醇；乙醚 C. P.；盐酸 C. P.；无水碳酸钾 C. P.；无水硫酸镁 C. P.。

【物理常数】

苯乙酮(acetophenone)：无色晶体或浅黄色油状液体，分子式 C_8H_8O，相对分子质量120.14，熔点 20.5 ℃，沸点 202.3 ℃，d_4^{20} 1.0281，闪点 82.2 ℃。微溶于水，易溶于多种有机溶剂，能与水蒸气一同挥发。

硼氢化钠(sodium borodride)：白色至灰白色结晶粉末或块状，分子式 $NaBH_4$，相对分子质量 37.85，熔点 36 ℃，d_4^{20} 1.076。在干空气中稳定，在湿空气中分解。溶于水、液氨、胺类，微溶于四氢呋喃，不溶于乙醚、苯、烃类。

1-苯乙醇（phenylethanol）：无色液体，分子式 $C_8H_{10}O$，相对分子质量 122，沸点 203.4 ℃，熔点 20 ℃，d_4^{20} 1.103，n_D^{20} 1.5275。具有玫瑰香气，微溶于水，易溶于醇、醚。

【实验步骤】

向配有温度计、恒压滴液漏斗和球型冷凝管的 100 mL 三口烧瓶中加入 0.1 g (0.026 mol)硼氢化钠和 15 mL 95%乙醇，三口烧瓶浸在水浴中。磁力搅拌下，自恒压滴液漏斗滴加 8 mL(0.067 mol) 苯乙酮，控制滴加速度，使反应温度控制在 48～50 ℃。滴加完毕，室温搅拌反应 20 min[1]。

在搅拌下滴加 6 mL 3 mol · L^{-1} 的盐酸溶液[2]，大部分白色固体溶解。水浴蒸出大部分乙醇，浓缩至分为两层。冷却后加入 15 mL 乙醚，分出醚层，水层用 6 mL 乙醚萃取 2 次，合并醚层，无水硫酸镁干燥。

在除去干燥剂的粗产品中，加入 0.6 g 无水碳酸钾[3]。水浴蒸出乙醚，然后改成减压蒸馏，收集 102～103.5 ℃/2.533 kPa(19 mmHg)的馏分。称量，计算产率。

本实验约需 4 h。

【图谱】

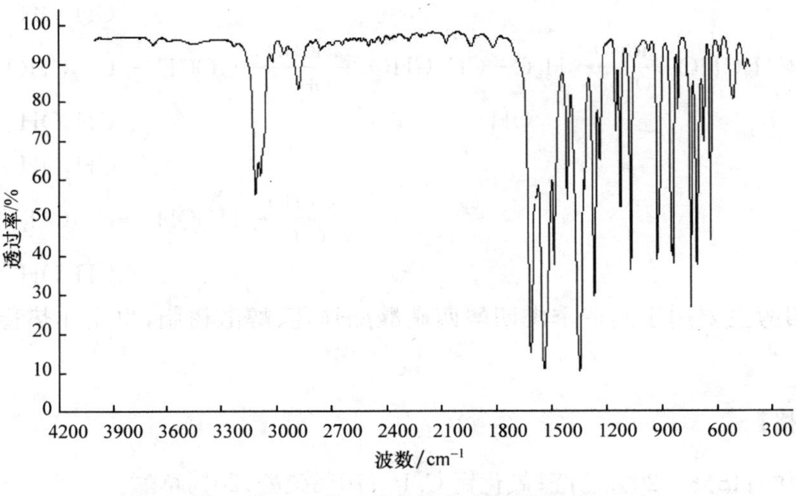

图 4－10　1-苯乙醇的红外光谱图(液膜)

【注释】

[1]　如搅拌不动就停止搅拌，此时有大量的盐沉淀，也可能结块。

[2]　加入盐酸的作用：①分解过量的硼氢化钠，此时滴加速度不宜过快，有大量气泡放出，严禁明火；②水解硼酸酯的配合物。

[3]　碳酸钾的加入可防止蒸馏过程中发生催化脱水反应。

【思考题】

1. 硼氢化钠和氢化铝锂都是还原剂，在还原能力以及操作上有何不同？
2. 滴加苯乙酮时，为什么要控制体系温度在48～50 ℃？
3. 盐酸溶液分解反应物时，为什么要慢慢地加入？作用是什么？
4. 实验中加入碳酸钾的作用是什么？

（于凤丽）

实验25 季戊四醇的制备

【实验目的】

1. 学习羟醛缩合反应和坎尼查罗反应的原理；
2. 学习并掌握制备季戊四醇（pentaerythritol）的实验方法。

【实验原理】

乙醛和甲醛在碱性条件下发生羟醛缩合反应，生成β-羟基丙醛，并在α-碳原子上继续与甲醛发生羟醛缩合反应得到三羟甲基乙醛，最后与甲醛再进一步发生交叉坎尼查罗反应得到季戊四醇，整个合成反应称为土伦缩合反应。

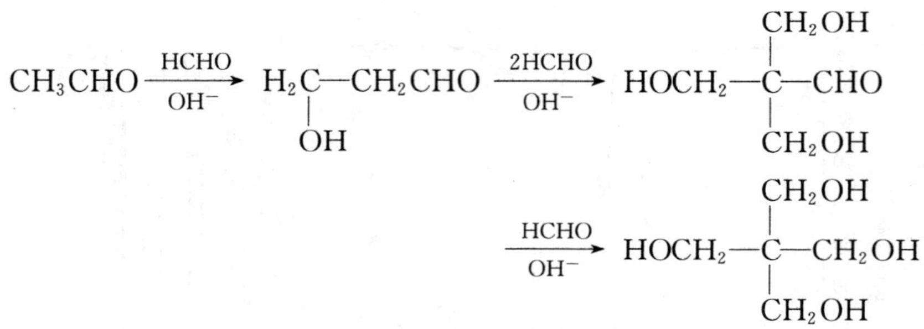

季戊四醇主要用于制造季戊四醇四硝酸酯炸药、醇酸树脂，也用作热稳定剂、增塑剂等。

【试剂与规格】

37％甲醛；15％～20％乙醛；氧化钙 C. P. ；70％硫酸；20％草酸。

【物理常数】

甲醛（formaldehyde）：常温下为气态，无色、有强烈刺激性气味，通常以水溶液形式出现。分子式 CH_2O，相对分子质量 30.03，熔点 －92 ℃，沸点 －21 ℃，d_4^{20} 0.8150，燃点 430 ℃，闪点 50 ℃（闭杯），83.33 ℃（开杯）。溶解于水、乙醇、乙醚、丙酮、苯、氯仿等。

乙醛（acetaldehyde）：无色、易燃、易挥发、易流动的液体，有辛辣臭味。分子式 C_2H_4O，相对分子质量 44.05，熔点 －121 ℃，沸点 20.8 ℃，d_4^{20} 0.7834，n_D^{20} 1.3316，燃点

185 ℃，闪点 −50 ℃（开杯），−37.78 ℃（闭杯）。溶于乙醇、乙醚、水、苯。

季戊四醇（pentaerythritol）：白色或淡黄色结晶粉末，分子式 $C_5H_{12}O_4$，相对分子质量 136.15，熔点 262 ℃，沸点 276 ℃（4 kPa），d_4^{20} 1.3990，n_D^{20} 1.5480。溶于水，稍溶于乙醇，不溶于苯、乙醚和石油醚等。

【实验步骤】

向配有搅拌器、温度计、恒压滴液漏斗的三口烧瓶中加入 11.1 g 37%甲醛溶液和 25 mL水，搅拌均匀。在搅拌下加入 5.2 g 氧化钙，然后自滴液漏斗滴加 8.4 mL 15%～20%乙醛，保持温度在 60 ℃左右[1]。约 20 min 滴加完毕后，水浴加热 2 h[2]，始终保持温度在 60 ℃左右。

停止反应，当反应混合物的温度下降至 45 ℃左右时，逐滴加入 70%硫酸。用 pH 试纸检测，当 pH 在 2～2.5 时，停止酸化。整个过程溶液的颜色由黄色经灰白色转变为白色。

将上述溶液进行减压抽滤，滤去沉淀不溶物[3]。在滤液中加入 1 mL 20%的草酸溶液，充分搅拌后，经较长时间静置，再次进行减压抽滤，滤去沉淀物。减压蒸馏浓缩滤液，直至蒸馏瓶中出现大量结晶时为止。冷却，待晶体完全析出后，减压抽滤，得到季戊四醇产品。烘干称量，计算产率。

本实验约需 6 h。

【图谱】

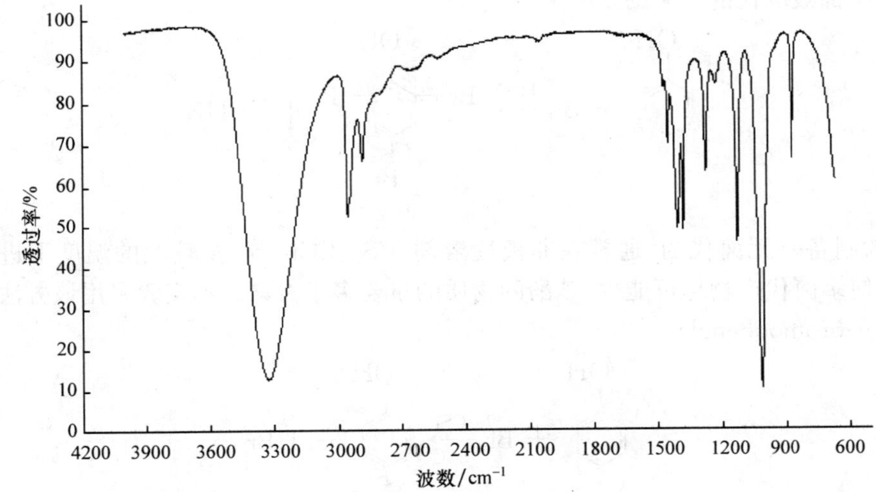

图 4－11　季戊四醇的红外光谱图（KBr 压片）

【注释】

[1]　该反应是放热反应，当反应体系升温至 40 ℃时，应控制加热速度，必要时暂时

撤去加热源，否则瓶内反应温度难以控制在 60 ℃以下。如发现反应现象仍不明显，则仍需用水浴徐徐升温，以加速反应的进行。

［2］ 反应混合物的颜色由乳白色变成淡黄色，即可视为反应达到终点。

［3］ 滤去硫酸钙沉淀物。

【思考题】

1. 氧化钙的作用是什么？
2. 能否把甲醛滴加到乙醛中进行反应？为什么？
3. 缩合反应完成后，为什么要进行酸化？
4. 酸化后的滤液，为什么还要加草酸溶液？

（于凤丽）

实验 26　对溴苯酚的制备

【实验目的】

1. 学习酚发生一元卤代反应的基本原理；
2. 掌握一元卤代酚的制备和实验操作方法。

【实验原理】

酚由于酚羟基的存在，亲电取代反应活性很高。酚很容易卤化，在水或碱性溶液中得到邻、对位都被取代的三卤酚。

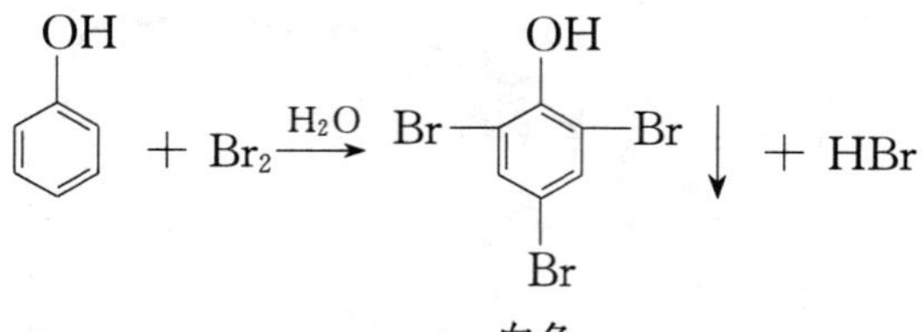

白色

若欲制备一元卤代酚，通常在非极性溶剂（CS_2、CCl_4 等）及较低的温度下进行。另外，为了使多卤代产物尽可能少，苯酚的物质的量要多于卤素。本实验采用该方法合成对溴苯酚（*p*-bromophenol）。

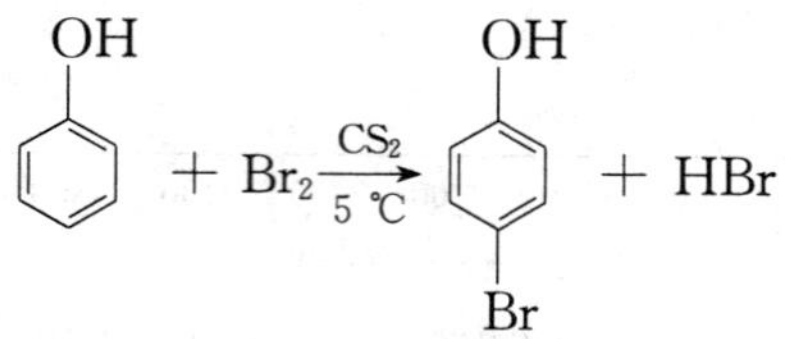

【试剂与规格】

苯酚 C. P.；溴 C. P.；二硫化碳 C. P.。

【物理常数】

二硫化碳(carbon disulfide):无色透明液体,分子式 CS_2,相对分子质量 76.13,熔点 −110.8 ℃,沸点 46.3 ℃,d_4^{20} 1.26。纯品具有乙醚气味,一般均有恶臭。能与无水甲醇、乙醚、苯、氯仿、四氯化碳等油类相混溶,不溶于水,主要用作溶剂。

苯酚(phenol):无色针状结晶或白色熔块,分子式 C_6H_6O,相对分子质量 94.11,熔点 43 ℃,沸点 181.75 ℃,d_4^{20} 1.0722,n_D^{20} 1.5509。微溶于水(与热水互溶),易溶于苯、乙醇、乙醚、氯仿等,不溶于石油醚。能吸收空气中的水分并液化,具有特殊气味和腐蚀性。暴露在空气中和光照下易变红色。本品是一种重要的有机合成原料。

对溴苯酚(*p*-bromophenol):白色至微红色结晶,遇光照颜色易转为红色,分子式 C_6H_5BrO,相对分子质量 173.01,熔点 66.4 ℃,沸点 238 ℃(5.47 kPa),d_4^{20} 1.8400,n_D^{20} 1.5875。易溶于乙醇、乙醚、二硫化碳、氯仿等溶剂。

【实验步骤】

向配有搅拌器、温度计和恒压滴液漏斗的 25 mL 三口烧瓶中加入 4 g(0.04 mol)苯酚[1]和 5 mL 二硫化碳[2],开启搅拌溶解。冰水浴冷却反应瓶至 4～5 ℃,自滴液漏斗缓慢滴加 5.3 g(0.03 mol)溴和 5 mL 二硫化碳的混合液,控制滴加速度,保持反应液仅有较淡的溴的颜色,并维持反应液温度在 4～5 ℃。约 1.5 h 滴完。在同温下继续搅拌反应,直到溴的颜色基本消失,表明反应结束。

常压蒸馏除去二硫化碳,再进行减压蒸馏,收集 145～150 ℃/3.33～4.00 kPa 的馏分。冷却,结晶,减压抽滤,烘干即得产品。产量 4～5 g。

本实验约需 4 h。

【图谱】

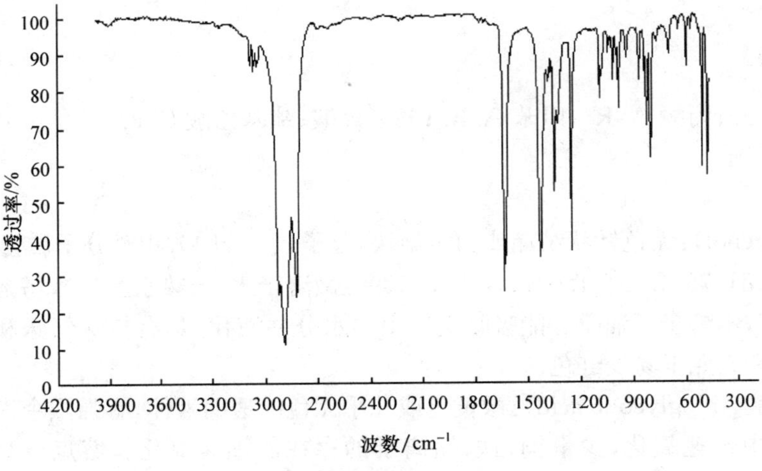

图 4-12　对溴苯酚的红外光谱图(KBr 压片)

【注释】

[1] 久置的苯酚颜色较深，用前需纯化。

[2] CS_2 沸点低、易挥发，极易燃，使用时注意安全。

【思考题】

1. 制备一元卤代酚有哪些方法？
2. 为什么控制反应温度在 4～5 ℃？

（于凤丽）

实验 27 双酚 A 的制备

【实验目的】

了解并掌握利用苯酚缩合反应制备双酚 A 的原理和方法。

【实验原理】

双酚 A(bisphenol A)，又名 2,2-双(4′-羟基苯基)丙烷，是一种用途很广泛的化工原料。它可用于制造多种高分子材料，如环氧树脂、聚碳树脂、聚砜、聚苯醚、聚芳酯等，还可用作塑料和油漆的抗氧剂、聚氯乙烯的热稳定剂、橡胶的防老剂等。

工业上，双酚 A 主要是通过苯酚和丙酮在酸性催化剂催化下发生缩合反应来制备。根据所用催化剂不同又分为硫酸法、氯化氢法和离子交换树脂法。本实验采用硫酸法。

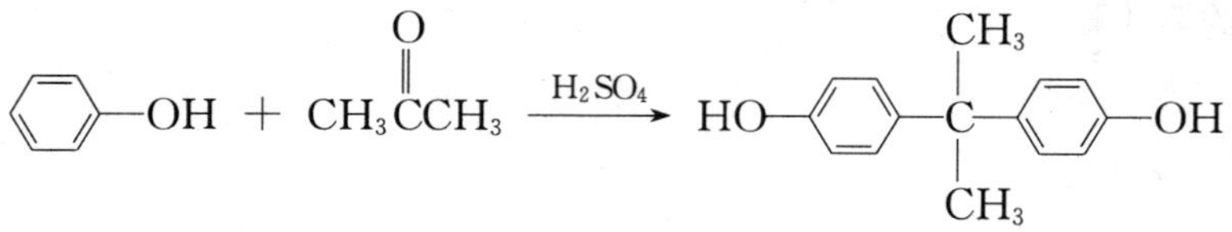

【试剂与规格】

苯酚 C. P.；丙酮 A. R.；甲苯 A. R.；98%硫酸；巯基乙酸 C. P.。

【物理常数】

苯酚(phenol)：无色针状结晶或白色熔块，分子式 C_6H_6O，相对分子质量 94.11，熔点 43 ℃，沸点 181.75 ℃，d_4^{20} 1.0722，n_D^{20} 1.5509。微溶于水(与热水互溶)，易溶于苯、乙醇、乙醚、氯仿等，不溶于石油醚。能吸收空气中的水分并液化，具有特殊气味和腐蚀性。暴露在空气中和光照下易变红色。

巯基乙酸(thioglycolic acid)：微黄色或几乎无色的透明液体，有强烈令人不愉快的气味。在空气中迅速氧化，少量铜、铁、锰离子的存在能加速氧化。熔点 −16.5 ℃，沸点 123 ℃(29 mmHg)、108 ℃(15 mmHg)、96 ℃(5 mmHg)。d_4^{20} 1.0325，n_D^{20} 1.503。能与水、醇、醚、三氯甲烷、苯混溶。浓度小于 70%(质量分数)的水溶液，在室温下储存是稳定的，在高浓度时，则会生成一定量的自酯化物。

双酚 A(bisphenol A)：无色针状晶体，分子式 $C_{15}H_{16}O_2$，相对分子质量 228.20，熔点 155～158 ℃，沸点 220 ℃(0.533 kPa)，d_4^{20} 1.1950。微溶于水，溶于乙醚、乙醇、丙酮、苯、乙酸与碱性溶液，微溶于四氯化碳。

【实验步骤】

向配有滴液漏斗、温度计和球型冷凝管的 50 mL 三口烧瓶中加入 5 g(0.053 mol)苯酚和 9 mL 甲苯。在磁力搅拌下缓慢加入 3.5 mL 80%硫酸和 0.1 g 助催化剂巯基乙酸，维持温度在 28 ℃以下。滴加 2 mL(1.6 g，0.027 mol)丙酮，滴加速度不可太快，控制反应温度 35 ℃左右[1]。滴加完毕，在 35～40 ℃下继续搅拌 1.5～2 h。

在搅拌下将反应液慢慢倒入盛有 20 mL 冰水的烧杯中，静置，有沉淀物产生。待完全冷却后，抽滤，并用冷水洗涤至中性[2]。粗产品干燥后[3]，用甲苯重结晶，每克粗产品需 8～10 mL 甲苯[4]。产量约 4 g，产率 62%。

本实验约需 4 h。

【图谱】

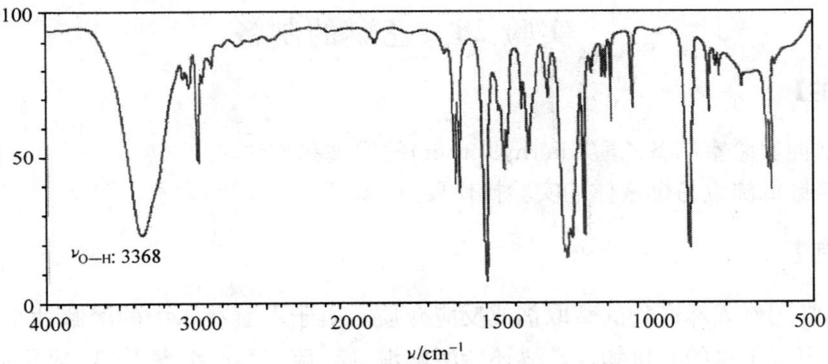

图 4-13　双酚 A 的红外光谱图(KBr 压片)

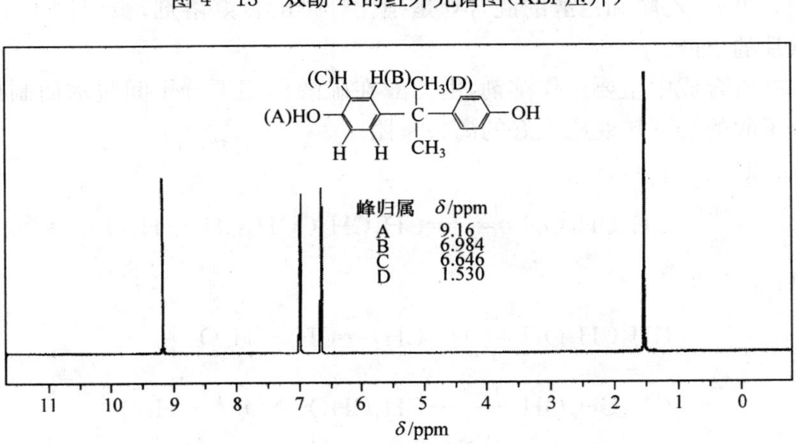

图 4-14　双酚 A 的核磁共振氢谱图

【注释】

［1］ 反应温度过低，则反应速度过慢，会影响产量的提高。若温度过高，则会发生磺化反应等副反应，也会降低产量，所以温度在 35 ℃为宜。

［2］ 水洗的目的是除去硫酸根离子及过量的苯酚。

［3］ 在烘干前，应尽量用滤纸压榨干。烘干时，一定要先经低温干燥，并防止熔化或结块。

［4］ 甲苯滤液中仍含有少量产品，可再浓缩结晶。

【思考题】

1. 为什么要控制好加硫酸的速度？
2. 反应温度为什么控制在 35 ℃左右？
3. 反应混合物倾入水中，经减压抽滤后，要用水洗至中性，试问洗去什么杂质？

（于凤丽）

4.4 醚的制备

实验 28 乙醚的制备

【实验目的】

1. 掌握实验室制备乙醚(diethyl ether)的原理和方法；
2. 掌握低沸点易燃液体的实验操作要点。

【实验原理】

乙醚常用作天然产物的萃取剂或反应介质。由于乙醚在水中的溶解性小，因而可利用它萃取溶解于水的有机物。乙醚还能溶解溴、碘、硫、氧化铬、氧化铁、氯化亚锡和氯化汞等无机物。另外，乙醚和乙醇的混合物是硝化纤维的良好溶剂，被应用于无烟火药、棉胶和照相软片的生产。

乙醚在有机合成中主要用作溶剂，由乙醇在硫酸作用下分子间脱水而制得。酸的作用是将一分子醇的羟基转变成更好的离去基团。

主反应：

$$2CH_3CH_2OH \xrightleftharpoons[140\ ℃]{H_2SO_4} CH_3CH_2OCH_2CH_3 + H_2O$$

副反应：

$$CH_3CH_2OH \xrightleftharpoons[170\ ℃]{H_2SO_4} CH_2{=}CH_2 + H_2O$$

$$CH_3CH_2OH \xrightarrow{H_2SO_4} CH_3CHO + SO_2\uparrow + H_2O$$

$$CH_3CHO \xrightarrow{H_2SO_4} CH_3COOH + SO_2\uparrow + H_2O$$

【试剂与规格】

95%乙醇 C. P.；浓硫酸 C. P.；5%氢氧化钠 C. P.；无水氯化钙 C. P.；饱和氯化钠溶液；饱和氯化钙溶液。

【物理常数】

乙醇：无色透明易挥发的液体，相对分子质量 46.07，沸点 78.5 ℃，d_4^{20} 0.7893，n_D^{20} 1.3611，溶于苯，可与水、乙醚、丙酮、乙酸等以任意比例混合，是一种重要的化工原料，也是重要的有机溶剂。

乙醚：无色透明易挥发液体，具有吸湿性和芳香气味，相对分子质量 74.12，沸点 34.5 ℃，d_4^{20} 0.7128，n_D^{20} 1.3526，能与多数有机溶剂混溶，微溶于水。主要用作溶剂，本品有毒，会使人麻醉，空气中乙醚浓度超过 10%时能致死。

【实验步骤】

在干燥的 125 mL 三口烧瓶中，加入 10 mL 95%乙醇，三口烧瓶浸入冰水浴中，缓慢加入 10 mL 浓硫酸，摇荡使之混合均匀，并加入几粒沸石。在三口烧瓶上分别安装温度计、滴液漏斗及蒸馏装置。温度计水银球及滴液漏斗的末端应浸入液面以下，距瓶底 0.5～1 cm 处，蒸馏装置中的接收瓶用冰水浴冷却，接引管支管接橡皮管通入下水道。在滴液漏斗中加入 20 mL 95%乙醇。加热，使反应温度迅速上升到 140 ℃，开始由滴液漏斗慢慢滴加乙醇，控制滴加速度和馏出液速度大致相等[1]（约 1 滴 · s^{-1}），维持反应温度在 135～140 ℃，30～40 min 滴加完毕。加完后继续加热约 10 min，直到温度上升到 160 ℃时，去掉热源[2]，停止反应。将馏出液移至分液漏斗中，分别用 10 mL 5%氢氧化钠溶液、10 mL 饱和氯化钠溶液洗涤，最后用 10 mL 饱和氯化钙溶液洗涤两次[3]。分出乙醚层，用无水氯化钙干燥，待瓶内乙醚澄清时，将干燥后的乙醚滤入 50 mL 圆底烧瓶中，加入几粒沸石，在约 60 ℃的热水浴上蒸馏，收集 33～38 ℃馏分[4]。计算产率。

【图谱】

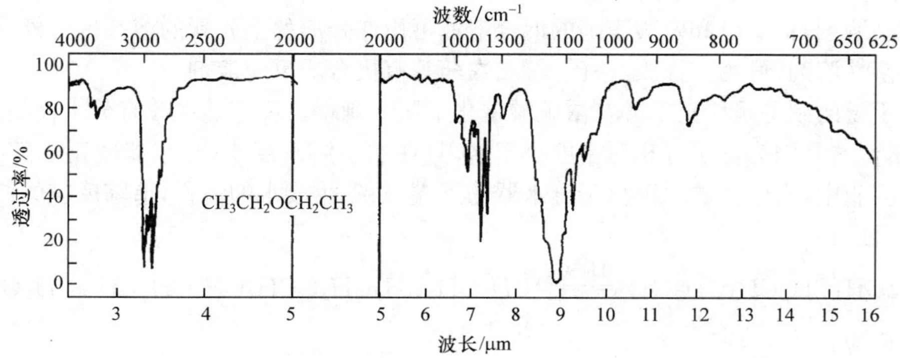

图 4-15 乙醚的红外光谱图（液膜）

【注释】

［1］ 滴入乙醇的速度应与乙醚馏出的速度大致相等。若滴加乙醇速度过快，不仅乙醇未作用就被蒸出，而且会使反应液的温度骤降，减少乙醚的生成。

［2］ 因为乙醚沸点低，所以使用或蒸馏乙醚时，实验台附近严禁火种，当反应完成转移乙醚前，应先去掉热源。

［3］ 氢氧化钠溶液洗涤后，会造成醚层碱性太强，然后再用氯化钙溶液洗涤时，会有氢氧化钙沉淀析出。为了清除残留的碱和减少乙醚在水中的溶解度，在用饱和氯化钙溶液洗涤前先用饱和氯化钠溶液洗。另外，氯化钙能和乙醇形成复合物($CaCl_2 \cdot 4CH_3CH_2OH$)，因此未反应的乙醇也被除去。

［4］ 由于乙醚与水形成恒沸物(沸点 34.15 ℃，含水 1.26%)，馏分中又含有少量乙醇，因此沸程较长。

【思考题】

1. 为什么滴液漏斗的末端及温度计的水银球均应浸于反应液中？
2. 反应的温度太高、太低或乙醇的滴加速度太快对反应有什么影响？
3. 反应中可能有哪些副产物？各步洗涤的目的何在？
4. 精制乙醚时，应注意哪些事项？

（袁　瑾）

实验 29　正丁醚的制备

【实验目的】

1. 掌握由正丁醇制备正丁醚(*n*-butyl ether)的原理和实验方法；
2. 学习使用分水器的实验操作。

【实验原理】

在醚类中，正丁醚的溶解力强，常用作树脂、油脂、有机酸、蜡、酯、生物碱、烃类等的萃取和精制溶剂，正丁醚和磷酸丁酯的混合溶液可用作分离稀土元素的溶剂。另外，由于正丁醚是惰性溶剂，可用作橡胶、格氏试剂、农药等有机合成反应溶剂。

正丁醚的制备采用正丁醇在浓硫酸催化下脱水制得。反应是在装有分水器的回流装置中进行，这是因为正丁醇相对密度小于水，且在水中溶解度小，分水器使正丁醇不断返回到反应瓶中，而生成的水则沉于分水器的下端，根据生成水的体积，追踪反应的终点。

主反应：

$$2CH_3CH_2CH_2CH_2OH \xrightleftharpoons[135\ ℃]{H_2SO_4} CH_3CH_2CH_2CH_2OCH_2CH_2CH_2CH_3 + H_2O$$

副反应：

$$CH_3CH_2CH_2CH_2OH \xrightarrow[>135\ ℃]{H_2SO_4} CH_3CH_2CH{=}CH_2 + H_2O$$

【试剂与规格】

正丁醇 C. P.；浓硫酸 C. P.；氢氧化钠 C. P.；无水氯化钙 C. P.；饱和氯化钠溶液；饱和氯化钙溶液。

【物理常数】

正丁醇：无色透明易燃液体，相对分子质量 74.12，沸点 117.7 ℃，d_4^{20} 0.8098，n_D^{20} 1.3992，溶于水、苯，易溶于丙酮，与乙醚、丙酮可以任何比例混合，是一种用途广泛的有机化工原料。

正丁醚：无色液体，相对分子质量 130.23，沸点 142.0 ℃，d_4^{20} 0.7689，n_D^{20} 1.3992，不溶于水，与乙醇、乙醚混溶，易溶于丙酮，易燃，有刺激性，常用作树脂、油脂、有机酸、生物碱等的萃取和精制的溶剂。正丁醚对水的溶解度(20 ℃)为 0.03%(质量分数)，水对正丁醚的溶解度(20 ℃)为 0.19%(质量分数)，水的分离性好。正丁醚毒性和危险性小。

【实验步骤】

在干燥的 25 mL 三口烧瓶中，加入 8 mL(6.3 g，0.08 mol)正丁醇，不断摇动下缓慢加入 1.5 mL 浓硫酸[1]和几粒沸石，摇匀后，再在三口烧瓶一侧口装上温度计，温度计水银球浸入液面以下，距瓶底约 0.5～1 cm 处，中间口装上分水器，分水器上安装一回流冷凝管，在分水器中加入适量水[2]，另一侧口用塞子塞住。加热，保持反应物微沸，回流分水。反应生成的水以恒沸物形式蒸出，经冷凝后沉于分水器的下层，较水轻的有机层积至分水器支管时，返回三口烧瓶中[3]，当三口烧瓶内反应物温度升至 135 ℃左右[4]，分水器全部被水充满时，停止反应，反应约需 1.5 h。

将反应液冷却至室温，连同分水器中的水一起倒入盛有 15 mL 水的分液漏斗中，充分摇荡，静置分层后弃去水层，有机层用 10 mL(2 mol · L^{-1}) 氢氧化钠溶液洗至碱性[5]。依次用 5 mL 水及 5 mL 饱和氯化钙溶液洗涤，然后用无水氯化钙干燥。将干燥后的产物滤入蒸馏瓶中，蒸馏收集 140～144 ℃的馏分，计算产率。

本实验需 5～6 h。

【图谱】

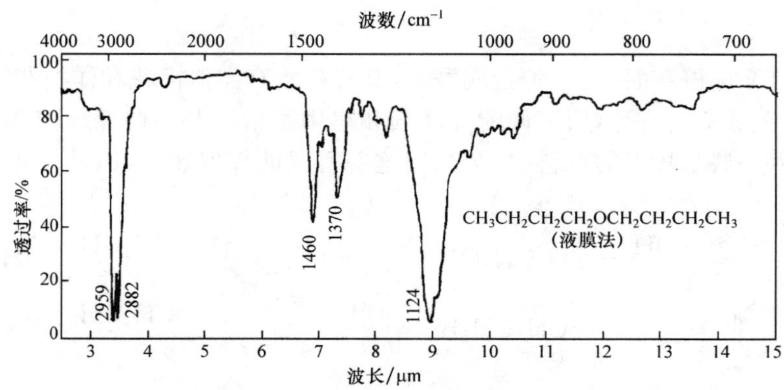

图 4 - 16　正丁醚的红外光谱图(液膜)

【注释】

[1] 因浓硫酸有氧化性,快速加入会使液体颜色加深,发黑,因此应在摇动下缓慢加入浓硫酸。

[2] 本实验理论计算脱水量约为 0.8 mL,实际分出水的量略大于理论量,故分水器放满水后应先分掉 1 mL 水。

[3] 反应中生成的水是利用恒沸蒸馏方法除去的。反应中生成的二元恒沸物有:正丁醚-水(沸点 94.1 ℃,含正丁醚 66.6%,含水 33.4%)、正丁醇-水(沸点 93.0 ℃,含正丁醇 55.5%,含水 45.5%)、正丁醇-正丁醚(沸点 117.6 ℃,含正丁醇 82.5%,含正丁醚 17.5%)。生成的三元恒沸物有正丁醇-正丁醚-水(沸点 90.6 ℃,含正丁醇 34.6%,含正丁醚 35.5%,含水 33.4%)。

[4] 由于恒沸物的生成,在开始回流时很难达到较合适的反应温度 130~140 ℃。随着反应的进行,生成的水不断以恒沸物的形式排出,反应温度维持在 115~120 ℃。

[5] 在用氢氧化钠洗至碱性操作中,不能剧烈摇动分液漏斗,防止生成的乳浊液堵塞分液漏斗下口而影响分离。

【思考题】

1. 制备乙醚和正丁醚,在实验装置上有什么不同?为什么?
2. 反应中可能产生的副产物是什么?各步洗涤的目的何在?
3. 能否用本实验的方法制备混醚?你认为用什么方法制备混醚合适?请写出有关反应式。

(袁 瑾)

实验 30 β-萘乙醚的制备

【实验目的】

1. 掌握由醇脱水制备 β-萘乙醚(β-naphthylethyl ether)的原理和实验方法;
2. 掌握威廉逊法制备 β-萘乙醚的原理和实验方法。

【实验原理】

β-萘乙醚又称橙花醚,是一种合成香料,其稀溶液有类似橙花和洋槐花的香味,并伴有甜味和草莓、菠萝的香味,用于调配洗涤剂和皂用香精以及一些低级花露水。若将 β-萘乙醚加入到一些易挥发的香料中,会减慢这些香料的挥发速度,因此 β-萘乙醚常作为定香剂使用。

【试剂与规格】

β-萘酚 C. P.；无水乙醇 A. R.；浓硫酸 C. P.；氢氧化钠 C. P.；盐酸 C. P.；溴乙烷 C. P.。

【物理常数】

β-萘酚：白色有光泽的碎薄片或白色粉末，相对分子质量 144.17，熔点 122 ℃，沸点 286 ℃，d_4^{20} 1.217，溶于热水、乙醚、乙醇和氯仿，能升华。

溴乙烷：无色透明液体，有醚的气味，易挥发，易燃，相对分子质量 108.98，沸点 38.4 ℃，d_4^{20} 1.4604，n_D^{20} 1.4239，微溶于水，能与乙醇、乙醚、氯仿等混溶。广泛用于农药、香料、染料的合成，可作溶剂、制冷剂和熏蒸剂等。

β-萘乙醚：白色晶体，熔点 37.5 ℃，沸点 282 ℃，d_4^{20} 1.0606，不溶于水，溶于乙醇。

【实验步骤】

方法一：醇脱水

在 25 mL 圆底烧瓶中加入 3.6 g(0.025 mol)β-萘酚和 5 mL 无水乙醇，在振摇下缓慢加入 1 mL 浓硫酸，混合均匀，加入几粒沸石，装上回流冷凝管，在 120 ℃油浴上加热回流 6 h。然后将反应物倒入盛有 40 mL 水的 100 mL 烧杯中，并置于冰水浴中冷却，使粗产物析出，抽滤。将粗产物研磨细后放入 100 mL 烧杯中，用 25 mL 5%氢氧化钠溶液充分搅拌，抽滤。粗产物用水洗涤两次，再用 2%盐酸洗涤至中性。抽滤后，用 95%乙醇重结晶，经活性炭脱色，得白色片状结晶，烘干称量，计算产率。

方法二：威廉逊法

在 50 mL 圆底烧瓶中加入 3.6 g(0.025 mol) β-萘酚和 20 mL 无水乙醇、1.1 g 研细的固体氢氧化钠[1]和 2 mL(2.9 g，0.027 mol) 溴乙烷，加入几粒沸石，装上回流冷凝管，在水浴上加热回流 5～6 h[2]。然后将反应混合物倒入盛有 40 mL 水的 100 mL 烧杯中，用冷水冷却、过滤。粗产物用水洗涤两次，再用 95%乙醇重结晶，经活性炭脱色，抽滤，得白色片状结晶，烘干称量，计算产率。

【光谱数据】

IR　ν_{max}（液膜）/cm^{-1}：2940，2860，1610，1590，1390，1250，1210，1180，1040，960，850，820，750，710。

^{1}H NMR　$\delta_H(CCl_3)$：1.4(t，3H，CH_3)，4.0(q，2H，CH_2)，7.0～7.7(m，7H，$C_{10}H_7$)。

【注释】

［1］　也可用氢氧化钾，但得到的粗产物熔点很低，后处理难。

［2］　水浴温度不宜过高，否则溴乙烷逸出。反应 5～6 h 后几乎无游离酚存在。

【思考题】

1. 粗产物为什么用 25 mL 5%氢氧化钠充分搅拌洗涤？
2. 制备 β-萘乙醚时，为什么不用乙醇和 β-溴萘作原料？

（袁　瑾）

实验 31　微波法制备 β-萘甲醚

【实验目的】

1. 掌握由 β-萘酚与醇脱水制备 β-萘甲醚(β-naphthylmethyl ether)的反应原理和方法；

2. 了解微波加热(microwave irradiation)在有机合成中的应用。

【实验原理】

β-萘甲醚为白色鳞片状结晶，具橙花香味，主要用于调配皂用香精、大众化花露水和古龙香水等，也是合成炔诺孕酮和米非司酮等药物的中间体。

微波是波长在 12 cm 左右的电磁波。微波化学是有机合成的一门新技术，具有加热速度快、反应时间短、能量消耗低、能提高产率和选择性好等优点，并且操作方法简单、危险性小、对环境无污染，是一种绿色的合成方法。本实验在结晶氯化铁催化下，利用微波辐射的方法制得 β-萘甲醚：

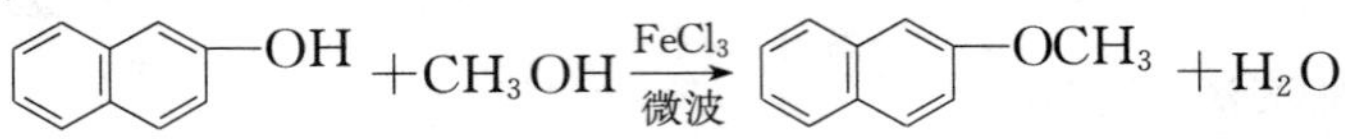

可能机理：

$$CH_3OH + FeCl_3 \rightleftharpoons CH_3^+ + FeCl_3(OH)^-$$

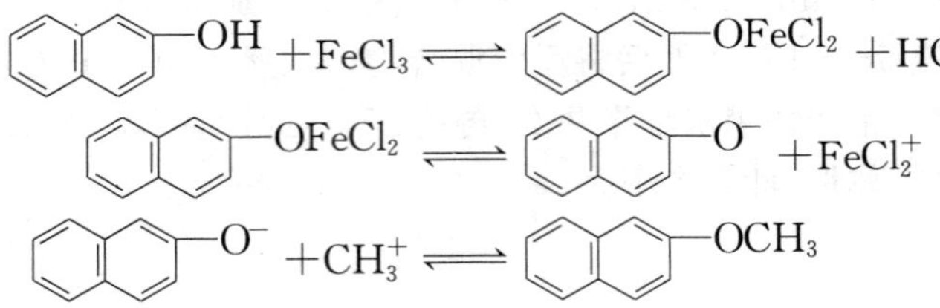

【试剂与规格】

β-萘酚 C. P.；无水甲醇 C. P.；三氯化铁 C. P.；无水乙醚 C. P.；无水乙醇 C. P.；无水氯化钙 C. P.；氢氧化钠 C. P.。

【物理常数】

β-萘酚：白色有光泽的碎薄片或白色粉末，相对分子质量 144.17，熔点 122 ℃，沸点 286 ℃，d_4^{20} 1.217，溶于热水、乙醚、乙醇和氯仿，能升华。

甲醇：无色透明液体，相对分子质量 32.04，沸点 64.9 ℃，d_4^{20} 0.7915，n_D^{20} 1.3292，能

与水乙醇和乙醚混溶，毒性很强。

三氯化铁：黄色固体，相对分子质量 270.30，熔点 37 ℃，沸点 280 ℃，溶于水、乙醇、乙醚和丙酮，有腐蚀性。

β-萘甲醚：白色结晶，相对分子质量 158.20，熔点 72 ℃，沸点 274 ℃，几乎不溶于水，微溶于甲醇、乙醇，溶于氯仿。

【实验步骤】

在聚四氟乙烯的反应釜中加入 0.70 g(5 mmol) β-萘酚、1.10 g(4 mmol) 无水甲醇以及 0.15 g(0.55 mmol) 三氯化铁，旋紧釜盖充分振荡使之完全溶解，放入微波合成仪中，用 280 W 微波辐射 10 min[1]，取出反应釜冷却至室温，开釜加入 5 mL 水，用 10 mL 无水乙醚萃取 2 次，合并醚层，然后分别用 10%氢氧化钠溶液[2]和 5 mL 水[3]洗涤，醚层用无水氯化钙干燥后在水浴上蒸去乙醚，冷却后得到浅黄色晶体，无水乙醇重结晶后得到白色鳞片状晶体，干燥、称量，并计算产率。

本实验需 4～5 h。

【光谱数据】

IR　ν_{max}(液膜)/cm^{-1}：3052，3006，2960，2934，2883，2837，1629，1598，1260，1029。

^1H NMR　δ_H(CCl_3)：3.93(s，3H)，7.13～7.16(m，2H)，7.31～7.35(t，1H)，7.42～7.45(t，1H)，7.72～7.77(m，3H)。

【注释】

[1]　辐射功率太大、时间太长，导致副产物增加。

[2]　氢氧化钠洗涤液用酸进行酸化后可回收 β-萘酚。

[3]　水洗涤液可回收三氯化铁。

【思考题】

1. 萃取后的醚层要分别用氢氧化钠溶液和水洗涤，为什么？
2. 微波用于有机合成的优点主要有哪些？

（袁　瑾）

4.5　脂肪族醛和酮的制备

实验 32　水杨醛的制备

【实验目的】

1. 学习由苯酚、氯仿在碱的作用下，通过瑞穆尔-蒂曼(Reimer-Tiemann)反应制备邻羟基苯甲醛和对羟基苯甲醛；

2. 掌握水蒸气蒸馏分离异构体的方法。

【实验原理】

水杨醛(salicylaldehyde)的化学名称是邻羟基苯甲醛,工业上由苯酚与氯仿在苛性碱存在下作用而制得,用于制造香豆素和配制紫罗兰等香料,也用作杀菌剂。

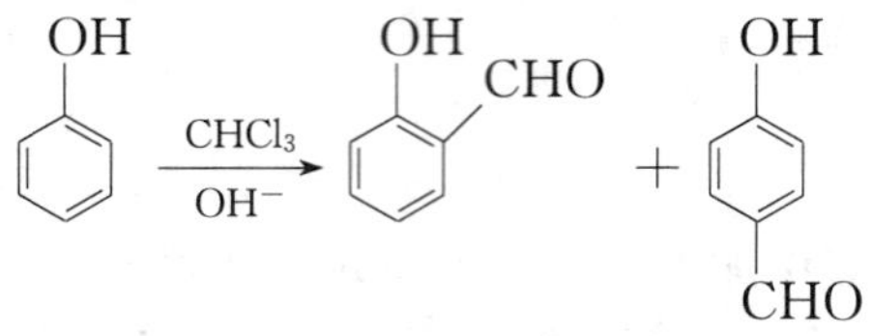

【试剂与规格】

苯酚 C. P. ;氢氧化钠 C. P. ;氯仿 C. P. ;乙醚 C. P. ;乙醇 C. P. ;无水硫酸 C. P. ;亚硫酸氢钠 C. P. 。

【物理常数】

苯酚:相对分子质量 94.11,无色针状结晶或白色熔块。具有特殊气味,密度 1.071 g·cm^{-3}(41 ℃),熔点 43 ℃,沸点 182 ℃。溶于水,易溶于乙醇、乙醚、氯仿、甘油和二硫化碳,不溶于石油醚。暴露在空气中和光照下易变红色。

氯仿:相对分子质量 119.38,无色透明易挥发液体。d_4^{20} 1.4832,熔点−63.6 ℃,沸点 61.1 ℃。微溶于水,溶于乙醇、乙醚、苯和石油醚等有机溶剂。遇空气或日光分解为有剧毒的光气。氯仿对皮肤有刺激性,经呼吸道、消化道、皮肤侵入体内可作用于中枢神经系统,有麻醉作用,会引起肝损害。

水杨醛:相对分子质量 122.12,无色或深红色油状液体。有苦杏仁气味。d_4^{20} 1.169,熔点−7 ℃,沸点 196.5 ℃。微溶于水,溶于乙醇、乙醚和苯等有机溶剂。能与蒸气一同挥发。有毒,对眼睛、皮肤和呼吸系统有刺激性。

【实验步骤】

将 40 g 氢氧化钠溶于 40 mL 水中的溶液,12.5 g(0.133 mol)苯酚[1]溶于 12.5 mL 水中的溶液,加入装有温度计、搅拌和回流冷凝管的 250 mL 三口烧瓶中,升温至 60～65 ℃,不使酚钠结晶析出。将 30 g(20.3 mL,0.25 mol) 氯仿分三次、间隔 10 min 自冷凝管顶部加入,同时充分搅拌并控制反应液温度在 65～70 ℃,继续加热反应 0.5 h,使反应完全。

水蒸气蒸馏除去过量的氯仿[2],冷却后用 6 mol·L^{-1} 硫酸酸化橙色残留物。再进行水蒸气蒸馏,直到无油状物馏出为止。将馏出液移入分液漏斗,分出有机层,用 10 mL 乙醚萃取水层。将有机层与萃取液合并后蒸馏,蒸出乙醚。将残留物中加入约两倍体积的饱和亚硫酸氢钠溶液[1],振摇,静置 0.5 h。过滤膏状物,依次用少量乙醇、乙醚洗涤,以除去苯酚。在微热下,用 3 mol·L^{-1} 的硫酸分解水杨醛和亚硫酸氢钠形成的加合物。冷却,用乙醚萃取水杨醛,萃取液用无水硫酸镁干燥后蒸馏,先蒸出乙醚,继续蒸馏,收集 195～197 ℃的馏分。得水杨醛约 3 g。

本实验约需 5 h。

【注释】

［1］　切勿使苯酚接触皮肤，如不慎接触，可用溴-甘油饱和溶液或石灰水涂抹患处。

［2］　氯仿 20 ℃时在水中的溶解度为 0.82 g，它可与水形成恒沸物，共沸点为 56 ℃，组成为含氯仿 97%、水 3%。

［3］　加入饱和亚硫酸氢钠的目的是与水杨醛形成固体加合物。

【思考题】

1. 如何将水杨醛与苯酚分离？
2. 分离水杨醛中对羟基苯甲醛主要依据它们的什么不同性质？并从结构上加以解释。
3. 列举制备芳香醛的几种重要反应。

（李风起）

实验 33　环己酮的制备

【实验目的】

1. 学习由醇氧化制备酮的基本原理；
2. 掌握由环己醇氧化制备环己酮(cyclohexanone)的实验操作。

【实验原理】

工业上由环己醇氧化或催化脱氢制备，也可由环己烷的催化氧化而制得，用于制造树脂、合成纤维等，也用作溶剂和稀释剂等。

$$Na_2Cr_2O_7 + H_2SO_4 \longrightarrow 2CrO_3 + Na_2SO_4 + H_2O$$

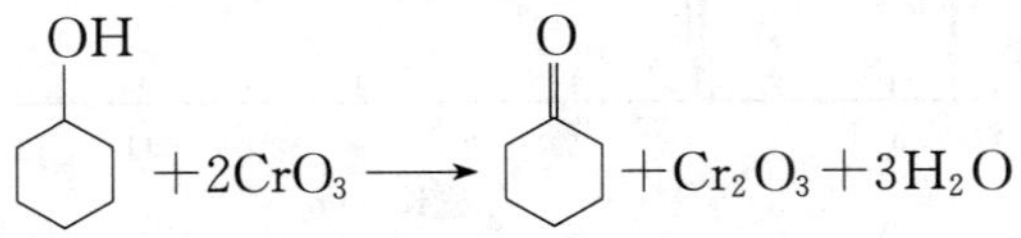

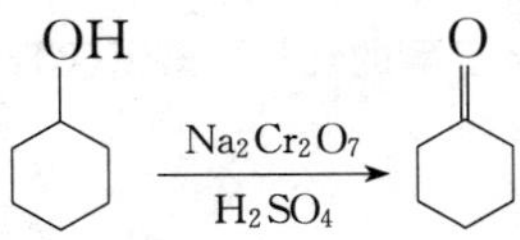

【试剂与规格】

环己醇 C. P.；$Na_2Cr_2O_7 \cdot 2H_2O$ C. P.；浓硫酸 C. P.；10%碳酸钠 C. P.；甲醇 C. P.；精盐 C. P.；无水硫酸镁 C. P.。

【物理常数】

环己酮：纯环己酮为无色油状液体，有类似丙酮的气味，相对分子质量 94.14，熔点 −16.4 ℃，沸点 155.7 ℃，d_4^{20} 0.9478，n_D^{20} 1.4507。微溶于水，易溶于乙醇和乙醚等有机溶剂。蒸气与空气形成爆炸性混合物。

【实验步骤】

在 100 mL 烧杯中，将 5.2 g 的 $Na_2Cr_2O_7 \cdot 2H_2O$ 溶于 5 mL 水中，将此溶液冷却至 15 ℃备用。

在 100 mL 圆底烧瓶中，加入 30 mL 冰水，摇动烧瓶，同时慢慢加入 5 mL 浓硫酸，再小心地加入 5.2 mL 环己醇。将溶液冷却至 15 ℃，装上回流冷凝管，搅拌下从冷凝管上口将已冷却的重铬酸钠溶液分批加入烧瓶内。第一批重铬酸钠溶液加入后，不久反应物温度自行上升，溶液由橙红色变成墨绿色。待反应物温度升到 55 ℃时，可用冷水浴适当冷却[1]，控制反应温度在 55～60 ℃。待反应物的橙红色完全消失后，才可加下一批。待重铬酸钠溶液全部加完后，继续搅拌 20 min，反应完毕。然后加入 1～2 mL 甲醇[2]以还原过量的氧化剂。

在反应物中加入 25 mL 水及一粒沸石，改回流装置为蒸馏装置，加热将环己酮和水一起蒸出[3]，收集约 20 mL 馏出液。馏出液中加入约 4 g 精盐，搅拌促使食盐溶解[4]。将此液体移入分液漏斗中，静置。分离出有机层环己酮，用无水硫酸镁干燥。蒸馏，收集 151～156 ℃的馏分。产量约 3 g。

【图谱】

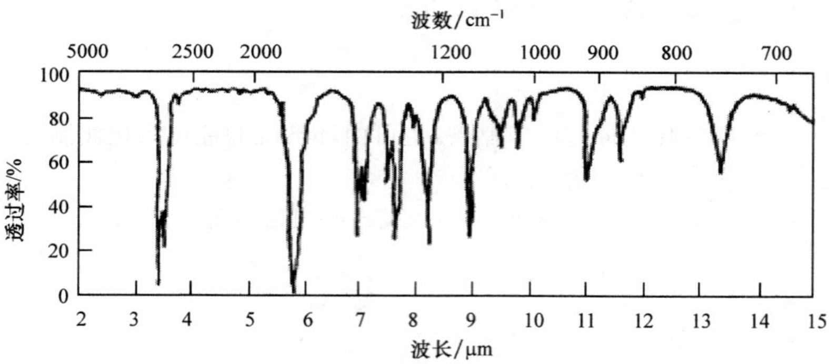

图 4-17　环己酮的红外光谱图(KBr 压片)

【注释】

[1]　反应物不宜过于冷却，以免积累起未反应的铬酸。当铬酸达到一定浓度时，氧化反应会进行得非常剧烈，有失控的危险。

[2]　也可以加入 0.5～1 g 草酸。

[3]　这步蒸馏操作，实质上是一种简化了的水蒸气蒸馏。环己酮和水形成恒沸物，沸点 95 ℃，含环己酮 38.4%。

[4]　环己酮 31 ℃时在水中的溶解度为 2.4 g·(100 g 水)$^{-1}$。馏出液中加入食盐是为了降低环己酮在水中的溶解度，并有利于环己酮的分层。

【思考题】

1. 现有 2-甲基-2-丙醇和 2-丁醇各一瓶，可否用铬酸溶液把它们区别开来？怎样操作？观察什么现象？为什么？

2. 从反应混合物中分离出环己酮，除了水蒸气蒸馏外，还可采用何种方法？

（李风起）

实验 34　环戊酮的制备

【实验目的】

1. 学习二元羧酸热分解反应的基本原理；

2. 掌握由己二酸热分解制备环戊酮(cyclopentanone)的实验操作。

【实验原理】

工业上由己二酸在氢氧化钡存在下加热而制得，用于制药、香料及橡胶合成，也用于生化研究和用作杀虫剂。

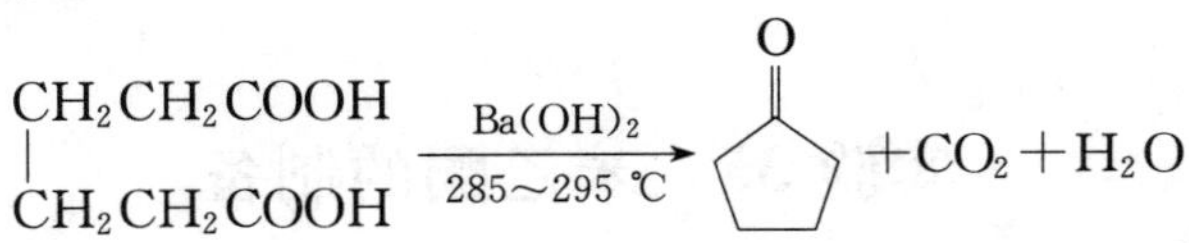

【试剂与规格】

己二酸 C. P. ；氢氧化钡 C. P. ；无水氯化钙 C. P. ；碳酸钠 C. P. 。

【物理常数】

己二酸：白色单斜结晶或结晶性粉末，相对分子质量 146.14。d_4^{20} 1.366，熔点152 ℃，沸点 330.5 ℃。易溶于甲醇、乙醇、乙醚、丙酮等有机溶剂，微溶于水，不溶于石油醚、苯。能升华。

环戊酮：无色油状液体，有类似薄荷香味，相对分子质量 122.12。d_4^{20} 0.9487，n_D^{20} 1.4366，熔点－51.3 ℃，沸点 130.65 ℃，闪点 30 ℃。不溶于水，溶于醇、醚等有机溶剂。易聚合，有微量酸存在时更易聚合。能与蒸气一同挥发。

【实验步骤】

将 7 g(0.05 mol) 粉状己二酸与 0.5 g 研细的氢氧化钡晶体均匀地混合后，加入 25 mL的单口烧瓶中，装好蒸馏装置，并将接收瓶置于冰水浴中，温度计水银球末端在距瓶底 5 mm 以下。缓慢加热反应物，于 1.5 h 内达到 285 ℃。

保持温度在 285～295 ℃[1]进行脱羧反应，带有水和少量己二酸的环戊酮缓慢馏出，直到烧瓶中仅留有少量的干燥残渣为止[2]，需 1～2 h。

收集馏出物并用氯化钙盐析[3]，将环戊酮从馏出物中分离出来。先用少量 10％碳酸钠溶液洗去己二酸，再水洗。经无水氯化钙干燥后，滤去氯化钙，蒸馏收集 128～131 ℃馏分。得环戊酮约 3 g。

【注释】

［1］ 常压下己二酸的沸点为 337.5 ℃，若温度高于 300 ℃时，未作用的己二酸可能被蒸出，所以温度应尽可能控制在 295 ℃以下。

［2］ 如瓶内的残渣不易洗掉，可加入几毫升乙醇和 2～3 粒氢氧化钠，放置过夜后，再用水洗涤。

［3］ 也可用碳酸钾盐析，这样既可以减少环戊酮在水中的溶解度，又可以中和馏出液中的少量己二酸。

【思考题】

1. 除本实验的方法外，还有什么方法可用来制备环戊酮？
2. 烧瓶中的残渣是什么？
3. 本实验中氢氧化钡的作用是什么？
4. 把己二酸的钠盐和碱石灰的混合物熔融，得到的主要产物是什么？

（李风起）

实验 35　苯乙酮的制备

【实验目的】

1. 学习通过傅瑞德尔-克拉夫茨(Friedel - Crafts)来福特酰基化反应制备芳酮的原理；
2. 学习傅瑞德尔-克拉夫茨酰基化反应的实验操作。

【实验原理】

苯乙酮(phenylethanone)可由苯和乙酸酐通过傅瑞德尔-克拉夫茨(Friedel - Crafts)酰基化反应制备。由于三氯化铝遇水或受潮会分解，反应中所需仪器和试剂都应是干燥无水的。

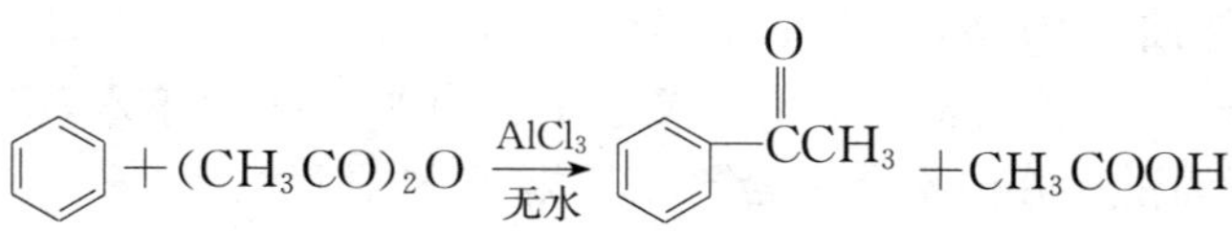

【试剂与规格】

苯 C. P.；三氯化铝 C. P.；乙酸酐 C. P.；10％氢氧化钠溶液；浓盐酸 C. P.；无水硫酸镁 C. P.。

【物理常数】

苯：无色透明液体，具有强折射性和强烈的芳香气味。相对分子质量 78.11，沸点 80.1 ℃。易燃易挥发，难溶于水，能与乙醇、乙醚、丙酮、甲苯、四氯化碳、二硫化碳及乙酸混溶。本品有毒，是一种重要的基本有机合成的芳烃原料，在合成材料及精细化工产品的合成中有着多种用途。

乙酸酐：无色易挥发液体，相对分子质量 102.09。d_4^{20} 1.082，熔点 −73 ℃，沸点 139.6 ℃。溶于乙醇、乙醚、苯和氯仿。易燃，有强烈的腐蚀性。

苯乙酮：无色晶体，或浅黄色油状液体。相对分子质量 120.14。熔点 20.5 ℃，沸点 202.3 ℃，d_4^{20} 1.0281。微溶于水，易溶于多种有机溶剂。能与水蒸气一同挥发。闪点 82.2 ℃。它是香料工业的原料和有机合成中间体。作香料使用时，是山楂、含羞草、紫丁香等香精的调和原料，并广泛用于皂用香精和烟草香精中，也用作塑料的增塑剂。

【实验步骤】

在 100 mL 三口烧瓶上[1]，分别装置回流冷凝管、机械搅拌器和恒压滴液漏斗，冷凝管上口连一氯化钙干燥管，并连一氯化氢气体吸收装置。迅速称取 11 g 研细的无水三氯化铝放入三口烧瓶中[2]，再加入 10 mL 无水苯。在搅拌下由滴液漏斗滴加 3.2 mL 乙酸酐和 4 mL 无水苯的混合液，约 30 min 滴完。电热套加热微沸回流 0.5～1 h，直至无氯化氢气体逸出为止。

冷却后，在不断搅拌下慢慢滴入 20 mL 浓盐酸与 20 mL 冰水的混合液，当反应瓶内固体溶解后，用分液漏斗分出苯层，水层每次用 10 mL 苯萃取两次。合并苯层和萃取液，依次用 10％氢氧化钠溶液、水各 10 mL 洗涤，苯层用无水硫酸镁干燥。将干燥后的粗产物加入蒸馏瓶中，先蒸去苯。然后换以空气冷凝管，继续蒸馏，收集 195～202 ℃的馏分[3]，产量 2～3 g。

【图谱】

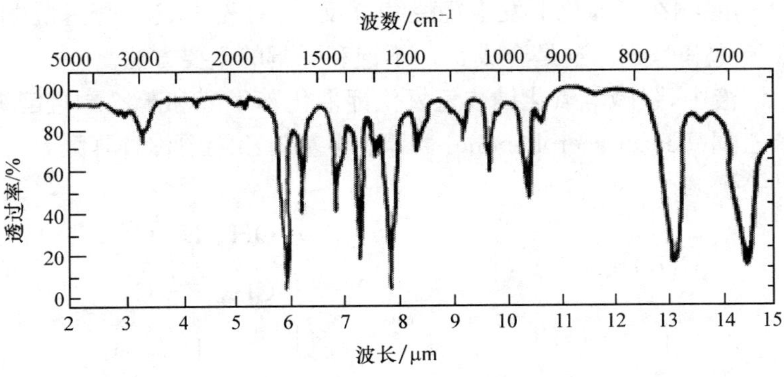

图 4-18　苯乙酮的红外光谱图(KBr 压片)

【注释】

［1］　仪器必须充分干燥，否则影响反应进行。装置中凡与空气相通的地方，均应安装干燥管。

［2］　无水三氯化铝的质量是本实验成败的关键之一。研细、称量、投料都应迅速，避

免吸收空气中水分。

[3] 收集苯乙酮时,可直接用尾接管收集,这样可以减少产品损失。最好减压蒸馏苯乙酮,其不同压力下的沸点如下表。

压力/kPa	0.67	1.33	3.33	6.66	13.33	20.00
沸点/℃	64	78	98	115.5	134	146

【思考题】

1. 制备苯乙酮时,为何要用过量的苯和三氯化铝?
2. 制备苯乙酮,还可以用哪些试剂代替乙酸酐?
3. 如果仪器不干燥或药品含有水,对实验有何影响?
4. 为什么要用含盐酸的冰水来分解反应混合物?

(李风起)

实验 36 苯亚甲基苯乙酮的制备

【实验目的】

1. 掌握羟醛缩合反应的原理;
2. 学习并掌握利用羟醛缩合反应制备 α,β-不饱和醛酮的原理和方法。

【实验原理】

具有 α-H 的醛酮在碱催化下发生羟醛缩合反应,首先生成 β-羟基醛酮,后者脱水生成稳定的 α,β-不饱和醛酮。这是合成 α,β-不饱和醛酮的重要方法。

在乙醇水溶液中,强碱氢氧化钠或氢氧化钾催化苯甲醛和苯乙酮羟醛缩合后脱水得到苯亚甲基苯乙酮(benzal acetphenone)。苯亚甲基苯乙酮俗称查耳酮,广泛应用于医药和日用化学品等领域。

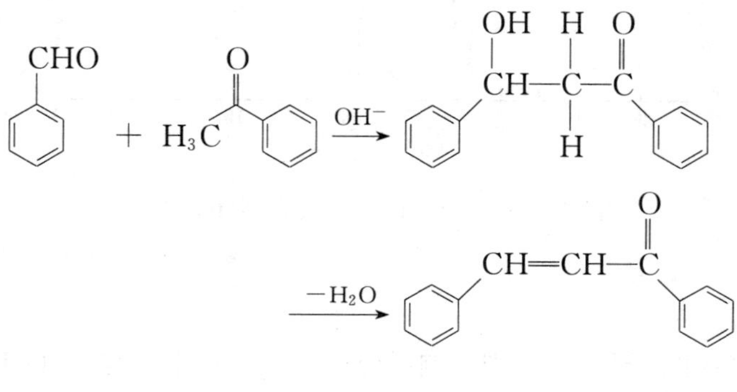

【试剂与规格】

苯甲醛 C.P.;苯乙酮;10%氢氧化钠;95%乙醇。

【物理常数】

苯甲醛(benzaldehyde):无色液体,具有类似苦杏仁的香味,曾称苦杏仁油。分子式 C_7H_6O,相对分子质量 106.12,熔点−26 ℃,沸点 178 ℃,d_4^{20} 1.0447,n_D^{20} 1.5455。微溶于水,能与乙醇、乙醚、氯仿等混溶。

苯亚甲基苯乙酮:淡黄色结晶,纯品有几种不同的晶体形态,其熔点分别为:α 体 58～59 ℃(片状);β 体 56～57 ℃(棱状或针状);γ 体 48 ℃。分子式 $C_{15}H_{12}O$,相对分子质量 208.26,沸点 345～348 ℃(微分解),n_D^{20} 1.6458。易溶于醚、氯仿、二硫化碳和苯,微溶于醇,难溶于石油醚。

【实验步骤】

向配有搅拌器、恒压滴液漏斗和温度计的 100 mL 三口烧瓶中依次加入 12.5 mL 10%氢氧化钠溶液、7.5 mL 95%乙醇和 3 mL(3.085 g,0.025 mol)苯乙酮[1]。在搅拌下,自滴液漏斗慢慢滴加 2.5 mL(2.625 g,0.025 mol) 新蒸的苯甲醛,控制滴加速度使反应温度维持在 25～30 ℃[2],必要时用冷水浴冷却。滴加完毕,维持此温度继续搅拌 30 min,再在室温下搅拌 1～1.5 h,有晶体析出[3]。停止搅拌,将反应液置于冰水浴中冷却 10～15 min,使结晶完全。

抽滤收集产物,用水充分洗涤至洗出液呈中性,然后用约 5 mL 冷乙醇洗涤晶体,挤压抽干[4]。粗产品用 95%的乙醇重结晶[5],得浅黄色片状结晶[6]3～3.5 g。

本实验约需 6 h。

【注释】

[1]　苯乙酮和苯甲醛的用量要准确量取。

[2]　反应温度以 25～30 ℃为宜,偏高则副产物较多,过低则产物发黏,不易过滤和洗涤。

[3]　一般室温搅拌 1 h 后即有晶体析出。

[4]　本品可引起某些人皮肤过敏,故操作时慎勿触及皮肤。

[5]　由于产物熔点较低,重结晶回流时可能会呈熔融状,此时,应补加溶剂使其呈均相。每克粗产品需 4～5 mL 溶剂,若颜色较深可加少量活性炭脱色。

[6]　通常得到的是片状的 α 体。

【思考题】

1. 本反应的介质和催化剂是什么？试写出催化机理。
2. 本实验中可能会产生哪些副反应？如何避免副反应的发生？

（于凤丽）

实验 37　茉莉醛的制备

【实验目的】

学习并掌握利用羟醛缩合反应制备茉莉醛(jasminaldehyde)的原理和方法。

【实验原理】

茉莉醛,化学名称 α-戊基肉桂醛,是一种淡黄色油状液体,浓度较低时具有显著的茉莉花、栀子花、百合花等香气,已广泛应用于各种食品、化妆品、香波、洗涤剂和空气清新剂。

茉莉醛非天然香料,而是一种合成香料,一般由苯甲醛与庚醛在碱性条件下经羟醛缩合反应制得。

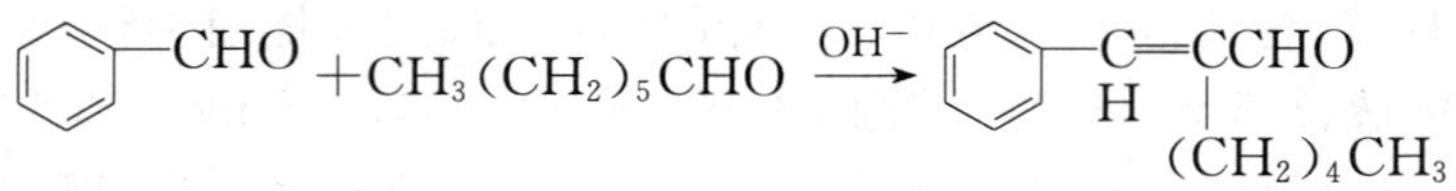

在强碱作用下,由于正庚醛的自身缩合和苯甲醛的自身歧化作用,尤其是正庚醛自身缩合产物的沸点与茉莉醛十分接近,导致产品的分离和精制困难,产率较低。

本实验采用碱性较弱的固体 K_2CO_3 作碱性催化剂,并加入一定量的 DMF 作助催化剂,苄基三乙基氯化铵(BTEAC)作相转移催化剂,由苯甲醛与正庚醛合成茉莉醛,提高了茉莉醛的产率。

【试剂与规格】

苯甲醛 C. P. ;正庚醛 C. P. ;碳酸钾 A. R. ;*N*,*N*-二甲基甲酰胺(DMF)A. R. ;苄基三乙基氯化铵 A. R. ;无水硫酸钠 A. R. ;二氯甲烷 C. P. 。

【物理常数】

正庚醛(*n*-heptaldehyde):无色油状液体,分子式 $C_7H_{14}O$,相对分子质量 114.18,熔点−43 ℃,沸点 155 ℃,d_4^{20} 0.85。有果香味,有吸湿性,微溶于水,溶于乙醇、乙醚等。

茉莉醛:浅黄色至黄色透明液体,分子式 $C_{14}H_{18}O$,相对分子质量 202.29,沸点 287 ℃,d_{20}^{20} 0.9711,n_D^{20} 1.5540～1.5590。不溶于水,溶于乙醇、氯仿等有机溶剂。

【实验步骤】

向配有机械搅拌器、回流冷凝管、温度计和滴液漏斗的 100 mL 四口烧瓶中依次加入 5.5 g(0.04 mol)无水 K_2CO_3、20 mL CH_2Cl_2、5.0 g DMF、6.0 g(0.056 mol) 苯甲醛和 2.0 g BTEAC,搅拌均匀。自滴液漏斗缓慢滴加 4.6 g(0.04 mol)正庚醛,水浴加热控制反应液温度在 50 ℃左右。滴加完毕,在 50 ℃下继续搅拌 3 h。此时反应液颜色变为淡黄色,反应混合物用水稀释,分出有机层。水层用 20 mL CH_2Cl_2 分两次萃取,合并有机层。有机层用 30 mL 水分三次洗涤,再用无水 Na_2SO_4 干燥。常压蒸出溶剂,减压蒸馏回收未反应的苯甲醛。收集 139～140 ℃/666 Pa 的馏分,得到黄色油状产品约 6.8 g。

本实验约需 6 h。

【思考题】

1. 本实验中，有哪些可能的副产物存在？
2. 庚醛的滴加速度为什么要缓慢？反应温度为什么不宜过高？

（于凤丽）

4.6　芳香族硝基化合物的制备

实验 38　硝基苯的制备

【实验目的】

1. 了解芳烃的亲电取代反应；
2. 掌握硝化反应的反应条件。

【实验原理】

芳香族硝基化合物是重要的化工原料，大多数为淡黄色，难溶于水，易燃。常用来合成炸药，经还原后，是染料、医药、农药、橡胶等的基本中间体。同时，硝基苯(nitrobenzene)本身也是良好的溶剂，可溶解许多有机物和许多无机盐，有时也可作为反应介质或重结晶溶剂。

硝化反应是芳香族化合物重要而典型的亲电取代反应之一。芳香族硝基化合物一般由芳香族化合物直接硝化制得，最常用的是混酸(浓硝酸和浓硫酸的混合液)。在硝化反应中，根据被硝化物质结构的不同，所用混酸的浓度和反应温度也各不相同。硝化反应是不可逆反应，混酸中的浓硫酸起到脱水作用，有利于 NO_2^+(硝酰正离子)的生成。

硝化反应是强放热反应，进行硝化时，必须严格控制好温度、加料速度，由于混酸与苯不能很好混溶，故必须采用良好的搅拌或做充分的振荡。

硝基化合物都是有毒的，使用时需小心。如不慎将硝基化合物溅到皮肤上，应立即用乙醇洗净。多硝基化合物是强力炸药，所以蒸馏时切不可蒸干。

主反应：

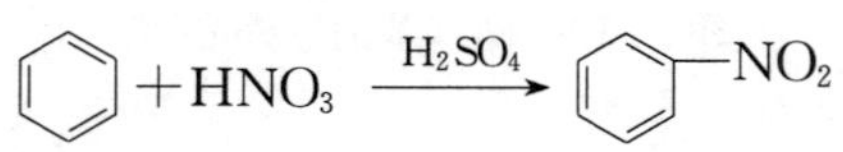

副反应：

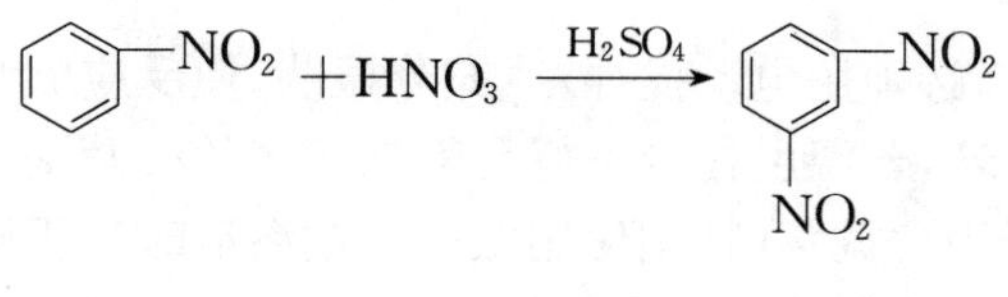

【试剂与规格】

苯 C. P. ；硝酸 C. P. ；浓硫酸 C. P. ；无水氯化钙 C. P. ；氢氧化钠 C. P. 。

【物理常数】

硝基苯(nitrobenzene)：相对分子质量 123.11，沸点 210.8 ℃。无色透明油状液体，具有苦杏仁油的特殊臭味。微溶于水，易溶于乙醇、乙醚、苯、甲苯等有机溶剂，能随水蒸气挥发，易燃、易爆，高毒。

【实验步骤】

在 100 mL 四口烧瓶上，分别安装搅拌器、温度计、滴液漏斗、球型冷凝管，冷凝管上端连接橡皮管通入水槽。装置固定后，四口烧瓶中加入 9 mL(0.1 mol) 苯，开动搅拌器，自滴液漏斗慢慢加入 8.5 mL 浓硝酸和 10 mL 浓硫酸的混合物[1]，控制滴加速度，使反应液温度维持在 40～50 ℃[2]，必要时可用冷水冷却四口烧瓶。滴加完毕，用电热套继续加热搅拌 30 min，控制反应温度不超过 60 ℃。

待反应液冷却至室温后，倒入盛有 40 mL 水的烧杯中，搅拌片刻，转移至 100 mL 分液漏斗，分去酸液。有机层依次各用 10 mL 水[3]、10%氢氧化钠溶液以及水各洗涤一次，然后移入锥形瓶中，用无水氯化钙干燥。粗产品滤入 25 mL 圆底烧瓶中，加热蒸馏，收集 206～211 ℃的馏分[4]。

【图谱】

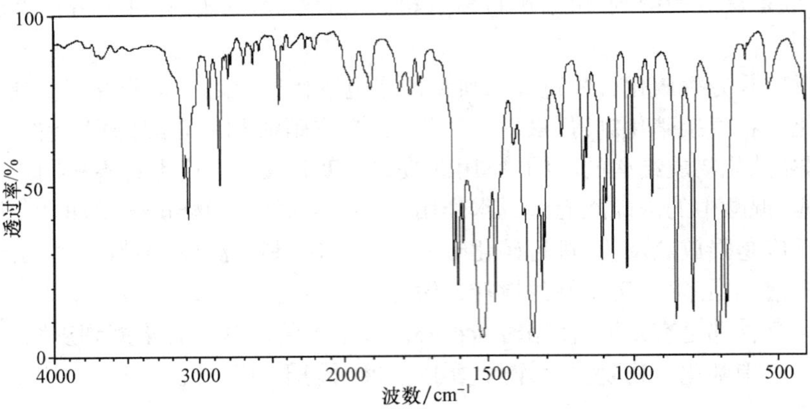

图 4－19　硝基苯的红外光谱图

【注释】

[1]　混酸和苯不互溶，必须用电动搅拌，或充分振荡，使反应顺利进行。

[2]　用浓硝酸制硝基苯，若温度控制不好易得到较多的二硝基苯。

[3]　洗涤时不可过于用力振荡(特别使用氢氧化钠溶液时)，否则会使产品乳化而难以分层。若遇此情况，可向分液漏斗中加入固体氢氧化钠使其饱和(或滴加数滴酒精)，静置片刻，即可分层。

[4]　产品不可蒸干，以免残留的二硝基苯在高温下分解而爆炸。

【思考题】

1. 本实验为什么要严格控制硝化温度?
2. 本实验使用浓硫酸的作用是什么?
3. 粗产物依次用水、碱液、水洗涤的目的是什么?

（宋修艳）

4.7　胺类化合物的制备

实验 39　苯胺的制备

【实验目的】

1. 掌握硝基苯还原为苯胺(aniline)的实验方法和原理;
2. 掌握水蒸气蒸馏和简单蒸馏的基本操作。

【实验原理】

芳胺最常用的制备方法是芳香族硝基化合物的还原,实验室中常用的还原剂有 Fe-HCl、Fe-HOAc、Sn-HCl、Zn-HCl。用 Sn-HCl 作还原剂时,作用较快,产率较高,不需用电动搅拌,但 Sn 价格较贵,同时盐酸、碱用量较多。

工业上用铁粉和水还原硝基苯制备苯胺,但是使用大量的铁粉会产生大量含苯胺的铁泥,造成环境污染,所以,逐渐改用催化加氢的方法,常用的催化剂有 Ni、Pt、Pd 等。

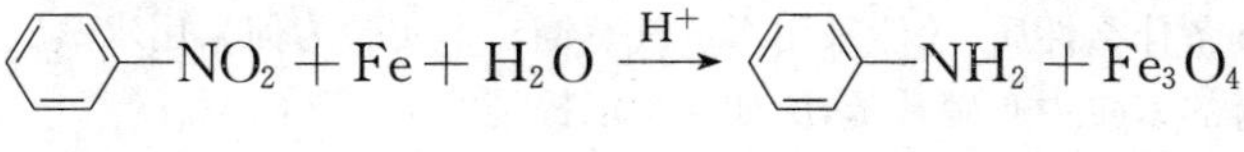

【试剂与规格】

硝基苯 C. P. ;铁粉 40～100 目;乙酸 C. P. ;食盐 C. P. ;乙醚 C. P. ;氢氧化钠 C. P. 。

【物理常数】

硝基苯(nitrobenzene):相对分子质量 123.11,沸点 210.8 ℃,n_D^{20} 1.5529,d_4^{20} 1.2037。无色透明油状液体,苦杏仁味,微溶于水,易溶于乙醇、乙醚、苯、甲苯等有机溶剂,能随水蒸气蒸发,易燃易爆,高毒,是一种重要的有机合成原料。

苯胺:相对分子质量 93.13,沸点 184.4 ℃,n_D^{20} 1.5863,d_4^{20} 1.0220。无色或淡黄色油状液体,有特殊气味。在空气中易氧化变成棕色,能随水蒸气蒸发,能与醇、醚、硝基苯及其他多种有机溶剂混溶,是重要的有机化工原料。

【实验步骤】

将 27 g(0.48 mol)还原铁粉(40～100 目)、50 mL 水、3 mL 冰醋酸放入 500 mL 圆底烧瓶中[1],用力振荡使其充分混合,装上回流冷凝管。小火缓缓煮沸 5～10 min[2],移去火源，稍冷后从冷凝管顶端分批共加入 15.5 mL 硝基苯，每次加完后要用力振荡，使反应充分混合。该反应强烈放热，足以使溶液沸腾。加完后继续加热回流 0.5～1 h。由于该反应为非均相反应，因此在反应过程中，要不断摇动，使两相充分接触，以促使反应完全[3]。

稍冷后，将反应瓶改成水蒸气蒸馏装置，进行水蒸气蒸馏，直至馏出液澄清[4]，再多收集 20 mL，分出有机层，水层用食盐饱和[5]（约 40 g）后，用乙醚萃取三次，每次 20 mL，把乙醚萃取液与粗产物合并，用粒状 NaOH 干燥后，蒸去乙醚，残留物用空气冷凝管蒸馏，收集 180～184 ℃的馏分[6]。称量，计算产率。

【注释】

［1］ 使用 500 mL 圆底烧瓶，便于水蒸气蒸馏。

［2］ 主要目的是使铁活化，乙酸与铁粉作用产生乙酸亚铁，可使铁转变为碱式乙酸铁的过程加速，缩短还原时间。

［3］ 硝基苯为黄色油状物，如果回流液中黄色油状物消失而转变为乳白色油珠（由游离胺引起），即表示反应完成。

［4］ 蒸馏完毕，圆底烧瓶壁上黏附的黑褐色物质，可用 1∶1(V/V) 盐酸水溶液温热除去。

［5］ 盐析的主要目的是使苯胺在水中的溶解度减小，容易游离出来。

［6］ 纯苯胺为无色液体，易被空气氧化而至淡黄色，加入少许铁粉蒸馏，可除去颜色。

【思考题】

1. 有机物必须具备什么性质，才能采用水蒸气蒸馏？本实验为何采用水蒸气蒸馏来进行分离？
2. 如果最后制得的苯胺中有硝基苯，应如何加以提纯？

（宋修艳）

实验 40　间硝基苯胺的制备

【实验目的】

学习多硝基芳香化合物选择性还原的基本原理。

【实验原理】

在选择性还原剂的作用下，间二硝基苯可还原为间硝基苯胺（*m*-nitroaniline）：

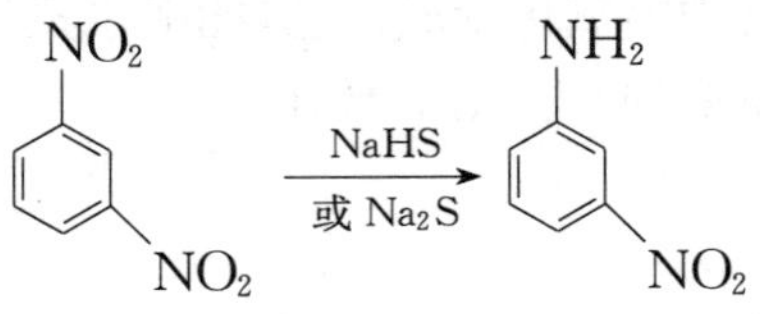

常用的还原剂有 NaHS、NH_4HS、$(NH_4)_2S$、$SnCl_2$＋HCl 等。也可用苯胺先与硫酸成盐，然后用硝化的方法得到间硝基苯胺。本实验采用前一种方法。

【试剂与规格】

结晶硫化钠 C. P. ;硝基苯 C. P. ;甲醇 C. P. ;间二硝基苯 C. P. ;碳酸氢钠 C. P. ;75%甲醇水溶液;硫磺 C. P. ;浓氨水 C. P. 。

【物理常数】

甲醇(methanol):相对分子质量 32.04,沸点 64.7 ℃。无色透明、易挥发、易燃液体,有特殊气味,能与水以任意比例混合。本品毒性较大,少量摄入可致盲,大量可致死。

间二硝基苯(*m*-dinitrobenzene):相对分子质量 154.12,熔点 90 ℃,沸点 291 ℃/0.1 MPa,167 ℃/1.87 kPa,淡黄色结晶,微溶于水,易溶于氯仿、苯、乙酸乙酯、醇,能随水蒸气挥发。

间硝基苯胺(*m*-nitroaniline):相对分子质量 138.11,熔点 114 ℃,沸点 305.7 ℃。黄色针状结晶或粉末,微溶于水,溶于甲醇、乙醇、乙醚,易溶于无机酸溶液,遇明火会发生燃烧,受高热能散发有毒气体,是重要的有机合成原料和染料中间体。

【实验步骤】

方法一:

将 18 g(0.075 mol) 结晶硫化钠[1]($Na_2S \cdot 9H_2O$)溶于盛有 50 mL 水的烧杯中,在不断搅拌下,以少量多次的方式加入 6 g(0.0714 mol) 细粉状碳酸氢钠。当碳酸盐完全溶解后,再加入 50 mL 甲醇。将混合物冷却至 20 ℃以下,抽滤。沉淀[2]用 8 mL 甲醇洗涤 3 次。所得滤液及洗涤液约含 3.9 g 硫氢化钠,备用。

将 6.7 g(0.04 mol) 间二硝基苯溶于盛有 50 mL 热甲醇的 250 mL 圆底烧瓶中,在振摇下加入预先制备的硫氢化钠甲醇溶液。装上回流冷凝管,加热至沸,保持回流 20 min[3],冷却后改蒸馏装置,蒸出绝大部分甲醇(100～120 mL)。搅拌下将瓶内液体残留物注入约 200 mL 冷水中,此时有黄色结晶析出[4]。抽滤,水洗,固体粗产物用 75%甲醇水溶液重结晶,得间硝基苯胺。

方法二:

取硫化钠固体 8 g,加入锥形瓶中,加 100 mL 水,振摇至溶解,再加入 2 g 粉状硫磺,振荡,加热使之全溶。滤去不溶物,得到亮红色透明液体备用,即多硫化钠溶液。

在三口烧瓶中,加入 5 g 间二硝基苯和 40 mL 水,在滴液漏斗中加入多硫化钠溶液。搅拌,加热,待溶液微沸后,滴加多硫化钠溶液,保持均匀加料速度,25～30 min 加完。继续搅拌,温和地煮沸 30 min,反应结束。停止加热和搅拌,冷却,析出间硝基苯胺。

减压过滤,滤出沉淀物,冷水洗涤 3 次,每次 10 mL,将滤饼移入盛有 37 mL 稀盐酸的 150 mL 烧杯中,加热溶解。冷却后,将溶液过滤,得到深红棕色溶液。搅拌下向滤液中逐渐加入过量浓氨水 12 mL 左右,溶液中逐渐析出黄色间硝基苯胺沉淀,过滤,洗涤,使滤出液呈中性,滤饼用约 150 mL 水进行重结晶,得纯间硝基苯胺。纯品为黄色针状晶体，烘干后称量，计算产率。

【光谱数据】

IR　ν_{max}(KBr)/cm^{-1}：3434，3335，3096，2867，1625，1601，1524，869，818，739，1518，1536。

^{1}H NMR　δ_H(CCl_3)：6.95～7.54(m，4H，Ph-H)，4.0(2H，NH_2)。

【注释】

［1］　结晶硫化钠易潮解，应密封保存。

［2］　此时沉淀为碳酸钠。

$$Na_2S + NaHCO_3 \longrightarrow NaHS + Na_2CO_3$$

［3］　反应完毕可能有无机盐析出，这些无机盐除了制备硫氢化钠时残留的碳酸钠之外，还有还原反应中产生的硫代硫酸钠：

$$m\text{-}C_6H_4(NO_2)_2 + NaHS + H_2O \longrightarrow m\text{-}(NO_2)C_6H_4NH_2 + Na_2S_2O_3$$

［4］　间硝基苯胺在冷水中的溶解度很小，故以黄色结晶析出，夹杂的无机盐则溶在冷水中。

【思考题】

1. 使芳二硝基物只还原一个硝基的还原剂有哪些？并举出具体反应的例子。

2. 选择性还原剂 Na_2S、NaSH、NH_4SH 和 $SnCl_2$＋HCl，实质上起还原作用的各是何种元素？写出其还原态和氧化态的化合价数。

3. 如果间硝基苯胺中夹杂极少量的间二硝基苯杂质，设计一个用化学法将其提纯的方案。

（宋修艳）

实验 41　邻氨基苯甲酸的制备

【实验目的】

1. 掌握利用霍夫曼降解反应制备邻氨基苯甲酸（*o*-aminobenzoic acid）的原理和方法；

2. 进一步巩固重结晶操作。

【实验原理】

邻氨基苯甲酸广泛应用于制备偶氮染料、蒽醌染料、靛蓝染料、香料等，其甲酯还是制造糖精的中间体。

邻氨基苯甲酸的制备方法有很多，以邻苯二甲酰亚胺进行霍夫曼降解是较好的制备方法之一。

酰胺与氯或溴在碱液中反应，生成减少一个碳原子的伯胺，称为霍夫曼降解。这是由酰胺制备少一个碳原子伯胺的重要方法。由于邻氨基苯甲酸具有偶极离子结构，因此，从碱液中酸化析出时，要掌握好酸的用量，使酸的加入量接近其等电点。

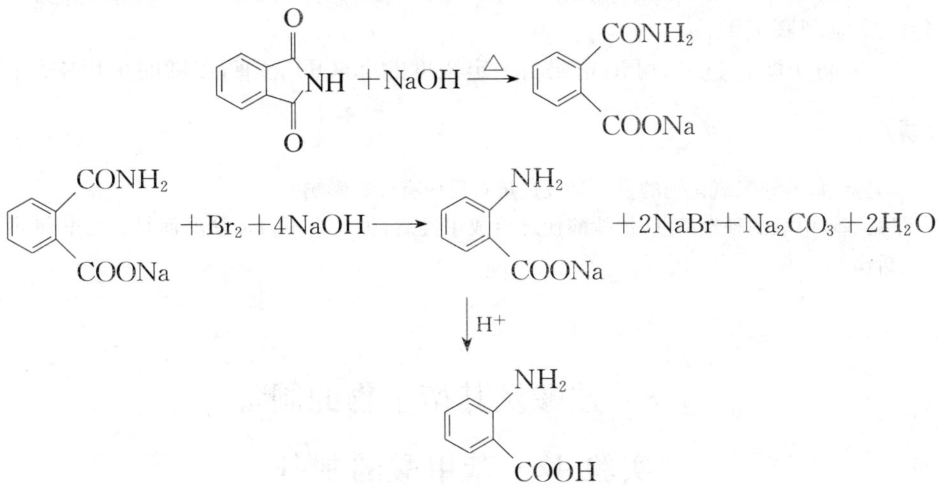

【试剂与规格】

邻苯二甲酰亚胺 C. P.；溴 C. P.；氢氧化钠 C. P.；浓盐酸 C. P.；冰醋酸 C. P.。

【物理常数】

邻苯二甲酰亚胺(phthalimide)：相对分子质量 147.11，熔点 238 ℃，白色松脆的结晶粉末。微溶于水，溶于碱溶液、冰醋酸和吡啶，微溶于加热的三氯甲烷、苯和乙醚。

邻氨基苯甲酸(*o*-aminobenzoic acid)：相对分子质量 137.12，熔点 146～147 ℃，白色至微黄色结晶性粉末，味甜，难溶于冷水，易溶于醇、醚、热水，微溶于苯，可升华。

【实验步骤】

在 125 mL 锥形瓶中，加入由 7.5 g NaOH 和 30 mL 水配成的溶液，将锥形瓶放入冰盐水中冷却至 0～5 ℃。向碱液中一次性加入 2.3 mL 溴[1]，振荡使溴全部作用完，放入冰盐浴中冷却备用。

在 0 ℃下，向制好的次溴酸钠[2]溶液中慢慢加入 6 g 粉末状邻苯二甲酰亚胺，加完后迅速加入预先配好的 5.5 g 氢氧化钠与 20 mL 水配成的溶液，不断振摇锥形瓶，固体慢慢溶解，同时温度上升到 60 ℃左右。电热套加热到 80 ℃，此时如有沉淀可过滤。

将烧瓶冷却至 0 ℃，慢慢滴加浓盐酸约 15 mL[3]酸化，再加入冰醋酸 6～7 mL 以沉淀邻氨基苯甲酸，抽滤并用少量冷水洗涤。

粗产品用水重结晶，在 100 ℃下干燥后称量，计算产率。

【注释】

[1]　溴对呼吸器官有强腐蚀性，即使短暂地触及液体溴也能引起皮肤肿胀和发泡，长期接触造成的损伤很难治愈。因此操作时要在通风橱中进行，并戴好防护手套、防护眼镜，避免溴蒸气的刺激。反应时可用带塞锥形瓶。

［2］ 次溴酸钠具有氧化性，温度过高时会对邻苯二甲酰亚胺产生强烈的氧化作用，甚至会使反应彻底失败。

［3］ 为防止酸化过量，可预先配制一定浓度的 NaOH 溶液，以随时采用中和措施。

【思考题】

1. 本实验中，溴和氢氧化钠的量不足或过量对反应有什么影响？

2. 邻氨基苯甲酸的碱性溶液，加盐酸使之恰成中性后，为什么不再加盐酸而是加乙酸使邻氨基苯甲酸完全析出？

（宋修艳）

4.8 羧酸及其衍生物的制备

实验 42 苯甲酸的制备

【实验目的】

1. 掌握芳香烃通过氧化反应制备羧酸的原理及方法；
2. 进一步掌握重结晶的提纯方法。

【实验原理】

苯甲酸(benzoic acid)俗称安息香酸，通常作为食品、水果的防腐剂，也可用于合成染料、药物、媒染剂、增塑剂和香料等。苯甲酸及其钠盐也可用作乳胶、牙膏、果酱或其他食品的抑菌剂。最初苯甲酸是由安息香胶干馏或碱性水解制得，也可由马尿酸水解制得。工业上苯甲酸是在钴、锰等催化剂存在下用空气氧化甲苯制得或由邻苯二甲酸酐水解脱羧制得。实验室制备可通过碱性高锰酸钾氧化芳烃的烷基侧链来实现。

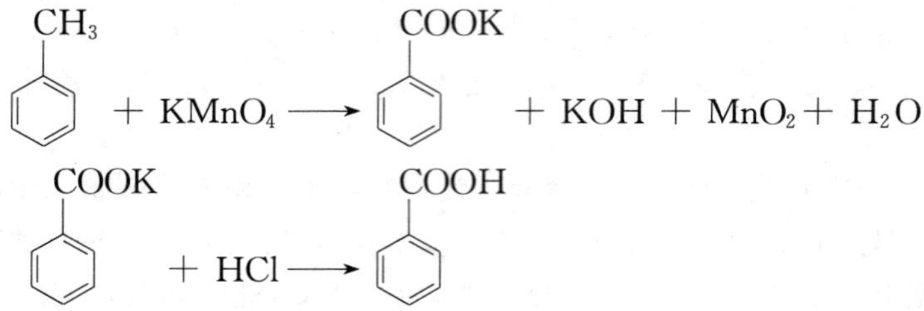

【试剂与规格】

甲苯 C. P.；高锰酸钾 C. P.；浓盐酸 C. P.。

【物理常数】

甲苯：无色液体，相对分子质量为 92.14，凝固点为−95 ℃，沸点 110.6 ℃，d_4^{20} 0.866，n_D^{20} 1.4967。极微溶于水，易溶于有机溶剂。

苯甲酸：无色片状晶体，熔点 122.13 ℃，沸点 249 ℃，d_4^{15} 1.2659。微溶于冷水，溶于热水、乙醇、乙醚等。

【实验步骤】

加 2.7 mL 甲苯和 100 mL 水于 250 mL 圆底烧瓶中，装上回流冷凝管，在小火上加热至沸腾。从冷凝管上口分批加入 8.5 g 高锰酸钾，用 20 mL 水把黏附在冷凝管内壁的高锰酸钾冲入瓶内。继续加热并间歇摇动烧瓶，直至甲苯层几乎消失，回流液不再出现油珠(需 4～5 h)。

将反应混合物趁热减压抽滤[1]，用少量水洗涤滤渣二氧化锰。合并滤液和洗涤液，放在冰水浴中冷却，然后用浓盐酸酸化(用刚果红试纸检验)，至苯甲酸全部析出为止。将析出的苯甲酸减压抽滤，用少量冷水洗涤，用水重结晶[2]。干燥，称量，计算产率。

【图谱】

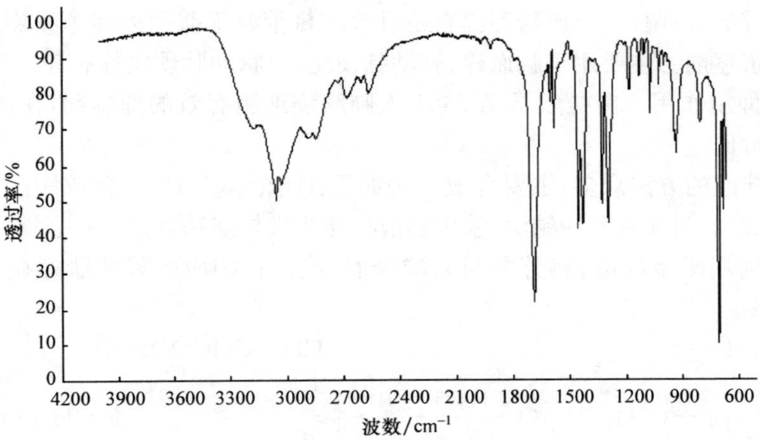

图 4 - 20　苯甲酸的红外光谱图

【注释】

[1]　热过滤活性炭时一定要使用热的漏斗，如遇固体骤然结晶，可采用热风机加热将其溶解再过滤。

[2]　在重结晶苯甲酸时，应使溶液在沸腾状态下为饱和溶液，撤去热源后应静置冷至室温，让晶体慢慢析出。

【思考题】

1. 实验完毕后，黏附在瓶壁上的黑色固体物是什么？如何除去？
2. 该方法是否适合实验室氧化其他类型的带有支链的芳烃来制备苯甲酸？
3. 该方法可否适用于工业制备？工业上是采用哪种方法制备苯甲酸的？

(胡志强)

实验 43　肉桂酸的制备

【实验目的】

1. 学习肉桂酸(cinnamic acid)的制备原理和方法;
2. 进一步掌握回流、水蒸气蒸馏、抽滤等基本操作。

【实验原理】

肉桂酸,别名桂皮酸或桂酸,是一种重要的化工产品。其在香料、食品添加剂、医药工业、有机合成等方面均有广泛的用途。肉桂酸是一种香料,具有很好的保香作用,通常作为配香原料,可使主香料的香气更加清香、易挥发。肉桂酸的各种酯(如甲、乙、丙、丁等)都可用作定香剂,用于饮料、冷饮、糖果、酒类等食品。医药工业中,可用于合成治疗冠心病的重要药物乳酸可心定和心痛平,以及合成氯苯氨丁酸和肉桂苯哌嗪,用来制造"心可安"、局部麻醉剂、杀菌剂、止血药等。它还可合成氯苯氨丁酸和肉桂苯哌嗪,用作脊椎骨骼松弛剂和镇痉剂。主要用于脑血栓、脑动脉硬化、冠状动脉硬化等病症。对肺腺癌细胞增殖有明显抑制作用。肉桂酸是 A-5491 人肺腺癌细胞有效的抑制剂,在抗癌方面具有极高的应用价值。

合成肉桂酸的方法众多,主要合成方法如下:①佩金(Perkin)合成法;②苯甲醛与丙酮法;③苄叉二氯与无水乙酸钠法;④肉桂醛氧化为肉桂酸法等。

本实验利用佩金反应,将芳醛与乙酸酐混合后,在相应的羧酸盐存在下,加热制得 α,β-不饱和酸。

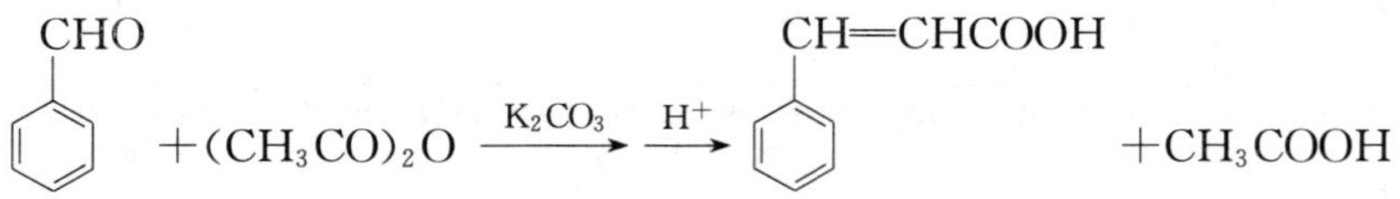

【试剂与规格】

苯甲醛 A. R.;乙酸酐 A. R.;无水碳酸钾 C. P.;10%氢氧化钠溶液;浓盐酸 C. P.;乙醇 C. P. 。

【物理常数】

肉桂酸:白色单斜结晶。熔点 133 ℃,沸点 300 ℃,d_4^{20} 1. 2475。微溶于水,溶于苯、乙醇、乙醚等。

【实验步骤】

在 250 mL 圆底烧瓶中[1],加入 7 g 无水碳酸钾,5 mL 苯甲醛和 14 mL 乙酸酐[2],将混合物加热回流 30 min[3]。由于有二氧化碳逸出,初期反应会有泡沫产生。

待反应物冷却后,往烧瓶内加入 40 mL 热水,以溶解瓶内固体,同时改装成水蒸气蒸馏装置。开始水蒸气蒸馏,至无白色液体蒸出为止,将蒸馏瓶冷却至室温,加入 10%

NaOH 以保证所有的肉桂酸成钠盐而溶解。待白色晶体溶解后，滤去不溶物，滤液中加入 0.2 g 活性炭，煮沸 5 min，脱色后抽滤除去活性炭，冷却至室温，倒入 250 mL 烧杯中，搅拌下加入浓盐酸，酸化至刚果红试纸变蓝色，冷却抽滤得到肉桂酸粗品。将粗产品用乙醇-水重结晶，得白色晶体，抽滤，产品空气中晾干后称量，计算产率。

【图谱】

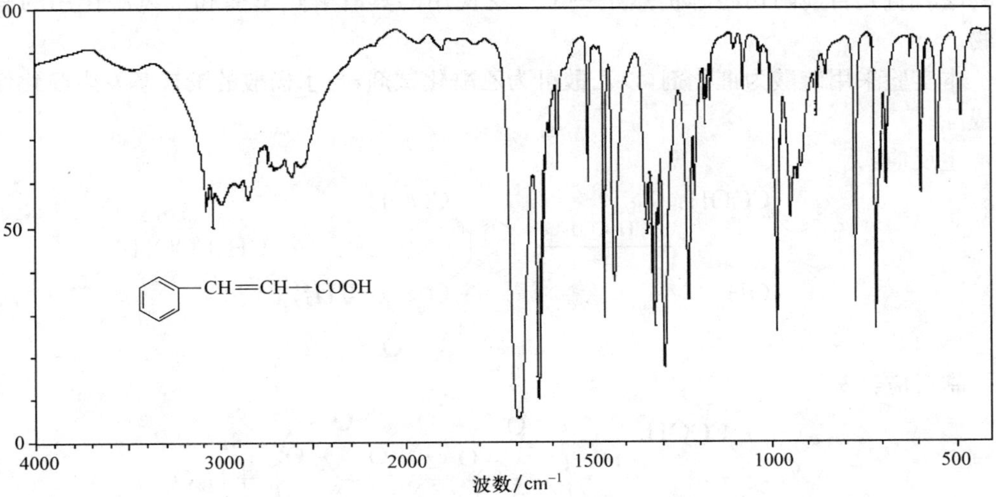

图 4－21　肉桂酸的红外光谱图(KBr 压片)

【注释】

［1］　所用仪器、药品均需无水干燥，否则影响产率。

［2］　加料应迅速，防止乙酸酐吸潮。

［3］　控制加热速度至刚好回流，以防产生的泡沫冲至冷凝管。

【思考题】

1. 具有何种结构的醛能进行偏金反应?
2. 碳酸钾的作用是什么? 为什么要用过量的乙酸酐?
3. 用水蒸气蒸馏能除去什么?

（胡志强）

实验 44　乙酰水杨酸的制备

【实验目的】

1. 学习酸酐和水杨酸在酸催化下制备乙酰水杨酸的原理和方法；
2. 巩固重结晶的基本操作。

【实验原理】

乙酰水杨酸(acetylsalicylic acid),通常称为阿司匹林(aspirin),是由水杨酸和乙酸酐的酸催化反应制备的。早在18世纪,人们已从柳树皮中提取了水杨酸,并注意到它可以作为止痛、退热和抗炎药,但由于水杨酸严重刺激口腔、食道及胃壁黏膜,因此病人无法使用。为克服这一缺点,在水杨酸中引进乙酰基,获得了具有同样疗效但副作用较小的乙酰水杨酸。直到目前阿司匹林仍然是一个广泛使用的具有解热镇痛和抗风湿作用的有效药物。

本实验采用硫酸为催化剂,以乙酸酐为乙酰化试剂,与水杨酸的酚羟基发生酰化作用形成酯。

主反应:

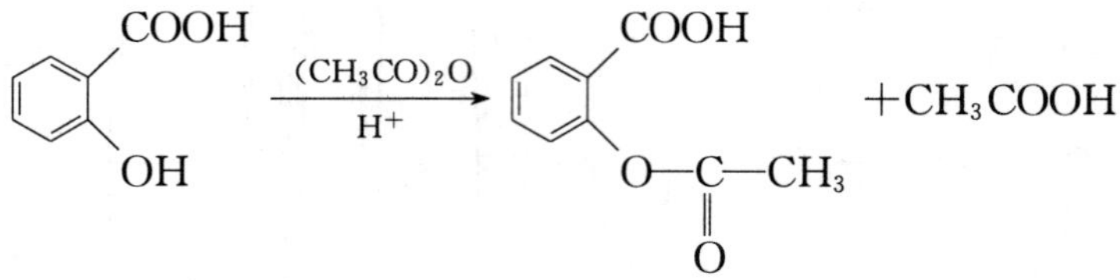

副反应:

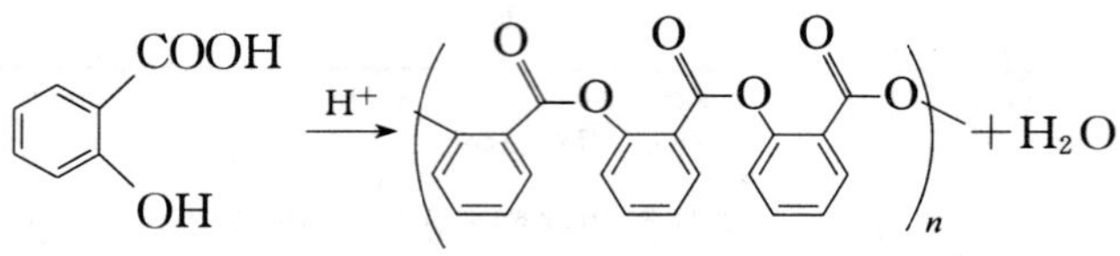

【试剂与规格】

水杨酸 C. P.;乙酸酐 C. P.;饱和 $NaHCO_3$ 水溶液;1%$FeCl_3$ 水溶液;浓硫酸 C. P.;盐酸 C. P.。

【物理常数】

水杨酸:白色针状结晶或结晶性粉末。熔点 159 ℃,沸点约 211 ℃(2.67 kPa)。76 ℃升华,急剧加热时分解为酚及二氧化碳。溶于热水、醚、丙酮等。

乙酰水杨酸:白色针状或片状结晶或粉末。熔点 135 ℃,无气味。在干燥的空气中稳定,能溶于乙醇、乙醚和氯仿,微溶于水。

【实验步骤】

在 100 mL 圆底烧瓶中加入 2 g 水杨酸,5 mL 乙酸酐[1]和 6 滴浓硫酸,摇动烧瓶使水杨酸全部溶解后,在水浴上控制温度 85～90 ℃,加热 10 min。冷至室温,即有乙酰水杨酸结晶析出。如不结晶,可用玻棒摩擦瓶壁并将反应物置于冰水中冷却使结晶产生。加入 50 mL 水,将混合物继续在冰水浴中冷却使结晶完全。减压抽滤,用滤液反复淋洗烧瓶,直至所有晶体被收集到布氏漏斗。每次用少量冷水洗涤晶体几次,将溶剂尽量抽干。粗产物转移至表面皿上,在空气中晾干。

将粗产物转移至 150 mL 烧杯中，在搅拌状态下加入 25 mL 饱和碳酸氢钠溶液[2]，加完后继续搅拌 4 min 直至无二氧化碳气泡产生。减压抽滤，副产物聚合物被滤出，用 5～10 mL 水冲洗漏斗，合并滤液，倒入预先盛有 4～5 mL 浓 HCl 和 10 mL 水配成的溶液的烧杯中，搅拌均匀，即有乙酰水杨酸沉淀析出。将烧杯置于冰浴中冷却，使结晶完全。减压抽滤，滤饼用冷水洗涤 2～3 次，抽干水分。将结晶移至表面皿上，干燥后称量，计算产率。

取几粒晶体加入盛有 5 mL 水的试管中，加入 1～2 滴 1%三氯化铁溶液，观察有无颜色反应[3]。

【图谱】

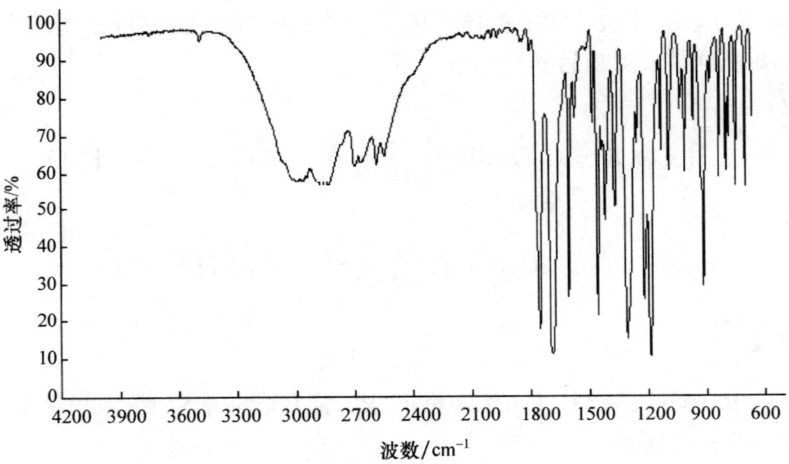

图 4 - 22　乙酰水杨酸的红外光谱图

【注释】

[1]　在实验中，乙酸酐应该重蒸纯化。

[2]　乙酰水杨酸能与碳酸氢钠反应生成水溶性钠盐，而副产物聚合物不能溶于碳酸氢钠，这种性质上的差别可用于阿司匹林的纯化。

[3]　最终产物中的杂质是水杨酸，这是由于乙酰化反应不完全或由于产物在分离步骤中发生水解造成的。它可以在产物的重结晶过程中被除去。与大多数酚类化合物一样，水杨酸可与三氯化铁形成深色络合物，阿司匹林因酚羟基已被酰化，不再与三氯化铁发生颜色反应，因此杂质很容易被检出。

【思考题】

1. 水杨酸与乙酸酐的反应过程中，浓硫酸的作用是什么？
2. 本实验会产生什么副产物？如何除去？

（胡志强）

实验 45　乙酸乙酯的制备

【实验目的】

1. 学习用有机酸合成酯的一般原理及方法；
2. 巩固蒸馏、洗涤、干燥等基本操作。

【实验原理】

酯是一种广泛分布于自然界的化合物，较简单的酯大多有令人愉快的香味，因此这些酯常被用作食用香料。酯可以通过羧酸与醇直接酯化而得到。这是一个平衡反应。常用的催化剂有浓硫酸、干燥的氯化氢、有机强酸、阳离子交换树脂和固体超强酸等。为了提高收率，常采用过量的羧酸或醇或把体系中生成的酯或水移走的方法，实验室中具体采用哪种方法取决于原料来源难易和操作难易等。

主反应：

$$CH_3COOH + C_2H_5OH \underset{H_2SO_4}{\overset{120\sim125\ ℃}{\rightleftharpoons}} CH_3COOC_2H_5 + H_2O$$

副反应：

$$2C_2H_5OH \xrightarrow[H_2SO_4]{140\ ℃} C_2H_5OC_2H_5 + H_2O$$

【试剂与规格】

冰醋酸 C. P.；95%乙醇 C. P.；浓硫酸 C. P.；饱和碳酸钠溶液；饱和氯化钙溶液；无水硫酸镁 C. P.；饱和食盐水。

【物理常数】

冰醋酸：相对分子质量 60.05，沸点 117.9 ℃，熔点 16.6 ℃，d_4^{20} 1.0492。无色澄清液体，易溶于水以及氯仿、丙酮、醇、醚等溶剂。

乙酸乙酯（ethyl acetate）：相对分子质量 88.11，沸点 77.06 ℃，n_D^{20} 1.3719，d_4^{20} 0.9003。无色澄清液体，有芳香味，易溶于氯仿、丙酮、醇、醚等有机溶剂，稍溶于水。

【实验步骤】

在 100 mL 三口烧瓶中，加入 9.5 g(12 mL，0.20 mol) 95%乙醇，分次加入 12 mL 浓硫酸和几粒沸石。不断摇动，使其混合均匀。三口烧瓶上依次安装蒸馏装置、60 mL 长颈滴液漏斗和温度计，滴液漏斗末端及温度计水银球插入反应器内液面以下，滴液漏斗中加入 9.5 g(12 mL，0.20 mol) 95%乙醇及 12.6 g(12 mL，0.21 mol) 冰醋酸的混合液。先从滴液漏斗滴加 3～4 mL 混合液，慢慢加热烧瓶，使反应液温度升至 120～125 ℃，并有液体蒸出。滴加其余的混合液，控制滴加速度与蒸出速度大致相等，并维持反应液温度仍在120～125 ℃。滴加完毕，继续加热，直到体系温度达 130 ℃，同时不再有液体蒸出。

在不断振摇下，将饱和碳酸钠溶液（约 10 mL）慢慢加入到馏出液中，直到无二氧化碳气体逸出为止。馏出液移入分液漏斗，分去水层。有机层先用 10 mL 饱和食盐水洗涤，再用 10 mL 饱和氯化钙溶液洗涤[1]两次后，移入干燥的锥形瓶中，用适量的无水硫酸镁干燥。将粗产物滤入 25 mL 圆底烧瓶，安装好蒸馏装置进行蒸馏，收集 73～78 ℃的馏分。称量并计算产率。

【光谱数据】

IR　ν_{max}(KBr)/cm^{-1}：2993.98，1763.26，1378.54，1243.20，1053.65。

【注释】

[1]　用饱和氯化钙溶液洗涤之前，一定要先用饱和氯化钠溶液洗涤，否则会产生沉淀，给分液带来困难。

【思考题】

1. 酯化反应有什么特点？在实验中如何创造条件促使酯化反应尽量向生成物方向进行？
2. 本实验若采用乙酸过量，是否合适？为什么？
3. 蒸出的粗乙酸乙酯中主要有哪些杂质？如何除去？
4. 本实验能否用氢氧化钠代替饱和碳酸钠溶液洗涤？

（胡志强）

实验 46　乙酸正丁酯的制备

【实验目的】

1. 巩固酯化反应的原理和方法；
2. 掌握分水器的用法。

【实验原理】

乙酸正丁酯(*n*-butyl acetate)是一种重要的化工原料，可用作涂料、喷漆、油墨、胶粘剂、人造革和硝化棉等产品的溶剂，还可用于调制香精，在医药工业中用作萃取剂。乙酸正丁酯还是携水能力非常强的带水剂，常用作提浓一些稀溶液，可节约提浓的能耗。

$$CH_3COOH + n\text{-}C_4H_9OH \xrightleftharpoons{H_2SO_4} CH_3COOC_4H_9\text{-}n + H_2O$$

【试剂与规格】

正丁醇 C. P.；冰醋酸 C. P.；浓硫酸 C. P.；10%碳酸钠溶液；硫酸镁 C. P.。

【物理常数】

正丁醇：相对分子质量 74.12，沸点 117.2 ℃，n_D^{15} 1.3993，d_4^{20} 0.8098。无色澄清液体，有芳香味。易溶于氯仿、丙酮、醇、醚等有机溶剂，稍溶于水，可与水形成共沸混合物。

乙酸正丁酯：相对分子质量 116.16，沸点 126.1 ℃，n_D^{15} 1.3964，d_4^{15} 0.8865。无色澄清液体，有芳香味。易溶于氯仿、丙酮、醇、醚等有机溶剂，不溶于水。

【实验步骤】

在干燥的 50 mL 圆底烧瓶中，装入 11.5 mL 正丁醇和 7.2 mL 冰醋酸，再加入 3～4 滴浓硫酸[1]，混合均匀，投入沸石，然后安装分水器及回流冷凝管，并在分水器中预先加水至略低于支管口。加热回流，反应一段时间后把水逐渐分去，保持分水器中水层液面在原来的高度[2]。约 40 min 后不再有水生成，表示反应完毕。停止加热，记录分出的水量[3]。冷却后卸下回流冷凝管，把分水器分出的酯层和圆底烧瓶中的反应液一起转入分液漏斗中。用 10 mL 水洗涤，分去水层。之后用 10 mL 10%Na_2CO_3 溶液洗涤，分去水层，最后用 10 mL 水洗涤，分去水层后，将酯层倒入小锥形瓶中，加入适量无水硫酸镁干燥。

将干燥后的乙酸正丁酯滤入干燥的 30 mL 圆底烧瓶中，加入沸石，加热蒸馏，收集 124～126 ℃的馏分。称量并计算产率。

【光谱数据】

IR　ν_{max}(KBr)/cm^{-1}：2840，2760，1730，1350，1210，1050，1010。

【注释】

[1]　浓硫酸在反应中起催化作用，故只需少量。

[2]　本实验利用恒沸物除去酯化反应生成的水。正丁醇、乙酸正丁酯和水可以形成以下几种恒沸物，含水的恒沸物冷凝为液体时，分为两层，上层为含水的酯和醇，下层主要是水。

项　目	恒沸混合物	沸点/℃	质量分数/%		
			乙酸正丁酯	正丁醇	水
二元	乙酸正丁酯-水	90.7	72.9		27.1
	正丁醇-水	93.0		55.5	44.5
	乙酸正丁酯-正丁醇	117.6	32.8	67.2	
三元	乙酸正丁酯-正丁醇-水	90.7	63.0	8.0	29.0

[3]　根据分出的总水量(注意：扣除预先加到分水器中的水量)，可以粗略地估计酯化反应完成的程度。

【思考题】

1. 酯化反应有什么特点？本实验如何提高产品收率？又如何加快反应速度？
2. 计算反应完全应分出多少水。

（胡志强）

实验 47　苯甲酸乙酯的制备

【实验目的】

1. 学习酯化反应，了解三元共沸除水原理；
2. 掌握分水器在除水实验中的使用。

【实验原理】

苯甲酸和乙醇在浓硫酸催化下进行酯化反应，生成苯甲酸乙酯(ethyl benzoate)和水：

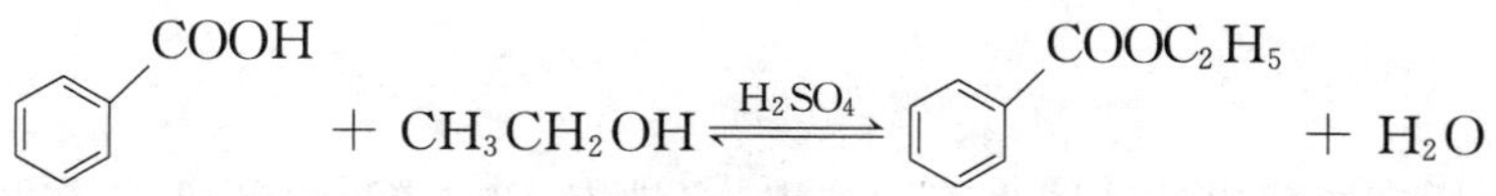

由于苯甲酸乙酯的沸点很高，很难蒸出，因此本实验采用加入环己烷的方法，使环己烷、乙醇和水组成三元共沸物。其共沸点为 62.1 ℃，三元共沸物经冷却分成两相，环己烷在上层比例大，再回反应瓶，而水在下层比例大，放出下层即可除去反应中生成的水。水的分出促使酯化反应完全。

【试剂与规格】

苯甲酸 C. P.；环己烷 C. P.；95%乙醇 C. P.；浓硫酸 C. P.；乙醚 C. P.；无水氯化钙 C. P.；碳酸钠 C. P.。

【物理常数】

苯甲酸(benzoic acid)：相对分子质量 122.12，熔点 122 ℃，沸点 249 ℃，n_D^{20} 1.5397，d_4^{15} 1.2659。白色结晶，略带特殊臭味。稍溶于水，能溶于乙醇、乙醚、氯仿、丙酮、苯等有机溶剂，是一种重要的有机合成原料。

环己烷(cyclohexane)：相对分子质量 84.16，沸点 80.7 ℃，n_D^{20} 1.4266，d_4^{20} 0.7786。无色澄清液体，不溶于水，与乙醇、乙醚、丙酮或苯混溶，是一种常用溶剂。

苯甲酸乙酯(ethyl benzoate)：相对分子质量 150.12，沸点 213 ℃，n_D^{20} 1.5001，d_4^{20} 1.0509。无色澄清液体，具有芳香气味。微溶于水，能溶于乙醇和乙醚等有机溶剂，是一种香料和溶剂，也是有机合成中间体。

【实验步骤】

在 100 mL 圆底烧瓶中，加入 12.2 g(0.1 mol)苯甲酸、25 mL 95%乙醇、20 mL 环己烷及 4 mL 浓硫酸。混合均匀并加入沸石，安装分水器，分水器上端接回流冷凝管。加热反应瓶使液体回流。开始回流速度要慢，随着回流的进行，分水器中出现上、下两层[1]，下层(水层)越来越多，当下层接近分水器支管处时，将下层液体放进量筒中，用 1～2 h 共收集约 12 mL[2]。继续加热，蒸出多余的环己烷和乙醇。注意回流速度和瓶内的现象，若回流速度减慢或瓶内有白色烟雾出现，立即停止加热。

将反应瓶中液体倒入盛有 80 mL 水的烧杯，搅拌下分批加入碳酸钠粉末[3]中和，直至无二氧化碳气体产生，pH 试纸检验呈中性。用分液漏斗分出有机层，水层用 25 mL 乙醚萃取。将有机层和萃取液合并，用无水氯化钙干燥。蒸馏除去乙醚，粗产物进行水蒸气蒸馏。分出馏出液中的有机层，干燥，过滤得无色澄清苯甲酸乙酯。称量并计算产率。

【光谱数据】

IR　ν_{max}(液膜)/cm^{-1}：3050，2951，1719，1276，1109。

^1H NMR　$\delta_H(CCl_3)$：1.32(t，3 H，J=7.2 Hz)，4.30(q，2 H，J=7.2 Hz)，7.35(m，2 H)，7.47(m，1 H)，7.97(m，2 H)。

【注释】

[1]　由反应瓶蒸出的液体为三元共沸物(沸点 62.1 ℃，含环己烷 76%、乙醇 17%、水 7%)。它从冷凝管流入分水器后分为两层：上层含环己烷 94.8%、乙醇 4.9%、水 0.3%；下层含环己烷 8.2%、乙醇 63.3%、水 28.5%。

[2]　根据理论计算，带出的总水量约 3.1 g。因为反应是借共沸蒸馏带出反应瓶中的水，根据计算，共沸物下层共 11 g 左右，但随分离温度不同变化。反应终点判断也可用薄层色谱(TLC)跟踪法。当 TLC 分析苯甲酸点消失，则反应完成。

[3]　加碳酸钠是为了除去硫酸和未反应的苯甲酸。要研细后分批加入，否则会产生大量泡沫而使液体溢出。

【思考题】

1. 本实验是根据什么原理？采取什么措施来提高产率？
2. 哪种原料过量？为什么？

(齐　燕)

实验 48　邻苯二甲酸二丁酯的制备

【实验目的】

学习由酸酐制备酯的原理及其实验操作。

【实验原理】

邻苯二甲酸二丁酯(dibutyl phthalte，DBP)是一种常用的增塑剂，广泛应用于橡胶和塑料工业，用来增强塑料和橡胶的柔韧性和可塑性。常用的还有邻苯二甲酸二辛酯(DOP)等。

邻苯二甲酸二丁酯可由邻苯二甲酸酐和正丁醇直接酯化制备。由于产物是二元酯，故反应分两步进行：首先生成邻苯二甲酸单丁酯，该反应是单向的；第二步由单丁酯与正丁醇继续酯化，该步反应为可逆反应。

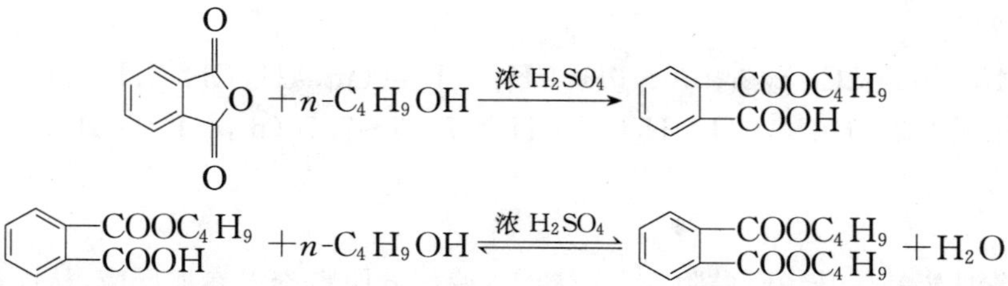

酯化反应一般需要用酸进行催化，本实验采用硫酸。为了使化学平衡向正反应方向移动，常采用正丁醇过量的方法。正丁醇不仅是反应物，而且是带水剂。正丁醇和反应生成的水形成恒沸物被蒸出，在分水器中水和正丁醇分层，正丁醇则不断流回反应器中继续参与反应至反应完成。

【试剂与规格】

邻苯二甲酸酐 C. P.；正丁醇 C. P.；浓硫酸 C. P.；5%碳酸钠溶液；饱和食盐水。

【物理常数】

邻苯二甲酸酐（苯酐，phthalic anhydride）：相对分子质量 148.12，熔点 130.8 ℃，沸点 295 ℃，白色鳞片状或粉末状固体。溶于乙醇、苯和吡啶，微溶于乙醚，稍溶于冷水，在热水中水解为邻苯二甲酸。本品是基本有机合成原料中的重要品种，主要用于生产邻苯二甲酸酯类，还用于生产染料、颜料、医药、农药以及糖精等。

邻苯二甲酸二丁酯（dibutyl phthalte）：相对分子质量 278.18，熔点 −35 ℃，沸点 340 ℃，无色透明油状液体，具有芳香性气味，溶于大多数有机溶剂和烃类。本品主要用作聚乙酸乙烯、醇酸树脂、硝基纤维素以及氯丁橡胶的增塑剂。

【实验步骤】

在 125 mL 三口烧瓶上，装配温度计、分水器，分水器上安装回流冷凝管。分水器中加几毫升正丁醇至液面与支管齐平。按顺序将 10 g（0.067 mol）邻苯二甲酸酐、19 mL（0.20 mol）正丁醇、4 滴浓硫酸及几粒沸石加入反应瓶中，振摇烧瓶使药品混合均匀。小火加热并不断振摇至固体全部消失[1]，表明醇解反应完成。逐步升高反应温度，使反应液保持回流，可观察到冷凝液自回流冷凝管中流入分水器。分水器中上层正丁醇冷凝液又流回反应瓶中。随着反应不断进行，反应混合物的温度逐渐升高，当温度达到 160 ℃时，即可停止反应[2]。

待反应液冷至 70 ℃以下[3]，转移至分液漏斗，依次用等体积的饱和食盐水洗涤两次，每次 15 mL，然后用 15 mL 5%碳酸钠溶液洗涤一次，使有机相显中性[4]。将有机相转入 50 mL 蒸馏烧瓶中，减压蒸馏，收集 180～190 ℃/1.33 kPa（10 mmHg）或 206 ℃/2.67 kPa，210 ℃/3.87 kPa 的馏分。称量并计算产率。

【光谱数据】

IR　ν_{max}（液膜）/cm^{-1}：3072，2961，2936，2875，1728，1600，1580，1467，1449，1385，

1286,1122,746。

^{1}H NMR δ_H(CCl_3):0.97(t,6H,CH_3),1.44(m,4H,$\underline{CH_2}CH_3$),1.70(m,4H,$\underline{CH_2}CH_2CH_3$),4.30(t,4H,$\underline{CH_2}CH_2CH_2CH_3$),7.53～7.70(m,4H,Ph-H)。

【注释】

[1] 高温苯酐易升华而黏附在反应瓶上,使部分原料难以参加反应,从而影响收率。

[2] 当分水器中不再有水珠出现也可判断反应已达终点。反应温度超过 180 ℃,在酸性条件下,邻苯二甲酸二丁酯容易发生分解。

[3] 当温度高于 70 ℃,酸在碱性环境中易发生皂化反应。因此,洗涤时温度不宜过高,碱液浓度也不宜太大。

[4] 若有机层没有洗至中性,在蒸馏过程中,产物将发生变化。

【思考题】

1. 正丁醇在硫酸存在下加热到 160 ℃高温,可能有哪些副反应?
2. 为什么用饱和食盐水洗涤后,不必进行干燥即可进行蒸馏?

(宋修艳)

实验 49 呋喃甲酸和呋喃甲醇的制备

【实验目的】

1. 了解坎尼查罗反应的基本原理;
2. 掌握利用坎尼查罗反应制备呋喃甲醇(α-furyl methanol)和呋喃甲酸(α-furoic acid)。

【实验原理】

α-呋喃甲醛,俗称糠醛,广泛存在于玉米芯、麦秆等纤维物质中。在浓的强碱作用下,不含 α-H 的醛可以发生分子间自身氧化还原反应,一分子醛被氧化成酸,而另一分子醛则被还原为醇,此反应称为坎尼查罗反应。本实验以呋喃甲醛为原料,在浓碱作用下,制备呋喃甲醇和呋喃甲酸。

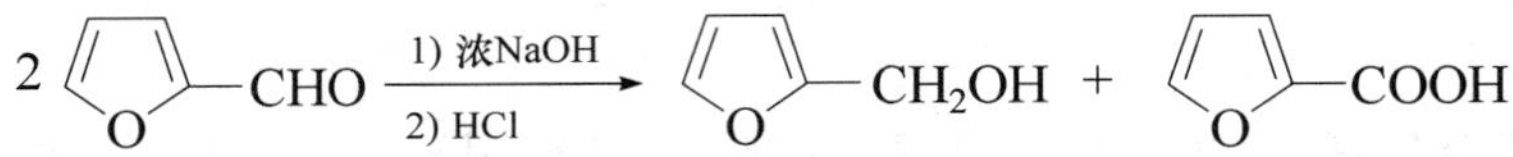

【试剂与规格】

α-呋喃甲醛 C. P.;氢氧化钠 C. P.;乙醚 C. P.;浓盐酸 C. P.;硫酸镁 C. P.。

【物理常数】

呋喃甲醛(糠醛,furfural):相对分子质量 96.09,沸点 161.7 ℃。无色或琥珀色透明油状液体，具有类似杏仁的特殊香味。微溶于水，易溶于乙醇、乙醚、苯、丙酮和四氯化碳，易与蒸气一同挥发。用于合成树脂，也可作溶剂，是医药和多种有机合成的原料。

呋喃甲醇（糠醇，furfuryl alclhol，α -furyl methanol）：相对分子质量 98.1，沸点 171 ℃。无色或淡黄色透明油状液体，溶于水、乙醇和乙醚，暴露于日光和空气中变成棕色或深红色。本品是一种重要的精细化工有机合成原料，广泛用于各种性能的呋喃树脂及药物、农药等精细化学品的合成。

呋喃甲酸（糠酸，α -furoic acid）：相对分子质量 102.09，熔点 133 ℃，沸点 230～232 ℃，无色结晶，升华后呈针状结晶。不溶于冷水，溶于热水、乙醇和乙醚。本品是一种有机合成原料，可用于合成糠酸树脂，还可用于香料和医药的合成。

【实验步骤】

在 100 mL 烧杯中加入 4 g 氢氧化钠和 6 mL 水，溶解后用冰水冷却。在搅拌下[1]用滴液漏斗或滴管滴加新蒸的 8.3 g 呋喃甲醛[2]于氢氧化钠溶液中[3]。滴加过程中必须保持反应物温度在 10～12 ℃[4]。待呋喃甲醛加完后，保持在此温度下继续搅拌 30 min。

在得到的米黄色浆状物中，加入适量的水[5]，使沉淀完全溶解呈透明的暗红色溶液。将暗红色溶液转入分液漏斗中，用 36 mL 乙醚分三次萃取，合并三次萃取得到的醚层并保留水层。醚层用无水硫酸镁干燥。干燥完毕后，进行蒸馏，先蒸出乙醚[6]，后蒸出呋喃甲醇，收集 169～172 ℃馏分[7]。称量或量取体积，并计算产率。

在搅拌下，向乙醚萃取后的水层加入浓盐酸酸化[8]。冷却结晶后抽滤，得到呋喃甲酸粗产品。烘干后[9]称量，并计算产率。

呋喃甲酸可以用水进行重结晶[10]。重结晶时可加入少许活性炭脱色。精制后呋喃甲酸经烘干，称量，计算产率。

【图谱】

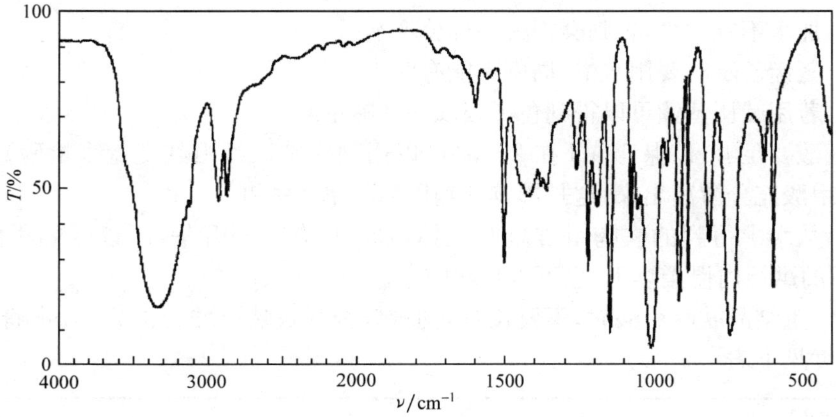

图 4－23　呋喃甲醇的红外光谱图

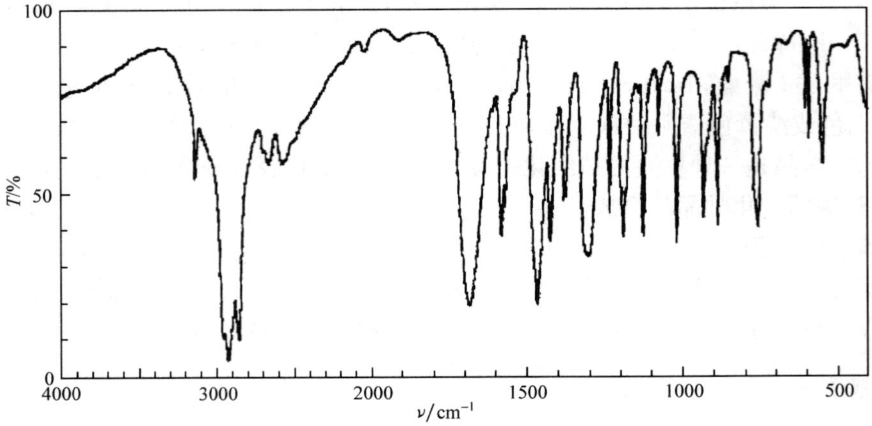

图 4 - 24　呋喃甲酸的红外光谱图

【注释】

[1]　歧化反应是在两相间进行的，因此需要搅拌。

[2]　呋喃甲醛为无色或浅黄色液体。存放时间过久会变成棕褐色甚至黑色，同时往往含有水分，因此使用前需要蒸馏提纯，收集 155～162 ℃的馏分，也可减压蒸馏收集馏分。

[3]　适当提高碱的浓度可以加快歧化反应速度。但碱浓度增加会使黏度增大，搅拌困难，继而造成局部碱过多而使局部反应剧烈温度上升，引起树脂状物质的生成。本实验采用反加法，即将呋喃甲醛加到氢氧化钠溶液中，这样反应较容易控制，而产率不会降低。

[4]　反应温度若低于 8 ℃，可能积累一些氢氧化钠，一旦发生反应，则过于猛烈，易使温度迅速升高，增加副反应，影响产量及纯度。若温度高于 12 ℃，反应温度上升难以控制。

[5]　加水不宜太多，否则会损失一部分产品。

[6]　蒸馏乙醚时要用水浴，周围不能有明火。

[7]　若用减压蒸馏可以得到色泽很浅的呋喃甲醇。

[8]　酸要足够，以保证 pH 在 2～3(可以用刚果红试纸由红变蓝来检验)。这样可以使呋喃甲酸充分游离出来，这是影响呋喃甲酸收率的关键。

[9]　从水中得到的呋喃甲酸呈叶状体，100 ℃有部分升华，所以呋喃甲酸应置于 80～85 ℃的烘箱内慢慢烘干，也可以自然晾干。

[10]　重结晶呋喃甲酸时，不要长时间加热，否则呋喃甲酸会被分解，呋喃甲酸在水中的溶解度见下表：

温度/℃	0	5	15	100
溶解度/[g · (100 mL)$^{-1}$]	2.7	3.6	3.8	25

【思考题】

1. 反应过程中析出的黄色浆状物是什么？
2. 乙醚萃取过的水溶液，若用 25％的盐酸酸化到中性，是否合适？为什么？
3. 怎样利用坎尼查罗反应将呋喃甲醛全部转化成呋喃甲醇？

（宋修艳）

实验 50　乙酰乙酸乙酯的制备

【实验目的】

1. 学习克莱森酯缩合制备乙酰乙酸乙酯(ethyl acetoacetate)的原理和方法；
2. 掌握无水操作及减压蒸馏操作。

【实验原理】

含 α-H 的酯在碱性催化剂存在下，能与另一分子的酯发生克莱森酯缩合反应，生成 β-酮酸酯。乙酰乙酸乙酯就是由乙酸乙酯在乙醇钠催化下缩合而得。乙醇钠是由金属钠和残留在乙酸乙酯中的乙醇作用而生成的。反应式如下：

$$2CH_3COOC_2H_5 \xrightarrow[\text{2) } CH_3COOH]{\text{1) } NaOC_2H_5} CH_3COCH_2COOC_2H_5 + C_2H_5OH$$

乙酰乙酸乙酯在有机合成上具有非常重要的地位，主要体现在由它可制备许多其他方法不易得到的化合物。实验室采用的乙酸乙酯在乙醇钠催化下缩合制备乙酰乙酸乙酯的方法，基本上不具备工业化价值。工业上合成乙酰乙酸乙酯是由双乙烯酮通过乙醇醇解得到的。

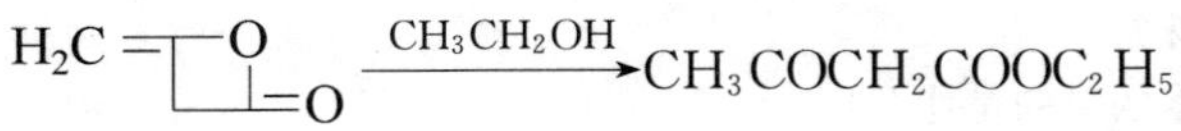

【试剂与规格】

乙酸乙酯 C. P.；二甲苯 C. P.；无水氯化钙 C. P.；乙酸 C. P.；无水硫酸钠 C. P.；饱和氯化钠溶液；石蕊试纸；金属钠 C. P.。

【物理常数】

乙酰乙酸乙酯(ethyl acetoacetate)：相对分子质量 130.10，沸点 180.8 ℃。无色透明油状液体，有芳香气味。易燃，微溶于水，能与乙醇、乙醚、苯等有机溶剂混溶。本品是一种重要的、用途广泛的有机合成原料。

【实验步骤】

在干燥的 50 mL 圆底烧瓶中，放入 12.5 mL 二甲苯和 2.5 g 新切的金属钠片，装上回流冷凝管，冷凝管上端安装氯化钙干燥管。加热回流，使钠熔融。停止回流后，拆去冷凝管，将烧瓶用空心塞塞住[1]，趁热用力振摇，即得细粒状钠珠。将二甲苯倒出，回收。

迅速放入 25 mL 乙酸乙酯，重新装上带有氯化钙干燥管的回流冷凝管，反应立即开始。缓缓加热保持微沸，回流 1.5 h 左右至钠珠基本消失，得橘红色溶液，有时析出黄白色沉淀（均为烯醇盐）。稍冷后加 50%乙酸，至反应液呈弱酸性[2]。反应液转入分液漏斗，加等体积饱和氯化钠溶液洗涤，振摇，静置。分出乙酰乙酸乙酯层，用无水硫酸钠干燥。先常压蒸去乙酸乙酯，剩余物移至 25 mL 单口烧瓶中，减压蒸馏[3]，收集 100 ℃/10.66 kPa，88 ℃/4 kPa，78 ℃/2.4 kPa 的馏分。称量，计算产率。

【光谱数据】

IR　ν_{max}（液膜）/cm^{-1}：2985，2878，1746，1731，1719，1467，1448，1413，1391，1368，1319，1326，1163。

^1H NMR　δ_H（CCl_3）：1.29（t，3H，CH_2CH_3），2.27（s，3H，CH_3CO），3.45（s，2H，$COCH_2CO_2$），4.02（q，2H，CH_2CH_3）。

【注释】

［1］　振摇时可用布手套或干布裹住瓶颈。由于二甲苯温度逐渐下降，蒸气压随之降低，因此要不时开启瓶塞，或在瓶口夹一纸条，否则塞子难以打开。

［2］　酸化时，开始有固体乙酰乙酸乙酯钠盐析出，可加入少量水溶解，但不要加入过量的乙酸，否则会因乙酰乙酸乙酯的溶解度增加而降低产量。

［3］　乙酰乙酸乙酯在常压蒸馏时易分解，产生“去水乙酸”。

【思考题】

1. 为什么使用二甲苯作溶剂，而不用苯、甲苯？
2. 为什么要做钠珠？
3. 加入饱和食盐水的目的是什么？
4. 中和过程开始析出的少量固体是什么？
5. 乙酰乙酸乙酯沸点并不高，为什么要用减压蒸馏进行纯化？

（宋修艳）

实验 51　香豆素的制备

【实验目的】

1. 认识和掌握苯并吡喃酮类香料的合成；
2. 进一步熟悉佩金反应及其应用。

【实验原理】

香豆素（coumarin）最初发现于黑香豆中并因此而得名，具有甘草香气和巧克力气息，常用于各种香精的配制，也可用于糕点或糖果的调味。香豆素可以看做是顺式邻羟基肉桂酸的内酯，通常是以水杨醛和乙酸酐为原料，在弱碱下经佩金反应，酯化及环化脱水而制备。

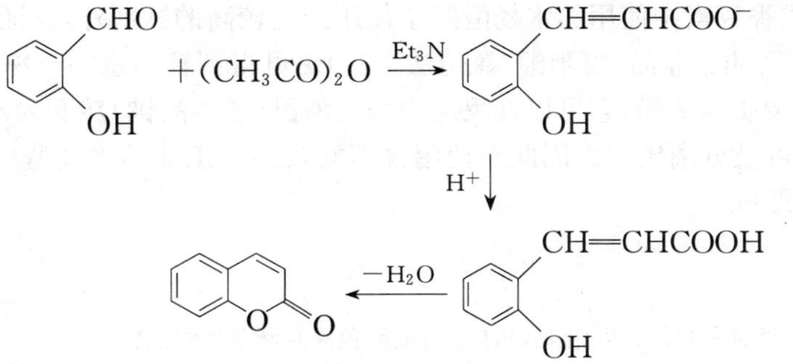

【试剂与规格】

水杨醛 C. P.；乙酸酐 C. P.；三乙胺 C. P.；碳酸氢钠 C. P.；1%三氯化铁溶液；2%盐酸溶液。

【物理常数】

水杨醛（邻羟基苯甲醛，salicylaldehyde，*o*-hydroxybenzaldehyde）：相对分子质量 122.13，沸点 197 ℃，无色或深红色油状液体，具有苦杏仁气味，微溶于水，溶于乙醇、乙醚和苯等有机溶剂。能与水蒸气一同挥发，是一种香料和用途广泛的有机中间体。

香豆素（苯并吡喃酮，coumarin，1，2-benzopyrone）：相对分子质量 146，熔点 69～71 ℃，沸点 290～301 ℃。无色片状或粉状结晶，带有甘草香味。微溶于水，易溶于乙醇、乙醚、氯仿和氢氧化钠溶液。本品有毒，是一种香料和药物中间体。

【实验步骤】

在装有氯化钙干燥管的回流冷凝管的 50 mL 圆底烧瓶中，依次加入 1.9 mL 水杨醛[1]、2 mL 三乙胺和 5 mL 乙酸酐，放入沸石后加热回流 2 h。回流结束后，趁热将反应混合物转移至盛有 20 mL 水的 250 mL 三口烧瓶中，用热水冲洗反应瓶两次，每次 5 mL，洗涤液一并倒入三口烧瓶中进行水蒸气蒸馏，除去未反应的水杨醛。蒸馏至馏出液清亮时，再蒸馏一段时间。馏出液用 1%三氯化铁溶液检验至无显色反应，停止蒸馏。

水蒸气蒸馏结束后，待蒸馏烧瓶中剩余物稍冷，在充分搅拌下，小心加入（分批，少量）碳酸氢钠粉末至溶液呈碱性（pH＝7～8），将烧瓶置于冰浴中使晶体析出。过滤，冷水洗涤，得粗产物。用 95%乙醇重结晶并以活性炭脱色，得香豆素纯品。称量，计算产率。

【光谱数据】

IR　ν_{max}（KBr 压片）/cm^{-1}：1729，1671，1415，1285，937。

^{1}H NMR　δ_H（CCl_3）：6.422～7.727（m，6H，Ar—H）。

【注释】

［1］ 合成香豆素中使用的水杨醛除了使用纯度较高的试剂外，已证明在工业生产中使用纯度为60％的工业品（以苯酚、氯仿法生产）仍可得到较满意的产率。因为工业品水杨醛中的主要杂质为苯酚，它可以在反应中与乙酸酐（或乙酸钠）转变为乙酸苯酯，后者在香豆素蒸馏时可被分离出去。因此在使用含苯酚较多的工业品水杨醛时，只要适当增加乙酸酐的用量即可。

【思考题】

1. 在水蒸气蒸馏中为什么可用1％$FeCl_3$溶液颜色来判断蒸馏终点？
2. 为什么本实验中可采用水蒸气蒸馏来除去未反应完全的水杨醛？
3. 查阅文献，说明还有哪些催化剂可应用于佩金反应。

（宋修艳）

实验52　己二酸的制备

【实验目的】

1. 了解用环己醇氧化制备己二酸（adipic acid）的基本原理和方法；
2. 巩固浓缩、过滤、重结晶等基本操作。

【实验原理】

己二酸是合成尼龙-66的主要原料之一，可由硝酸或高锰酸钾氧化环己醇制得，也可使用对环境污染较小的过氧化氢为氧化剂。

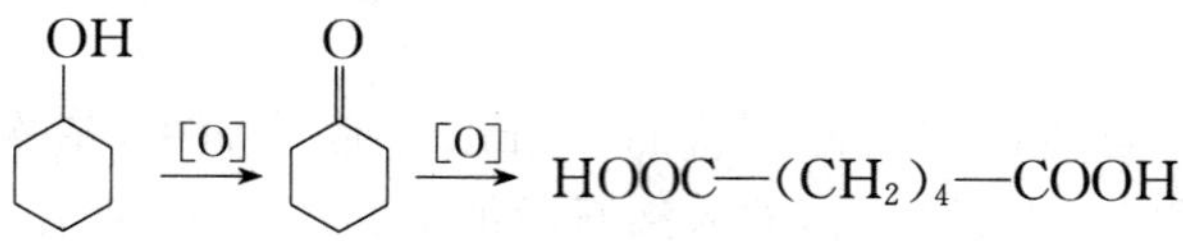

【试剂与规格】

环己醇 C. P.；硝酸 C. P.；双氧水；钨酸钠 C. P.；硫酸氢钾。

【物理常数】

环己醇（cyclohexanol）：相对分子质量100.16，熔点25.15 ℃，沸点161.10 ℃。无色透明油状液体，凝固时呈白色结晶。能与乙醇、乙醚、丙酮、氯仿、苯混溶，溶于水，有吸湿性。能与水组成共沸物，共沸点97.8 ℃（含水80％）。本品易燃且黏性较大。

钨酸钠（sodium tungstate）：相对分子质量293.82，熔点692 ℃，d_4^{20} 3.245。$Na_2WO_4 \cdot 2H_2O$为无色结晶或无色白色结晶性粉末。在干燥空气中风化，100 ℃易失去结晶水。能溶于水，不溶于醇，其水溶液呈弱碱性，pH为8～9。

己二酸（adipic acid）：相对分子质量146.14，熔点153 ℃，沸点265 ℃。无色结晶，微溶于乙醚，易溶于乙醇。

【实验步骤】

方法一：硝酸氧化法

本实验必须在通风橱内进行。做实验必须严格地遵照规定的反应条件。

在 50 mL 圆底烧瓶中放一支温度计，其水银球要尽量接近瓶底。用有直沟的单孔软木塞将温度计夹在铁架上。在烧瓶中加 5 mL 水，再加 5 mL 硝酸。将溶液混合均匀，水浴加热到 80 ℃，然后滴加 2 滴环己醇[1]。反应立即开始，温度随即上升到 85～90 ℃。小心地逐渐滴加[2] 2.1 mL 环己醇[3]，一定要使温度维持在这个范围内，必要时往水浴中添加冷水。当环己醇全部加入而且溶液温度降低到 80 ℃以下时，将混合物在 85～90 ℃下加热 2～3 min。

冰浴冷却，将析出的晶体进行抽滤。用滤液洗出烧瓶中剩余的晶体。用 3 mL 冰水洗涤己二酸晶体，抽滤。晶体再用 3 mL 冰水洗涤一次，再抽滤。取出产物，晾干，约 1.4 g。

方法二：过氧化氢氧化法

在 100 mL 三口烧瓶中依次加入 0.5 g 钨酸钠、0.4 g 硫酸氢钾[4]，10 mL(9.8 g，0.1 mol)环己酮，最后加 40 mL 30%过氧化氢溶液。室温下搅拌 20 min 后，边搅拌边慢慢加热至 90～95 ℃，在此温度下搅拌反应 4 h[5]。反应完毕，趁热将反应物倒入 250 mL 烧杯中。加酸，酸化至 pH 为 1～2，冷却。若固体析出不多，可将溶液加热浓缩至 30 mL 左右[6]。待固体析出完全后，抽滤，用少量冰水洗涤，再抽干。烘干后称量，计算产率。

【注释】

[1]　在量取环己醇时不可使用量过硝酸的量筒，因为二者激烈反应，容易发生意外。

[2]　本反应强烈放热，环己醇切不可一次加入过多，否则反应太剧烈，可能引起爆炸。

[3]　环己醇在较低温度下为针状晶体，熔化时为黏稠液体，不易倒净。因此量取后可用少量水荡洗量筒，一并加入滴液漏斗中，这样既可减少器壁黏附损失，也因少量水的存在而降低环己醇的熔点，避免在滴加过程中结晶堵塞滴管。

[4]　在实验中，加入硫酸氢钾用于调节 pH，使反应呈酸性，pH 在 2～3 时，过氧化氢稳定。

[5]　由于过氧化氢在较高温度时易分解，故先室温下搅拌 20 min，再在 90～95 ℃反应 4 h。

[6]　常温下己二酸在水中溶解度不大。

【思考题】

1. 制备己二酸时，为什么必须严格控制滴加环己醇的速度和反应的温度？
2. 本实验为什么必须在通风橱中进行？

3. 方法二中反应为什么在室温下搅拌反应 20 min 后再慢慢升温至 95 ℃左右？

（宋修艳）

实验 53　乙酰苯胺的制备

【实验目的】

1. 掌握苯胺乙酰化反应的原理和实验操作；
2. 进一步熟悉固体有机物提纯的方法——重结晶；
3. 掌握氨基的保护方法。

【实验原理】

乙酰苯胺(acetanilide)为无色晶体，有退热止痛作用，是较早使用的解热镇痛药，有"退热冰"之称。乙酰苯胺可以通过苯胺与乙酰化试剂如乙酰氯、乙酸酐或冰醋酸作用来制备。乙酰氯、乙酸酐与苯胺反应过于剧烈，不宜在实验室内使用，而冰醋酸与苯胺反应比较平稳，容易控制，且价格也最为便宜，故本实验采用冰醋酸作酰基化试剂。反应式为

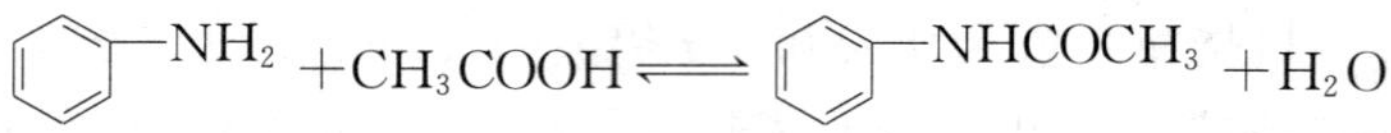

该反应是可逆的，在实际操作中，一般加入过量的乙酸，同时采用分馏柱除去生成的水来提高产率。为防止苯胺氧化，需加少量锌粉。

芳胺的乙酰化在有机合成中有着重要的作用，如保护氨基。伯胺和仲胺在合成中通常被转化为它们的乙酰化衍生物，以降低芳胺对氧化剂的敏感性或避免与其他功能基或试剂(如 RCOCl、—SO_2Cl、HNO_2 等)之间发生不必要的反应。同时，氨基经酰化后，降低了氨基在亲电取代(特别是卤化)中的活化能力，使其由很强的第Ⅰ类定位基变为中等强度的第Ⅱ类定位基，使反应由多元取代变为有用的一元取代；由于乙酰基的空间效应，对位取代产物的比例提高。在合成的最后步骤，氨基很容易通过酰胺在酸碱催化下水解被游离出来。

【试剂与规格】

苯胺 C. P.；冰醋酸 C. P.；锌粉 C. P.。

【物理常数】

苯胺(aniline)：相对分子质量 93.13，熔点 −6.3 ℃，沸点 184.4 ℃。无色或淡黄色透明油状液体，有特殊气味。暴露在空气中或见光会逐渐变成棕色，能随水蒸气挥发，能与醇、醚、苯、硝基苯及其他多种有机溶剂混溶。苯胺在水中的溶解度为 3.5%(25 ℃)、3.7%(30 ℃)。苯胺是重要的有机化工原料，以它为原料生产的重要有机化工产品达 300 多种，在涂料、橡胶、染料、医药工业有广泛的用途。

乙酰苯胺(acetanilide)：相对分子质量 135.17，熔点 114 ℃。微溶于冷水，易溶于乙醇、乙醚及热水。本品具有刺激性，应避免皮肤接触或由呼吸和消化系统进入体内。

【实验步骤】

向 50 mL 圆底烧瓶中加入 5 mL 新蒸馏的苯胺[1]和 7.5 mL 冰醋酸，以及少许锌粉(0.1 g)[2]，依次安装韦氏分馏柱[3]、蒸馏头、温度计套管及温度计、尾接管和接收瓶。接收瓶外部用冷水冷却效果更好。

缓慢加热，控制温度使反应物保持微沸约 15 min，升温至 105 ℃左右[4]，控温加热反应 1.5 h，将反应中生成的水和部分乙酸蒸出。温度下降时，说明反应已经终止，停止加热。

趁热将反应物倒入盛有 100 mL 水的烧杯中，用玻璃棒充分搅拌，冷却至室温，以使乙酰苯胺完全析出。所得结晶用布氏漏斗抽滤，再以 10 mL 水洗涤，以除去残留的酸液。

粗产物用水重结晶，干燥后称量，计算产率。

【图谱】

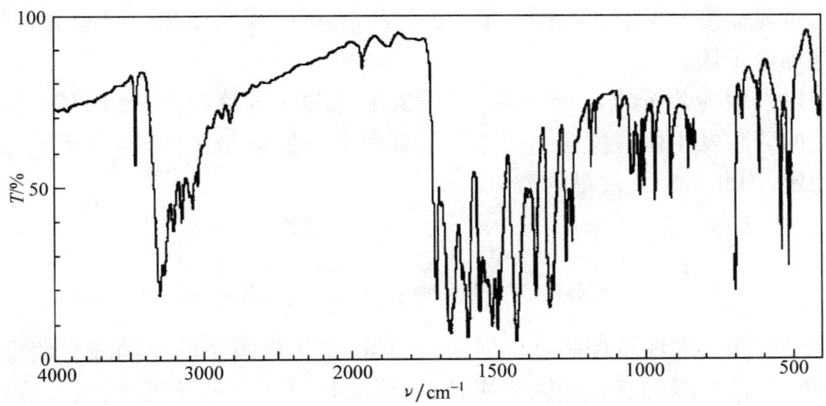

图 4-25　乙酰苯胺的红外光谱图

【注释】

[1]　苯胺有毒，必须在通风柜中取用，避免粘在皮肤上。

[2]　苯胺易被氧化，应加少量锌粉防止在反应过程中氧化，生成有色杂质。

[3]　用分馏柱除去生成的少量水(含少量乙酸)。

[4]　维持温度在 100～110 ℃，温度不可过高，防止乙酸未反应被大量蒸出。

【思考题】

1. 本实验采用哪些措施来提高乙酰苯胺的产率?
2. 反应时，为什么要控制分馏柱上端的温度在 105 ℃左右? 温度过高会有什么不好?

（宋修艳）

4.9　重氮盐及其反应

芳香族伯胺在强酸性介质中与亚硝酸作用生成重氮盐的反应，称为重氮化反应。这是芳香伯胺特有的性质，生成的化合物 ArN_2X 称为重氮盐（diazonium salt）。与脂肪族重氮盐不同，芳基重氮盐中，重氮基上的 π 电子云可以同苯环上的 π 电子云重叠共轭，稳定性增加。因此，芳基重氮盐可在冰浴温度下制备和进行反应，作为中间体用来合成多种有机化合物，被称为芳香族的“格氏试剂”，无论在工业上或实验室制备中都具有重要应用。

通常重氮盐的制备方法是将芳胺溶解或悬浮于过量稀酸中（酸的量约为芳胺的 2.5 倍），冷至 0～5 ℃，加入与芳胺等量的亚硝酸钠水溶液。通常反应进行迅速，重氮盐产率几乎定量。由于大多数重氮盐不稳定，室温即分解放出氮气，故必须严格控制反应温度。当氨基邻或对位有强吸电子基如硝基或磺酸基时，其重氮盐比较稳定，反应温度可以稍高。制成的重氮盐溶液不宜长时间存放，也不需分离，应现制现用。只有硼氟酸盐例外，可以分离并加以干燥。

酸的用量一般为芳胺的 2.5～3 倍，过量的酸是为了维持溶液一定的酸度，防止重氮盐与未反应的芳胺发生偶联反应。但邻氨基苯甲酸重氮盐是个例外，由于重氮化生成的内盐比较稳定，因此不需要过量的酸。

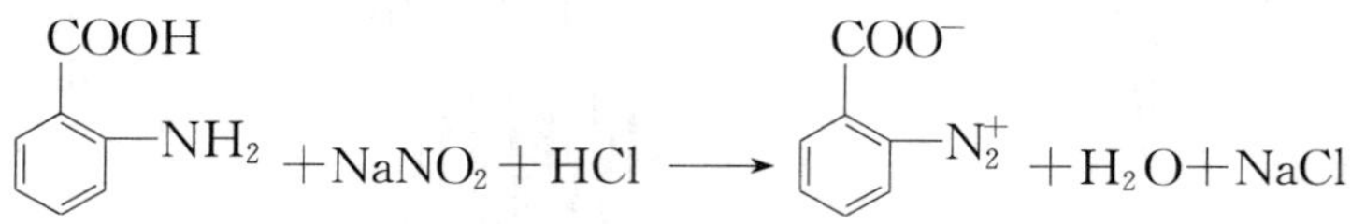

重氮化反应还必须注意控制亚硝酸钠的用量，若生成多余的亚硝酸会使重氮盐氧化而降低产率。因此在滴加亚硝酸钠溶液时，必须及时用碘化钾-淀粉试纸检验，至刚好变蓝为止。

重氮盐的用途很广，其反应可分为两类：一类是用适当的试剂处理，重氮基被—H、—OH、—F、—Cl、—Br、—CN、—NO_2 及—SH 等基团取代，制备相应的芳香族化合物；另一类是保留氮的反应，即重氮盐与相应的芳香胺或酚类起偶联反应，生成偶氮染料。甲基橙与甲基红就是通过偶联反应来制备的。

实验 54　对氯甲苯的制备

【实验目的】

1. 了解氯化亚铜的制备方法；
2. 熟悉重氮盐溶液的制备；
3. 了解桑德迈尔（Sandmeyer）反应在合成中的应用。

【实验原理】

重氮盐在合成中的重要应用之一是桑德迈尔反应。Sandmeyer 发现亚铜盐对芳基重氮盐的分解有催化作用。重氮盐溶液在氯化亚铜、溴化亚铜和氰化亚铜存在下，重氮基可以被氯、溴原子和氰基取代，生成芳香族氯化物、溴化物和芳腈。反应可能是一种自由基过程，亚铜盐的作用是传递电子。

$$CuCl + Cl^- \longrightarrow CuCl_2^-$$

$$ArN_2^+ + CuCl_2^- \longrightarrow Ar^\cdot + N_2 + CuCl_2^\cdot$$

$$Ar^\cdot + CuCl_2^\cdot \longrightarrow ArCl + CuCl$$

该反应的关键在于重氮盐与氯化亚铜是否能形成良好的复合物。实验中，重氮盐与氯化亚铜以等物质的量混合。由于氯化亚铜在空气中易被氧化，因此以新鲜制备为宜。在操作上是将冷的重氮盐溶液慢慢加入较低温度的氯化亚铜溶液中。制备芳腈时，反应需在中性条件下进行，以免氢氰酸逸出。

$$2CuSO_4 + 2NaCl + 2NaOH + NaHSO_3 \longrightarrow 2CuCl\downarrow + NaHSO_4 + 2Na_2SO_4 + H_2O$$

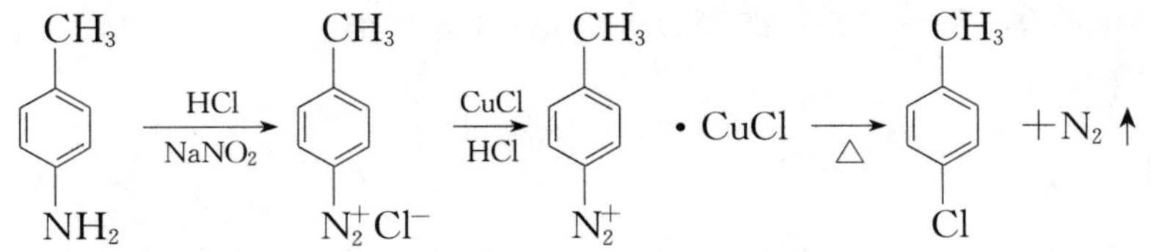

【试剂与规格】

对甲苯胺 C. P.；亚硝酸钠 C. P.；结晶硫酸铜($CuSO_4 \cdot 5H_2O$)C. P.；亚硫酸氢钠 C. P.；氯化钠 C. P.；氢氧化钠 C. P.；盐酸 C. P.；石油醚(60～90 ℃)C. P.；淀粉-碘化钾试纸；无水氯化钙 C. P.；10%氢氧化钠溶液。

【物理常数】

对甲苯胺：纯品为无色片状结晶，熔点 44.5 ℃，沸点 200.4 ℃，微溶于水，易溶于乙醇、乙醚、苯、盐酸。

对氯甲苯(*p*-chlorotoluene)：沸点 162 ℃，n_D^{20} 1.5150。

【实验步骤】

1. 氯化亚铜的制备

在 125 mL 圆底烧瓶中放置 10 g 结晶硫酸铜($CuSO_4 \cdot 5H_2O$)、3 g 精盐及 35 mL 水，加热使固体溶解。趁热(60～70 ℃)[1]在振摇下加入由 2.5 g 亚硫酸氢钠[2]与 1.5 g 氢氧化钠及 15 mL 水配成的溶液。溶液由原来的蓝绿色变为浅绿色或无色，并析出白色粉状固体。将烧瓶置于冷水浴中冷却，然后倾去上层溶液，再用水洗涤两次，得到白色粉末状的氯化亚铜。倒入 20 mL 冷的浓盐酸，使沉淀溶解，塞紧瓶塞，置冰水浴中冷却备用[3]。

2. 重氮盐溶液的制备

在烧杯中放置 10 mL 浓盐酸、10 mL 水及 3.6 g 对甲苯胺，加热使对甲苯胺溶解。稍冷后，置冰盐浴中并不断搅拌使成糊状，控制在 5 ℃以下。再在搅拌下，由滴液漏斗加入

2.6 g 亚硝酸钠溶于 7 mL 水的溶液，控制滴加速度，使温度始终保持在 5 ℃以下[4]。必要时可在反应液中加一小块冰，防止温度上升。当 80%～90%的亚硝酸钠溶液加入后，反应接近终点。此时，每滴加一滴亚硝酸钠溶液，需搅拌 1～2 min，然后用淀粉-碘化钾试纸上检验。若立即出现深蓝色，表示亚硝酸钠已适量，不必再加。

3. 对氯甲苯的制备

把制好的对甲苯胺重氮盐溶液，慢慢倒入冷的氯化亚铜盐酸溶液中，边加边振摇烧瓶，不久析出重氮盐-氯化亚铜橙红色复合物，加完后，在室温下放置 20 min。然后慢慢加热到 50～60 ℃[5]，分解复合物，直至不再有氮气逸出。将反应液进行水蒸气蒸馏，分出有机层，水层用 10 mL 石油醚(沸程 60～90 ℃)萃取 2 次，萃取液与有机层合并，依次用 10%氢氧化钠溶液、水、浓硫酸、水各 10 mL 洗涤。有机层经无水氯化钙干燥后先蒸去石油醚，然后蒸馏收集 158～162 ℃的馏分。称量，计算产率。

本实验需 6～8 h。

【光谱数据】

IR ν_{max}(液膜)/cm^{-1}：3050，2950，1600，1580，1500，1450，1380，820。

【注释】

［1］ 在此温度下得到的氯化亚铜颗粒较粗，便于处理。温度较低则颗粒较细，难于洗涤。

［2］ 亚硫酸氢钠的纯度最好在 90%以上。如果纯度不高，按此比例配制时，还原不完全。而且由于碱性偏高，生成部分氢氧化亚铜，使沉淀成土黄色。此时可根据具体情况，加几滴盐酸，稍加振荡即可除去。

［3］ 氯化亚铜在空气中遇热或光易被氧化，重氮盐久置易被分解，因此，二者的制备应同时进行，且在较短的时间内进行混合。氯化亚铜用量较少会降低对氯甲苯产量(因为氯化亚铜与重氮盐的物质的量比是 1∶1)。

［4］ 如反应温度超过 5 ℃，则重氮盐会分解使产率降低。

［5］ 分解温度过高会产生副反应，生成部分焦油状物质。若时间许可，可将混合后生成的复合物在室温下放置过夜，然后再加热分解。在加热分解时，会有大量氮气逸出，应不断搅拌，以免反应液外溢。

【思考题】

1. 什么叫重氮化反应？它在有机合成中有何应用？
2. 为什么重氮化反应必须在低温下进行？如果温度过高会产生什么副反应？
3. 写出由邻甲苯胺制备下列化合物的反应式，并注明反应试剂和条件：

(1) 邻甲基苯甲酸；(2) 邻氟苯甲酸；(3) 邻碘甲苯；(4) 邻甲基苯肼。

(孙桂春)

实验 55　甲基橙的制备

【实验目的】

1. 通过甲基橙(methyl orange)的制备学习重氮化反应和偶联反应的实验操作；
2. 巩固盐析和重结晶的实验原理和操作。

【实验原理】

偶氮染料迄今为止仍然是普遍使用的重要染料之一。偶氮染料是指偶氮基(—N═N—)连接两个芳环形成的一类化合物。为了改善颜色和提高染色效果，偶氮染料必须含有成盐的基团如酚羟基、氨基、磺酸基和羟基等。

偶氮染料可通过重氮基与酚类或芳胺发生偶联反应来进行制备，反应速率受溶液 pH 影响较大。重氮盐与芳胺偶联时，在高 pH 介质中，重氮盐易变成重氮酸盐；而在低 pH 介质中，游离芳胺则容易转变为铵盐，二者都会降低反应物的浓度。

$$ArN_2^+ + H_2O \rightleftharpoons ArN{=}NOH + 2H^+$$

$$ArNH_2 + H^+ \rightleftharpoons ArNH_3^+$$

只有溶液的 pH 在某一范围内使两种反应物都有足够的浓度时，才能有效地发生偶联反应。芳胺的偶联反应，通常在中性或弱酸性介质(pH＝4～7)中进行，可通过加入缓冲剂乙酸钠来调节 pH。

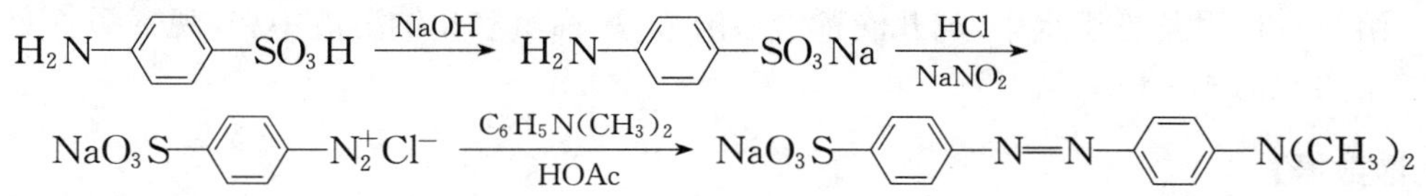

【试剂与规格】

对氨基苯磺酸晶体($4\text{-}NH_2—C_6H_4—SO_3H \cdot 2H_2O$)C. P.；亚硝酸钠 C. P.；*N*,*N*-二甲基苯胺 C. P.；盐酸 C. P.；氢氧化钠 C. P.；乙醇 C. P.；乙醚 C. P.；冰醋酸 C. P.；淀粉-碘化钾试纸。

【物理常数】

对氨基苯磺酸：白色至灰白色粉末，在空气中吸收水分后变为白色结晶体，带有一个分子的结晶水，温度达 100 ℃时即失去结晶水，熔点为 288 ℃，在 300 ℃时开始分解碳化，相对密度 1.485(25 ℃/4 ℃)，溶于沸水，微溶于冷水、乙醇、乙醚和苯，有明显的酸性，能溶于苛性钠溶液和碳酸钠溶液。

N,*N*-二甲基苯胺：黄色油状液体，d_4^{20} 0.96，蒸汽相对密度 4.17，熔点 2.5 ℃，沸点 193.1 ℃，不溶于水，溶于乙醇、乙醚、氯仿。

甲基橙：橙黄色鳞状晶体或粉末，熔点高于 300 ℃，微溶于水，易溶于热水，不溶于乙醇。

【实验步骤】

1. 重氮盐的制备

100 mL 烧杯中放入 10 mL 5%氢氧化钠溶液及 2.1 g 对氨基苯磺酸[1]晶体，温热使溶。另溶 0.8 g 亚硝酸钠于 6 mL 水中，加入上述烧杯内，用冰盐浴冷至 0～5 ℃。在不断搅拌下，将 3 mL 浓盐酸与 10 mL 水配成的溶液缓缓滴加到上述混合溶液中，并控制温度在 5 ℃以下。滴加完后用淀粉-碘化钾试纸检验[2]。然后在冰盐浴中放置 15 min，以保证反应完全[3]。

2. 甲基橙的制备

在试管内混合 1.2 g *N*,*N*-二甲基苯胺和 1 mL 冰醋酸，在不断搅拌下，将此溶液慢慢加到上述冷却的重氮盐溶液中。加完后，继续搅拌 10 min，然后慢慢加入 25 mL 5%氢氧化钠溶液，直至反应物变为橙色，这时反应液呈碱性，甲基橙粗品呈细粒状沉淀析出[4]。将反应物在沸水浴上加热 5 min，冷至室温后，再在冰水浴中冷却，使甲基橙晶体析出完全。抽滤收集结晶，依次用少量水、乙醇、乙醚洗涤[5]，压干。

若要得到较纯产品，可用溶有少量氢氧化钠(0.1～0.2 g)的沸水(每克粗产物约需 25 mL)进行重结晶[6]。待结晶析出完全后，抽滤收集，沉淀依次用少量乙醇、乙醚洗涤。得到橙色的小叶片状甲基橙结晶，产物约 2.5 g。

溶解少许甲基橙于水中，加几滴稀盐酸溶液，用稀氢氧化钠溶液中和，观察颜色变化。

本实验需 4～6 h。

【光谱数据】

IR　ν_{max}(液膜)/cm^{-1}：2890，1600，1520，1180，1120，1045，850，825，750，695。

【注释】

[1]　对氨基苯磺酸是两性化合物，酸性比碱性强，以酸性内盐存在，所以它能与碱作用成盐而不能与酸作用成盐。

[2]　若试纸不显蓝色，尚需补充亚硝酸钠溶液。

[3]　此时往往析出对氨基苯磺酸的重氮盐，这是因为重氮盐在水中可以电离，形成中性内盐($^{-}O_3S—C_6H_4—N_2^+$)，在低温时难溶于水而形成细小晶体析出。

[4]　若反应物中含有未作用的 *N*,*N*-二甲基苯胺乙酸盐，在加入氢氧化钠后，就会有难溶于水的 *N*,*N*-二甲基苯胺析出，影响产物的纯度。

[5]　用乙醇、乙醚洗涤的目的是使其迅速干燥。

[6]　重结晶操作应迅速，温度也不应过高，一般约在 60 ℃，否则由于产物呈碱性，在温度高时易使产物变质，颜色变深。

【思考题】

1. 为什么说溶液的 pH 是重氮盐与芳胺偶联反应的重要条件？

2. 在本实验中，制备重氮盐时为什么要把对氨基苯磺酸变成钠盐？本实验如改成下列操作步骤：先将对氨基苯磺酸与盐酸混合，再滴加亚硝酸钠溶液进行重氮化反应，可以吗？为什么？

3. 试解释甲基橙在酸碱介质中的变色原因，并用反应式表示。

（孙桂春）

4.10　杂环化合物的制备

实验 56　喹啉的制备

【实验目的】

1. 学习有关杂环化合物的性质和制备方法；
2. 掌握斯克洛浦反应的原理、特点和应用；
3. 学习杂环化合物的性质和结构表征的方法。

【实验原理】

合成喹啉(quinoline)及其衍生物的最重要方法是斯克洛浦反应，它是用芳胺与无水甘油、浓硫酸及弱氧化剂硝基化合物等一起加热而得。为避免反应过于剧烈，常加入少量硫酸亚铁作为氧载体。浓硫酸的作用是使甘油脱水成丙烯醛，并使芳胺与丙烯醛的加成产物成环、脱水生成 1,2-二氢喹啉。硝基化合物则将 1,2-二氢喹啉氧化成喹啉，本身被还原成芳胺，也可参与缩合反应。斯克洛浦反应中所用的硝基化合物要与芳胺的结构相对应，否则将导致产生混合产物。有时也可用碘作氧化剂，它可缩短反应周期并使反应平稳地进行。

喹啉形成的可能过程如下：

$$\underset{\text{OH}}{H_2C}-\underset{\text{OH}}{CH}-\underset{\text{OH}}{CH_2} \xrightarrow{H_2SO_4} H_2C=\overset{\text{H}}{C}-CHO + H_2O$$

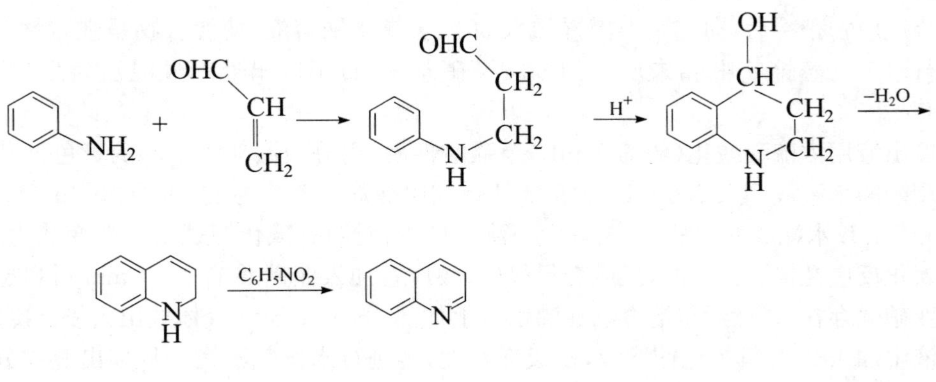

总反应式：

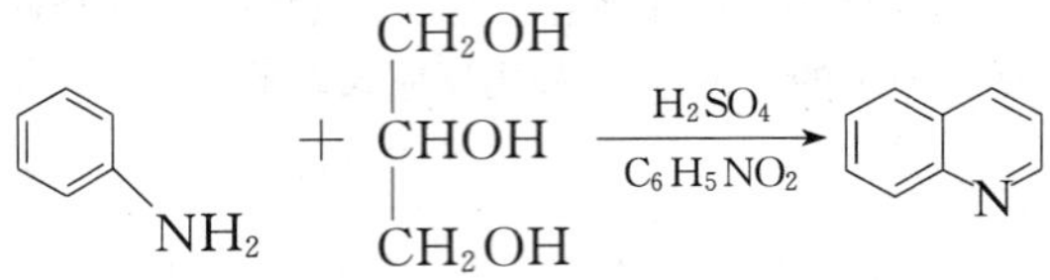

【试剂与规格】

苯胺 C. P.；无水甘油 C. P.；硝基苯 C. P.；硫酸亚铁 C. P.；浓硫酸 C. P.；亚硝酸钠 C. P.；淀粉-碘化钾试纸；乙醚 C. P.；氢氧化钠 C. P.。

【物理常数】

苯胺：无色油状液体，相对分子质量 93.13，熔点 −6.2 ℃，沸点 184.4 ℃，稍溶于水，与乙醇、乙醚、苯混溶。

硝基苯：无色至淡黄色油状液体，相对分子质量 123.11，熔点 5.7 ℃，沸点 210.9 ℃，n_D^{20} 1.5530，几乎不溶于水，与乙醇、乙醚或苯混溶。

甘油：无色无臭而有甜味的黏稠性液体，熔点 17.9 ℃，沸点 290 ℃（分解），可与水以任何比例混溶，能降低水的冰点，有极大的吸湿性，稍溶于乙醇和乙醚，不溶于氯仿。

喹啉：无色油状液体，遇光或在空气中变黄，有特殊气味，易燃，相对分子质量 129.16，沸点 238.05 ℃，n_D^{20} 1.6268，微溶于水，溶于乙醇、乙醚和氯仿，用于制药物、染料和试剂，并用于保护解剖标本等。

【实验步骤】

在 250 mL 圆底烧瓶中，加入 19 g 无水甘油[1]，再依次加入 2 g 研成粉末的硫酸亚铁、4.65 mL 苯胺及 3.35 mL 硝基苯，充分混合后在振摇下缓缓加入 9 mL 浓硫酸[2]。装上回流冷凝管，电热套小火加热。当溶液刚开始沸腾时，立即移去电热套[3]。待反应缓和后，再用小火加热，保持反应回流约 2 h。

待反应物稍冷后，向烧瓶中慢慢加入 30%氢氧化钠溶液，使混合物呈强碱性[4]。然后进行水蒸气蒸馏喹啉和未反应的苯胺及硝基苯，直至馏出液不显混浊为止（约收集 50 mL）。

馏出液用浓硫酸酸化（约需 5 mL）至强酸性后，用分液漏斗将不溶的黄色油状物分出。剩余的水溶液倒入 250 mL 烧杯，置于冰浴中冷却至 5 ℃左右，慢慢加入 1.5 g 亚硝酸钠和 5 mL 水配成的溶液，直至取出一滴反应液使淀粉-碘化钾试纸立即变蓝为止（由于重氮化反应在接近完成时，反应变得很慢，故应在加入亚硝酸钠 2～3 min 后再检验是否有亚硝酸存在）。然后将混合物在沸水浴上加热 15 min，至无气体放出为止。冷却后，向溶液中加入 30%氢氧化钠溶液，使成强碱性，再进行水蒸气蒸馏。从馏出液中分出油层，水层每次用 15 mL 乙醚萃取两次。合并油层及乙醚萃取液用固体氢氧化钠干燥后，先蒸去乙醚，再改用空气冷凝管蒸出喹啉[5]，收集 234～238 ℃馏分，产量 4～5 g，计算产率[6]。

本实验约需 8 h。

【图谱】

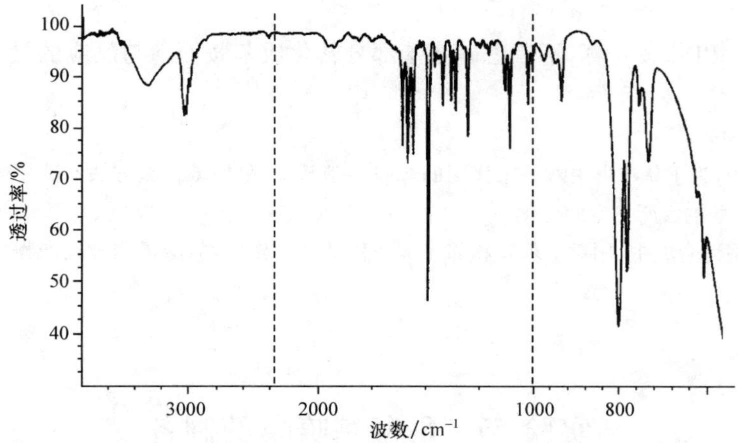

图 4-26　喹啉的红外光谱图

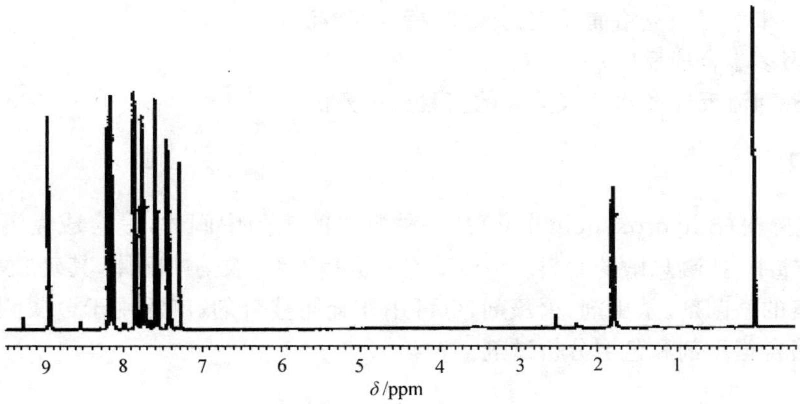

图 4-27　喹啉的核磁共振氢谱图

【注释】

［1］　所用甘油的含水量不应超过 0.5%(d_4^{20} 1.26)。如果甘油中含水量较大时，喹啉的产率下降。可将普通甘油在通风橱内置于瓷蒸发皿中加热至 180 ℃，然后冷至 100 ℃左右，放入盛有浓硫酸的干燥器中备用。

［2］　试剂必须按所述次序加入，若浓硫酸先于硫酸亚铁加入，则反应往往很剧烈，不易控制。

［3］　此系放热反应，溶液呈微沸，表示反应已经开始。如继续加热，则反应过于激烈，会使溶液冲出容器。如反应太剧烈，可用湿布敷于烧瓶上冷却。

［4］　每次碱化或酸化时，都必须将溶液稍加冷却，用试纸检验至明显的强碱或强酸性。

［5］ 最好在减压下蒸馏，收集 110～114 ℃/1.87 kPa(14 mmHg)，118～120 ℃/2.67 kPa(20 mmHg)或 130～132 ℃/5.33 kPa(40 mmHg) 的馏分，可以得到无色透明产品。

［6］ 产率以苯胺计算，不考虑硝基苯部分转化成苯胺而参与反应的量。

【思考题】

1. 本实验中，为了从喹啉中除去未作用的苯胺和硝基苯，采用了什么方法？试简述之。并用反应式表示加入亚硝酸钠后所发生的变化。

2. 在斯克洛浦合成中，用对甲苯胺和邻甲苯胺代替苯胺作原料，应得到什么产物？硝基化合物应如何选择？

（温永红）

实验 57　8-羟基喹啉的制备

【实验目的】

1. 进一步学习斯克洛浦反应的原理、特点和方法；
2. 练习多步合成反应；
3. 掌握回流反应及水蒸气蒸馏的实验操作方法。

【实验原理】

8-羟基喹啉(8-hydroxyquinoline)是一种重要的医药中间体，是合成克泻痢宁、氯碘喹啉、双碘喹啉、扑喘息敏的原料。8-羟基喹啉也是染料、农药中间体，其硫酸盐和铜盐配合物是优良的杀菌剂、杀虫剂、灭藻剂，也可用作金属螯合剂，广泛用于金属测定和分离，还可用作络合指示剂和色层分析试剂。

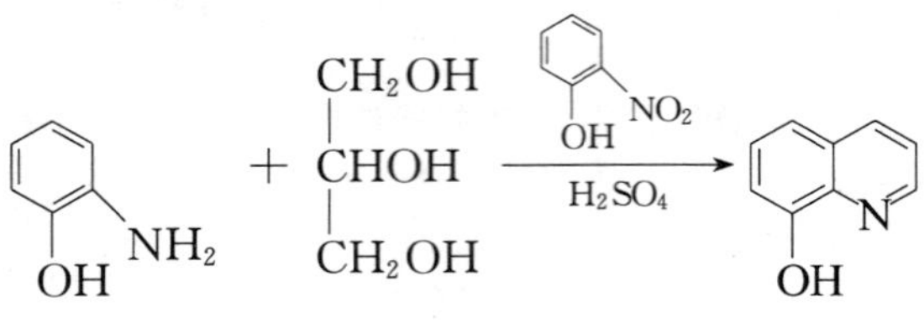

【试剂与规格】

无水甘油 C. P.；邻氨基苯酚 C. P.；邻硝基苯酚 C. P.；浓硫酸 C. P.；氢氧化钠 C. P.；乙醇 C. P.。

【物理常数】

邻硝基苯酚：淡黄色晶体，相对分子质量 139.11，熔点 44～45 ℃，沸点 214～216 ℃(分解)，微溶于冷水，易溶于乙醇、乙醚和苯，极易溶于热水，并易溶于苛性碱和碱金属的碳酸盐溶液而呈黄色。

邻氨基苯酚：白色针状晶体，久置时转变成棕色或黑色，相对分子质量 109.13，熔点 174 ℃，沸点 153 ℃(1.47 kPa)，溶于水、乙醇和乙醚，微溶于苯，用于制备硫化染料和偶氮染料，也用作毛皮染料。

8-羟基喹啉：白色或淡黄色晶体或结晶性粉末，熔点为 75～76 ℃，沸点267 ℃，不溶于水，溶于乙醇和稀酸，广泛用于金属的测定和分离。

【实验步骤】

在 100 mL 圆底烧瓶中称取 9.5 g 无水甘油[1]，并加入 1.8 g 邻硝基苯酚和 2.8 g 邻氨基苯酚，混合均匀。然后缓缓加入 9 mL 浓硫酸[2]，装上回流冷凝管，用小火加热。当溶液微沸时，立即移去热源[3]。反应大量放热，待反应缓和后，继续加热，保持反应物微沸 1.5～2 h。稍冷后，进行水蒸气蒸馏，除去未反应的邻硝基苯酚。瓶内液体冷却后，加入 6.0 g 氢氧化钠溶于 6 mL 水的溶液。再小心滴入饱和碳酸钠溶液，使呈中性[4]。再进行水蒸气蒸馏，蒸出 8-羟基喹啉(收集馏出液 200～250 mL)[5]。馏出液充分冷却后，抽滤收集析出物，洗涤干燥后得粗产物 5 g 左右。粗产物用 4∶1(体积比)的乙醇-水混合溶剂重结晶，得 8-羟基喹啉纯品 2～2.5 g，计算产率[6]。

取 0.5 g 上述产物进行升华操作，可得针状结晶。

本实验需 6～8 h。

【图谱】

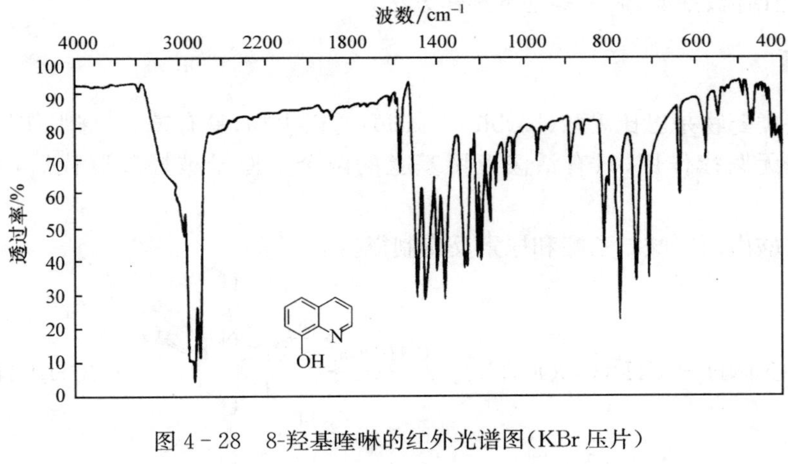

图 4-28　8-羟基喹啉的红外光谱图(KBr 压片)

【注释】

[1]　所用甘油的含水量不应超过 0.5%(d_4^{20} 1.26)。如果甘油中含水量较大时，喹啉的产量不好。可将普通甘油在通风橱内置于瓷蒸发皿中加热至 180 ℃，然后冷至 100 ℃左右，放入盛有浓硫酸的干燥器中备用。

[2]　试剂必须按所述次序加入，如果浓硫酸先加入，反应往往很剧烈，不易控制。

[3]　此系放热反应，溶液呈微沸，表示反应已经开始。如继续加热，则反应过于激

烈，会使溶液冲出容器。

［4］ 8-羟基喹啉既溶于酸又溶于碱而成盐，成盐后不被水蒸气蒸馏蒸出，故必须小心中和，控制 pH 在 7～8。中和恰当时，瓶内析出沉淀最多。

［5］ 为确保产物蒸出，在水蒸气蒸馏后，对残液 pH 再进行一次检查，必要时再次水蒸气蒸馏。

［6］ 产率以邻氨基苯酚计算，不考虑邻硝基苯酚部分转化后参与反应的量。

【思考题】

1. 为什么第一次水蒸气蒸馏在酸性下进行，而第二次又要在中性下进行？
2. 为什么在第二次水蒸气蒸馏前，一定要很好地控制 pH 范围？碱性过强时有何不利？若发现碱性过强，应如何补救？
3. 具有什么条件的固体有机化合物能用升华法进行提纯？
4. 如果在斯克洛浦合成中用 β-萘胺或邻苯二胺为原料与甘油反应，应得到什么产物？

（温永红）

实验 58 巴比妥酸的制备

【实验目的】

1. 学习丙二酸二乙酯和尿素在碱催化下的缩合成环反应；
2. 掌握回流、抽滤、烘干等基本操作方法。

【实验原理】

巴比妥类药物是巴比妥酸(barbituric acid)的衍生物，具有镇静、催眠作用。但是，巴比妥酸本身无医疗作用，只有活泼亚甲基上的两个氢原子被烃基取代后，才呈现药理活性。

巴比妥酸由丙二酸二乙酯和尿素反应制得。

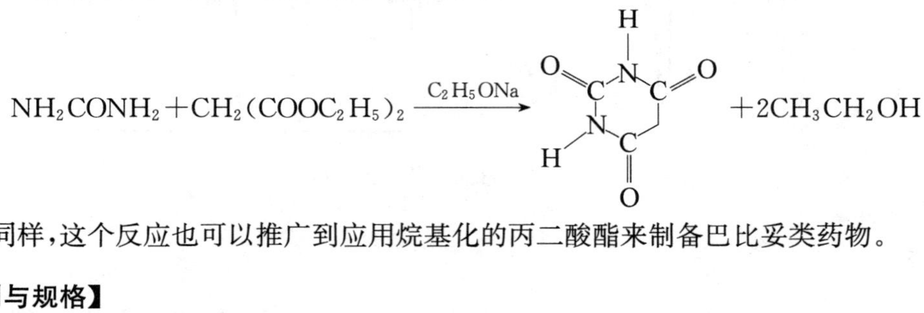

同样，这个反应也可以推广到应用烷基化的丙二酸酯来制备巴比妥类药物。

【试剂与规格】

金属钠 C. P.；无水乙醇 C. P.；丙二酸二乙酯 C. P.；尿素(干燥)C. P.；浓盐酸 C. P.。

【物理常数】

丙二酸二乙酯(diethyl malonate)：无色香味液体，相对分子质量 160，熔点 −48.9 ℃，沸点198.8 ℃，n_D^{20} 1.4150，d_4^{20} 1.0550，不溶于水，易溶于乙醇、乙醚、氯仿和苯。重要的有机合成中间体，应用于医药、农药、染料和香料等的合成。

尿素(urea)：白色结晶固体，相对分子质量 60.06，熔点 132 ℃，能溶于水及乙醇，不溶于乙醚。用途广泛，是高效固体氮肥，可制备脲醛树脂、黏合剂，也是重要的有机合成原料。

巴比妥酸(barbituric acid)：白色或粉红色结晶体或结晶性粉末，相对分子质量 128，熔点 248 ℃(部分分解)，沸点 260 ℃(分解)。在空气中易风化，易溶于热水、稀酸，能溶于乙醚，难溶于冷水、乙醇。主要作为医药合成中间体，用于苯巴比妥、维生素 B_{12} 等药物的制备，也是生产聚合物催化剂及染料等的原料。

【实验步骤】

在装有回流冷凝管(上口加氯化钙干燥管)的干燥的 100 mL 圆底烧瓶中，加入25 mL 无水乙醇[1]及 1.2 g(0.05 mol) 洁净的金属钠片。待所有金属钠完全反应[2]后，加入 8 g (7.6 mL，0.05 mol) 丙二酸二乙酯及预先配好的尿素-乙醇溶液(3 g 干燥的尿素溶于 25 mL约 70 ℃的无水乙醇中)。加热[3]，回流反应混合物 2～3 h，白色巴比妥酸钠沉淀析出。冷却，过滤，把钠盐溶于 50 mL 热水(50 ℃)，在搅拌下，用足够的浓盐酸(约 4.5 mL)酸化。趁热过滤，滤液在冰水中冷却后，抽滤，得二水合巴比妥酸结晶。用 10 mL 冷水洗涤，抽干。将结晶置于表面皿上，在 110 ℃下干燥 2 h，即脱去结晶水，得巴比妥酸 4～5 g，计算产率。

本实验需 6～8 h。

【图谱】

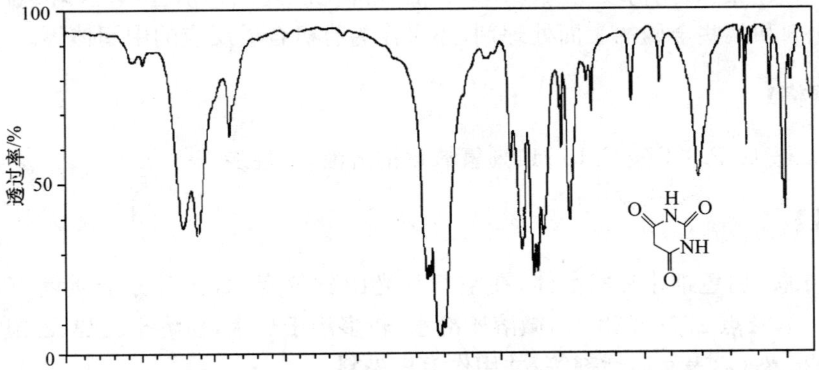

图 4-29　巴比妥酸的红外光谱图

【注释】

[1]　无水乙醇应是金属钠处理过的，即用适量金属钠完全溶解于无水乙醇后，再将

乙醇蒸出。

［2］ 反应一定不可过热。

［3］ 回流速度不可过快，保持微沸状态。

【思考题】

1. 利用丙二酸二乙酯合成下列化合物：己酸、异戊酸、己二酸、环丙烷甲酸。
2. 选择适当试剂合成 2,5-二羰基哌嗪。

（温永红）

实验 59 苯并咪唑的制备

【实验目的】

1. 学习邻苯二胺与羧酸反应生成苯并咪唑（benzoimidazole）的反应原理及方法；
2. 进一步掌握重结晶的实验操作方法。

【实验原理】

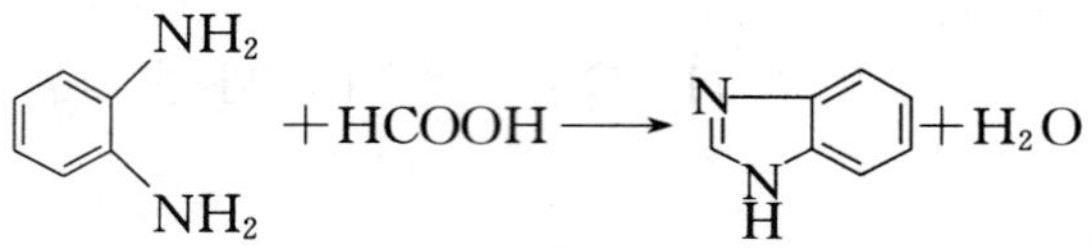

苯并咪唑类化合物具有广泛的生物活性，如抗癌、抗真菌、消炎、治疗低血糖和生理紊乱、合成维生素 B_{12} 等药物和制备高分子化合物等，在药物化学中具有非常重要的意义；并可用于模拟天然超氧化物歧化酶（SOD）的活性部位研究生物活性，以及环氧树脂新型固化剂、催化剂和某些金属的表面处理剂，还可作为有机合成反应的中间体等。

【试剂与规格】

邻苯二胺 C. P.；甲酸 C. P.；10%氢氧化钠溶液；活性炭。

【物理常数】

邻苯二胺：白色细小片状晶体，在空气和光中颜色变深，相对分子质量 108.14，熔点 103～104 ℃，沸点 256～258 ℃，微溶于冷水，较多溶于热水，易溶于乙醇、乙醚和氯仿，用于制造农药、染料、表面活性剂等，并用作毛皮染料。

甲酸：无色而有刺激气味的液体，相对分子质量 46.03，熔点 8.6 ℃，沸点 100.8 ℃，n_D^{20} 1.3714，溶于水、乙醇、乙醚和甘油，用于制造蚁酸盐和蚁酸酯，也用作消毒剂和防腐剂。

苯并咪唑：无色晶体，熔点 169～170 ℃，几乎不溶于苯、石油醚，微溶于冷水、乙醚，稍溶于热水，易溶于乙醇、酸溶液、强碱溶液，用于合成维生素 B_{12} 等药物和制备高分子化合物等。

【实验步骤】

在 100 mL 的圆底烧瓶中加入 5.4 g(0.05 mol) 邻苯二胺和 3.7 g(0.08 mol) 甲酸，油浴加热至 100～105 ℃，搅拌下反应 2 h。冷却，滴加 10%氢氧化钠溶液中和过量的甲酸，使 pH=9(约需 15 mL 10%氢氧化钠溶液)，过滤，得黄色固体，用 5 mL 水洗涤。固体用约 70 mL 水重结晶，用适量活性炭脱色，趁热过滤，冷却，析出白色晶体。抽滤，烘干，得纯品约 5.0 g，计算产率。

【图谱】

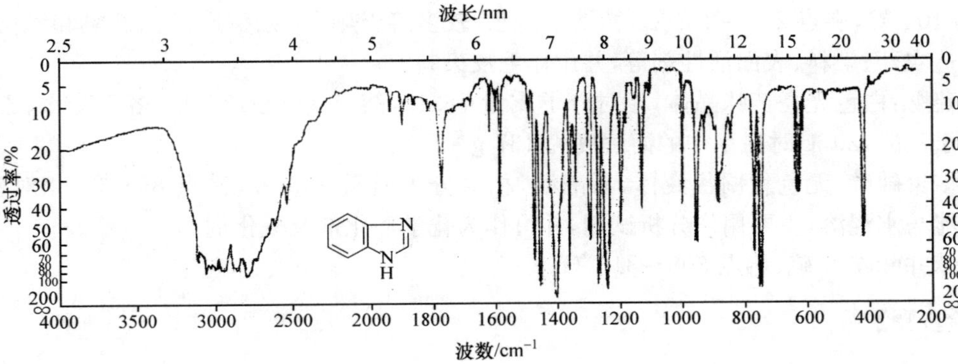

图 4-30　苯并咪唑的红外光谱图

【思考题】

1. 加热邻苯二胺和甲酸的混合物时，为什么要控制温度在 100～105 ℃？
2. 使用活性炭脱色时应注意哪些问题？

(温永红)

实验 60　苯并咪唑-2-硫酮的制备

【实验目的】

1. 学习邻苯二胺与硫脲反应生成苯并咪唑-2-硫酮(benzoimidazole-2-thione)的反应原理及方法；
2. 掌握微波实验操作的方法及特点。

【实验原理】

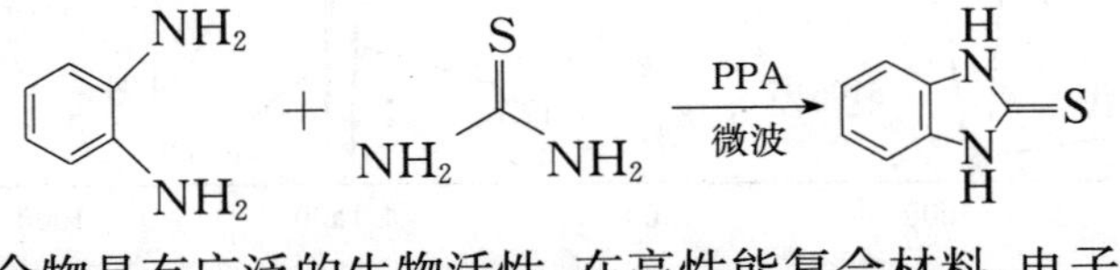

苯并咪唑类化合物具有广泛的生物活性，在高性能复合材料、电子化学品、金属防腐蚀、感光材料、生物、医药等诸多领域显示出独特的性能。传统的合成方法通常需要较高

的压力或较长的反应时间，使其应用受到了一定的限制。本实验用多聚磷酸(PPA)作催化剂，在无溶剂条件下，采用微波辐射法来合成苯并咪唑-2-硫酮这一重要的化合物。微波合成操作简单，反应时间短且污染少，符合绿色化学的要求。

【试剂与规格】

邻苯二胺 C. P.；硫脲 C. P.；氢氧化钠 C. P.；多聚磷酸 C. P.；无水乙醇 C. P.。

【物理常数】

邻苯二胺：白色细小片状晶体，在空气和光中颜色变深，相对分子质量 108.14，熔点 103～104 ℃，沸点 256～258 ℃，微溶于冷水，较多溶于热水，易溶于乙醇、乙醚和氯仿，用于制造农药、染料、表面活性剂等，并用作毛皮染料。

硫脲：白色光亮苦味晶体，相对分子质量 76.12，熔点 176～178 ℃，溶于冷水、乙醇、微溶于乙醚，20 ℃时在水中的溶解度为 137 g · L^{-1}。

多聚磷酸：无色黏稠状液体，易潮解，相对分子质量 337.93，沸点 856 ℃，相对密度 2.1，能与水混溶，主要用作分析试剂，并可作为化学环化剂及酰化剂。

苯并咪唑-2-硫：熔点 308～310 ℃。

【实验步骤】

在 150 mL 的烧杯中加入 1.08 g(10 mmol) 邻苯二胺和 20 mmol 的硫脲，然后加入 7 mL的 PPA，搅拌均匀后放入微波炉内，先在 126 W 的微波功率下照射 2 min，待反应物充分溶解后，再间歇式照射 1～3 次，每次 2 min[1]，将反应液冷却至室温后倾入 20 mL 冰水中，用 NaOH 溶液调节 pH＝10，抽滤，洗涤和干燥。用体积分数为 70％的乙醇重结晶，得到目标产物[2]。

【图谱】

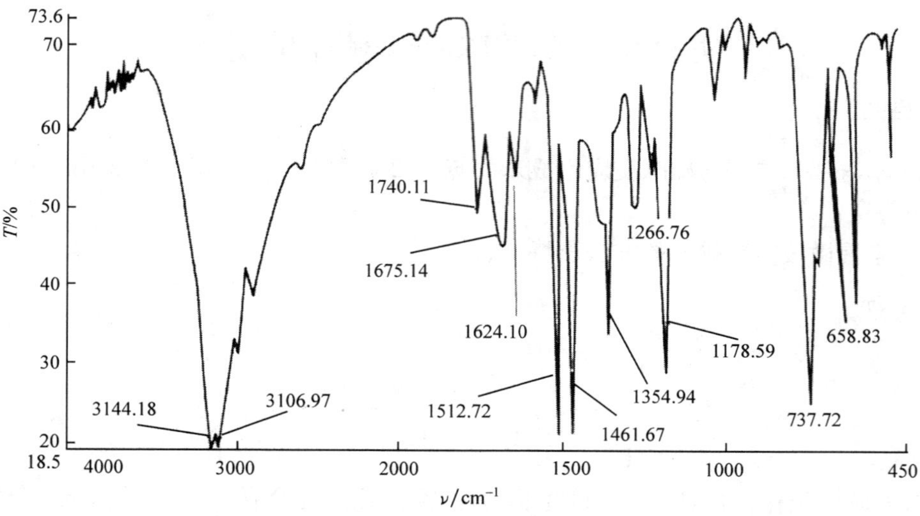

图 4－31　苯并咪唑-2-硫酮的红外光谱图

【注释】

[1]　优化实验条件为：邻苯二胺与硫脲的物质的量比为 1∶2，微波功率为 126 W，照射时间为 6 min，催化剂用量为 7 mL，在此条件下合成的产品的平均产率为 43.04%。

[2]　本实验的主要影响因素依次为微波功率>催化剂用量>反应的配比>反应的时间。

【思考题】

1. 测定苯并咪唑-2-硫酮的熔点，并与文献值进行比较。
2. 测定苯并咪唑-2-硫酮的红外光谱，并对主要特征峰进行归属。

（温永红）

实验 61　2-氨基喹唑啉的制备

【实验目的】

1. 学习喹唑啉及其衍生物的制备原理及方法；
2. 进一步掌握重结晶的实验操作方法。

【实验原理】

喹唑啉是一类重要的含氮杂环化合物，其衍生物在抗肿瘤、抗炎、抗高血压和杀菌等方面都显示出优良的活性，受到人们广泛的关注。其中 2-氨基喹唑啉（2-aminoquinazoline）类化合物在药物设计与合成中占有重要的位置。

喹唑啉类化合物具有广谱的生物活性，主要表现为对表皮生长因子受体或其酪氨酸激酶、血管内皮生长因子受体、血小板衍生生长因子受体、神经生长因子受体等的抑制活性，从而发挥抗癌、抗菌等多种药理作用。

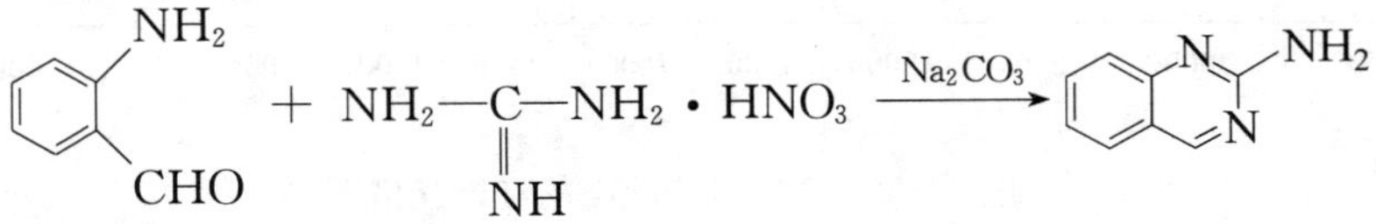

【试剂与规格】

邻氨基苯甲醛 C. P.；硝酸胍 C. P.；碳酸钠 C. P.；十氢萘 C. P.；10%盐酸；氢氧化钠溶液。

【物理常数】

邻氨基苯甲醛：银白色叶片状结晶，相对分子质量 121.14，熔点 39～42 ℃，沸点 80～85 ℃，不溶于石油醚，微溶于冷水，溶于乙醇、乙醚、氯仿和苯。有机合成中间体，染料原料，医药原料。

硝酸胍：白色粒状固体，相对分子质量 122.08，熔点 214～216 ℃，溶于水和乙醇，微溶于丙酮，用于制炸药、消毒剂和照相药品等。

十氢萘：甜似水果，香似茉莉花，并微带青草香气的无色或淡黄色透明液体，相对分子质量 138.25，d_4^{20} 1.474，熔点 189～191 ℃，n_D^{20} 1.4750～1.4785，不溶于水，溶于酒精和乙醚，用作调制茉莉、玫瑰香型等皂用及化妆品用香精，有提香作用。

2-氨基喹唑啉：相对分子质量 145.16，熔点 204～206 ℃。

【实验步骤】

在 250 mL 四口烧瓶中加入 4 g(0.033 mol) 邻氨基苯甲醛、6.34 g(0.052 mol) 硝酸胍、2.66 g(0.025 mol) 碳酸钠及 66.8 mL(0.71 mol)十氢萘，搅拌，加热。温度达 140 ℃开始反应[1]，产生气泡，生成硝酸钠沉淀，160 ℃时反应剧烈。控制加热速度，保持 150～160 ℃约 15 min。冷却，换成蒸馏装置，蒸出 80～90 ℃低沸物，当温度逐渐上升至 180 ℃，有氨味[2]，再升温至 195～196 ℃保持 10 min，然后自然降温至 180 ℃，反应 50 min。趁热过滤，滤液冷却后再过滤，洗涤，干燥，得 3.5 g 粗产物。再用 10%的盐酸处理热过滤的残渣，滤去不溶物，加氢氧化钠水溶液至呈碱性，析出沉淀，冷却，过滤，水洗，干燥得少量产品。合并粗产品，升华提纯。称量并计算产率。

【图谱】

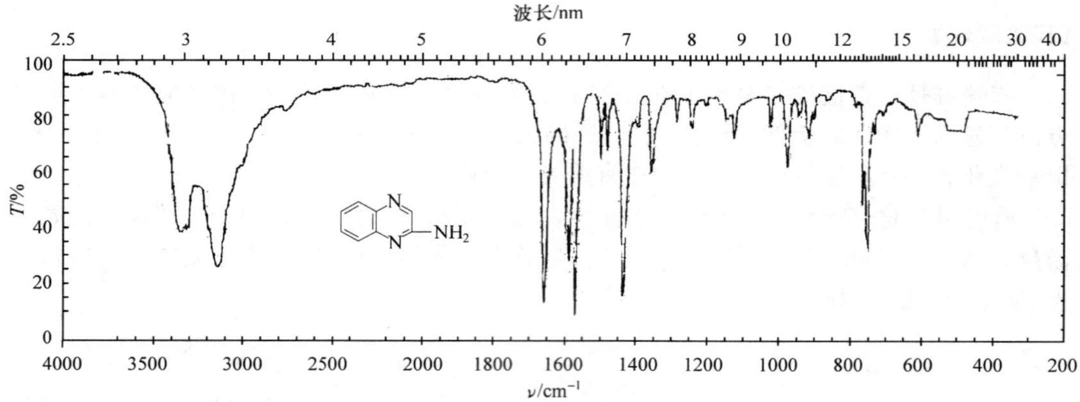

图 4－32　2-氨基喹唑啉的红外光谱图

【注释】

［1］ 反应刚开始时温度不能太高，否则反应剧烈进行，有大量气体生成。

［2］ 反应需在通风橱中进行。

【思考题】

1. 加入碳酸钠的目的是什么？
2. 写出邻氨基苯甲醛和胍反应生成 2-氨基喹唑啉的反应机理。

（温永红）

实验 62　2-氨基-4，6-二甲基嘧啶的制备

【实验目的】

1. 学习嘧啶衍生物的制备原理及方法；
2. 掌握抽滤等基本实验操作方法。

【实验原理】

嘧啶衍生物一般具有良好的生物活性和稳定性，是一类重要的药物中间体，在医药、农药中已得到广泛应用。

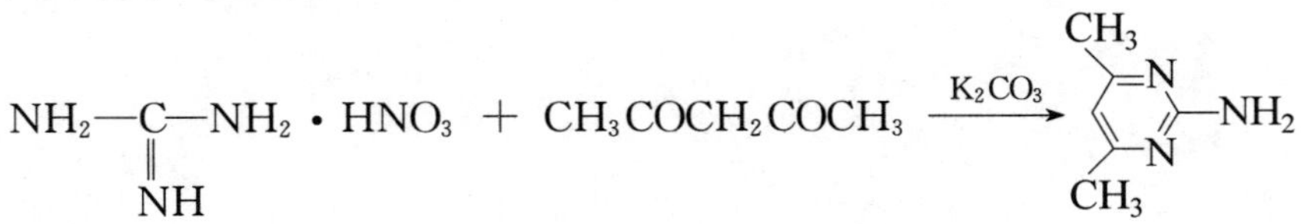

【试剂与规格】

硝酸胍 C. P. ；乙酰丙酮 C. P. ；碳酸钾 C. P. 。

【物理常数】

乙酰丙酮：有酯气味的无色易流动液体，相对分子质量 100.13，熔点 23 ℃，沸点 140.5 ℃，蒸气压 800 kPa(20 ℃)，n_D^{20} 1.4512，溶于水、乙醇、氯仿、乙醚、苯、丙酮、冰醋酸，是乙酸纤维素的溶剂和有机合成的重要中间体。

2-氨基-4，6-二甲基嘧啶(2-amino-4，6-dimethylpyrimidine)：白色晶体，相对分子质量 123.16，熔点 151～153 ℃。

【实验步骤】

6.0 g(0.049 mol) 硝酸胍，10 g(0.10 mol) 乙酰丙酮，40 mL 水，5 g 碳酸钾，室温下混合搅拌，约 1 h 后无色反应液变混浊，继续反应 10 h。抽滤，得白色晶体，干燥，称量并计算产率。

【图谱】

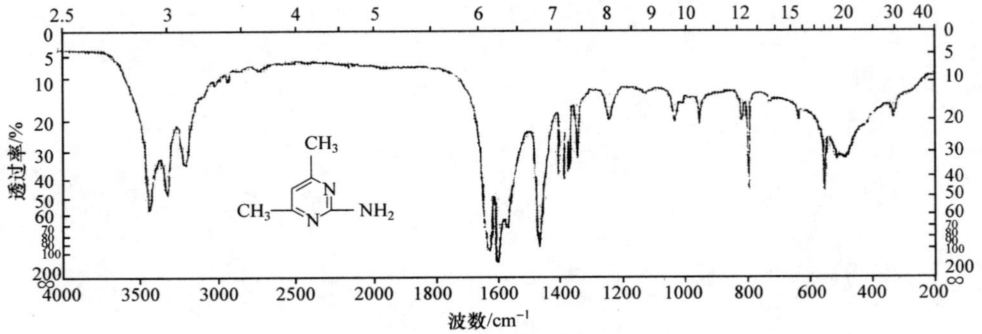

图 4－33　2-氨基-4，6-二甲基嘧啶的红外光谱图

【思考题】

试设计以乙酰丙酮和硫脲为原料合成2-巯基-4,6-二甲基嘧啶的实验方案。

（温永红）

第 5 章　综合性化学实验

实验 63　染料中间体——对硝基苯胺的制备

【实验目的】

1. 了解混酸硝化反应的原理和方法；
2. 掌握乙酰氨基水解的方法。

【实验原理】

主反应：

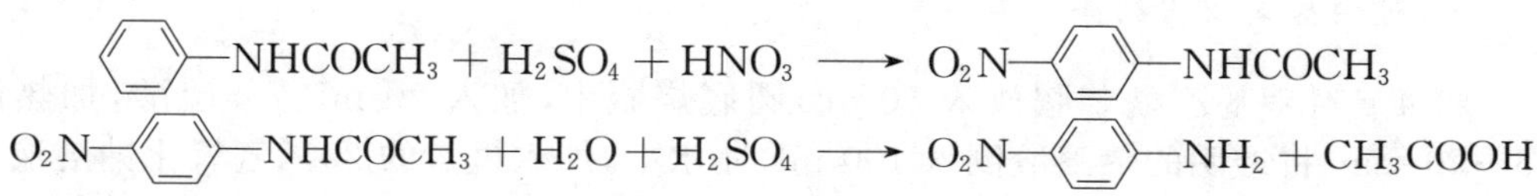

副反应：

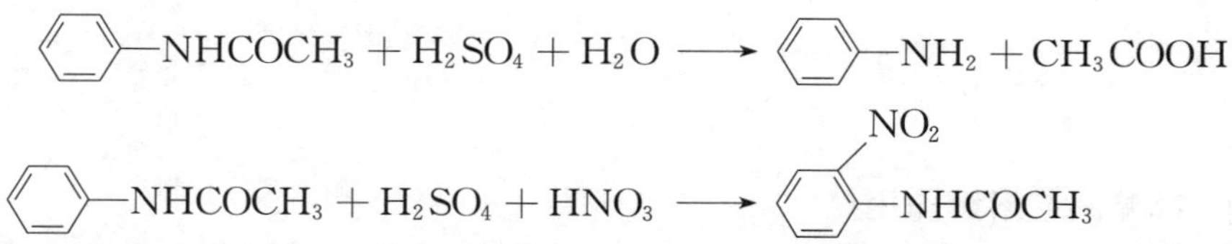

对硝基苯胺(*p*-nitroaniline)是重要的染料中间体，同时还可用作分析试剂，检测空气中的氮。

【试剂与规格】

乙酰苯胺 C. P.；硝酸 C. P.；浓硫酸 C. P.；冰醋酸 C. P.；乙醇 C. P.；碳酸钠 C. P.；20%NaOH 溶液。

【物理常数】

对硝基乙酰苯胺：熔点 216 ℃，黄色棱柱体。

对硝基苯胺：熔点 147.5 ℃，黄色针状晶体。有毒，能经皮肤吸收使人中毒。受热易分解，发生爆炸。

1. 硝基苯的制备

(参见实验 38)

2. 苯胺的制备

(参见实验 39)

3. 乙酰苯胺的制备

(参见实验 52)

4. 对硝基乙酰苯胺制备

将 5 g 乙酰苯胺和 5 mL 冰醋酸[1]放入 100 mL 锥形瓶内，用冰水冷却，边摇动锥形瓶边缓慢加入 10 mL 浓硫酸，使乙酰苯胺尽可能溶解完全，将制得溶液放入冰水中冷却至0～2 ℃。在冰水中配制 2.2 mL 浓硝酸和 1.4 mL 浓硫酸的混酸。一边振摇锥形瓶，一边用滴管缓慢滴加此混酸，注意使反应温度低于 5 ℃[2]。

从冰水中取出锥形瓶，室温放置 30 min，间歇振荡。然后在搅拌条件下把此反应物缓慢倒入 20 mL 水和 30 g 碎冰的混合物中，立即析出固体。放置约 10 min，抽滤，用冰水洗涤三次，每次 10 mL，利用 95％乙醇进行重结晶。干燥，称量，计算产率。

5. 对硝基苯胺的制备

将 4 g 对硝基乙酰苯胺放入 50 mL 圆底烧瓶中，加入 20 mL 7％硫酸，加热回流 15～20 min。将透明的热溶液倒入 100 mL 冰水中，加入过量的 20％氢氧化钠溶液[3]使对硝基苯胺沉淀出来，冷却后抽滤，滤饼用冷水洗去碱液，用水重结晶。干燥，称量，计算产率。

【注释】

[1] 冰醋酸起溶解作用。
[2] 温度不可太高，否则邻位产物增多。
[3] 氢氧化钠溶液一定要过量，可用 pH 试纸检验。

【思考题】

1. 对硝基苯胺是否可以利用苯胺直接硝化制备?
2. 反应中若有邻硝基乙酰苯胺生成，如何除去?

(孙桂春)

实验 64　官能团保护：4，4-二苯基-3-丁烯-2-酮的制备

【实验目的】

1. 了解多步骤有机合成方法；
2. 熟悉羰基的保护方法。

【实验原理】

在合成比较复杂的分子时，如果分子中的官能团与新形成的几种官能团具有类似的反应活性时，不仅能发生预期的反应，而且还会引起分子中其他基团的变化，结果使生成

物十分复杂。为了克服这一困难，实现反应的选择性，有机合成上常采用“保护基”，即在反应过程中，将容易受到后续反应影响的官能团保护起来，然后进行反应，待反应完毕，再脱除“保护基”，以恢复原有基团。

在本实验中由乙酰乙酸乙酯合成 4,4-二苯基-3-丁烯-2-酮(4,4-diphenyl-3-buten-2-one)时，由于羰基比酯基更容易与格氏试剂反应，故在进行酯基与苯基溴化镁反应前，先对羰基进行保护。可供选择的羰基保护方法有很多，如形成缩醛、缩酮、肟、腙等，其中缩醛、缩酮最为重要。本实验采用简便的乙二醇缩酮保护法。生成缩酮的反应是一个酸催化的平衡反应，使用酸催化剂，不断移去反应中生成的水，将有利于缩酮的生成。缩酮保护基对碱性试剂及格氏试剂等具有较好的稳定性，用酸性水溶液处理，保护基易于脱除。

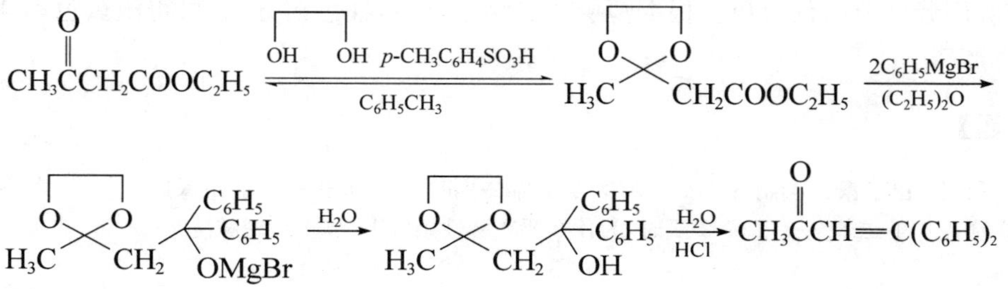

【试剂与规格】

乙酰乙酸乙酯 C. P.；乙二醇 C. P.；甲苯 C. P.；对甲苯磺酸水合物 C. P.；10%氢氧化钠溶液；无水硫酸镁 C. P.；镁屑 C. P.；溴苯 C. P.；无水乙醚 C. P.；乙醚 C. P.；石油醚 C. P.；碘 C. P.；氯化钠 C. P.；丙酮 C. P.；盐酸 C. P.；5%碳酸氢钠溶液；硅胶 GF_{254} C. P.。

1. 乙酰乙酸乙酯乙二醇缩酮的制备

在装有搅拌器、温度计、分水器的 100 mL 三口烧瓶中，加入 10 g 乙酰乙酸乙酯、10 g 乙二醇、50 mL 甲苯和 0.13 g 对甲苯磺酸水合物，加热回流进行分水反应，直至所有水被分出时为止。将反应混合液冷至室温后，用 20 mL 10%氢氧化钠溶液洗涤 1 次和 20 mL 饱和食盐水洗涤 2 次，分出有机层，用无水硫酸镁干燥。蒸除溶剂，残余物进行减压蒸馏，收集 102 ℃/3.06 kPa 或 137 ℃/6.65 kPa 馏分，称量并计算产率。

2. 4,4-二苯基-4-羟基-2-丁酮乙二醇缩酮的制备

在装有搅拌器、回流冷凝管、滴液漏斗和氯化钙干燥管的 100 mL 三口烧瓶中，加入 1.5 g 干燥的新刨制镁屑和一小粒碘。在滴液漏斗中加入 6.4 mL 溴苯和 25 mL 无水乙醚(勿摇动!)。自滴液漏斗先放出 2 mL 混合液，等反应引发后，把剩余的溶液摇匀后缓缓滴入烧瓶中，保持溶液微沸。若反应过于激烈，可用冷水浴将烧瓶加以冷却。加完后，等反应趋于缓和时，加热，使反应回流至镁屑几乎完全溶解为止(约 3 h)。

在搅拌下，将 5.2 g 乙酰乙酸乙酯乙二醇缩酮溶于 15 mL 无水乙醚，滴入苯基溴化镁中，控制滴加速度，使乙醚适度回流为好。滴加完毕，室温反应 0.5 h，然后加入 50 g 冰

水，并加速搅拌或振摇，使醇镁分解完全。将反应液滤除残渣后，加食盐使水溶液饱和。分出醚层，水层以乙醚萃取。合并乙醚层，用无水硫酸镁干燥。蒸除乙醚后，加 6～8 mL 石油醚。过滤，滤液在冰水浴中冷却，结晶。滤出晶体，以少量石油醚洗涤后，自然干燥，得白色或淡黄色晶体，称量并计算产率。

3. 4,4-二苯基-3-丁烯-2-酮的制备

将 1.1 g 4,4-二苯基-4-羟基-2-丁酮乙二醇缩酮溶于 10 mL 丙酮，加入 0.8 mL 4 mol·L^{-1}的盐酸，反应回流 1 h。冷至室温，加 20 mL 水溶解，用 12 mL 乙醚萃取 2 次，乙醚层依次用 10 mL 5%碳酸氢钠溶液和水洗涤后，以无水硫酸镁干燥。滤除干燥剂，将所得滤液蒸除溶剂，即可得粗产物。用硅胶 GF_{254} 板进行薄层色谱分离实验。以石油醚-丙酮为展开剂，用紫外分析仪显色。根据薄层实验结果，进行柱色谱分离，可得浅黄色晶体，称量并计算产率。

【思考题】

1. 利用乙酰乙酸乙酯制备 4,4-二苯基-3-丁烯-2-酮时，为何要进行官能团保护？
2. 制备 4,4-二苯基-3-丁烯-2-酮时，为什么要在酸性条件下反应，后用碱洗？

（宋修艳）

实验 65 相转移催化——7，7-二氯双环［4.1.0］庚烷的制备

【实验目的】

1. 学习相转移催化的基本原理；
2. 了解相转移催化剂的应用及制备方法；
3. 了解卡宾反应制备 7,7-二氯双环[4.1.0]庚烷(7,7-dichlorodicyclo[4.1.0] heptane)的原理和方法。

【实验原理】

在有机合成中，经常遇到水相和有机相参加的非均相反应。这些反应速度慢，产率低，有时甚至很难发生反应。加入相转移催化剂，不仅可以加快反应速度，简化操作，而且可以提高产率，并且使一些不能进行的反应顺利完成。常用的相转移催化剂有季铵盐、季鏻盐、冠醚、聚乙二醇等。本实验合成反应的相转移催化剂为三乙基苄基氯化铵。

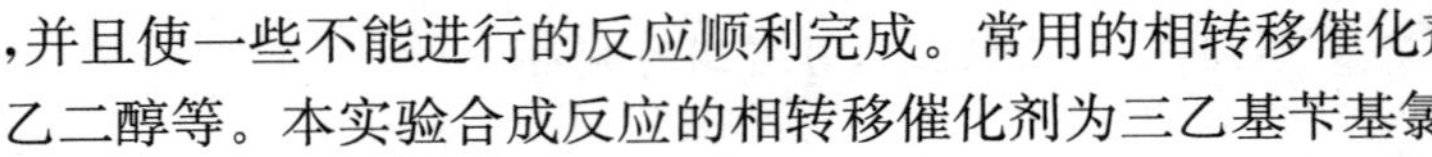

碳烯（又称卡宾，carbene）通式为∶CR_2。卡宾不稳定，是一类高度活泼的反应中间体。一般在反应过程中产生，然后立即进行下一步反应。卡宾碳原子的周围只有 6 个价电子，是一种强的亲电试剂，可以与不饱和键发生亲电加成反应。二氯卡宾（∶CCl_2）是一种卤代卡宾。氯仿和叔丁醇钠等强碱作用，发生 α-消除反应即得二氯卡宾。二氯卡宾与

环己烯作用，即生成 7,7-二氯双环[4.1.0]庚烷。反应一般应在强碱而且高度无水的条件下进行。但若利用相转移催化(PTC)技术则可使反应条件温和，在水相进行，并提高产率。相转移催化剂可以用季铵盐。相转移催化原理：

$$\text{有机相}\qquad R\text{—}L + Q^+Nu^- \longrightarrow RNu + Q^+L^-$$

$$\text{水相}\qquad L^- + Q^+Nu^- \longleftarrow Nu^- + Q^+L^-$$

（两相间 Q^+Nu^- 与 Q^+L^- 分别以 ⇌ 相互转移）

相转移催化制备 7,7-二氯双环[4.1.0]庚烷的反应机理如下：

$$(C_2H_5)_3N^+CH_2C_6H_5Cl^- \xrightarrow[\text{水相}]{OH^-} (C_2H_5)_3N^+CH_2C_6H_5OH^- + Cl^-$$

$$(C_2H_5)_3N^+CH_2C_6H_5OH^- + CHCl_3 \xrightarrow{\text{相界面}} (C_2H_5)_3N^+CH_2C_6H_5CCl_3^- + H_2O$$

$$(C_2H_5)_3N^+CH_2C_6H_5CCl_3^- \xrightarrow{\text{有机相}} :CCl_2 + (C_2H_5)_3N^+CH_2C_6H_5Cl^-$$

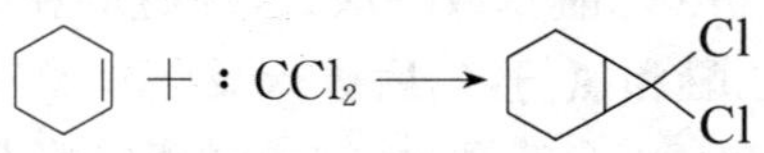

在水相中生成的$^-CCl_3$很快在相转移催化剂三乙基苄基氯化铵(TEBA)的作用下转入有机相，并分解生成$:CCl_2$，此中间体在有机溶剂中立即与环己烯发生加成反应，生成 7,7-二氯双环[4.1.0]庚烷。

为使相转移反应顺利进行，反应必须在强烈的搅拌下进行。反应式如下：

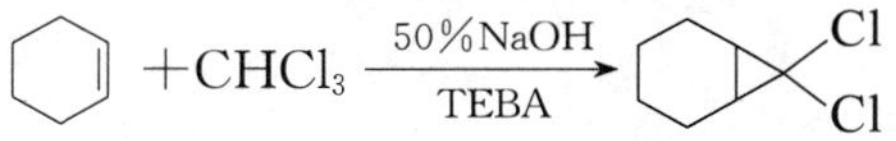

【试剂与规格】

氯化苄 C.P.；三乙胺 C.P.；1,2-二氯乙烷 C.P.；环己烯 C.P.；氯仿 C.P.；三乙基苄基氯化铵 C.P.；氢氧化钠 C.P.；乙醚 C.P.；无水硫酸镁 C.P.。

【物理常数】

氯化苄(benzyl chloride)：相对分子质量 126.58，沸点 179.3 ℃。无色透明可燃液体，有强烈刺激气味。不溶于水，溶于乙醇、乙醚、氯仿等有机溶剂，能随水蒸气挥发。有毒，对黏膜有强烈刺激作用和催泪作用。

三乙胺(triethylamine)：相对分子质量 101.19，沸点 89.7 ℃。无色油状液体，有强烈刺激的氨味。易燃，遇高温、明火、强氧化剂等有引起爆炸的危险。可溶于水，易溶于乙醇、乙醚等有机溶剂。

三乙基苄基氯化铵(TEBA)：相对分子质量 227.77，熔点 190～191 ℃。白色结晶，易溶于水，在芳烃及石油醚中溶解度较小。

7,7-二氯双环[4.1.0]庚烷：相对分子质量 163.06，沸点 198 ℃，n_D^{20} 1.5012，无色液体。

1. 相转移催化剂——三乙基苄基氯化铵的制备

在 100 mL 干燥的三口烧瓶上，安装搅拌器和回流冷凝管，依次加入 2.8 mL 新蒸的氯化苄、3.5 mL 三乙胺和 9.5 mL 1,2-二氯乙烷,加热回流 1 h,反应液倒入小烧杯中,冷却后析出白色结晶,过滤,用少量 1,2-二氯乙烷洗涤,100 ℃下真空干燥,存放于干燥器中,避免在空气中潮解。

2. 7,7-二氯双环[4.1.0]庚烷的制备

在 100 mL 三口烧瓶上,依次装好机械搅拌[1]、回流冷凝管及温度计。在三口烧瓶中加入 10.1 mL(0.1 mol)环己烯、30 mL(0.37 mol)氯仿和 0.5 g TEAB。将 16 g NaOH 溶于 16 mL 水中得到 1∶1 的氢氧化钠水溶液[2]。开动搅拌,由冷凝管上口缓慢滴加氢氧化钠溶液,约 15 min 内加完。此时反应放热使瓶内温度上升至 60 ℃左右[3]。反应液渐渐变成橙黄色并伴有固体析出。当温度开始下降时,加热,维持反应温度在 55～60 ℃,回流 1 h。反应物冷至室温,加 50 mL 水稀释后转入分液漏斗,分出有机层(如两界上有絮状物,可过滤),水层用 25 mL 乙醚萃取一次,合并醚层和有机层,用等体积的水洗涤两次,无水硫酸镁干燥。蒸去乙醚和氯仿,然后进行减压蒸馏,收集 80～82 ℃/16 mmHg 馏分。也可常压蒸馏收集 185～190 ℃的馏分,沸点时产物略有分解。

【图谱】

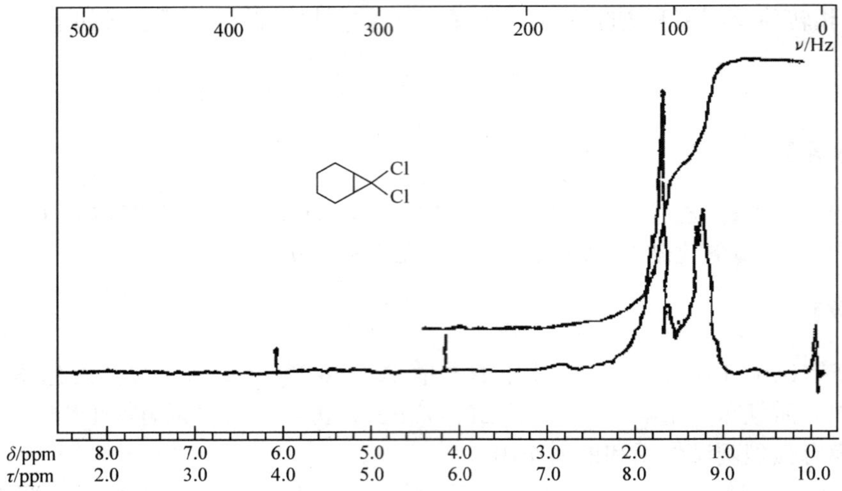

图 5-1 7,7-二氯双环[4.1.0]庚烷的核磁共振氢谱

【注释】

[1] 可用电磁搅拌代替机械搅拌,必须保证反应在强烈的搅拌下进行,这是因为本反应为非均相的相转移催化反应。

[2] 浓碱液呈黏稠状,腐蚀性极强,应小心操作。盛碱的滴液漏斗用完立即洗净,以防活塞被腐蚀黏结。

[3] 反应温度不要高于 60 ℃,否则副反应增加,反应液颜色加深,黏稠,产率低。温度过低,反应慢,产率也会降低。

【思考题】

1. 简述相转移催化反应的原理。

2. 二氯卡宾是一种活性中间体，容易与水作用，本实验在有水存在下为什么二氯卡宾可以和烯烃发生加成反应？

（张晓茹）

实验 66　维悌希反应——1，4-二苯基-1，3-丁二烯(DPB)的制备

【实验目的】

1. 了解羟醛缩合反应的原理，用羟醛缩合反应制备肉桂醛；

2. 了解维悌希反应的原理，用维悌希反应制备 1,4-二苯基-1,3-丁二烯(1,4-diphenyl-1,3-butadiene,DPB)。

【实验原理】

醛、酮与内𬭩盐(ylide)作用，生成烯烃的反应，称为维悌希反应。其通式为

$$R_2CHX \xrightarrow{(C_6H_5)_3P} R_2CHP^+(C_6H_5)_3X^- \xrightarrow{n\text{-}C_4H_9Li}$$

$$R_2C^- — \overset{+}{P}(C_6H_5)_3 \xrightarrow{R_2'C=O} R_2'C=CR_2$$

反应中氯离子被三苯基膦所取代形成𬭸盐，用碱处理后形成一种内𬭩盐(ylide)。内𬭩盐可作为亲核试剂进攻羰基碳原子，生成不稳定的环状化合物，后者迅速分解生成烯烃和氧化三苯基膦：

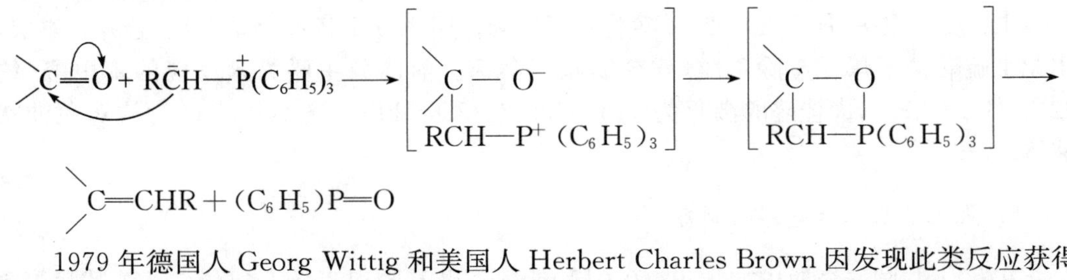

1979 年德国人 Georg Wittig 和美国人 Herbert Charles Brown 因发现此类反应获得诺贝尔化学奖。维悌希反应是分子内导入烯键的重要方法，可用来合成一些其他方法难以得到的烯烃类化合物。该反应操作简便，条件温和，反应时间短，产率高，尤其适用于实验室合成，并且在形成烯键时不产生烯烃的异构体，可以用来合成一些对酸敏感的烯烃和共轭烯烃。

1,4-二苯基-1,3-丁二烯(DPB)是重要的有机合成中间体，可用维悌希反应合成。反应过程如下：

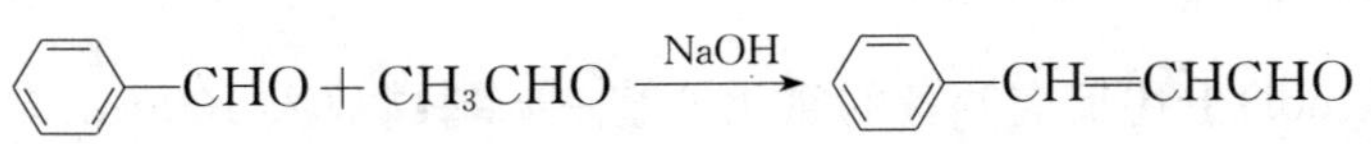

$$(C_6H_5)_3P + C_6H_5CH_2Cl \longrightarrow (C_6H_5)_3P^+CH_2C_6H_5Cl^-$$

$$(C_6H_5)_3P^+CH_2C_6H_5Cl^- + NaOH \longrightarrow (C_6H_5)_3P=CHC_6H_5 + H_2O + NaCl$$

【试剂与规格】

苯甲醛 C. P.；乙醛 C. P.；乙醇 C. P.；氢氧化钠 C. P.；乙醚 C. P.；氯化钠 C. P.；无水硫酸钠 C. P.；三苯基膦 C. P.；氯化苄 C. P.；氯仿 C. P.；二甲苯 C. P.。

【物理常数】

乙醛：无色易流动液体，有刺激性气味，熔点－121 ℃，沸点 20.8 ℃，d_4^{20} 0.7834，可溶于水、乙醇、乙醚、丙酮和苯，易燃，易挥发。蒸气与空气能形成爆炸性混合物，爆炸极限 4.0%～57.0%(体积分数)。

三苯基膦：片状或棱状晶体(从乙醚中得到)。熔点 79～80 ℃，沸点 377 ℃，闪点 181 ℃，n_D^{20} 1.5248。极易溶于水。

肉桂醛：学名 β-苯基丙烯醛，淡黄色液体，有桂皮油和肉桂油的香气。熔点－8 ℃，沸点 248 ℃，n_D^{20} 1.618～1.632，d_4^{20} 1.0497。微溶于水，溶于乙醇，在空气中易氧化成肉桂酸。

1，4-二苯基-1，3-丁二烯：浅黄色晶体。熔点 152～153 ℃，沸点 350 ℃。溶于乙醇，微溶于乙醚。

1. 肉桂醛的制备

在装有搅拌器的 250 mL 三口烧瓶中，依次加入 30 mL 1%氢氧化钠水溶液、50 mL 乙醇、12.5 g(0.12 mol) 苯甲醛和 12.5 g 40%(0.5 mol) 乙醛。在室温下剧烈搅拌，反应 3～4 h。反应完毕，加入 20～25 g 氯化钠至饱和。用 20 mL 乙醚萃取 3 次，合并乙醚层，用无水硫酸钠干燥。蒸除乙醚，残余物减压蒸馏。前馏分主要为未反应的苯甲醛(约 62 ℃/1.33 kPa)，肉桂醛的沸程为 128～130 ℃/2.66 kPa。产品约 5 g，为浅黄色油状液体。

2. 氯化苄基三苯基鏻的制备

在 50 mL 圆底烧瓶中加入 4 g(0.015 mol) 三苯基膦和 25 mL 氯仿。三苯基膦溶解后，再加入 2 g(0.015 mol) 氯化苄[1]，装上带有干燥管的球型冷凝管，回流 3 h。然后改为蒸馏装置，蒸除氯仿。向烧瓶中加入 5 mL 二甲苯，充分振荡混匀。减压抽滤，用少量二甲苯洗涤结晶，于 110 ℃ 烘箱中干燥 1 h，得氯化苄基三苯基鏻。产品为无色晶体，熔点 310～312 ℃，储存于干燥器中备用。

3. 1，4-二苯基-1，3-丁二烯的制备

取 2 g(0.005 mol)上述反应制备的氯化苄基三苯基鏻放入 100 mL 锥形瓶中，加入 25 mL 乙醇使其溶解，然后加入 0.75 g(0.005 mol) 肉桂醛。搅拌下，于室温逐滴加入 3 mL 25%氢氧化钠水溶液，开始反应时溶液变为淡橙色，随后溶液出现混浊，并逐渐有

白色沉淀生成。继续搅拌 1.5～2 h。滤出沉淀,并用少量乙醇洗涤。干燥后得粗产品 0.9 g。用乙醇重结晶,得鳞片状晶体,称量,计算产率,测定熔点。(滤液用少量水稀释后还可回收少量产品)

【红外光谱数据】

IR　ν(KBr)/cm^{-1}:3000,1500,1450,1000,750,700。

【注释】

[1]　有机膦化合物有毒,苄基氯具有刺激性和催泪性,应慎防与皮肤接触或吸入蒸气。

【思考题】

1. 维悌希反应制得烯烃,一般以反式产物为主,如何理解这一反应的立体选择性?
2. 举例说明维悌希反应在有机合成中的应用。

(张晓茹)

实验 67　昆虫信息素——2-庚酮的制备

【实验目的】

1. 掌握实验室制备 2-庚酮(2-heptanone)的原理和方法;
2. 学习减压蒸馏的实验操作。

【实验原理】

同种个体之间相互作用的化学物质称为信息素(pheromone),能影响彼此的行为、习性,乃至生育和生理活动。信息素由体内腺体制造,直接排出散发到体外,依靠空气、水等传导媒介传给其他个体。从低等动物到高等哺乳动物都有信息素。由于信息素依靠外界环境传递,故又称外激素。生物异种之间相互作用的化学物质称为种间信息素或异种信息素。昆虫向体外分泌多种化学物质,用于昆虫之间传递信息,称之为信号化合物(semio chemicals)或化学信使(chemical messager)。作用于同种昆虫个体间的化学物质称为昆虫信息素。信息素分为集合信息素(aggregation pheromone)、性信息素(sex pheromone)、标记信息素(marking pheromone)、追踪信息素(trail pheromone)及告警信息素(alarm pheromone)等。例如,蚂蚁在寻找道路时,它尾部末端的刺针沿着地面释放出追踪信息素,以示其行动的踪迹,使同伴追踪寻迹而至。蚂蚁、白蚁等昆虫分泌出集合信息素,以此召唤同类,一起栖息,共同取食,攻击异种对象。蜜蜂分泌出告警信息素,当外敌侵害蜂巢时,执勤工蜂一起向外敌进攻,直到外敌消除。将用溶有 2-庚酮的石蜡油涂抹的小木块和单独用石蜡油涂抹的小木块同时放在蜂箱的入口处,对于前者蜜蜂会蜂拥而至,而后者不能引起蜜蜂的注意。2-庚酮就是工蜂的告警信息素。信息素的特点是含量很少,而生理作用极为显著,因此合成信息素防治害虫意义重大。

2-庚酮可经乙酰乙酸乙酯的烷基化,水解而制得。

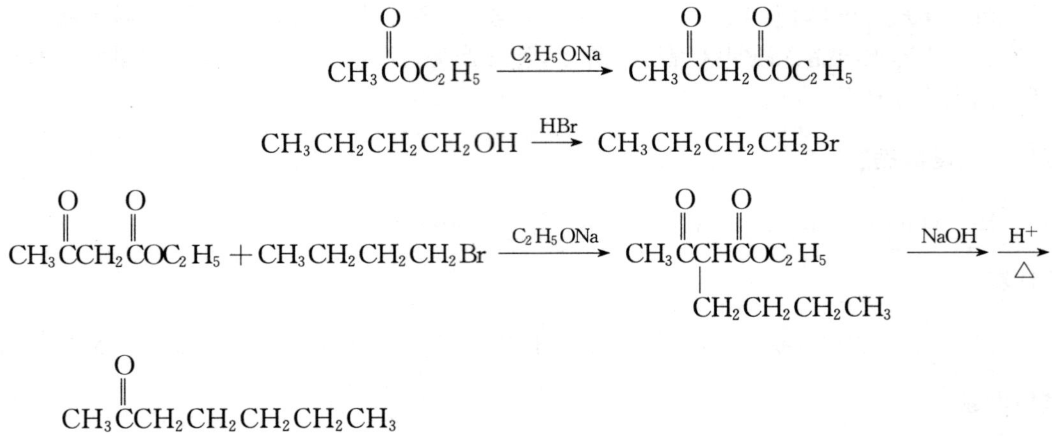

【试剂与规格】

绝对无水乙醇 A. R.；金属钠 C. P.；浓盐酸 C. P.；无水碳酸镁 C. P.；氢氧化钠 C. P.；硫酸 C. P.；氯化钙 C. P.；乙酰乙酸乙酯；正溴丁烷。

【物理常数】

2-庚酮：无色液体，有类似梨的水果香味。相对分子质量 114.19，沸点 151.5 ℃，熔点 −35 ℃，闪点 47 ℃，d_4^{20} 0.82，溶于水，可混溶于多数有机溶剂。

1. 正溴丁烷的制备

（参见实验 19）

2. 乙酰乙酸乙酯的制备

（参见实验 49）

3. 正丁基乙酰乙酸乙酯的制备

在盛有 25 mL 绝对无水乙醇的 150 mL 圆底烧瓶中[1]，分批加入 1.2 g(0.1 mol)片状的金属钠。待反应完成后，加入 6.3 mL(0.05 mol)乙酰乙酸乙酯，并立即加入 6.4 mL (0.12 mol)正溴丁烷，塞住瓶口，放置 7 天。装上回流冷凝管和干燥管，加热使之缓慢回流，直到反应完成为止[2]。待冷却后过滤除去溴化钠，将滤液蒸馏，除去过量的乙醇。然后加入 85 mL 水和 1 mL 浓盐酸，并转移至分液漏斗中，分出水层。有机层用水 10 mL 洗涤 2 次，无水硫酸镁干燥。过滤除去干燥剂，滤液减压蒸馏，收集 120～135 ℃/3.33 kPa 的馏分。

4. 2-庚酮的制备

在 150 mL 锥形瓶中，加入 31 mL 5％氢氧化钠溶液及正丁基乙酰乙酸乙酯，充分搅拌 3～4 h 后，慢慢滴加 5.8 mL 33％硫酸溶液[3]，这时将剧烈放出二氧化碳气体。待气体停止逸出后，将反应液转移至 150 mL 圆底烧瓶中，蒸馏收集约 25 mL 含水的馏出物。在馏出液中加入粒状氢氧化钠，直到红色石蕊试纸刚呈碱性为止[4]。将此碱性溶液移至分液漏斗中，分出有机层。水层用二氯甲烷 10 mL 萃取 2 次后浓缩，浓缩液与上述有机层合并，用 2 mL 40%氯化钙水溶液洗涤 3 次，再用无水硫酸镁干燥。蒸馏粗产物，收集 145～152 ℃馏分。称量并计算产率。

【2-庚酮光谱数据】

IR　ν_{max}(液膜)/cm^{-1}：2950，2860，1710，1450，1400，1350，1150，720。

^1H NMR　$\delta_H(CCl_4)$：0.9，1.3，2.0，2.3。

【注释】

[1]　无水乙醇吸水性很强，操作要迅速，蒸馏或回流均应安装无水氯化钙干燥管。产率的高低取决于乙醇的纯度，本实验所用的绝对无水乙醇含量为 99.95%

[2]　为测定反应是否完成，可用湿的红色石蕊试纸检测反应液，如果为红色，表明反应已经完成。注意：溴化钠沉淀易引起暴沸，使仪器发生振动。

[3]　每 2 mL 水加入 1 mL 浓硫酸。

[4]　若将馏出物放置到下次试验，则有助于 2-庚酮从含水的馏出物中分离出来。

【思考题】

1. 在合成正丁基乙酰乙酸乙酯时，为什么要用绝对无水乙醇？
2. 在合成正丁基乙酰乙酸乙酯时，测定反应是否完成为什么要用红色石蕊试纸试验？
3. 试写出正丁基乙酰乙酸钠脱羧生成 2-庚酮的反应机理。
4. 合成 2-庚酮时，在含水的馏出物中，除产品外可能含有什么化合物？
5. 试解释 2-庚酮核磁共振谱中化学位移的归属。

（袁　瑾）

实验 68　二茂铁及其衍生物的制备

【实验目的】

1. 了解金属有机化合物的制备原理与方法；
2. 掌握惰性气体保护条件下的实验操作；
3. 了解并掌握利用傅瑞德尔-克拉夫茨酰基化反应制备乙酰二茂铁的原理和方法。

【实验原理】

二茂铁及其衍生物(ferrocene and its derivatives)是一类很稳定而且具有芳香性的有机过渡金属配合物。二茂铁可用作聚合催化剂，二茂铁及其衍生物已广泛用作火箭燃料的添加剂，可改善其燃烧性能，还可以作为汽油的抗震剂、硅树脂和橡胶的防老剂及紫外线吸收剂等。时至今日，这类化合物的研究仍是当前化学中一个很活跃的领域。

二茂铁又名双环戊二烯基铁，由两个环戊二烯基负离子和一个二价铁离子键合而成，具有夹心型结构，故又称为夹心型配合物。

二茂铁由环戊二烯和氯化亚铁在碱性条件下反应制备。环戊二烯在室温下很容易聚合成二聚环戊二烯，工业品也是二聚体，因此环戊二烯在使用前由二聚体解聚获得。由于 Fe^{2+} 在空气中很容易被氧化成 Fe^{3+}，因此要使用新鲜制备的氯化亚铁，而且整个体系必须隔绝空气，通常采用氮气保护。

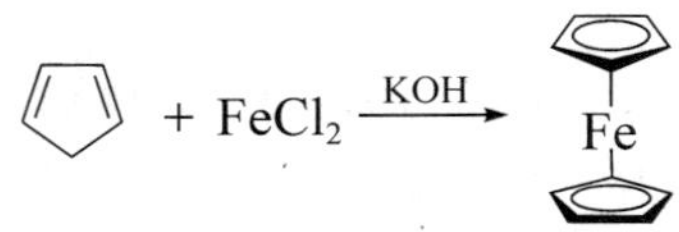

二茂铁中的茂基具有芳香性，其茂基环上能发生多种取代反应，如磺化、烷基化、酰基化等反应，并且反应活性比苯高。二茂铁与乙酸酐反应可制得乙酰二茂铁，根据反应条件不同可得到单乙酰基取代物或双乙酰基取代物，但在同一个环上只能引入一个乙酰基。反应如以乙酸酐为酰化剂，三氟化硼、氢氟酸或磷酸等为催化剂，主要生成一元取代物；如以酰氯或酸酐为酰化剂，无水三氯化铝为催化剂，当酰化剂与二茂铁的物质的量的比为2∶1时，反应产物以1,1′-二元取代物为主。

以乙酸酐为酰化剂，磷酸为催化剂，由二茂铁发生傅瑞德尔-克拉夫茨酰基化反应制备单乙酰二茂铁。

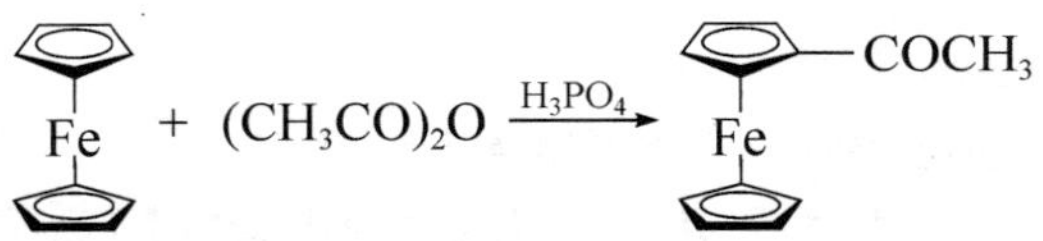

【试剂与规格】

双环戊二烯 C. P.；四水合氯化亚铁 C. P.；二甲亚砜 C. P.；乙酸酐 A. R.；无水氯化钙 C. P.；氢氧化钾 A. R.；聚乙二醇(PEG-600)C. P.；碳酸氢钠 A. R.；2 mol·L^{-1}盐酸；85%磷酸 C. P.；石油醚(60～90 ℃)C. P.。

【物理常数】

二茂铁(ferrocene)：橘黄色针状晶体，有樟脑气味，相对分子质量 186.03，熔点173～174 ℃，沸点 249 ℃，100 ℃以上升华。不溶于水，易溶于苯、乙醚、汽油、柴油等有机溶剂。

乙酰二茂铁(acetylferrocene)：橘红色针状晶体，相对分子质量 228.07，熔点为 81～85 ℃，沸点 160～163 ℃/4 mmHg。不溶于水，易溶于苯、乙醚等有机溶剂。

环戊二烯(cyclopentadiene)：无色液体，有类似萜烯气味，分子式 C_5H_6，相对分子质量 66.10，熔点－85 ℃，沸点 42.5 ℃，d_4^{20} 0.8021。不溶于水，溶于乙醇、乙醚、苯等有机溶剂。

1. 二茂铁的制备

安装分馏装置，接收瓶用冰水浴冷却。向 50 mL 圆底烧瓶内加入 20 mL 双环戊二烯，水浴加热分馏，收集 39～42 ℃馏分，即得环戊二烯单体[1]。

向配有搅拌器、滴液漏斗和导气管的 100 mL 三口烧瓶中加入 30 mL 二甲亚砜、2.75 mL(0.033 mol)新解聚的环戊二烯、7.5 g 氢氧化钾粉末及 0.6 mL 聚乙二醇[2]，通入氮气，开启搅拌器。待形成环戊二烯钾黑色溶液后，自滴液漏斗滴加新配制的含有 3.25 g(0.016 mol)四水合氯化亚铁的 20 mL 二甲亚砜溶液[3]。滴加完毕，在室温下继续搅拌 1 h。将棕色的反应混合物边搅拌边倒入盛有 50 g 冰和 50 g 水的烧杯内，搅拌均匀，用 2 mol · L^{-1}盐酸调节 pH 至 3～5，此时有固体生成。待固体完全析出后，抽滤，冷水洗涤，干燥后得二茂铁粗产品。二茂铁粗产品可用石油醚(60～90 ℃)重结晶纯化，也可通过升华精制。最后得橘黄色针状晶体，称量，计算产率。

2. 乙酰二茂铁的制备

向 100 mL 圆底烧瓶中加入 1 g(0.005 mol)二茂铁和 10 mL 新蒸乙酸酐[4]，在摇荡下用滴管慢慢加入 2 mL 85%磷酸[5]。滴加完毕，瓶口连接装有无水氯化钙的干燥管，在沸水浴上加热 15 min，并时加摇荡。将反应混合物倾入盛有 40 g 碎冰的 200 mL 烧杯中，并用 10 mL 冷水冲洗烧瓶，将洗涤液并入烧杯。在搅拌下，分批加入固体碳酸氢钠[6]，直到溶液呈中性为止，需 20～25 g 碳酸氢钠。将中和后的反应混合物置于冰水浴中充分冷却，抽滤，得橙黄色固体，冷水洗涤。干燥后用石油醚(60～90 ℃)重结晶，称量，计算产率。

【图谱】

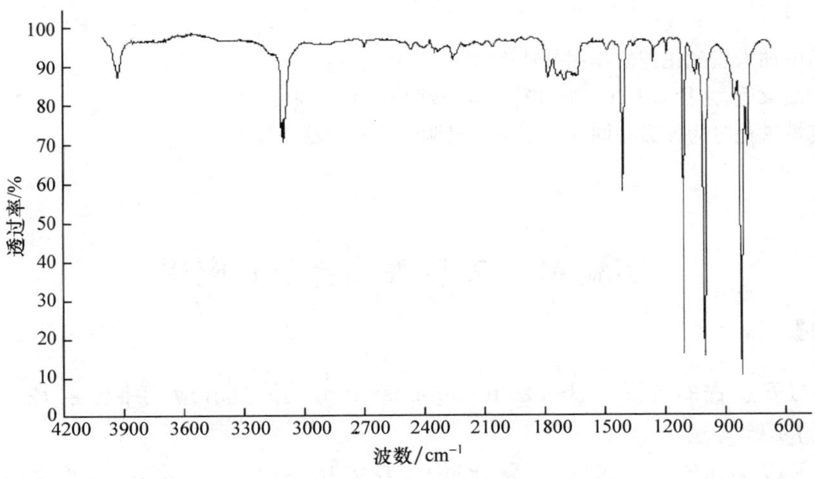

图 5-2　二茂铁的 IR 谱图(KBr 压片)

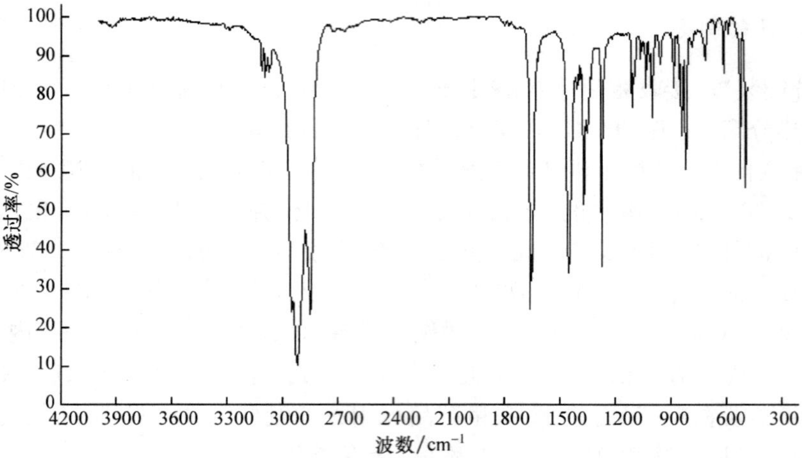

图 5-3　乙酰二茂铁的 IR 谱图(KBr 压片)

【注释】

[1]　若收集的馏分因潮气而略显混浊,可加入少许无水氯化钙干燥。

[2]　聚乙二醇为相转移催化剂。

[3]　滴加过程中,反应会放热,需用冷水浴冷却反应瓶,使反应温度维持在 20 ℃左右。

[4]　实验所用仪器必须充分干燥。

[5]　滴加速度要慢,可用冷水浴冷却圆底烧瓶。

[6]　加碳酸氢钠中和时因逸出大量二氧化碳,出现激烈鼓泡,应小心操作。

【思考题】

1. 实验中加入氢氧化钾的作用是什么?
2. 反应结束后,为什么要用 2 mol · L^{-1}盐酸调节 pH 至 3～5?
3. 二茂铁酰化时为什么在同一个茂环上只能引入一个乙酰基?

(于凤丽)

实验 69　安息香缩合及其应用

【实验目的】

1. 学习安息香缩合反应(benzoin condensation)的原理和应用维生素 B_1 为催化剂合成安息香的实验方法;

2. 学习以温和的氧化试剂(三氯化铁)氧化安息香制备 α-二酮的实验原理及方法;

3. 学习二苯乙二酮在氢氧化钾溶液中重排,生成二苯乙醇酸的实验原理及方法。

【实验原理】

苯甲醛在氰化钠(钾)的作用下，于乙醇中加热回流，两分子苯甲醛之间发生缩合反应，生成二苯羟乙酮(安香息)，芳香醛的这一类缩合反应称为安息香缩合反应，反应机理与羟醛缩合反应类似。

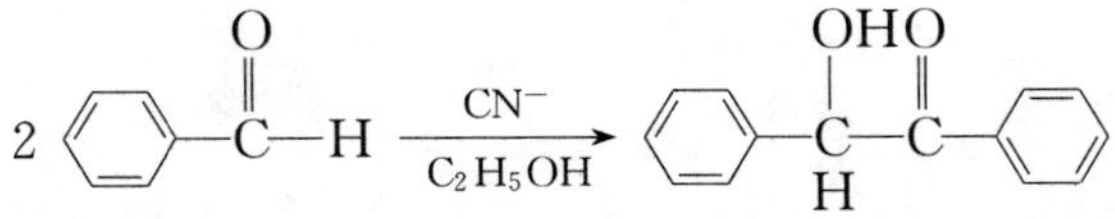

除氰离子外，噻唑生成的季铵盐也可以对安息香缩合起催化作用。例如，用有生物活性的维生素 B_1 盐酸盐代替氰化物催化安息香缩合反应，反应条件温和、无毒且产量高。

维生素 B_1 是一种辅酶，化学名称为硫胺素或噻胺，结构式为：

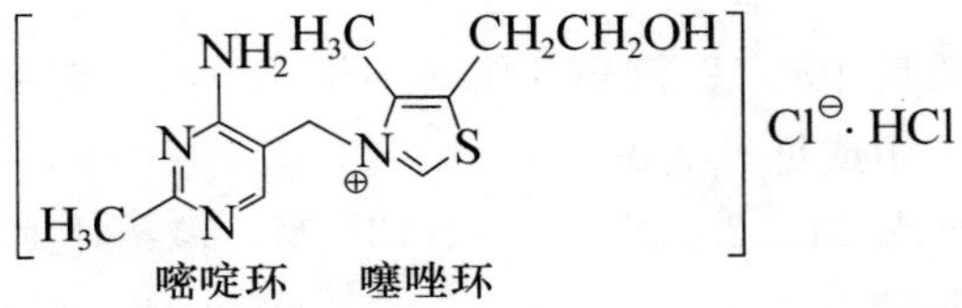

在反应中，维生素 B_1 的噻唑环上的氮和硫的邻位氢在碱的作用下被除去，成为碳负离子，形成反应中心，其机理如下：

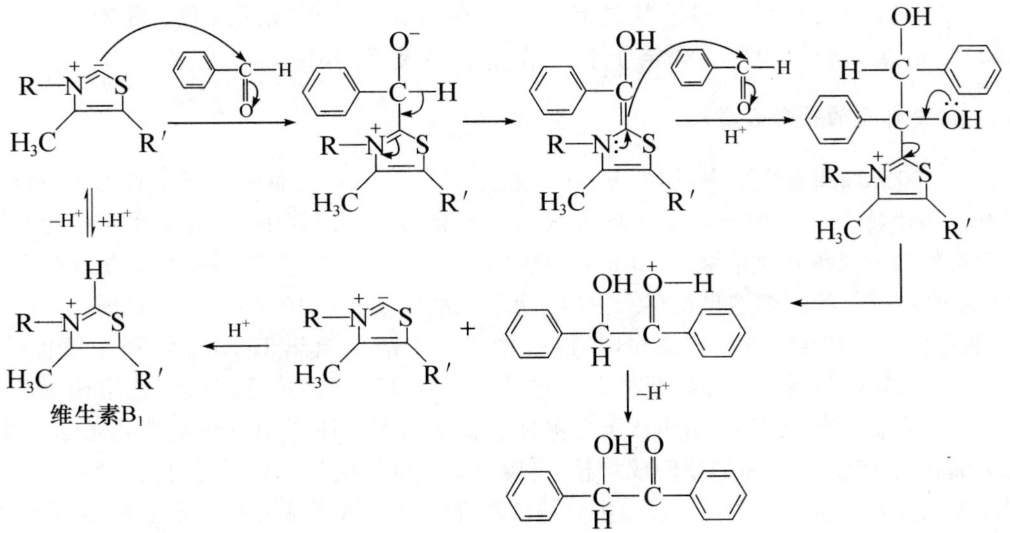

反应式：

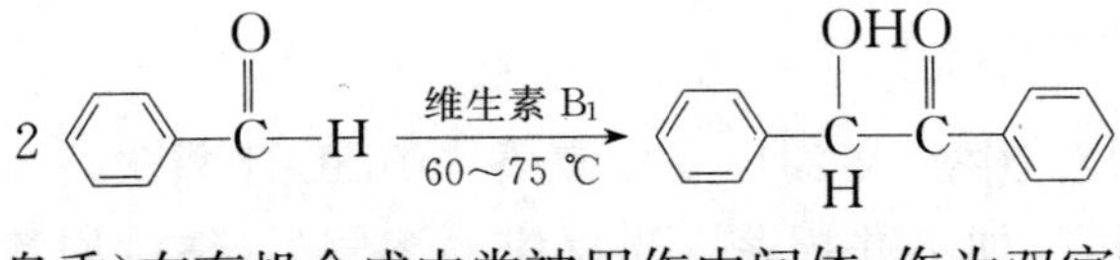

二苯羟乙酮(安息香)在有机合成中常被用作中间体，作为双官能团化合物可以发生许多反应。它既可以氧化成 α-二酮，又可以还原成二醇、烯、酮等化合物。本实验将在制备安息香的基础上，进一步利用铜盐或三氯化铁将安息香氧化为二苯乙二酮，后者用浓碱处理，发生重排反应，生成二苯乙醇酸。

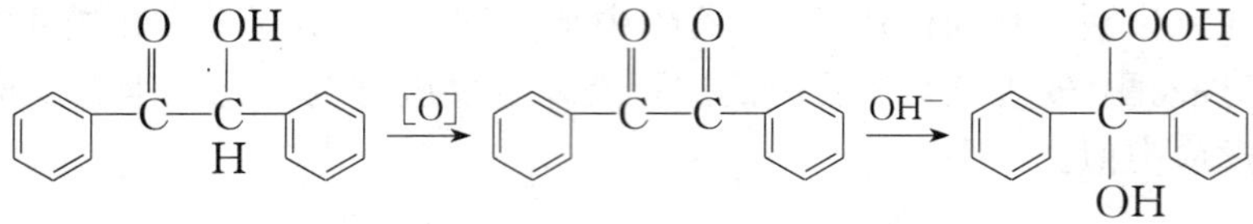

【试剂与规格】

苯甲醛 A. R.；维生素 B_1 C. P.；95%乙醇 C. P.；NaOH C. P.；$FeCl_3 \cdot 6H_2O$ C. P.；KOH A. R.。

【物理常数】

苯甲醛：相对分子质量 106.12，沸点 178 ℃，d_4^{20} 1.046。微溶于水，易溶于乙醇和乙醚。有苦杏仁味，在空气中或见光变黄。

安息香：相对分子质量 212.25，熔点 135～137 ℃。微溶于水和乙醚，易溶于乙醇和丙酮，制药工业用作防腐剂。

二苯乙二酮：相对分子质量 210.23，熔点 94～95 ℃。不溶于水，易溶于乙醇、乙醚、氯仿和乙酸乙酯，具有刺激性。

二苯乙醇酸：白色单斜针状结晶，味苦，在高温时熔融成深红色。相对分子质量 228.25，熔点 148～149 ℃。微溶于水，易溶于乙醇、乙醚及热水。

1. 安息香的辅酶合成

在 100 mL 圆底烧瓶中，加入 1.8 g 维生素 B_1[1]、5 mL 蒸馏水和 15 mL 乙醇，将烧瓶置于冰浴中冷却。另取 5 mL 10%氢氧化钠溶液于一支试管中，也置于冰浴中冷却[2]。然后将冷却的氢氧化钠溶液在 10 min 内滴加至维生素 B_1 溶液中，并不断摇荡，调节溶液 pH 为 9～10[3]，此时溶液呈黄色。去掉冰水浴，加入 10 mL(10.4 g，0.1 mol)新蒸的苯甲醛，装上回流冷凝管，加几粒沸石，将混合物置于水浴上温热 1.5 h。水浴温度保持在 60～75 ℃，切勿将混合物加热至沸腾。此时反应混合物呈橘黄色或橘红色均相溶液[4]。将反应混合物冷却至室温，析出浅黄色晶体。将烧瓶置于冰浴中冷却使结晶完全。若产物呈油状物析出，应重新加热使成均相，再慢慢冷却重新结晶。必要时可用玻璃棒摩擦瓶壁或投入晶种。抽滤，用 50 mL 冷水分两次洗涤结晶。粗产品用 95%乙醇重结晶，称量，计算产率。

2. 二苯乙二酮的制备

向 100 mL 圆底烧瓶中加入 2.12 g 安息香、10 mL 冰醋酸，5 mL 水及 9 g $FeCl_3 \cdot 6H_2O$，装上回流冷凝管，加热并摇荡。当反应物溶解后，继续回流 45～65 min。加入 40 mL水，煮沸，冷却，析出黄色沉淀。抽滤，用冷水洗涤。再用 10～15 mL 95%乙醇重结晶，称量，计算产率。

3. 二苯乙醇酸的制备

在 50 mL 圆底烧瓶中溶解 2.5 g 氢氧化钾于 5 mL 水中。加入 7.5 mL 95%的乙醇，混匀后加入 2.5 g(0.012 mol)二苯乙二酮并振荡，溶液为深紫色。待固体溶解后，装上回流冷凝管，在水浴上回流 15 min。将反应液转移到小烧杯中，在冰水浴中放置 1 h，直至析出二苯乙醇酸钾盐的晶体。抽滤，并用少量冷乙醇洗涤晶体。

将过滤出的钾盐溶于 70 mL 水中，用滴管加入 2 滴浓盐酸，少量未反应的二苯乙二酮成胶状悬浮物，加入少量活性炭，加热搅拌，趁热过滤。滤液用 5%盐酸酸化至刚果红试纸变蓝(约需 25 mL)，即有二苯乙醇酸的晶体析出，在冰水浴中冷却使结晶完全。抽滤，用冷水洗涤几次以除去晶体中的无机盐。粗产物干燥后 1.5～2 g。进一步纯化可用水重结晶，并加入少量活性炭脱色。称量，计算产率。

【注释】

［1］ 维生素 B_1 对热不稳定，使用和保管均应注意，用完保存在冰箱中。

［2］ 维生素 B_1 在酸性条件下稳定，但易吸水，在水溶液中易被空气氧化。遇光和 Cu、Fe、Mn 等金属离子均可加速氧化。在 NaOH 溶液中噻唑环易开环分解，因此维生素 B_1 溶液和 NaOH 溶液在反应前必须用冰水充分冷却，这是本实验成败的关键。

［3］ 控制 pH，碱性过大，噻唑环易开环失效，碱性过低，无法形成碳负离子。

［4］ 反应过程中，溶液开始时不必沸腾，反应后期可以适当升高温度至缓慢沸腾(80～90 ℃)。

（王明慧）

实验 70　烯胺的合成及应用——7-氧代辛酸的制备

【实验目的】

1. 理解和掌握烯胺(enamines)的合成原理及其在有机合成中的用途；
2. 理解 β-二羰基化合物的碱性水解；
3. 掌握从烯胺制备 7-氧代辛酸(7-oxo-octylic acid)的原理方法。

【实验原理】

烯胺(enamine)是具有 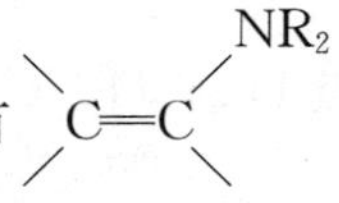 结构的一类化合物的通称。由于双键和氮原子孤对电子的共轭，β-碳原子具有较强的亲核性，容易与卤代烷、酰氯和酸酐发生亲核取代反应，也可以与不饱和羰基化合物发生迈克尔加成反应，为非活化羰基化合物的烷基化和酰基化找到了一条新的途径。

烯胺可通过仲胺和醛酮在酸性催化剂存在下制备，通常用恒沸带水的方法使可逆反应趋于完成。常用的仲胺有吗啉、六氢吡啶和四氢吡咯等环状的仲胺。催化剂可以是对甲苯磺酸，也可以是强脱水性的四氯化钛等。例如：

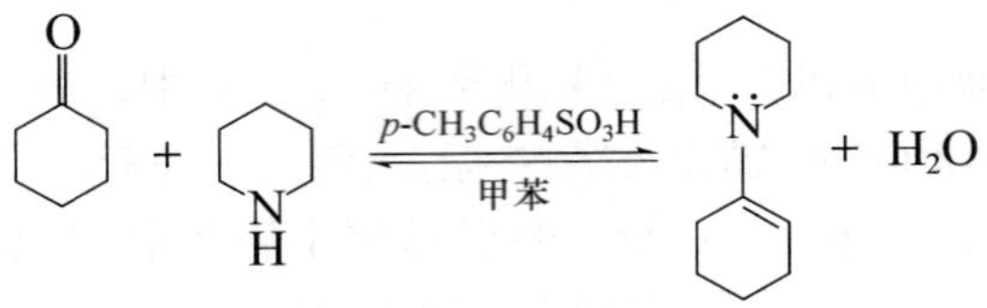

本实验首先由环己酮与四氢吡咯反应得到烯胺，之后与乙酸酐反应，水解即可得到2-乙酰基环己酮。

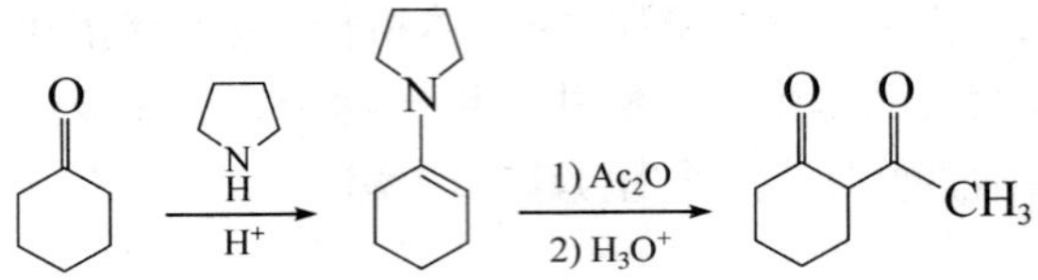

β-二羰基化合物在浓碱中加热，其 α-碳和 β-碳之间的键断裂，酸化后得到羧酸衍生物，所以称为酸式分解，酸式分解实际为克莱森酯缩合反应的逆反应。在本实验中，2-乙酰基环己酮在碱性条件下水解，然后酸化，得到7-氧代辛酸。

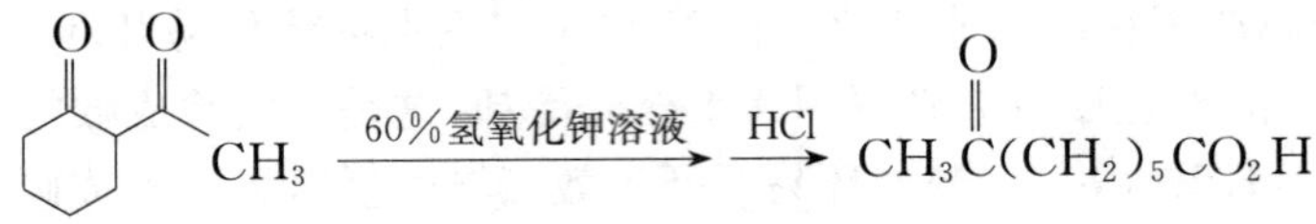

【试剂与规格】

环己酮 C. P.；四氢吡咯 C. P.；对甲苯磺酸 C. P.；乙酸酐 C. P.；甲苯 C. P.；乙醚C. P.；氯仿 C. P.；60%氢氧化钾溶液；浓盐酸 C. P.；无水氯化钙 C. P.；无水硫酸镁 C. P.。

【物理常数】

环己酮：相对分子质量 98.17，沸点 155 ℃，n_D^{20} 1.4507，d_4^{20} 0.9478。无色油状液体，有泥土香味，易溶于氯仿、丙酮、醇、醚等有机溶剂，溶于水，且在冷水中的溶解度大于热水。

四氢吡咯：相对分子质量 71，沸点 88 ℃，n_D^{20} 1.4431，d_4^{20} 0.8618。无色至微黄色液体，有刺激的氨气味，易溶于氯仿、丙酮、醇、醚等有机溶剂，溶于水。

对甲苯磺酸：相对分子质量 172.20，熔点 106～107 ℃。无色叶状或柱状结晶，易溶于水，溶于醇和醚，难溶于苯和甲苯。

2-乙酰基环己酮：相对分子质量 140.15，沸点 111～112 ℃/18 mmHg，n_D^{20} 1.5110，d_4^{20} 1.063。无色液体，易溶于有机溶剂。

1. 2-乙酰基环己酮的制备

100 mL 圆底烧瓶中依次加入 5.0 mL(4.7 g，48 mmol) 环己酮、4.0 mL(3.4 g，48 mmol)四氢吡咯、0.1 g 对甲苯磺酸和几粒沸石。分水器上接一装有 $CaCl_2$ 干燥管的球型冷凝管，加热回流约 1 h 后，使溶液稍微冷却，移走分水器，改为蒸馏装置。蒸出四氢吡咯和少量水，继续蒸馏直至温度维持在 108～110 ℃，停止加热，冷至室温，拆除蒸馏装置，加入乙酸酐溶液(4.5 mL，48 mmol 乙酐溶于 10 mL 甲苯中)，烧瓶用塞子塞紧，室温静置 24 h 以上，然后加入 5 mL 水，安装回流装置，回流 0.5 h 后冷至室温，并转移到盛有 10 mL 水的分液漏斗中。有机相再用 10 mL 水洗涤，无水硫酸镁干燥，过滤后，旋转蒸除溶剂，再将残余物转移至小蒸馏瓶中，减压蒸馏，收集 111～112 ℃/2.4 kPa 馏分，称量，计算产率。

2. 7-氧代辛酸的制备

50 mL 圆底烧瓶中加入 1.40 g(10 mmol) 2-乙酰基环己酮、3 mL 60%氢氧化钾溶液。用沸水(蒸汽)浴加热 15 min。冷却后加 30 mL 水，用盐酸调至 pH 为 7～8，将溶液移入分液漏斗中，用 5 mL 乙醚萃取 2 次，分出乙醚层。水相滴加浓盐酸使之成强酸性，pH＝1，用 10 mL 氯仿萃取 3 次，无水 $MgSO_4$ 干燥，旋转蒸发除去溶剂氯仿得产物，称量，计算产率。

【图谱】

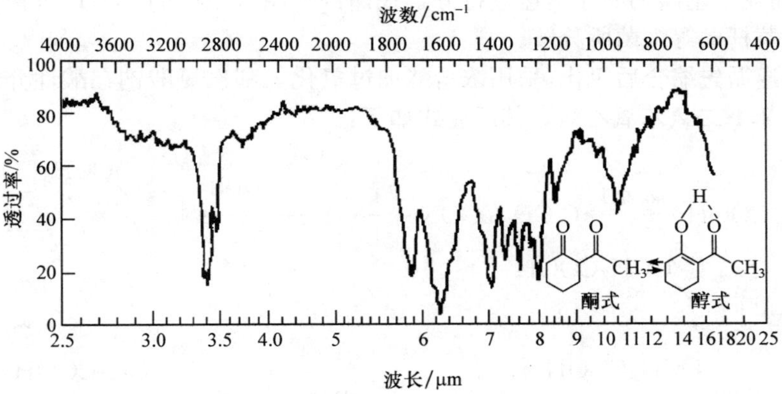

图 5－4　2-乙酰基环己酮的红外光谱图

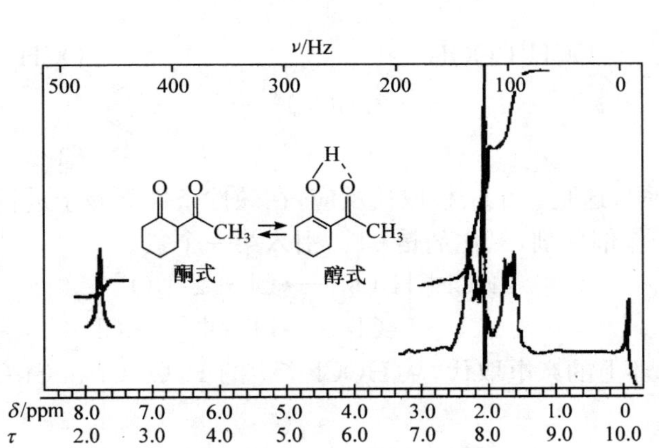

图 5－5　2-乙酰基环己酮的核磁共振谱图

【思考题】

1. 为什么制备烯胺时常用环状仲胺而很少用链状仲胺?
2. 写出2-乙酰环己酮转变成7-氧代辛酸的机理。

（张晓茹　胡志强）

实验71　2，4-二氯苯氧乙酸的制备

【实验目的】

1. 了解2,4-二氯苯氧乙酸(2,4-dichlorophenoxyacetic acid)的制备方法；
2. 复习机械搅拌、分液漏斗使用、重结晶等操作。

【实验原理】

2,4-二氯苯氧乙酸又称2,4-D,是一种植物生长调节剂,也是一种除双子叶杂草的除草剂。2,4-D在植物体内能相当迅速地转移,根据^{14}C示踪的结果,证实这种物质是按照羧基碳,继而亚甲基碳的顺序迅速进行分解代谢的。撒入土中的2,4-D可被革兰氏阴性球菌和水生黄杆菌等细菌所分解。

本实验遵循先缩合后氯化,采用浓盐酸加过氧化氢和次氯酸钠在酸性介质中的分步氯化来制备2,4-二氯苯氧乙酸。其反应式如下：

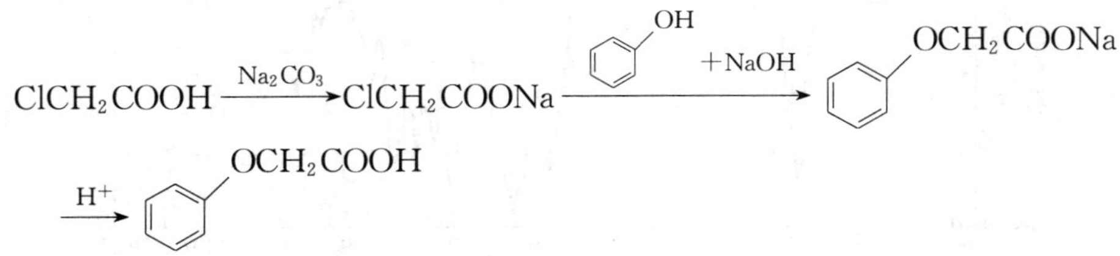

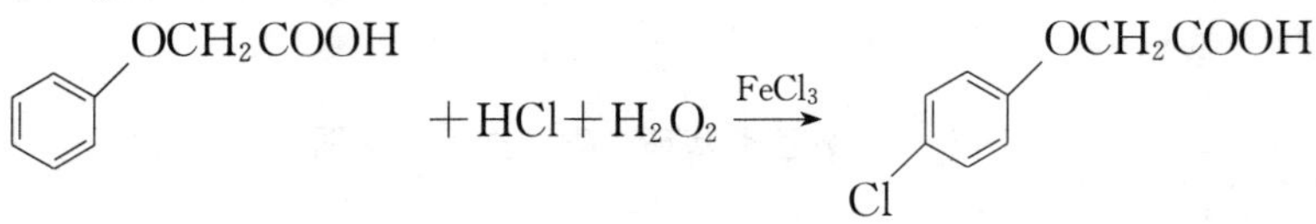

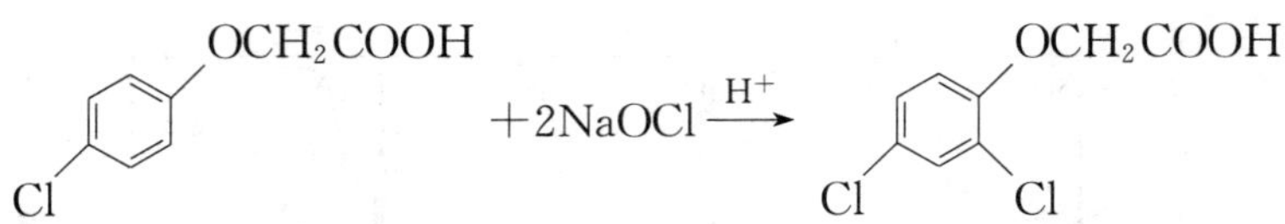

第一步制备酚醚,这是一个亲核取代反应,在碱性条件下易于进行。第二步是苯环上的亲电取代,$FeCl_3$作催化剂,氯化剂是Cl^+,引入第一个氯。

$$2HCl + H_2O_2 \longrightarrow Cl_2 + 2H_2O$$

$$Cl_2 + FeCl_3 \longrightarrow [FeCl_4]^- + Cl^+$$

第三步仍是苯环上的亲电取代,从HOCl产生的H_2O^+Cl和Cl_2O作氯化剂,引入第二个氯。

$$HOCl + H^+ \rightleftharpoons H_2O^+Cl$$

$$HOCl \rightleftharpoons Cl_2O + H_2O$$

【试剂与规格】

苯酚 C. P. ;氯乙酸 C. P. ;乙醚 C. P. 。

【物理常数】

苯酚:相对分子质量 94.11,无色晶体,熔点 43 ℃,沸点 181.75 ℃,n_D^{20} 1.0576。溶于热水、乙醇,易溶于乙醚。

苯氧乙酸:相对分子质量 152,无色晶体,熔点 98～100 ℃,沸点 285 ℃。易溶于热水、乙醇、乙醚等溶剂。

氯乙酸:相对分子质量 94.50,无色晶体,熔点 63 ℃,沸点 189 ℃,n_D^{20} 1.5800。易溶于热水,可溶于乙醇、乙醚。

2,4-二氯苯氧乙酸:白色晶体,熔点为 141 ℃。难溶于乙醇、乙醚和丙酮等有机溶剂,能溶于碱。

1. 苯氧乙酸的制备

向 8 g 氯乙酸(0.085 mol)和 10 mL 水的混合液中慢慢滴加 20 mL 饱和 Na_2CO_3 溶液[1],调 pH 到 7～8,使氯乙酸转变为氯乙酸钠。在搅拌下向上述氯乙酸钠溶液中加入 5 g苯酚,用 35%NaOH 溶液调 pH 到 12,并在沸水浴上加热 20 min。期间保持 pH 为 12。向上述的反应液中滴加浓盐酸,调 pH 至 3～4,此时苯氧乙酸结晶析出。过滤、洗涤、干燥即得苯氧乙酸粗品。称量并计算粗产率。

2. 对氯苯氧乙酸的制备

6 g(0.039 mol)苯氧乙酸粗品和 20 mL 冰醋酸的混合液在水浴上加热到 55 ℃,搅拌下加入 0.04 g $FeCl_3$(0.25 mmol)和 20 mL 浓盐酸[2]。在浴温升至 60～70 ℃时,在3 min 内滴加 6 mL 33%H_2O_2 溶液[3]。滴完后,保温 10 min,有部分固体析出。升温重新溶解固体,冷却、过滤、洗涤、重结晶得对氯苯氧乙酸纯品。称量并计算粗产率。

3. 2,4-二氯苯氧乙酸(2,4-D)的制备

在摇动的状态下,向 2 g 对氯苯氧乙酸(0.011 mol)和 22 mL 冰醋酸的混合液中分批滴加 38 mL 5% NaOCl 溶液[4],并在室温下反应 5 min。用 6 mol · L^{-1} 盐酸酸化至刚果红试纸变蓝,接着用 10 mL 乙醚萃取 2 次,经过水洗涤后,用 10 mL 10% Na_2CO_3 溶液萃取醚层 3 次。上述碱性萃取液加 50 mL 水后,用浓盐酸酸化至刚果红试纸变蓝,此时析出 2,4-二氯苯氧乙酸粗产物。冷却、过滤、洗涤、重结晶得 2,4-二氯苯氧乙酸纯品。称量,计算产率。

【注释】

[1]　先用饱和碳酸钠溶液将氯乙酸转变为氯乙酸钠,以防氯乙酸水解。因此,滴加碱液的速度宜慢。

[2]　开始加浓盐酸时，$FeCl_3$ 水解会有 $Fe(OH)_3$ 沉淀生成。继续加盐酸又会溶解。

[3]　盐酸勿过量，滴加 H_2O_2 宜慢，严格控温，让生成的 Cl_2 充分参与亲电取代反应。Cl_2 有刺激性，特别是对眼睛、呼吸道和肺部器官。应注意操作勿使其逸出，并注意开窗通风。

[4]　严格控制温度、pH 和试剂用量是 2，4-D 制备实验的关键。NaOCl 勿过量，反应保持在室温以下。

【思考题】

1. 从亲核取代反应、亲电取代反应和产品分离纯化的要求等方面说明本实验中各步反应调节 pH 的作用。
2. 以苯氧乙酸为原料，如何制备对溴苯氧乙酸？为何不能用本法制备对碘苯氧乙酸？

（刘永军）

实验 72　聚己内酰胺的制备

【实验目的】

1. 学习环己酮肟的制备原理和方法；
2. 通过环己酮肟的贝克曼重排，学习己内酰胺的制备方法；
3. 了解开环聚合反应的原理和特点；
4. 掌握制备尼龙-6 的方法。

【实验原理】

聚己内酰胺（polycaprolactam）又称尼龙-6，是一种人工合成纤维，具有很好的强度和耐磨性。其合成经四步完成：先由环己醇氧化得到环己酮；羟胺对环己酮亲核加成生成环己酮肟；后者在酸作用下发生贝克曼（Beckmann）重排，得到 ε-己内酰胺；再经开环聚合得到聚己内酰胺：

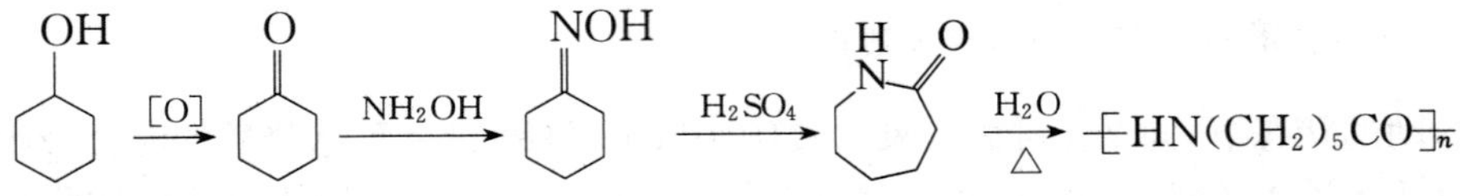

脂肪醛（酮）和芳香醛（酮）与氨衍生物如羟胺作用生成肟，酮肟或醛肟在五氧化二磷、硫酸、多聚硫酸、苯磺酰氯等酸性试剂作用下发生分子重排生成酰胺。这种由肟变成酰胺的重排反应称为贝克曼重排。不对称的酮肟或醛肟进行重排时，总是肟羟基反式位置的烃基迁移到 N 原子上，即反式迁移。在重排的过程中，烃基的迁移与羟基的离去同时进行，该反应是立体专一性反应。贝克曼重排反应通常在醚溶液中进行。

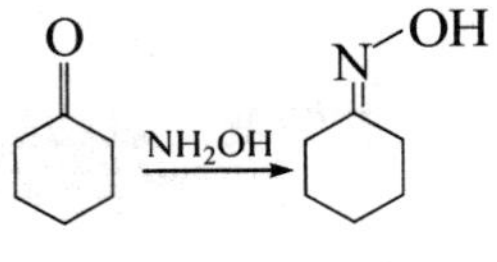

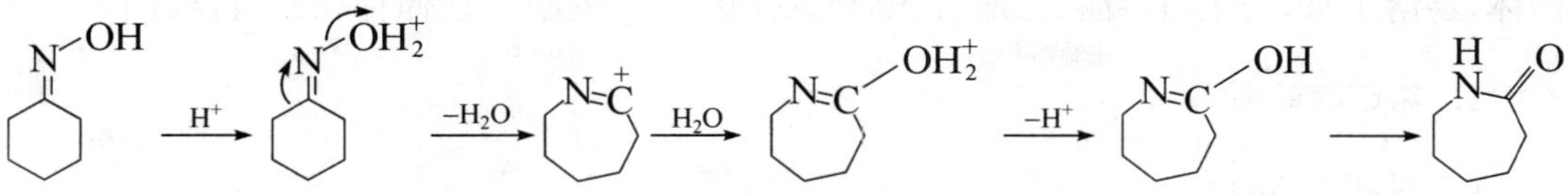

应用贝克曼重排可以合成一系列酰胺，尤其环己酮肟重排为己内酰胺具有重要的工业意义。己内酰胺开环聚合可得到聚己内酰胺(尼龙-6)，后者是一种性能优良的高分子材料。

内酰胺开环聚合生成线形聚合物可以采用多种方式进行，水引发(也被称为水解聚合)是聚内酰胺工业生产中最常用的方法，阴离子引发特别适用于铸型聚合，阳离子引发由于转化率和聚合物相对分子质量都相当低而没有应用价值。内酰胺单体的聚合能力依赖于内酰胺的环的大小。五元环的 γ-丁内酰胺能在低温下进行阴离子聚合，生成的聚酰胺在引发剂存在下于 60～80 ℃会发生解聚生成单体。六元环的 δ-戊内酰胺也能聚合。七元环的 ε-己内酰胺可以进行阳离子聚合，也可以在水的作用下先生成 ω-氨基己酸再生成聚合物，还可以进行阴离子聚合而生成高相对分子质量的聚合物。

工业上，在 5%～10%的水存在下，将 ε-己内酰胺在 250～270 ℃加热 12～14 h 进行水解聚合反应。常将 ω-氨基己酸与水一起加入，从反应开始伯胺基和羧基就存在于反应体系中，而不必等内酰胺水解产生这些基团。己内酰胺转化为聚合物的总速率比 ω-氨基己酸的转化速率要大一个数量级，所以开环聚合反应是生成聚合物的主要途径。为了得到高相对分子质量的聚合物，在转化率达 80%～90%时要将用于引发聚合的大部分水除去。

碱金属和金属烷氧化物可以通过生成内酰胺阴离子来引发内酰胺的聚合反应，聚合过程中与普通阴离子增长反应不同的是，单体的阴离子加到增长链的内酰胺键上，增长速率取决于环酰胺阴离子和增长链的浓度。添加酰基化剂如酰氯、酸酐、异氰酸酯与环酰胺反应生成 N-酰基内酰胺，可以缩短反应诱导期，提高反应速度。

己内酰胺在阴离子引发剂存在下高温聚合，聚合物的相对分子质量开始很高。随着反应混合物长时间加热而下降，最后达到平衡状态。相对分子质量的这种变化是由于增长链与生成的聚酰胺分子间的酰胺基交换反应导致的。

本实验采用本体聚合方法，分别以 ω-氨基己酸和钠作为引发剂进行己内酰胺的开环聚合，可以分组进行不同聚合以进行比较。

【试剂与规格】

环己酮(自制)；盐酸羟胺 C. P.；结晶乙酸钠 C. P.；85%硫酸；20%氨水；无水硫酸镁 C. P.；ω-氨基己酸 C. P.；环己烷 C. P.；钠 C. P.；二甲苯 C. P.；间甲苯酚 C. P.。

【物理常数】

环己酮肟：相对分子质量 113.14，熔点 89～90 ℃。棱柱体白色结晶，不溶于水，溶于乙醇、乙醚。

己内酰胺：相对分子质量 113.14，熔点 68～70 ℃，沸点 216.19 ℃。白色粉末或结晶固体，易溶于水，溶于石油醚、乙醇、乙醚和氯代烃。有吸湿性，应储存在密闭容器中。

1. 环己酮的制备

(参见实验 33)

2. 环己酮肟的制备

在 250 mL 的磨口锥形瓶中，依次加入 14 g(0.2 mol)盐酸羟胺、20 g 结晶乙酸钠和 60 mL 水，振荡使其溶解，温热此溶液，使其达到 35～40 ℃，停止加热。每次 1～2 mL 分批共加入 15 mL 环己酮(自制，14 g，0.14 mol)，边加边振荡，此时即有固体析出。环己酮加完后，用空心塞塞住瓶口，剧烈振荡 2～3 min[1]，环己酮肟以白色结晶析出。冷却后抽滤，并用少量水洗涤沉淀，抽干。干燥后称量，得到约 16 g 产品。

3. ε-己内酰胺的制备

在 500 mL 烧杯中[2]，加入 10 g 环己酮肟和 20 mL 85%硫酸，玻璃棒搅拌使反应物混合均匀。在烧杯中放置一支 200 ℃的温度计，小心缓慢加热烧杯，当开始有气泡时(约 120 ℃)，立即移去热源。此时发生强烈的放热反应，温度很快上升(可达 160 ℃)，反应在几秒钟内即完成[3]。

稍冷却后，将此混合液转入 250 mL 三口烧瓶中。三口烧瓶上分别安装搅拌器、温度计和滴液漏斗，在冰盐浴中冷却。当溶液温度降至 0～5 ℃时，搅拌下小心滴入 20%氨水溶液[4]，控制温度在 20 ℃以下，以免己内酰胺在温度较高时发生水解，直至溶液恰好使石蕊试纸呈碱性(通常需加入 60 mL 20%氨水溶液，约 1 h 加完)。

粗产物倒入分液漏斗，分去水层，油层用适量无水硫酸镁干燥后，转入 30 mL 克氏蒸馏瓶中进行减压蒸馏[5]。收集 127～133 ℃/0.93 kPa、137～140 ℃/1.6 kPa 或 140～144 ℃/1.87 kPa 的馏分。馏出物在接收瓶中固化成无色结晶，产量 5～6 g，计算产率。

4. 聚己内酰胺的制备

方法一：ω-氨基己酸作为引发剂引发聚合

在 50 mL 三口烧瓶上装配机械搅拌器、温度计、球型冷凝管和通氮导管，抽真空充氮三次以除去反应瓶中的空气。在氮气流下加入 9 g 己内酰胺[6]和 1 g ω-氨基己酸，加热至体系熔融。于 140 ℃下开动机械搅拌器，升温至 250 ℃。继续反应 5 h，生成几乎无色的高黏度熔融物，用玻璃棒蘸少许聚合物可以拉出长丝。趁聚合物处于熔融状态，迅速将产物倒入烧杯中冷却，所得尼龙-6 在 216 ℃左右熔融，其中含有少量环状低聚物，可用热水洗涤除去。在间甲苯酚中测定聚合物的黏度。

方法二：阴离子引发剂引发聚合

在 50 mL 两口烧瓶中接一玻璃套管，其中一口塞橡皮塞，然后抽真空充氮气三次。在氮气流下加入 9 g 己内酰胺，将烧瓶加热到 90 ℃左右使单体熔融，并将玻璃套管上的毛细管插入液体中，缓慢通入氮气，另一口改接干燥管。将 0.1 g 钠分散在 5 mL 二甲苯中形成细粒，然后加入到熔融的己内酰胺中。升高温度至 260 ℃，自行开始的聚合约在 5 min内结束，可以通过氮气泡在反应体系中的上升速率来观察。趁热将聚合物迅速倒入烧杯中冷却，在间甲苯酚中测定黏度。

【注释】

［1］ 振荡要剧烈，如环己酮肟呈白色小球状，说明反应还未完成，还需振荡。

［2］ 由于重排反应为剧烈放热反应，因此需用大烧杯以利于散热，使反应缓和。环己酮肟的纯度对反应有影响。

［3］ 此时生成棕色略稠液体。

［4］ 用氨水中和时，开始要加得很慢，因为此时溶液较黏稠，反应放热，且散热较慢，否则温度突然升高，影响收率。

［5］ 减压蒸馏时，为防止己内酰胺在冷凝管中凝结。最好采用简易减压蒸馏装置，即直接用蒸馏瓶作接收器而不用冷凝管。

［6］ 己内酰胺用环己烷重结晶两次，并于室温下经 P_2O_5 真空干燥 48 h。

【思考题】

制备环己酮肟时，加入乙酸钠的目的是什么？

（于跃芹）

实验 73　5，5-二甲基-1，3-环己二酮的制备

【实验目的】

1. 了解 5，5-二甲基-1，3-环己二酮（5，5-dimethylcyclohexane-1，3-dione）的制备方法；
2. 学习羟醛缩合反应的原理及实验方法；
3. 学习迈克尔加成反应的原理及实验方法。

【实验原理】

本实验首先通过丙酮的自身缩合，制得双丙酮醇，后者进一步脱水制得异丙叉丙酮。然后与丙二酸二乙酯在乙醇钠作用下发生迈克尔加成，脱羧后得目标产物 5，5-二甲基-1，3-环己二酮（双甲酮）。其反应式如下：

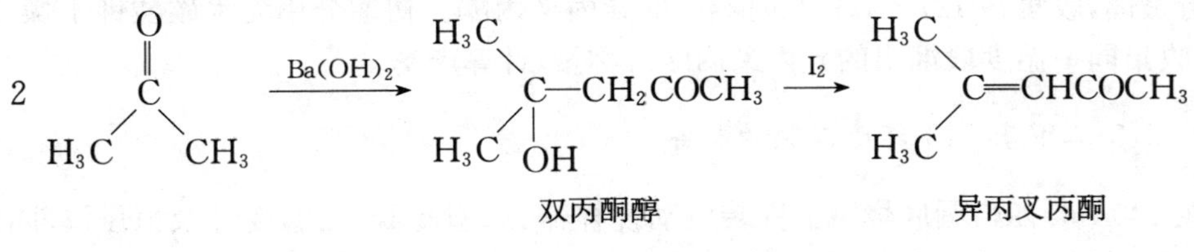

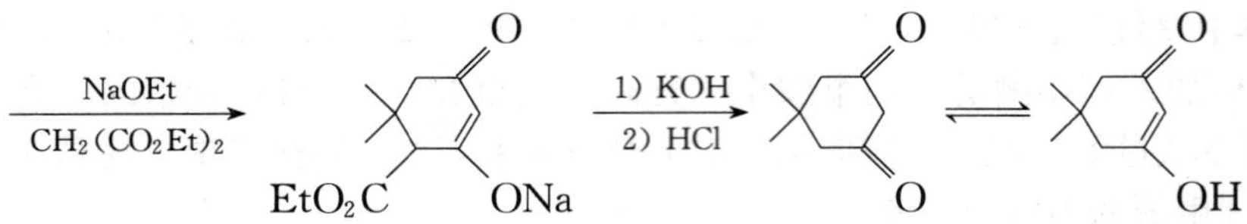

5,5-二甲基-1,3-环己二酮

【试剂与规格】

丙酮 A. R.;$Ba(OH)_2$ A. R.;碘 A. R.;无水乙醇 A. R.;金属钠 A. R.;丙二酸二乙酯 A. R.;氢氧化钾 A. R.;盐酸 A. R.。

【物理常数】

丙二酸二乙酯:相对分子质量 160.17,无色液体,有令人愉快的气味。d_4^{20} 1.055,熔点 −50 ℃,沸点 199 ℃,不溶于水,溶于乙醇、乙醚、氯仿和苯。

异丙叉丙酮:无色或浅黄色挥发性液体,具特有的香味,沸点为 128 ℃。

5,5-二甲基-1,3-环己二酮:熔点 149～150 ℃,白色至绿黄色针状或柱状结晶,溶于醇、氯仿、苯、乙酸及 50%醇水混合液。干燥的结晶性质稳定,但其溶液甚至在遮光下也能分解氧化。遇 $FeCl_3$ 显红色。

1. 双丙酮醇的制备

置 26.4 mL(22.8 g,0.36 mol)干燥丙酮于索氏提取器[1]的 50 mL 圆底烧瓶中。在提取套中放两块氢氧化钡,一块压在另一块上面,并用玻璃棉盖好[2]。油浴加热回流,控制油浴温度 100 ℃左右。反应进行到丙酮不再回流时为止,约需 100 h[3]。然后在烧瓶上放一分馏柱,将油浴加热至 120 ℃,蒸出残留的丙酮。将留于瓶内的双丙酮醇粗产物[4]移入 50 mL 克氏蒸馏瓶内进行减压蒸馏。开始时又蒸出些残留的丙酮。收集 62～64 ℃/13 mmHg 或 71～74 ℃/23 mmHg 时馏出的双丙酮醇。称量计算产率,产品为无色液体,具特异性气味。

2. 异丙叉丙酮的制备

将上步实验所得的双丙酮醇[4]及 1 小粒碘置于 50 mL 圆底烧瓶中,安装分馏装置,小心加热,收集下述馏分[5]:①85 ℃以下者含有丙酮及少量异丙叉丙酮;②85～126 ℃者含水及异丙叉丙酮;③126～130 ℃者含相当纯的异丙叉丙酮,将其直接收集在 50 mL 圆底烧瓶中。将分去水(水居于下层)后的馏分①用无水碳酸钾干燥,过滤,并入馏分③中重新进行蒸馏,收集在 127～129 ℃时蒸出的异丙叉丙酮。初馏分用无水碳酸钾干燥,重新蒸馏,收集同一温度段馏出的异丙叉丙酮。称量,计算产率。

3. 5,5-二甲基-1,3-环己二酮的制备

在 100 mL 四口圆底烧瓶上安装电动搅拌器、球型冷凝管、温度计及恒压漏斗,加入 40 mL 绝对无水乙醇,搅拌下逐渐加入 1.38 g(0.06 mol)洁净金属钠屑,制成醇钠的乙醇

溶液。冷却到室温后滴入 10 g(0.062 mol)丙二酸二乙酯(20 min 滴完)，搅拌 0.5 h。在水浴冷却下，缓慢滴加 6 mL(0.061 mol)异丙叉丙酮，然后加热到 50 ℃保持 2 h。减压蒸出大部分乙醇，残液冷却，有固体析出。过滤，再将此固体重新转移到上面的装置中，搅拌下滴入氢氧化钾溶液(7.5 g 氢氧化钾溶于 34 g 水)，温度保持在 60 ℃搅拌 4 h。降温到 30 ℃左右滴加 4 mol · L^{-1}稀盐酸，调节 pH＝4.5，析出大量固体，过滤得产品 5,5-二甲基-1,3-环己二酮。称量，计算产率。

【红外光谱数据】

IR　ν_{max}(KBr)/cm^{-1}：2956，2532，1907，1621，1519，1472，1412，1348，1305，1248，1227，1146，984，874，829，613，592，578，562，467，445。

【注释】

[1]　索氏提取器的提取套的面积应尽可能小些，而其冷凝管的下口直径应尽可能大些。这可使丙酮易于循环，从而加速反应。

[2]　必须注意，不可让氢氧化钡落入烧瓶中，因为它会使平衡移向生成丙酮的一方，因而降低双丙酮醇的产量。

[3]　反应可以多次中断，而对双丙酮醇的产量没有影响。

[4]　粗品中含有约 95%双丙酮醇，可不经纯化直接脱水转化为异丙叉丙酮。

[5]　所指定的温度范围只是大致的，因此应根据馏出液的性质来更换接收器。

【思考题】

1. 在制备双丙酮醇时，使用索氏提取器的目的是什么？
2. 5,5-二甲基-1,3-环己二酮的制备中，加入氢氧化钾水溶液的作用是什么？
3. 写出 5,5-二甲基-1,3-环己二酮制备实验中每一步操作的具体反应过程。

(刘永军)

实验 74　多组分反应——取代咪唑的制备

【实验目的】

1. 了解取代咪唑(substituted imidazoles)的制备方法；
2. 了解多组分反应(multi-component reaction，MCR)的原理，掌握微波辐射反应操作技术。

【实验原理】

多组分反应是指三种或三种以上的起始原料进行反应，用“一锅煮”(one-pot procedure)的方法最终生成一种终产物，在终产物结构中含有所有原料片断的合成方法。多组分反应可以实现快速大量地合成具有结构多样性和复杂性的化合物和建立相应的化合物库。

四取代咪唑类化合物是一类重要的杂环化合物，20 世纪 80 年代以来，其合成方法已多有报道，最常用的方法有下列几种：①通过杂环的重排来合成；②以 *N*-(2-氧)-氨基化合物与三氟乙酸铵为原料来合成；③以 *N*-芳基-*N*-(*β*-酮)-氨基化合物为原料来合成；④以苯偶酰、伯胺、羧酸和异腈为原料来合成；⑤以苯偶酰、芳醛、伯胺和乙酸铵为原料，四组分反应来合成 1,2,4,5-四取代咪唑类化合物。其中，苯偶酰、芳醛、伯胺和乙酸铵的四组分反应较为常见。

苯偶酰一般由苯偶姻氧化而得，本实验直接使用苯偶姻参与反应，简化了合成步骤，分别在三种不同反应条件下，实现了苯偶姻、苯甲醛、苯胺和乙酸铵四组分反应合成 1,2,4,5-四苯基取代咪唑类化合物。

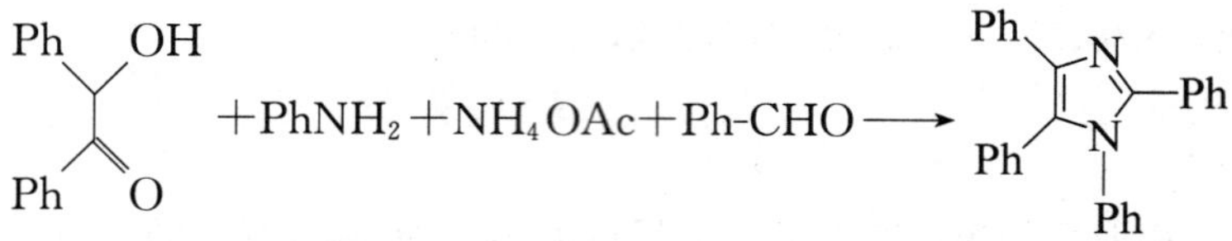

【试剂与规格】

苯偶姻 A. R.；苯胺 A. R.；乙酸铵 A. R.；苯甲醛 A. R.；乙醇 A. R.；石油醚 A. R.；乙酸乙酯 A. R.；蒙脱土 A. R.。

【物理常数】

1,2,4,5-四苯基咪唑：白色固体，熔点 216～218 ℃。

【实验步骤】

方法一：

在干燥的 100 mL 三口烧瓶中，将苯偶姻（0.02 mol，4.24 g）、苯胺（0.02 mol，1.86 g）、乙酸铵（0.02 mol，1.54 g）、苯甲醛[1]（0.02 mol，2.12 g）溶于 50 mL 乙醇中，加热回流，TLC 检测，反应约 1 h 完成。冷却，抽滤得固体，柱层析（$V_{石油醚}:V_{乙酸乙酯}=8:1$）即得产物。称量，计算产率。

方法二：

在干燥的 100 mL 三口烧瓶中，将苯偶姻（0.02 mol，4.24 g）、苯胺（0.02 mol，1.86 g）、乙酸铵（0.02 mol，1.54 g）、苯甲醛（0.02 mol，2.12 g）溶于 50 mL 乙醇中，并将此体系置于微波炉中，定温 78 ℃，TLC 检测，反应约 5 min 完成。冷却，抽滤得固体，柱层析（$V_{石油醚}:V_{乙酸乙酯}=8:1$）即得产物。称量，计算产率。

方法三：

在干燥的 100 mL 三口烧瓶加入苯偶姻（0.02 mol，4.24 g）、苯胺（0.02 mol，1.86 g）、乙酸铵（0.02 mol，1.54 g）、苯甲醛（0.02 mol，2.12 g）和 10 g 蒙脱土，混匀，将此体系置于微波炉中，定温 60 ℃[2]，TLC 检测，反应约 5 min 完成。柱层析（$V_{石油醚}$：

$V_{乙酸乙酯}$ = 8 ∶ 1)即得产物。称量,计算产率。

【光谱数据】

IR　ν_{KBr}/cm^{-1}:1600(C=C),1575(C=N),1495,754,695。

^{1}H NMR($CDCl_3$,500 MHz)　δ:6.80~7.60(m,20H,Ph-H)。

^{13}C NMR($CDCl_3$,500 MHz)　δ:123.3,125.1,126.1,127.9,128.0,128.3,128.5,128.8,129.7,130.1,133.3,134.2,137.0,137.1,138.5。

【注释】

[1]　如储存时间较长,使用前必须重蒸。

[2]　温度过高会导致反应体系颜色变深从而产率下降,温度过低会导致反应速率下降而使反应不完全。

【思考题】

比较所采用的几种实验方法的实验结果。

(刘永军)

实验 75　Biginelli 反应——3,4-二氢嘧啶-2-酮的制备

【实验目的】

1. 掌握室温离子液体的含义及其在有机合成中的应用;
2. 掌握 1-甲基-3-丁基咪唑溴盐的制备方法;
3. 掌握 1-甲基-3-丁基咪唑的糖精钠盐的制备方法;
4. 了解利用无毒离子液体[BMIm]Sac 和[BMIm]Br 催化 Biginelli 反应。

【实验原理】

室温离子液体(room temperature ionic liquids)顾名思义就是完全由离子组成的液体,是低温(<100 ℃)下呈液态的盐,也称为低温熔融盐,一般由有机阳离子和无机阴离子(BF_4^-、PF_6^- 等)组成。早在 1914 年就发现了第一种离子液体——硝基乙胺,但其后此领域的研究进展缓慢。直到 1992 年,Wikes 领导的研究小组合成了低熔点、抗水解、稳定性强的 1-乙基-3-甲基咪唑四氟硼酸盐离子液体([EMIm]BF_4),离子液体的研究才得以迅速发展,随后开发出了一系列的离子液体体系。最初的离子液体主要用于电化学研究,近年来离子液体作为绿色溶剂用于有机及高分子合成受到重视。

室温离子液体是一种新型的溶剂和催化剂。它们对有机、金属有机、无机化合物有很好的溶解性。由于没有蒸气压,可以用于高真空下的反应。同时又无味、不燃,在作为环境友好的溶剂方面有很大的潜力。离子液体为极性,可溶解作为催化剂的金属有机化合物,替代对金属配位能力强的极性溶剂如乙腈等。溶解在离子液体中的催化剂,同时具有

均相和非均相催化剂的优点。催化反应有高的反应速度和高的选择性，产物可通过静止分层或蒸馏分离出来。留在离子液体中的催化剂可循环使用。

最近，室温离子液体由于其低蒸气压、环境友好、高催化率和易回收等特点，在有机合成中得到广泛的关注，如傅瑞德尔-克拉夫茨烷基化和酰基化、第尔斯-阿尔德反应、Heck 反应、Suzuki 反应、曼尼希反应和醛酮缩合反应等。

离子液体也被用于萃取特殊的化合物，如代替 HF 溶解油母岩、由天然产物中萃取多肽。据文献报道，离子液体还可用于核废料的回收处理。离子液体的溶解性可通过变化阴离子或阳离子中烷基链的长短而改变。因此，人们称离子液体为“可设计合成的溶剂”。

本实验利用正溴丁烷与 1-甲基咪唑反应合成离子液体——1-甲基-3-丁基咪唑溴盐，反应方程式为

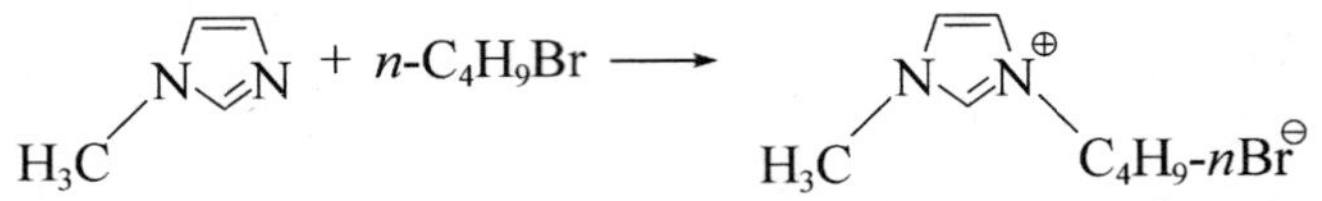

糖精的化学名称为邻苯甲酰磺酰亚胺。糖精钠是有机化学合成产品，是具有甜味的化学合成添加剂，对人体无任何营养价值；相反当食用较多糖精钠时，会影响肠胃消化酶的正常分泌，降低小肠的吸收能力，使食欲减退。本实验即利用价廉易得的糖精，与离子液体 1-甲基-3-丁基咪唑的溴盐在微波条件下反应，制得 1-甲基-3-丁基咪唑的糖精钠盐，反应方程式为

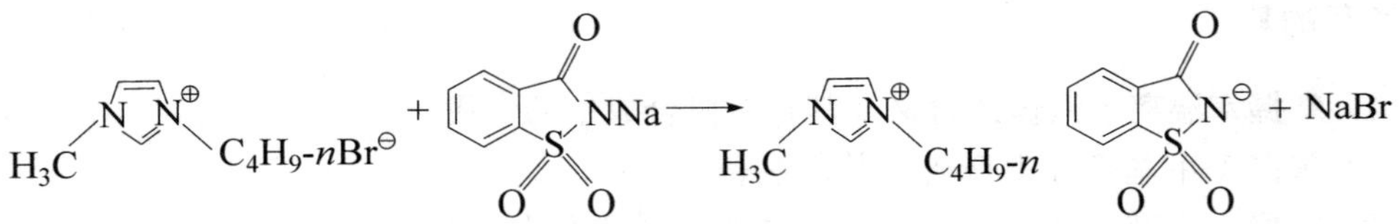

1893 年 Biginelli 首次报道了用苯甲醛、尿素和乙酰乙酸乙酯三组分以乙醇作为溶剂，在浓盐酸的催化下“一锅煮”得到 3,4-二氢嘧啶-2(1*H*)-酮，并命名该类反应为 Biginelli 反应。Biginelli 反应最大的优点是操作简单，“一锅煮”即可得到产物，但缺点是收率较低(20%～50%)。为了提高产率，人们做了大量的工作，通过各种改进方法，使反应产率显著提高，有的高达 90%以上。改进的工作主要集中在两方面：一是使用更好的催化剂，如 $CoCl_2 \cdot 6H_2O$、$NiCl_2 \cdot 6H_2O$、离子液体、三溴化铟等催化剂；二是用其他方法，如微波促进、固相合成等，均得到了高产率的 3,4-二氢嘧啶-2(1*H*)-酮。

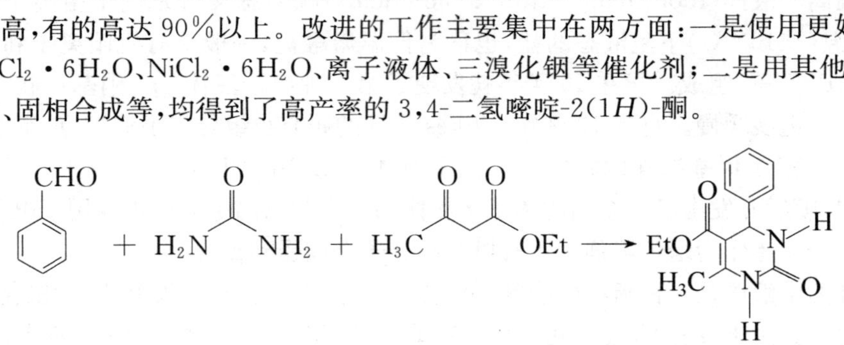

【试剂与规格】

1-甲基咪唑 C. P.；1，1，1-三氯乙烷 C. P.；糖精钠 C. P.；丙酮 C. P.；硅藻土 C. P.；苯甲醛 C. P.；尿素 C. P.；无水乙醇 C. P.；石油醚 C. P.。

【物理常数】

1-甲基咪唑：无色至淡黄色透明液体，相对分子质量 82.10，沸点 198 ℃（94 ℃/12 mmHg），常用作有机合成中间体和树脂固化剂、黏合剂等。

1，1，1-三氯乙烷：无色液体，相对分子质量 133.42，熔点−32.5 ℃，沸点 74.1 ℃，d_4^{20} 1.35，不溶于水，溶于乙醇、乙醚等，主要用作溶剂、金属清洁剂等。

4-苯基-5-乙氧羰基-6-甲基-3，4-二氢嘧啶-2（1*H*）-酮：白色针状结晶，相对分子质量 260.29，熔点 204～205 ℃，不溶于水，微溶于乙醇。

【实验步骤】

1. 室温离子液体——溴化 1-甲基-3-丁基咪唑的制备（[BMIm]Br）

在 50 mL 圆底烧瓶中加入 3.0 g(0.037 mol)1-甲基咪唑，加入 20 mL 1，1，1-三氯乙烷作溶剂，在磁力搅拌下，用恒压滴液漏斗缓慢滴加正溴丁烷 5.0 g(0.036 mol)，约 40 min 滴完[1]，溶液变混浊。将滴液漏斗撤下，换上球型冷凝管，加热回流 2 h[2]，反应完毕。用旋转蒸发仪将 1，1，1-三氯乙烷蒸出[3]，得到溴化 1-甲基-3-丁基咪唑，为黏稠状液体[4]。

2. 室温离子液体——1-甲基-3-丁基咪唑糖精钠盐（[BMIm] Sac）的制备

在 50 mL 单口圆底烧瓶中加入 8.0 g(0.036 mol) [BMIm]Br、4.0 g(0.036 mol)糖精钠，置于微波合成仪中，装上球型冷凝管，设定功率为 600 W，反应时间为 5 min。反应完毕，加入 25 mL 丙酮，充分摇动，在布氏漏斗上铺上一层 2 cm 厚度的硅藻土后，小心抽滤[5]，滤液用旋转蒸发仪蒸出丙酮，剩余物于 90 ℃下真空干燥 24 h[6]，即得到 1-甲基-3-丁基咪唑的糖精钠盐，为鱼腥味的红棕色黏稠液体。

3. 4-苯基-5-乙氧羰基-6-甲基-3，4-二氢嘧啶-2（1*H*）-酮的制备（Biginelli 反应）

在 25 mL 三口烧瓶中依次加入尿素 1.2 g(0.02 mol)、苯甲醛 2.1 g(0.02 mol)、乙酰乙酸乙酯 2.6 g(0.02 mol)[7]、离子液体 2 滴[8]，装上球型冷凝管和温度计，在磁力搅拌下，缓慢升温至 100 ℃[9]，大约 1 h 后，开始有大量白色固体析出，继续保温反应 0.5 h，停止反应[10]。过滤，滤饼用少量石油醚分 2 次洗涤[11]，抽滤所得的粗产品用无水乙醇重结晶后，得白色针状结晶，称量，计算产率。

【图谱】

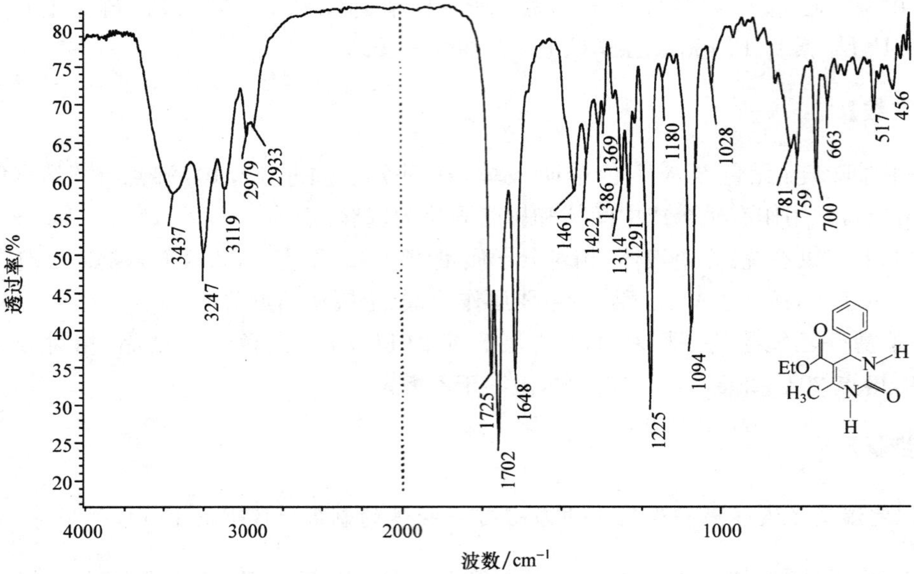

图 5-6　4-苯基-5-乙氧羰基-6-甲基-3,4-二氢嘧啶-2(1*H*)-酮的红外谱图

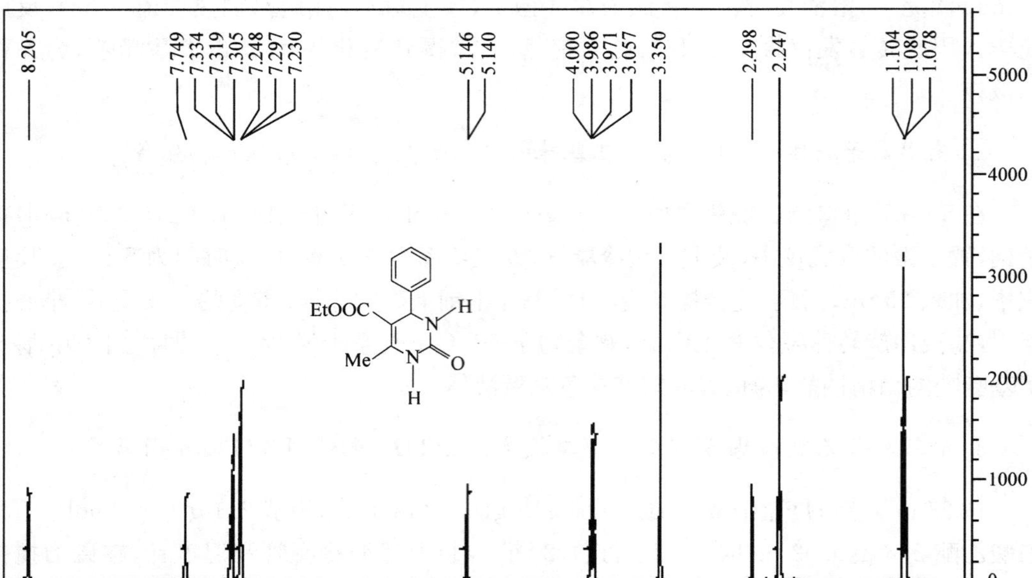

图 5-7　4-苯基-5-乙氧羰基-6-甲基-3,4-二氢嘧啶-2(1*H*)-酮的核磁共振氢谱

【注释】

[1]　要注意控制搅拌速度和滴加速度，使两种原料缓慢混合均匀。

[2]　滴完后，迅速换上球型冷凝管回流，1,1,1-三氯乙烷的沸点为 74.1 ℃，应控制回流速度，不宜过快。

[3]　将旋蒸仪的水浴温度缓慢上升至 80 ℃，0.1MPa 下旋蒸 40 min，将 1,1,1-三氯乙烷完全蒸出。

[4]　得到的离子液体为红棕色黏稠状液体，可以不经处理直接作为催化剂和溶剂应用于有机化合物的合成。

[5]　反应结束后，生成的溴化钠沉淀很细，所以应在布氏漏斗上先铺上一层硅藻土，再小心过滤。

[6]　将丙酮蒸出后，继续升温至 90 ℃，将溶剂彻底蒸干，不然会影响产物的纯度，如果条件允许，可用真空干燥箱干燥过夜。

[7]　注意加料顺序：由于苯甲醛和乙酰乙酸乙酯易挥发，因此应先加入尿素，再加入苯甲醛和乙酰乙酸乙酯，加完后应迅速安装球型冷凝管，进行反应。

[8]　离子液体的用量不宜过多，否则会导致最后析出的固体黏稠，不易处理。

[9]　在搅拌下，将温度控制在 100 ℃以内，使尿素溶解，体系变为澄清液体，如温度过高，会有副产物吡啶酮生成。

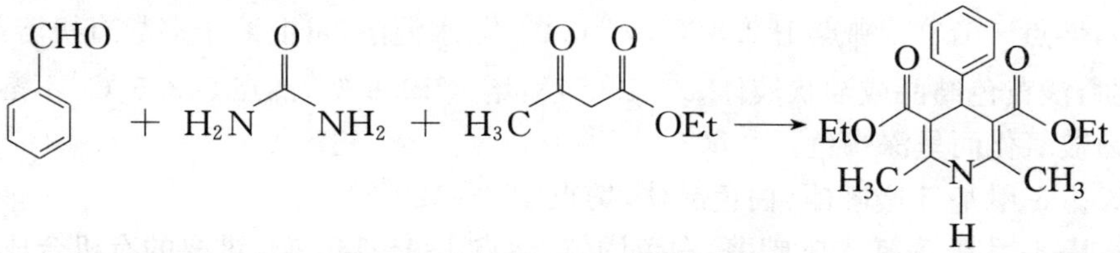

[10]　反应开始析出固体时，先不要急于停止反应，当有大量固体析出时，再停止反应，以提高产率。

[11]　用石油醚洗涤的目的是除去可能未反应的苯甲醛、乙酰乙酸乙酯及少量杂质。

【思考题】

1. 什么是 Biginelli 反应？

2. 何为离子液体？在有机合成中有哪些应用？

（王书文）

实验 76　1-苯基-3-甲基-5-氯-4-吡唑醛的合成

【实验目的】

了解 1-苯基-3-甲基-5-氯-4-吡唑醛（5-chloro-3-methyl-1-phenyl-1*H*-pyrazole-4-carbaldehyde）的制备原理和方法。

【实验原理】

吡唑类化合物是一种具有广泛生物活性的杂环化合物，在医药、农药领域有广泛的应用，如医用药物安替比林，具有镇痛、消炎、退热作用。

本实验首先使用乙酰乙酸乙酯和苯肼缩合制得 1-苯基-3-甲基-5-吡唑酮，然后与 $POCl_3$ 和 *N*,*N*-二甲基甲酰胺(DMF)反应，得到产物 1-苯基-3-甲基-5-氯-4-吡唑醛。合成路线如下：

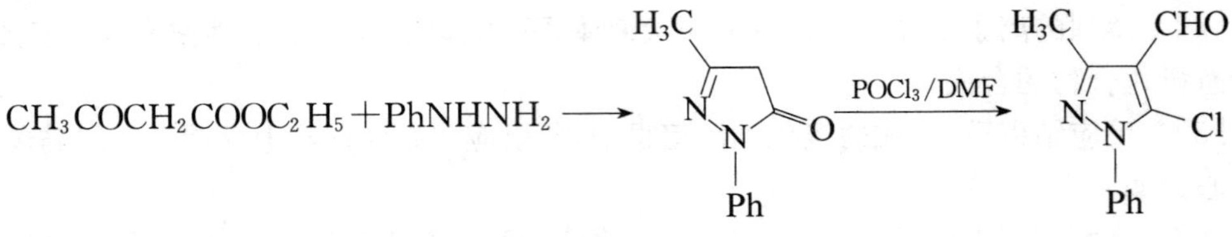

【试剂与规格】

三氯氧磷 A. R.；*N*,*N*-二甲基甲酰胺(DMF) A. R.；苯 A. R.；苯肼 A. R.；无水乙醇 A. R.；乙酰乙酸乙酯 A. R.。

【物理常数】

N,*N*-二甲基甲酰胺(DMF)：相对分子质量 73.10，无色液体，有微弱的特殊臭味，闪点 58 ℃，熔点－61 ℃，沸点 152.8 ℃，d_4^{20} 0.94，与水混溶，可混溶于多数有机溶剂。

苯肼：浅黄色结晶或油状液体，d_4^{20} 1.0978，熔点 19.6 ℃，沸点 243.5 ℃，不溶于水，在空气中易被氧化而呈深褐色。

1-苯基-3-甲基-5-吡唑酮：白色晶体，熔点 127～129 ℃。

1-苯基-3-甲基-5-氯-4-吡唑醛：白色固体，熔点 139～140 ℃，重要的有机合成中间体。

1. 1-苯基-3-甲基-5-吡唑酮的合成

100 mL 三口烧瓶中加入 5.4 g(0.05 mol)苯肼[1]和 20 mL 无水乙醇，搅拌加热至 50 ℃左右，慢慢滴加 6.5 g(0.05 mol)乙酰乙酸乙酯，温度控制在 50～70 ℃，滴加完毕，继续回流 5 h，然后浓缩反应混合物[2]，冷却析出浅黄色固体。过滤，无水乙醇重结晶，得产物 1-苯基-3-甲基-5-吡唑酮。

2. 1-苯基-3-甲基-5-氯-4-吡唑醛的合成

在 100 mL 三口烧瓶中加入 3 g(0.04 mol)DMF(*N*,*N*-二甲基甲酰胺，重蒸)，保持温度在 0～5 ℃，慢慢滴加 3.1 g(0.02 mol)三氯氧磷(重蒸)，滴加完毕，于室温下加入 7.0 g (0.04 mol) 1-苯基-3-甲基-5-吡唑酮，反应放热，温度急剧升至 110 ℃左右，降温使之在 50～55 ℃下反应 3 h，然后加入 6.2 g(0.04 mol)三氯氧磷，于 100 ℃反应 10 h，冷却，将反应液慢慢倒入水中，放置 0.5 h 后，析出的固体经过滤，重结晶，干燥，得产物 1-苯基-3-甲基-5-氯-4-吡唑醛。称量，计算产率。

【注释】

［1］ 苯肼有腐蚀性，使用时需小心。

［2］ 可使用旋转蒸发仪浓缩。

【思考题】

在 1-苯基-3-甲基-5-氯-4-吡唑醛制备中，DMF 和三氯氧磷的作用是什么？

（刘永军）

实验 77　3-烷基/芳基-4-氨基-5-巯基-1，2，4-三唑的制备

【实验目的】

了解 3-烷基/芳基-4-氨基-5-巯基-1，2，4-三唑（3-alkyl/aryl-4-amino-5-mercapto-1，2，4-triazole）的制备原理和方法。

【实验原理】

均三唑类衍生物具有广谱的生物活性，如抗真菌、抗细菌、杀微生物、降压、降低胆甾醇、CNS 抑制、消炎、杀虫、抗肿瘤等。

脂肪基取代的均三唑，常利用硫代对称二氨基脲和过量的羧酸回流关环制得。

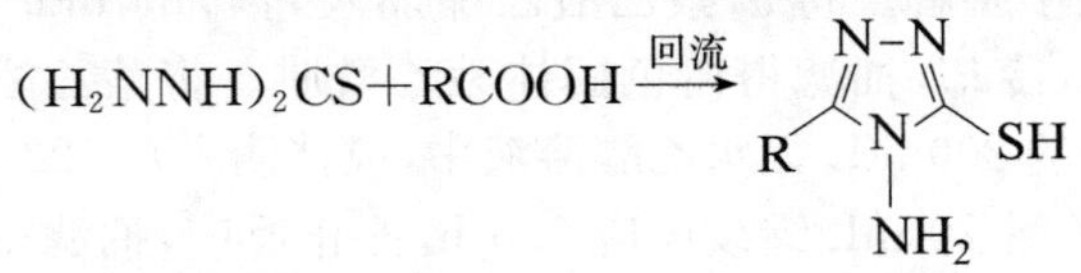

芳香取代的均三唑多利用 Reid 和 Heindel 报道的方法来制备：

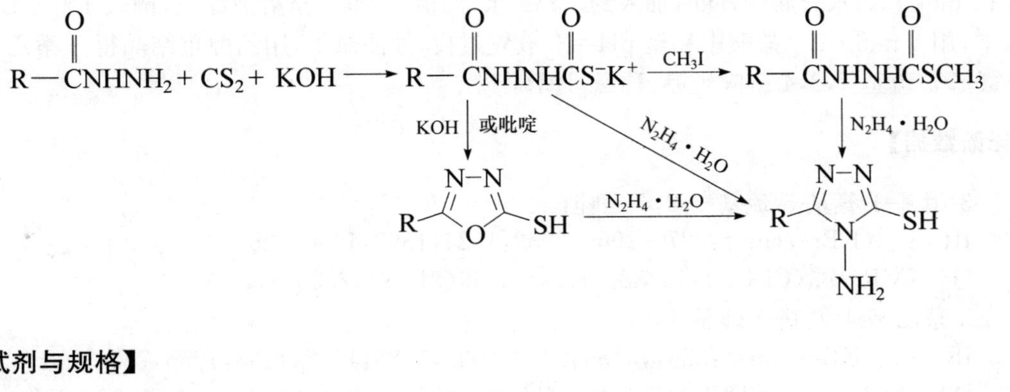

【试剂与规格】

三氯氧磷 A. R.；二硫化碳 A. R.；水合肼（85%）A. R.；无水乙醇 A. R.；95%乙醇 A. R.；乙醚 A. R.；浓盐酸 A. R.；乙酸 A. R.；α-萘乙酸乙酯 A. R.；苯 A. R.；浓硫酸 A. R.；碳酸钾 A. R.；氢氧化钾 A. R.；无水硫酸镁 A. R.。

【物理常数】

3-甲基-4-氨基-5-巯基-1,2,4-三唑:无色固体,熔点 199～201 ℃。

3-萘乙基-4-氨基-5-巯基-1,2,4-三唑:无色晶体,熔点 197～198 ℃。

1. 硫代对称二氨基脲的制备

量取 13 mL 二硫化碳[1],搅拌下滴入到 50 mL 85%水合肼[2]和 78 mL 水的混合液中,90 ℃下回流 1 h。冰浴冷却 0.5 h,抽滤,沉淀先后用少量乙醇和乙醚洗涤,母液继续反应两次,粗产物合并,用几滴浓盐酸酸化的水重结晶,熔点 169～171.5 ℃。

2. 3-甲基-4-氨基-5-巯基-1,2,4-三唑的合成

称取硫代对称二氨基脲 3.2 g(0.03 mol),加入 10 mL 乙酸,回流 4 h,反应结束。冷却至室温,减压蒸除未反应的乙酸,得粗产品,用 95%乙醇或水重结晶,得到 3-甲基-4-氨基-5-巯基-1,2,4-三唑纯品,称量,计算产率。

3. 3-萘乙基-4-氨基-5-巯基-1,2,4-三唑的合成

称取 27.9 g(0.15 mol)α-萘乙酸加入到 50 mL 无水乙醇、30 mL 苯及 8 mL 浓硫酸的混合液中,利用分水器除水,回流 24 h。将反应物倾入盛有 150 g 碎冰的 1000 mL 烧杯中,在搅拌下慢慢加入 K_2CO_3 直至无气体逸出。用乙醚萃取,用无水硫酸镁干燥乙醚层,蒸去乙醚,粗品直接用于肼解。将 α-萘乙酸乙酯加入到 0.35 mol 85%水合肼和 40 mL 无水乙醇中,回流 2 h,冷却,抽滤得白色固体萘乙酰肼。将萘乙酰肼加入到溶有 6.8 g(0.122 mol)氢氧化钾的 200 mL 无水乙醇溶液中,搅拌滴入 0.122 mol 二硫化碳,室温反应 14 h 后,加入无水乙醚 70 mL 继续反应 0.5 h,停止反应,抽滤得钾盐。用30 mL无水乙醚洗涤 2 次,60 ℃下真空干燥,产率近乎定量。然后,称取 0.05 mol 上述钾盐,加入到 0.16 mol 85%水合肼中,同时加入约 4 mL 水,回流 4～6 h 至溶液绿色,倒入 100 mL 冰水中,用 6 mol · L^{-1}盐酸中和至 pH=3,放置过夜,抽滤烘干,用乙醇重结晶得 3-萘乙基-4-氨基-5-巯基-1,2,4-三唑纯品,称量,计算产率。

【光谱数据】

3-甲基-4-氨基-5-巯基-1,2,4-三唑:

IR　ν_{max}(KBr)/cm^{-1}:3270,2966,2932,1624,1597,1490,1255,784。

^{1}H NMR　δ_H($CDCl_3$):13.32(1H,s),5.49(2H,s),2.20(3H,s)。

3-萘乙基-4-氨基-5-巯基-1,2,4-三唑:

IR　ν_{max}(KBr)/cm^{-1}:3261,3156,2973,2931,1625,1597,1493,1253,785。

^{1}H NMR　δ_H($CDCl_3$):13.48(1H,s),7.36～8.10(7H,m),5.56(2H,s),4.52(2H,s)。

【注释】

[1]　二硫化碳极易挥发,高度易燃,使用时必须小心。

[2]　也可使用 50%或 80%的水合肼。

【思考题】

用水重结晶硫代对称二氨基脲时，为什么要使用几滴浓盐酸酸化的水？

（刘永军）

实验 78　哌嗪二酮类化合物的制备

【实验目的】

1. 学习双分子缩合反应制备哌嗪二酮(piperazinedione)的原理及方法；
2. 掌握回流、重结晶等的实验操作方法。

【实验原理】

哌嗪二酮是结构最小的环二肽，在药物化学中是一种重要的药效基团，现已发现许多有活性的天然产物中含有哌嗪二酮结构。哌嗪二酮以其稳定的六元环结构和分子多样性的优点引起人们越来越多的兴趣。本实验采用分子间缩合反应制备哌嗪二酮，具有反应路线短、原料廉价易得、反应条件温和等优点。

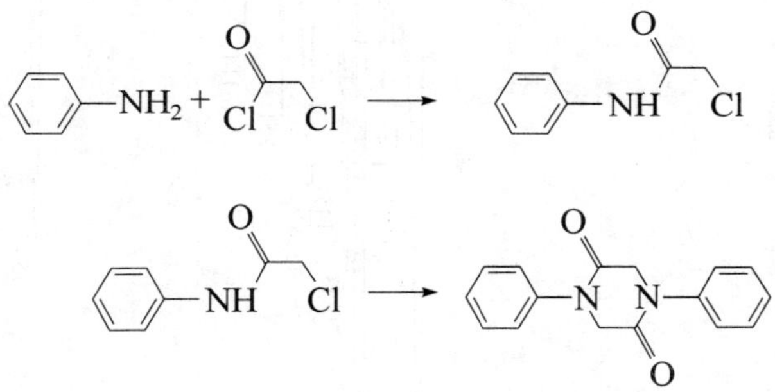

【试剂与规格】

苯胺 C. P.；三乙胺 C. P.；苯 C. P.；氯乙酰氯 C. P.；无水丙酮 C. P.；碳酸钾 C. P.；乙醇 C. P.；NaI C. P.。

【物理常数】

氯乙酰氯：有刺激气味的无色液体。相对分子质量 112.94，熔点 −21.77 ℃，沸点 107 ℃，n_D^{20} 1.4541，溶于丙酮，与乙醚混溶。用于制备氨基酸和其他有机合成。多种药物如利眠宁、安定、硝基安定、利多卡因、益康唑等的中间体。有机合成试剂，如氨基保护，制取 *N*-氯乙酰基保护的氨基酸衍生物。

1. *N*-苯基氯乙酰胺的制备

将 9.31 g(0.1 mol) 苯胺、10.61 g(0.105 mol)三乙胺、70 mL 苯加入到三口烧瓶中，水浴冷却[1]，搅拌下滴加 11.29 g(0.1 mol)氯乙酰氯[2]，有大量白烟生成，45 min 滴完。室温下搅拌 4 h，过滤，氯仿洗涤、水洗除去三乙胺盐，干燥，得片状晶体 *N*-苯基氯乙酰胺，产率 90%。

2. 1,4-二苯基-2,5-哌嗪二酮的制备

在三口烧瓶中加入 3.39 g(20.0 mmol) *N*-苯基氯乙酰胺、30 mL 无水丙酮、1.52 g (11.0 mmol) 碳酸钾及少量 NaI。搅拌回流 5 h，冷却后，用 30～50 mL 水洗，析出固体。滤出后用水洗涤、干燥，粗产品用乙醇重结晶，得 1,4-二苯基-2,5-哌嗪二酮纯品，称量，计算产率。

【图谱】

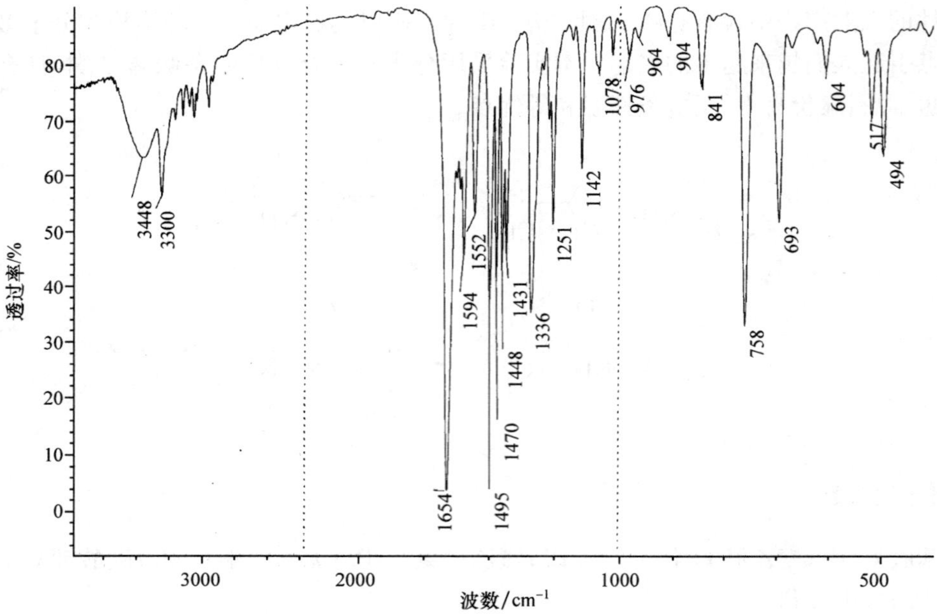

图 5－8　1,4-二苯基-2,5-哌嗪二酮的红外光谱图(KBr 压片)

【注释】

[1]　反应温度应控制在 0～5 ℃。

[2]　氯乙酰氯用前需重蒸。

【思考题】

设计并合成取代苯基-2,5-哌嗪二酮化合物。

（温永红）

实验 79　1-苯基-2-氰基-3-[*N*，*N*-双(三甲基硅基)胺基]茚的制备

【实验目的】

1. 了解 1-苯基-2-氰基-3-[*N*,*N*-双(三甲基硅基)胺基][3-(bis(trimethylsilyl)amino)-1-phenyl-1*H*-indene-2-carbonitrile]茚的制备方法；

2. 进一步熟悉无水无氧实验操作。

【实验原理】

茚类化合物是一种重要的有机合成中间体，在药物合成、催化化学、金属配位化学、聚合物和天然产物的合成中有着广泛的应用。很多茚骨架构建方法都存在着一定的局限性，主要是操作步骤困难、反应条件苛刻等。例如，在 $Mo(CO)_6$ 等金属配合物催化下，苯负离子环戊烯可重排合成茚、3-乙烯基环戊烯经光化学重排构成茚核。

近年来，稀土金属在有机合成中发挥着越来越独特的作用。其中金属钐试剂主要包括二碘化钐、三碘化钐和钐/辅助试剂等，在合成天然产物等领域的研究已有综述报道。本实验经以下合成路线，使用金属钐作为还原剂合成了茚衍生物——1-苯基-2-氰基-3-[*N*,*N*-双(三甲基硅基)胺基]茚。

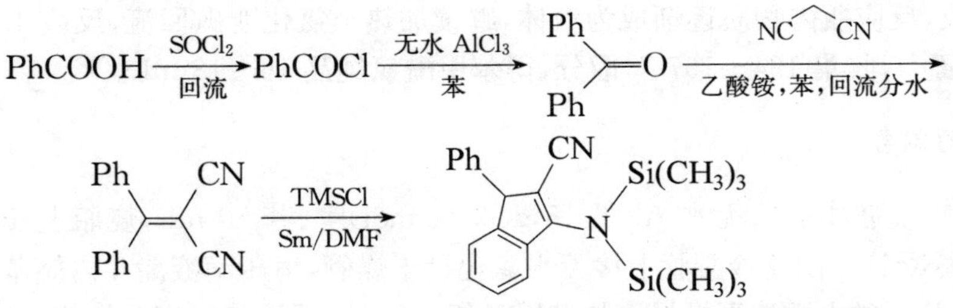

1-苯基-2-氰基-3-[*N*,*N*-双(三甲基硅基)胺基]茚

【试剂与规格】

苯甲酸 A. R.；氯化亚砜 A. R.；苯 A. R.；无水三氯化铝 A. R.；浓盐酸 A. R.；丙二腈 A. R.；乙酸 A. R.；乙酸铵 A. R.；高纯钐粉；三甲基氯硅烷(TMSCl) A. R.；*N*,*N*-二甲基甲酰胺(DMF) A. R.；乙酸乙酯 A. R.；环己烷 A. R.；高纯氮；硅胶 GF_{254} A. R.；无水氯化钙 A. R.；无水硫酸钠 A. R.；饱和食盐水、饱和碳酸钠溶液。

【物理常数】

氯化亚砜：相对分子质量 118.97，无色或淡黄色发烟液体，有刺激性气味。

d_4^{20} 1.676，熔点 −104.5 ℃，沸点 78.8 ℃。蒸气相对密度 4.1，蒸气压 14.66 kPa (110 mmHg)/26 ℃。与苯、氯仿、四氯化碳混溶，遇水分解生成氯化氢及二氧化硫。有腐蚀性。加热至 140 ℃以上分解生成氯气、二氧化硫、二氯化二硫，500 ℃分解完全。

苯甲酰氯：无色或浅黄色透明液体，具有特殊刺激性气味，酸性腐蚀物品。熔点 −0.5 ℃，沸点 197.2 ℃，密度 1.2120 g · cm^{-3}(20 ℃)，n_D^{20} 1.5537，闪点 72 ℃。遇水、氨或乙醇逐渐分解，生成苯甲酸、苯甲酰胺或苯甲酸乙酯和氯化氢。溶于乙醚、氯仿、苯和二硫化碳。暴露于空气中发烟，有特殊的刺激性臭味，蒸气刺激眼黏膜，有催泪作用。

丙二腈：相对分子质量 66.06，无色结晶，熔点 30.5 ℃，沸点 220 ℃，蒸汽压 2.67 kPa/109 ℃，闪点 112 ℃，d_4^{20} 1.05。溶于水、醇、苯，微溶于氯仿、乙酸。对环境有危害，应特别注意对水体的污染。毒性似氰化物，高毒类。遇明火、高热可燃。与强氧化剂可发生反应。受热分解放出有毒的氧化氮烟气。

三甲基氯硅烷(TMSCl)：相对分子质量 108.64，无色至淡黄色透明液体。熔点 −40 ℃，沸点 57.6 ℃，d_4^{20} 0.85。蒸汽压 13.33 kPa/25 ℃，闪点 −28 ℃。溶于苯、乙醚。

二苯甲酮：相对分子质量 182.22，白色有光泽的菱形结晶，有甜味，具玫瑰香味。熔点 48.5 ℃，沸点 305.4 ℃，224.4 ℃/13.3 kPa，141.7 ℃/0.67 kPa，d_4^{20} 1.1146，n_D^{20} 1.6077。溶于乙醇、乙醚、氯仿，不溶于水。

1-苯基-2-氰基-3-[*N*,*N*-双(三甲基硅基)胺基]茚：无色晶体，熔点 129～130 ℃。

1. 苯甲酰氯的制备

称取 24 g(0.2 mol)苯甲酸置于 100 mL 三口烧瓶中，安装恒压滴液漏斗、球型冷凝管。球型冷凝管接 10%碳酸钠水溶液的气体吸收装置，恒压滴液漏斗内储氯化亚砜 20 mL(0.28 mol)。开始加热烧瓶同时滴加氯化亚砜。碳酸钠溶液上立刻有酸雾出现。20 min 后滴加结束，反应瓶内物质逐渐成为液体，继续加热至氯化亚砜回流，反应 1.5 h。冷却，改成分馏装置[1]，收集 194～197 ℃馏分，得苯甲酰氯纯品 16～18 mL。

2. 二苯甲酮的制备

在 100 mL 三口烧瓶中加入无水 $AlCl_3$ 15 g(0.11 mol)[2]、苯 50 mL，烧瓶上安装恒压滴液漏斗、回流冷凝管。回流冷凝管上接无水氯化钙干燥管，恒压滴液漏斗内储苯甲酰氯 12 mL(0.10 mol)。磁力搅拌下慢慢滴加苯甲酰氯，20 min 后滴加结束。加热至回流，反应 1 h。冷却至室温，然后将反应液慢慢滴加到浓盐酸和碎冰中，将分出的苯层用 10%氢氧化钠水溶液洗涤后再分出苯层，旋蒸除去苯，得二苯甲酮粗产物，用乙醇重结晶得二苯甲酮纯品，称量，计算产率。

3. 二苯次甲基丙二腈的制备

向装有回流冷凝管的 100 mL 三口烧瓶中加入 9.1 g 二苯甲酮(0.05 mol)、4 g 丙二腈(0.06 mol)、3.2 g 无水乙酸铵、2 mL 乙酸、20 mL 无水苯。烧瓶上接回流分水装置。磁力搅拌，加热分水回流 55 h。冷却反应液，在分液漏斗中用水洗涤苯溶液，然后用无水硫酸钠干燥。过滤，滤液经旋蒸除去苯，得二苯次甲基丙二腈粗产物，用乙醇重结晶，得纯品约 7 g,计算产率。

4. 1-苯基-2-氰基-3-[*N*,*N*-双(三甲基硅基)胺基]茚的制备

向 50 mL 三口烧瓶[3]中加 0.3 g(2 mmol)金属钐粉,安装球型冷凝管,冷凝管上接 Schlenk 双排管。抽真空、充氮气,反复进行 3 次。然后加入 5 mL 无水 DMF[4],磁力搅拌。在室温下加入 0.46 g(2 mmol)二苯次甲基丙二腈,然后加入 0.8 mL(6 mmol)新蒸三甲基氯硅烷(TMSCl),反应液在 10 min 内变为深褐色,并可观察到放热现象。继续搅拌,40 ℃下反应 40 min。反应过程用 TLC 监控。反应结束后,向体系中加入 3 mL 稀盐酸(1 mol · L^{-1})终止反应。用乙酸乙酯萃取(10 mL 萃取 3 次),合并有机相,用 15 mL 饱和食盐水洗一次,无水硫酸钠干燥,旋蒸除去溶剂后,残余物用柱色谱分离得纯产物(硅胶 G,体积比为 1∶9 的乙酸乙酯与环己烷混合液为洗脱剂)。经无水乙醇重结晶后得纯品。称量,计算产率。

【光谱数据】

IR　ν_{max}(KBr)/cm^{-1}:3065,2956,2207,1587,1557,1498。

^{1}H NMR　δ_H(DMSO-d_6):7.29～7.49(6H,m),7.21～7.23(1H,m),7.12～7.13(2H,m),5.13(1H,s),0.22(9H,s),0.19(9H,s)。

^{13}C NMR　δ($CDCl_3$):164.2,147.3,143.0,137.1,129.2,129.1,128.1,127.8,127.7,124.6,121.6,117.4,113.4,54.5,2.5,2.3。

【注释】

[1]　尾气中含有 $SOCl_2$、HCl 和 SO_2 等酸气,必须用 10%Na_2CO_3 水溶液吸收。

[2]　$AlCl_3$ 强烈吸潮发烟,应迅速完成操作,所用仪器必须干燥。

[3]　反应装置要求绝对无水无氧,仪器必须预先充分干燥。

[4]　DMF 重蒸后,可经分子筛干燥后直接使用。

【思考题】

1. 在制备茚衍生物实验中,金属钐的作用是什么?
2. 试推测二苯次甲基丙二腈形成茚核的可能反应历程。
3. 本实验中的哪一操作涉及无水无氧操作技术?主要涉及哪种无水无氧操作技术?

(刘永军)

实验 80　溴硝醇的制备

【实验目的】

掌握一锅法合成溴硝醇(bronopol)的实验原理和方法。

【实验原理】

溴硝醇化学名称为 2-硝基-2-溴-1,3-丙二醇,因其杀菌、抗菌活性强,使用范围广,对

人及动物低毒，对环境低污染，而在日用化妆品行业中广泛使用。在农业上，溴硝醇对于广泛的植物病原细菌的遏制也有很好的效果。

生产溴硝醇的主要原料为硝基甲烷、液溴和37%甲醛水溶液。生产方法主要有两种：方法一是先将硝基甲烷进行溴化反应，再进行羟甲基化反应，此方法特点是中间产物一溴代硝基甲烷比较稳定，易于分离，但产率较低；方法二是先将硝基甲烷进行羟甲基化反应后再进行溴化反应，此方法在实验室中操作比较方便。

本实验采用方法二，并结合一锅法合成溴硝醇。羟甲基化反应生成的中间产物不需要分离，可以直接进行第二步溴化反应，操作简便，并且可以根据反应液的颜色变化确定溴滴加的终点，即反应终点，可避免溴加入过量。

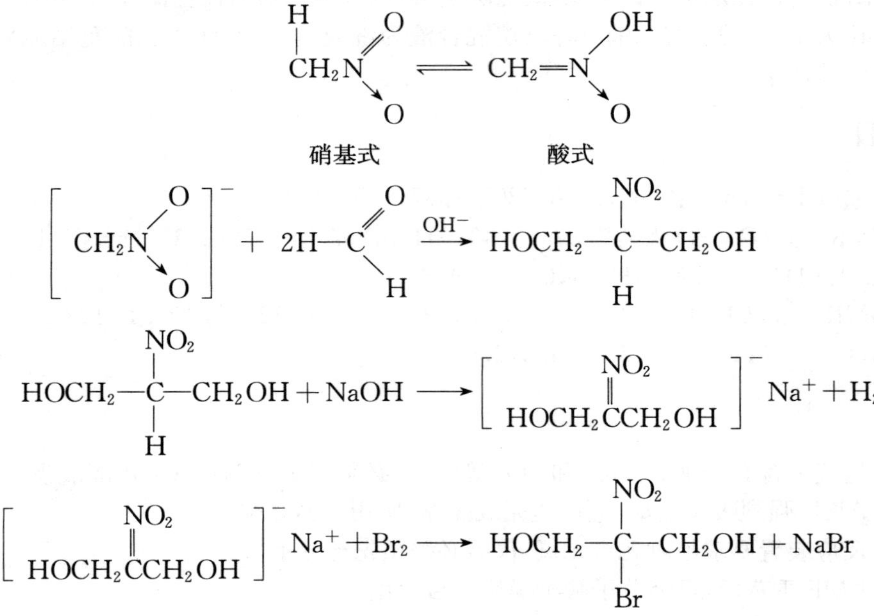

【试剂与规格】

硝基甲烷 C. P.；多聚甲醛 C. P.；甲醇 C. P.；40%氢氧化钠；液溴 C. P.；无水乙醇 C. P.。

【物理常数】

硝基甲烷(nitromethane)：无色透明油状液体，相对分子质量 61.04，熔点 28.55 ℃，沸点 101.23 ℃，d_4^{20} 1.1371，n_D^{20} 1.3819，闪点 45 ℃。具有较弱的芳香气味，易燃、易爆、微毒，难溶于水，可与乙醇、乙醚和丙酮等有机溶剂混溶。

多聚甲醛(paraformaldehyde)：低相对分子质量的为白色结晶粉末，d_4^{20} 1.39，闪点 70 ℃。具有甲醛味，不溶于乙醇，微溶于冷水，溶于稀酸、稀碱。

溴硝醇(bronopol)：白色结晶粉末，分子式 $C_3H_6BrNO_4$，相对分子质量 200，熔点 126～129 ℃。

【实验步骤】

向配有机械搅拌器、温度计、恒压滴液漏斗的 100 mL 三口烧瓶中依次加入 2.7 mL (0.05 mol)硝基甲烷[1]、3.0 g(0.10 mol)多聚甲醛和 40 mL 甲醇，冰盐浴冷却[2]。在剧烈搅拌下，自滴液漏斗缓慢滴加 5.0 mL(0.06 mol)40%氢氧化钠溶液[3]，滴加过程始终控制体系温度在−5～0 ℃，约需 1.5 h 滴加完毕。然后自滴液漏斗缓慢滴加 2.6 mL (0.05 mol)液溴[4]，控制体系温度在 15 ℃以下。随着液溴的滴加，悬浊液颜色逐渐变为粉色、淡黄色、直至橙黄色，约 1 h 滴加完毕。40 ℃下旋蒸除去溶剂[5]，然后用无水乙醇重结晶，得白色晶体。称量，计算产率。

【注释】

[1]　硝基甲烷有毒，有刺激作用，使用时应注意，避免吸入。

[2]　羟甲基化反应要求温度较低，应使用冰盐浴冷却反应体系，并注意随时增加冰块，保持要求的温度。

[3]　滴加 NaOH 溶液会放出大量的热，所以滴加应尽量缓慢。

[4]　液溴有毒且易挥发，应在通风橱内用移液管量取液溴，如果不小心将液溴滴在皮肤上应立即擦去，并尽快用酒精擦洗。控制滴加速度，避免局部温度过高。

[5]　注意温度不要超过 40 ℃。若温度低，将导致蒸馏时间长；而温度高，反应液容易变黏稠，会导致没有晶体析出。

【思考题】

1. 在溴硝醇的两种制法中，先溴化再羟甲基化及先羟甲基化再溴化，各有什么优缺点？
2. 怎样判断溴化反应是否结束？
3. 反应结束后，在蒸出部分溶剂时，温度为什么要控制在 40 ℃以下？

（于凤丽）

实验 81　微波辐射有机合成反应

自 20 世纪 80 年代中期利用微波代替传统加热方法促进有机反应获得成功以后，微波化学作为化学领域中一门新兴的边缘学科，取得了迅猛发展[1-6]。现已有敞开式、密闭式、回流式、管道流动式四种不同类型的微波催化反应装置进入实验室，并逐步进入药厂、化工厂和其他有关企业。

1. 微波催化有机反应原理

微波是波长在 100 cm 至 1 mm 范围内的电磁波，其交变电场与偶极分子相互作用的振动频率在每秒数十亿次以上。由于偶极分子难以振动这么快，跟不上交变电场的频率，产生“内摩擦”，从而产生能量，提高反应分子的平均动能和碰撞频率，加快有机化学反应速度。微波催化机制在于微波的能级恰好与极性分子的转动能级相匹配，使得微波被极性分子迅速吸收，进而使反应活性大为提高。因此，在极性反应体系中微波加快有机化学反应速度更加显著。

2. 常用微波催化合成仪

常用微波催化合成仪器有 10 余种，包括美国 CEM 公司的 Discover 系列和北京祥鹄科技发展有限公司的 XH 系列[7-8]。通常用于本科生实验教学的为 XH-100A 型祥鹄电脑微波催化合成/萃取仪。该仪器主要由微波催化反应仪主机、温度智能控制系统、高精度铂金温度传感器、回流冷凝系统等组成。图 5－9 为 XH-100A 电脑微波催化合成/萃取仪。

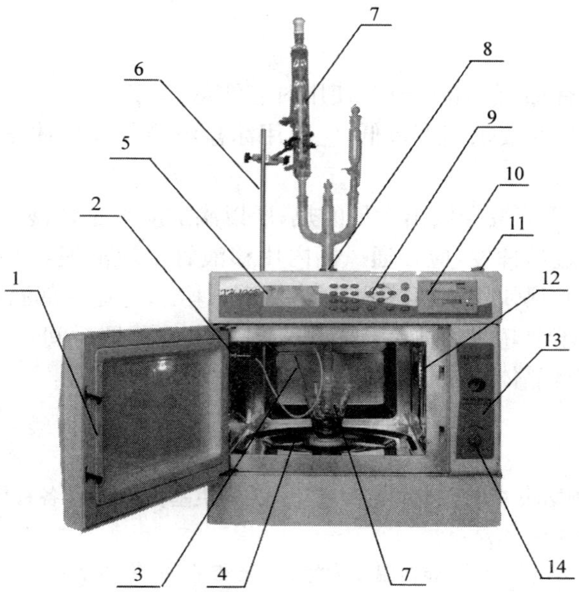

图 5－9　XH-100A 电脑微波催化合成/萃取仪

1. 炉门：多层防护，具有良好的微波屏蔽效果；2. 传感器插座；3. 高精度温度传感器：测温范围 0～300 ℃，测温精度± 0.2 ℃，控温精度，±0.2 ℃；4. 大容量不锈钢腔体；5. 液晶显示屏；6. 立柱及试管夹；7. 玻璃仪器；8. 波导截止管；9. 主面板键盘；10. 微型打印机；11. 整机电源开关；12. 照明灯；13. 侧面板；14. 电磁搅拌转速调节旋钮

3. 微波催化有机反应实验

1）酯化反应的微波催化

羧酸与醇反应生成羧酸酯是最经典的有机反应之一。常规加热回流，反应时间偏长，用微波催化反应可以大大缩短反应时间。

苯甲酸乙酯的微波制备方法：

在祥鹄微波催化合成萃取仪中装上 500 mL 三口烧瓶，分别加入 16 g 苯甲酸、50 mL 无水乙醇和 6 mL 浓硫酸，90 ℃下搅拌回流 10 min。将反应液倒入盛有 120 mL 冷水的烧杯中，在搅拌下分批加入碳酸钠粉末至无二氧化碳气体产生，pH 试纸检验呈中性。用分液漏斗分出有机相后，水层用 20 mL 乙醚萃取 3 次。合并有机相，用无水氯化钙干燥。抽滤，用旋转蒸发仪蒸去乙醚，减压蒸馏，收集 101～102 ℃/20 mmHg 馏分，称量，计算产率。

2）微波催化下 9-呫吨羧酸甲酯的正交设计合成

9-呫吨羧酸甲酯是合成呫吨类抗胆碱药物的一种重要的中间体。以 9-呫吨羧酸、无水甲醇为原料，在浓硫酸催化下一步酯化合成 9-呫吨羧酸甲酯，但是常规的酯化反应需要 18 h，反应时间较长。为了进一步优化实验条件，设计了在微波作用下对中间产物9-呫吨羧酸甲酯的正交设计合成，探讨催化剂用量、微波功率和时间对该酯化反应的影响，找到了最佳实验条件。

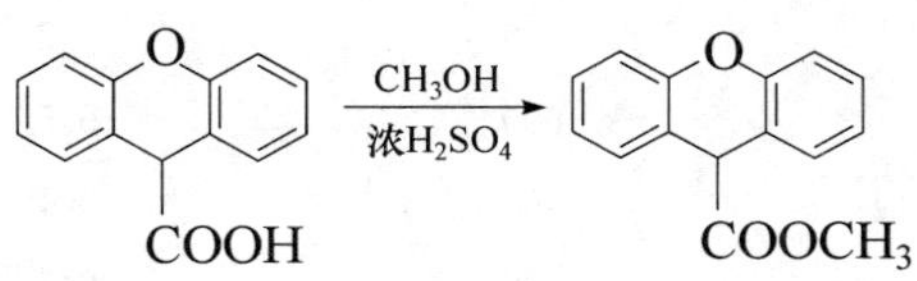

(1) 实验操作：

方法一　9-呫吨羧酸甲酯的常规方法合成[10-11]：100 mL 三口烧瓶中加入 1.4 g 9-呫吨羧酸、20 mL 氯仿，搅拌溶解。再加入 1 mL 无水甲醇，搅拌下滴加 0.5 mL 浓硫酸，加热回流 18 h。减压蒸除溶剂，冰水浴冷却下，加入 20 mL H_2O，用 20%Na_2CO_3 溶液调节 pH 约为 9，用 10 mL 氯仿萃取未溶解的固体，水相再分别用 10 mL 氯仿萃取 2 次，合并有机相，用 20 mL 水洗涤 2 次，无水 Na_2SO_4 干燥过夜。滤去干燥剂，减压蒸除溶剂，得到白色晶体，熔点 98～100 ℃，称量，计算产率。

方法二　正交设计微波作用下合成 9-呫吨羧酸甲酯：100 mL 三口烧瓶加入 2.28 g 9-呫吨羧酸、40 mL 无水甲醇，搅拌溶解，搅拌下滴加浓硫酸，置于祥鹄微波催化合成萃取仪中，控制微波功率和反应时间，反应温度 68 ℃。后处理方法与常规方法相同，得到白色晶体。

(2) 实验条件优化：

本实验选择了辐射时间、微波功率和催化剂用量三个因素作为考察对象，各个因素取三水平，用 L27(3^3) 正交表安排实验，合成 9-呫吨羧酸甲酯。通过考察反应的产率，探讨各因素及其交互作用对反应效果的影响。正交试验的各因素和水平选择如表 5－1 所示，实验结果列于表 5－2，各因素及它们间的交互作用对产率的影响程度，采用方差分析法讨论。

表 5－1　正交试验的因素与水平

因　素	水平 1	水平 2	水平 3
A(时间/min)	15	30	60
B(功率/W)	400	500	600
C(催化剂用量/mL)	0.1	0.3	0.5

表 5-2　正交设计实验结果

实验编号	时间/min	微波功率/W	催化剂用量/mL	产率/%
1	15	400	0.1	73.2
2	15	400	0.3	80.5
3	15	400	0.5	82.8
4	15	500	0.1	76.4
5	15	500	0.3	81.5
6	15	500	0.5	83.2
7	15	600	0.1	74.0
8	15	600	0.3	83.0
9	15	600	0.5	85.2
10	30	400	0.1	86.2
11	30	400	0.3	87.5
12	30	400	0.5	90.2
13	30	500	0.1	87.0
14	30	500	0.3	91.9
15	30	500	0.5	88.6
16	30	600	0.1	86.5
17	30	600	0.3	87.8
18	30	600	0.5	93.5
19	60	400	0.1	82.1
20	60	400	0.3	87.0
21	60	400	0.5	91.9
22	60	500	0.1	82.9
23	60	500	0.3	85.4
24	60	500	0.5	89.4
25	60	600	0.1	84.6
26	60	600	0.3	85.4
27	60	600	0.5	91.9

根据表 5-2 的实验数据，采用方差分析法得出了辐射时间、微波功率和催化剂用量三个因素及其交互作用对反应产率的影响程度（表 5-3）。

表 5-3　反应产率的方差分析表

因　素	偏差平方和	自由度	F 比	显著性
时间	0.038	2	1.839	比较显著
功率	0.001	2	0.048	
催化剂	0.023	2	1.113	

续表

因素	偏差平方和	自由度	F比	显著性
A×B	0.016	4	2.000	比较显著
A×C	0.022	4	1.833	
B×C	0.007	4	0.001	
误差	0.07	6		

由表 5－3 可以看出：①因素 A(微波辐射时间)水平的改变对反应酯化率有比较显著的影响，因素 B(微波辐射功率)和因素 C(催化剂用量)水平的改变对反应酯化率影响不显著；②因素 A、B 的交互作用对反应酯化率有比较显著的影响。因素 A、C 及 B、C 之间交互作用对反应酯化率无明显影响。综上所述，当因素 A 选取 2 水平，因素 B 选取 2 水平，因素 C 选取 2 水平时，合成 9-呫吨羧酸甲酯可获得最高的反应产率。

实验结果表明：辐射时间的改变对反应酯化率的影响比较显著，催化剂用量和微波功率的改变对产率的影响不明显。当这三个因素相互作用时，时间和功率相互作用对反应产率影响比较显著，但其他两因素的相互作用影响较弱。

3) 卡芬太尼的微波催化反应

卡芬太尼(Carfentanil)化学名为 1-(2-苯基乙基)-4-(*N*-丙酰基-*N*-苯基氨基)-4-哌啶羧酸甲酯，是一种高效的麻醉性镇痛药，约为吗啡的 10000 倍[9-10]。传统的卡芬太尼合成路线是以苯乙基哌啶酮为起始反应物，通过亲核取代、氧化、酸化、酯化、酰化等反应制备而成，此反应路线存在时间长、产率低等缺点[11]，用微波催化可以使之改观。

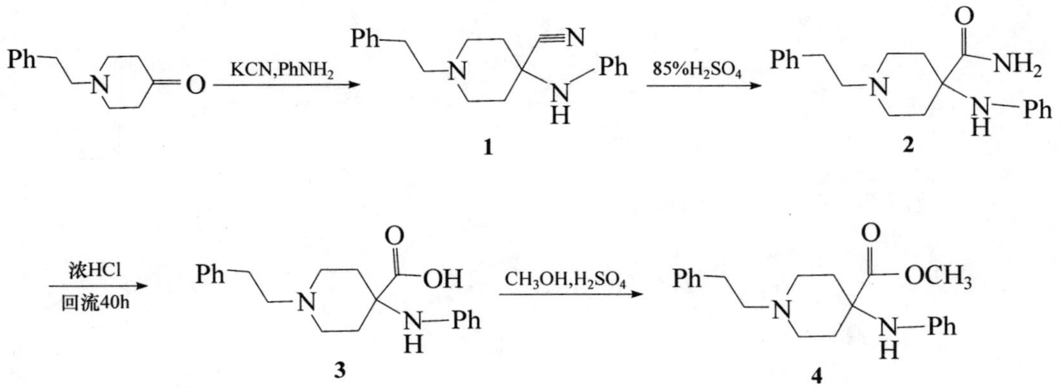

(1) 化合物 **1** 制备化合物 **2** 的微波催化反应：

常规条件下由 1-(*β*-苯乙基)-4-氰基-4-苯胺基哌啶 **1** 制备 1-(*β*-苯乙基)-4-苯胺基-4-哌啶甲酰胺 **2**，反应时间长(72 h)，反应产率低，副产品多。

用微波催化反应，反应物投料量为 1-(*β*-苯乙基)-4-氰基-4-苯胺基哌啶 10.0 g，5%硫酸溶液 30.0 mL。反应温度 40 ℃，反应 10 min 后，将反应液倾入到冰水混合液 10.0 mL 中，用氨水调节 pH 至 8.0 左右，用氯仿萃取，浓缩干燥，柱层析得到化合物 **2**。

(2) 化合物 **2** 一步合成化合物 **4** 的微波催化反应：

常规条件下，由化合物 **2** 制备 1-(*β*-苯乙基)-4-苯胺基-4-哌啶甲酸甲酯 **4**，需要两步反应，反应时间为81 h左右，中间产品1-(β-苯乙基)-4-苯胺基-4-哌啶甲酸**3**的后处理较复杂。在微波催化条件下，反应物投料量：1-(β-苯乙基)-4-苯胺基-4-哌啶甲酰胺10.0 g；无水甲醇30.0 mL；98%浓硫酸10.0 mL。反应温度80 ℃，反应30 min后，将反应产物投入到10.0 mL冰水混合物中，用氨水调节pH至8.0左右，用氯仿萃取，产品浓缩后用正己烷重结晶。

【参考文献】

[1] Hu W X, Wang J Y. Chem J I, 2001, 3(9): 44-46
[2] Hu W X, Peng Q T. Chem J I, 2000, 2(12): 54-55
[3] 陆模文，胡文祥，恽榴红. 有机化学, 1995, 15(6): 561-566
[4] 胡文祥，胡文辉，王建营，等. 中国药物化学杂志, 1999, 9(1): 70-78
[5] 胡文祥，孔博，等. 武汉工程大学学报, 2007, 1(29): 1-5
[6] 胡文祥，王建营. 协同组合化学. 北京：科学出版社, 2003: 166-185
[7] 胡文祥，杨萱平. 智能微波合成萃取仪. 中国专利 ZL 2008 2 0079378.5
[8] 胡文祥，杨萱平. 微波超声波组合催化合成萃取仪. 中国专利 ZL 2008 2 007 9506.6
[9] Fuji K, Ueda M, Sumi K, et al. Synth Commun, 1981, 11(3): 209-215
[10] Ueda I. Bull Chem Soc Japan, 1975, 48(8): 2306-2309
[11] Ravil R P, Ruben S V, Yeon S L, et al. Bioorg & Med Chem, 2006, 16, 4948

（胡文祥）

第 6 章　设计、研究性实验

设计、研究性实验是以转变学生的实验方式为出发点，以课题为载体，以掌握解决问题的方法为主线，由学生自行查阅文献资料、自行设计实验方案，在实验过程中解决具体问题。设计、研究性实验是克服验证性实验和应试教育弊端的一种自主式实验方式，能使学生了解最新科技动态，把以教师为主导变为以学生为主体，以教师的灌输变为学生的主动探索，以单一的知识认知变为综合能力的提高，更注重实验过程及过程中的体验与感悟，激发学生的主动性、创造性、学习兴趣，提高学生的认识能力、分析问题、解决问题的能力和开拓创新意识。设计、研究性实验能体现学科发展趋势，丰富教学内容，促进学生参加教师的科研课题，有利于形成教学特色。

6.1　KF/Al_2O_3 催化剂在有机合成中的应用

【研究背景】

近年来，有机化学合成进展迅速，以固体碱为催化剂的催化合成技术受到人们的注意[1]。这些催化剂广泛应用于氧化、还原、加成等最典型的有机反应。固体碱试剂按照载体和活性位的不同，大体可分为有机固体碱和无机固体碱。无机固体碱[2]大致为金属氧化物、负载支持的碱金属离子、沸石、黏土物质、Al_2O_3 支持的 KF（KF/Al_2O_3）。

1979 年，Yamawaki 和 Ando 发现 Al_2O_3 可以大幅度提高 KF 的活性[3]，经过周密的设计和筛选研究，形成了相当有效的固体复合试剂。由于其制备简单方便、价格低廉、反应条件温和、后处理简便、催化剂可回收重复利用、立体选择性高等突出的优点，引起了有机化学界的极大兴趣。已有文献将其称为 Ando 催化剂[4]。在大量研究中发现，用不同粒度的 Al_2O_3 作对比，发现粒度越小，催化效果越好[5]。文献报道，普通的 KF/Al_2O_3 催化剂以使用层析试剂 100～325 目的中性 Al_2O_3 为多，而且 KF 与 Al_2O_3 的配比也逐渐趋于定型[6]（多数文献习惯以 20 g KF/30 g Al_2O_3 使用）。随着有机化学的发展，Ando 催化剂在有机合成中的应用也得到了较大发展[7]，迄今为止，KF/Al_2O_3 已在十多种常见反应[8,9]，特别是烷基化、迈克尔加成等十分重要的有机合成反应中应用成功。

尽管经过近 20 年的研究，KF/Al_2O_3 试剂已在催化有机合成反应方面获得了较大的进展，但其催化反应的机理，特别是 KF 吸附在 Al_2O_3 固体表面使活性大幅度提高的原因，至今依然不十分清楚。依据 KF/Al_2O_3 催化的反应类型来看，通常情况下应该是碱性试剂催化的反应，其中亲核反应为主。

Clark 等首次将高分辨率固态 ^{19}F NMR 用于研究离子氟化物。研究表明，F^- 和 Al_2O_3 的表面作用很明显[10]。F^- 和 Al_2O_3 表面的羟基以及阳离子很接近，F^- 可以被不饱和配位，而 F^- 附近的配位空间可能被某些反应组分所占（如含活泼氢的有机物），这样这些组分易和 F^- 形成氢键的过程中被激活而进行亲核进攻。

1986 年，Weinstock 等[11]首先提出在催化剂表面发生了下列反应：

$$12KF + 3H_2O + Al_2O_3 \xlongequal{} 6KOH + 2K_3AlF_6$$

并以 IR 和拉曼光谱证实 K_3AlF_6 的存在。伴随着 K_3AlF_6 的生成，自然会在固体表面生成比 KF 碱性强的 KOH。所以，他们认为 Ando 催化剂的催化活性是由于 OH^- 存在。

Ando 等[12]不完全同意上述说法，他们认为不能简单地用 OH^- 的形成来解释催化活性。他们以硝基乙烷与丁烯酮的迈克尔加成、三氯甲烷对间硝基苯甲醛的亲核加成和苯酚与碘甲烷的反应为例，用 NaF/Al_2O_3 和 KF/Al_2O_3 做对比研究，发现二者催化的效果相差较大。同时，又用化学滴定法滴定用水和酸溶液洗涤 2 种催化剂的溶液，结果却相近[13,14]。

Ando 等[15]的研究进一步表明，KF/Al_2O_3 中的 F^- 和 Al_2O_3 相互作用所形成的强碱并不能完全解释其在催化反应中显著的催化活性。KF/Al_2O_3 作为不均相碱在有机合成中具有有效和多用途的性能，至少有 3 种可能的催化机理：①分散在固体表面并增大其表面积的活性 F^-；②在催化剂制备期间强碱的释放；③F^- 和 Al_2O_3 表面的[Al-OH]协同作用[16,17]。

综上所述，尽管 KF/Al_2O_3 催化剂已获得了比较广泛的应用，但依然需要在催化机理、制备催化剂的最佳条件等方面进一步地研究，以便使 KF/Al_2O_3 在有机合成反应中获得更合理和更广阔的应用前景。

【研究内容】

(1) 以本实验提供的文献为基础，查阅相关文献，总结 KF/Al_2O_3 催化剂在有机合成中的应用进展。

(2) KF/Al_2O_3催化合成苄叉丙酮。苄叉丙酮又名亚苄基丙酮。工业上一般以氢氧化钠为催化剂，由苯甲醛和丙酮缩合反应而制得苄叉丙酮。此法虽工艺成熟，但存在废水排放量大，污染严重，产率低且催化剂不能重复使用等缺点。KF/Al_2O_3 载体催化剂在有机合成上已获得了广泛的应用，并且具有反应条件温和、催化活性高、后处理简单、产率高、载体可再生重复使用等优点。探讨原料配比、催化剂用量、反应温度和催化剂循环使用等因素对合成苄叉丙酮产率的影响。

(3) 对 KF/Al_2O_3 的催化性能和合成的化合物进行表征。

(4) 参考相关文献，写出 KF/Al_2O_3 参与的可能催化机理。

(5) 总结实验结果，撰写总结论文。

【参考文献】

[1] 高智勤，江琦，李向召．固体碱催化剂及其催化机理. 精细石油化工，2006，23(4)：62-66

[2] Hattori H. Heterogeneous basic catalysis. Chem Rev, 1995, 95(3): 537-558

[3] Ando T, Yamawaki J. Potassium fluoride on celite. A versatile reagent for C-, N-, O-and S-alkylations. Chem Lett, 1979, 1: 45-46

[4] Nakano Y, Niki S, Kinouchi S, et al. Knoevenagel reaction of malononitrile with acetone followed by double cyclization catalyzed by potassium fluoride-coated alumina in aqueous solution. Bull Chem Soc Jpn, 1992, 65: 2934-2939

[5] Ando T, Yamawaki J, Kawate T, et al. Flueride saits on alumina as reagents for Alkylation of phenols and alechols. Bull Chem Soc Jpn, 1982, 55: 2504-2507

[6] 胡泰山，张洪奎. 负载型固体碱 KF/Al_2O_3 在有机合成中的应用. 精细石油化工，1997，14-21

[7] Blass B E. KF/Al_2O_3 mediated organic synthesis. Tetrahedron, 2002, 58: 9301-9320

[8] Mihara M, Ishino Y, Minakata S, et al. Novel synthesis of gem-dichloroaziridines from imines via the KF/Al_2O_3-promoted genetation of dichlorocarbene from chloroform. J Org Chem, 2005, 70, 5320-5322

[9] Boruah M, Konwar D, Sharma S D. KF/Al_2O_3 mediated 1,3-dipolar cycloaddition of azomethineylides: a novel and convenient procedure for the synthesis of highly substituted pyrrolidines. Tetrahedron Lett, 2007, 48: 4535-4537

[10] Clark J H, Goodman E M, Smith D K, et al. High resolution solid state ^{19}F NMR Spechoscopy as a tool for the study of ionic fluorides. J Chem Soc Chem Commun, 1986, 657-658

[11] Weinstock L M, Stevenson J M, Tomellini S A, et al. Characterization of the actual catalytic agent in potassiumfluoride on acvitated alumina system. Tetrahedron Lett, 1986, 27(33): 3845-3848

[12] Ando T, Brown S G, Clark J H, et al. Alumina-suppored fluoride reagents for alkylation of phenols and alcohols. J Chem Soc Perkin Trans Ⅱ, 1986, 8: 1133-1139

[13] 余申义，陈馥衡. Ando 催化剂的发现、研究及催化机理. 化学试剂，1999，21(5)：290-293

[14] 余申义，陈馥衡. KF-Al_2O_3 试剂在有机合成反应中的应用进展. 有机化学，1999，19：127-134

[15] Ando T, Clark J H, Cork D G, et al. Fluoride-alumina reagents: the active basic species. Tetrahedron Lett, 1987, 28(13): 1421-1424

[16] 田丹碧，韦长梅，史万芗，等. KF/Al_2O_3 在 Michael 加成反应中的应用及其机理. 南京工业大学学报，2004，26(2)：92-98

[17] Kabashima H, Tsuji T, Nakata S, et al. Activity for base-catalyzed reactions and characterization of alumina-supported KF catalysts. Appl Cata A, 2000, 194-195: 227-240

（李　明）

6.2 钐试剂在有机合成中的应用

【研究背景】

稀土金属在有机合成中的应用是当前金属有机化学研究热点之一，我国有丰富的稀土资源（占全世界蕴藏量的 80%），开展这方面的工作具有重大意义。钐是稀土金属的一种。自从 20 世纪 80 年代法国化学家 Kagan H B[1] 等首先将二碘化钐用于有机合成，20 多年来经过各国化学家的努力，二碘化钐已迅速发展为广泛使用的单电子转移还原、偶联剂，有关二碘化钐的综述文章就有近 20 篇之多[2]。

钐，samarium（元素符号 Sm），相对原子质量 150.36，元素周期表中属于镧系元素，是铈组稀土元素。钐的外层电子排布为 $4f^6 5s^2 5p^6 6s^2$，易失去电子形成＋2、＋3 两种价态，其中＋3 是稳定价态。钐是一种较活泼的金属元素，其第一离子化势为 5.64 eV，其还原电势 $E^0_{Sm^{3+}/Sm} = -2.41$ V，与金属镁相当（$E^0_{Mg^{2+}/Mg} = -2.37$ V），而优于金属锌。金属钐有金属光泽，在空气中较为稳定。但是若在空气中放置过久，其金属光泽易失去。已知钐是铈组稀土元素中硬度最大的元素。通常市场上购得的是高纯钐块（纯度＞99.9%），在实际使用时，需磨碎成细小颗粒的钐粉。钐粉具有大的表面积和高的活性，易参与反应，但需尽快用于反应。

钐试剂主要包括以下四类：①金属钐（直接使用金属钐以及金属钐/辅助试剂，如

Sm/$TiCl_4$、Sm/$HgCl_2$ 等)；②二价钐试剂(如二碘化钐、二溴化钐)；③三价钐试剂(如三碘化钐、三氯化钐)；④有机钐试剂(如烯丙基溴化钐)。

钐试剂的应用是近年来有机合成方法学中十分活跃的研究领域之一。该类试剂通常具有高的反应活性及立体选择性，而且它们促进的许多反应可以在温和的反应条件下进行。其中，二碘化钐是一种性能优异的单电子转移偶联剂和还原剂，它能促进多种类型的化学反应和官能团的转化，并且已被成功地应用于多种天然产物的合成[3]。除了作还原剂，二碘化钐还是一种很好的路易斯酸，能促进一些有趣反应的发生。二碘化钐还原能力强，反应迅速，它促进的化学反应常在瞬间完成。

尽管二碘化钐作为优良的醚溶性单电子转移试剂近年来已广泛应用于有机合成，但二碘化钐对空气极为敏感、储存困难，需要苛刻的无水无氧操作条件。此外，二碘化钐往往由金属钐和二碘甲烷或者碘反应制得，此过程不仅消耗价格较为昂贵的二碘甲烷或碘，而且二碘化钐作为单电子转移试剂，在转变为三价钐的过程中只有一个电子可被利用，从而造成其在使用中的不经济性，尤其是在大规模使用时存在很大的局限性。

相比之下，金属钐在空气中较为稳定，而且金属钐本身也具有较强的还原能力($E_{aq}^{0Sm^{3+}/Sm}=-2.41$ V)，直接使用金属钐作还原剂可以充分利用它的三个价电子，因此可以克服二碘化钐的不足，该方面的研究已经引起了较多的重视。金属钐的表面不够活泼，通常需添加辅助剂活化。采用“金属钐/辅助剂”体系能使众多反应在室温、中性条件下顺利进行，相当一部分反应还可在含水溶液中进行。按照 Pearson 的软硬酸碱理论，镧系金属+3 价离子是硬酸，介于 Mg^{2+} 和 Ti^{4+} 之间，所以能优先与硬碱如氧配位。其亲氧性为其广泛、有效地应用于有机合成提供了极其有利的内在条件。

通常，钐试剂是以 THF 作为溶剂促进反应进行的。近年来研究发现当使用 DMF 作为溶剂时，金属钐甚至可以在不需预处理、不需活化剂的情况下进行多种有机反应。而且直接使用金属钐于 DMF 中发生的反应类型往往比较独特和新颖。其中一些反应以全新的途径合成了茚、萘、苯偶姻和 1,4-二酮类化合物，这些化合物很多是天然化合物和药物的前体。这些反应通过简易的操作，从简单的原料开始，以完全不同于传统的方法合成了结构较复杂的化合物。例如，金属钐在 DMF 中可以直接促进芳酰氯对苯乙烯、缺电子共轭烯烃的双键进行特殊的双酰化加成，得到 1,4-二酮[4]；溶剂 DMF 的分子在 Sm/TMSCl 促进下直接对二芳酮发生羰基插入而生成苯偶姻[5]；以及 Sm/DMF 直接促进芳酰氯和异戊二烯发生四分子偶联成为萘类化合物[6]等。如果能对这些崭新的反应方式做进一步的探索，无疑将拓展金属钐在有机合成中的应用并有利于对其促进的反应机理的研究。

【研究内容】

(1) 以本实验提供的文献为基础，查阅相关文献。总结钐试剂在有机合成中的进展。

(2) 选择合适的方法，合成下述化合物：

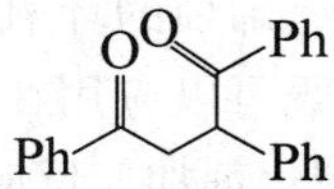

(3) 对合成的化合物进行表征。

(4) 总结实验结果,撰写总结论文。

【参考文献】

[1] Girard P, Namy J L, Kagan H B. Divalent lanthanide derivatives in organic synthesis. 1. Mild preparation of samarium iodide and ytterbium iodide and their use as reducing or coupling agent. J Am Chem Soc, 1980, 102: 2693-2698

[2] 刘永军,张永敏. 研究专题:钐试剂在有机合成中应用的若干新进展. 化学学报,2005,63:341-351

[3] Edmonds D J, Johnston D, Procter D J. Samarium(Ⅱ)-Iodide-Mediated Cyclizations in Natural Product Synthesis. Chem Rev 2004, 104, 3371-3404

[4] Liu Y, Zhang Y. Formation of 1,4-diketones via bis-acylation of conjugated carbon-carbon double bonds in acrylates, acrylamides, methyl vinyl ketone and styrenes with aroyl chlorides promoted by samarium metal in DMF. Tetrahedron, 2003, 59, 8429-8437

[5] Liu Y, Xu X, Zhang Y. Direct Formation of Benzoins from Diarylmethanones via A Rearrangement Reaction Promoted by Samarium Metal in DMF. Synlett, 2004, 445-448

[6] Liu Y, Zhang Y. Stereo-and regiospecific four-molecule reaction of aroyl chlorides with *iso*-pentylene: direct formation of (*E*)-β,γ-unsaturated ketones promoted by samarium metal in DMF. Tetrahedron Lett, 2004, 45: 1295-1298

(刘永军)

6.3　负载型催化剂的制备及其在有机合成上的应用

【研究背景】

负载型催化剂是将催化剂吸附在二氧化硅、矾土、黏土、焦炭等不溶性的大表面积(可达 100 $m^2 \cdot g^{-1}$)的无机或有机载体上制成的。这类催化剂的一个显著特点是,通过载体和试剂之间的协同作用可以提高催化剂的活性和选择性;便于制造、使用、分离和回收及再生;有良好的耐热和机械性能;可以在气相、液相及各种溶剂中使用。迄今为止,这种催化剂已成功地应用于取代、加成、消除、重排、氧化、还原等各类有机反应中[1],并且越来越显示出其优越性和广泛的应用前景[2]。

负载型催化剂在有机合成上的广泛使用已有 30 年,它们的重要性伴随新的环境法规的提出和推进清洁工艺发展的动力而日益增加。自 20 世纪中叶以来,环境问题日益受到人们的重视,化学工业面临严峻的考验。国际化学界提出"绿色化学"的概念,以期从源头上解决化学工业对环境的污染问题。近年来,有机化学领域呈现出两大发展趋势,一是推动有机化学向环境友好化学发展,二是将组合技术应用到有机化学中去。正是这两种发展趋势促进了蒙脱土等固载催化剂和固相合成反应的发展。

负载试剂催化剂包括负载试剂固体酸催化剂、负载试剂固体碱催化剂、负载试剂氧化催化剂以及其他负载试剂催化剂[3]。在有机合成反应中,弗瑞德-克来福特反应的酸催化剂，诺文葛耳反应用的碱催化反应，还有烯烃的环氧化、醇的部分氧化等许多反应是在液相中进行，而负载试剂实现了多相化，既可以应用在液相反应中，也可以应用在固相反应中[4]。在固相反应中，可以使用固载催化剂加速反应进行。在液相反应中，有机化合物不会和催化剂结合，因此跟踪和分析反应进程与传统的方法一样，固载催化剂通过过滤可以被很容易地除去，是清洁工艺的一条重要的途径。

多组分反应（multi-component reaction，MCR）是目前受到国际上广泛关注的一类有机合成反应[5]。它是指 3 种或 3 种以上的起始原料进入反应，用一锅煮的方法最终生成目标产物，在目标产物结构中含有所有原料片断的合成方法。

多组分反应过程中至少涉及两个以上的官能团，可将其视为多个双分子反应的组合体。与传统的双分子反应相比，多组分反应在产生分子结构的复杂性和多样性上具有很大优势。

【研究内容】

（1）以本实验提供的文献为基础，查阅相关文献资料。总结有关负载型催化剂及其在有机合成中的应用的研究进展。尤其是蒙脱土负载型催化剂的制备方法及其在多组分反应中的应用。

（2）选择合适的方法制备蒙脱土负载 CAN 催化剂。

（3）对制备的蒙脱土负载型催化剂进行表征。

（4）以蒙脱土负载 CAN 催化剂催化氧化苯偶姻、苯甲醛、苯胺和乙酸铵四组分一锅煮合成 1,2,4,5-四取代咪唑，并对反应条件进行优化。

（5）总结实验结果，撰写总结论文。

【参考文献】

[1] 李同双，靳通收．蒙脱土催化的有机化学反应. 有机化学，1996，16：385-402

[2] 罗锡平，蔡晔，周春晖．环境友好负载试剂催化剂的研究进展．工业催化，2001，9：55-58

[3] 姜文凤，袁履冰．新负载型试剂在有机合成反应中的应用．大学化学，2000，12：26-29

[4] 韩雪，郭亚军，吴伟．负载型 Lewis 酸催化剂的制备与应用进展．石油化工，2006，35(1)：88-93

[5] Gelens E, DeKanter F J J, Schmitz R F, et al. Efficient library synthesis of imidazoles using a multicomponent reaction and microwave irradiation. Molecular Diversity, 2006, 10: 17-22

（李凤起）

6.4　固体酸催化马来酸酯类化合物的合成

【研究背景】

马来酸酐，又名顺丁烯二酸酐，由于其活泼的化学性质，能够发生很多化学反应。马来酸酯类化合物是一种重要的化工原料，是高分子工业常用的辅聚剂、润滑剂和增塑剂。它可用作聚氯乙烯、聚甲基丙烯酸甲酯、乳胶涂料等聚合物的内增塑剂，也可用作涂料、颜料的固着剂及纤维织物的分散剂等。

目前，国内外有关合成马来酸酯类化合物的报道多集中在马来酸二甲酯、马来酸二丁酯等；而马来酸酯的生产厂家大多采用硫酸催化的常压工艺生产[1]，此法虽然工艺成熟，硫酸易得，但腐蚀性强，反应时间较长，副反应多，反应后的粗产物需经中和、水洗、干燥等工序，产生大量废液，污染环境[2]。近年来，以固体酸作催化剂催化合成酯类化合物的反应证明固体酸比传统的硫酸具有更高的催化活性，且有易回收、可重复使用、可实现连续生产等优点，因此作为替代浓硫酸的新型催化剂引起人们的广泛关注[3-10]。

固体超强酸 SO_4^{2-}/M_xO_y 是酸强度比 100%硫酸更强的酸。固体超强酸具有不腐蚀设备，不污染环境，不怕水，耐高温，反应活性高，选择性好，易于制备，在反应体系中易分离，不易中毒和能够重复使用等优点，是一种具有工业使用价值的催化剂。李鹏飞等人利用 $TiCl_4$ 制成 SO_4^{2-}/TiO_2 型固体超强酸，采用与树脂负载 $AlCl_3$ 相同的反应条件合成了马来酸二丁酯，收率达 90%[11]。为了增大固体超强酸的比表面，调节其酸强度和酸密度，改善其催化活性、稳定性和寿命等性能，近年来不少化学工作者对固体超强酸进行了改性[12]。王潍平等人制成复合固体超强酸 SO_4^{2-}/TiO_2-ZrO_2，成功地催化合成了马来酸二丁酯：用 1.0 g 该催化剂、0.25 mol 马来酸酐和 0.75 mol 正丁醇，在 132～134 ℃回流分水 5 h，酯化率为 91.7%[13]。李贯良等人利用复合固体超强酸 SO_4^{2-}/ZrO_2-MoO_3 催化合成了马来酸二丁酯：当醇与马来酸酐的物质的量比为 4∶1，每摩尔酸酐用催化剂 0.5 g，回流分水 4 h，酯化率 99%以上，催化剂进行了再生并可重复使用[14]。赵汝琪利用制成的稀土负载超强酸 $SO_4^{2-}/TiO_2/La^{3+}$ 也成功地催化合成了马来酸二丁酯：0.1 mol 马来酸酐，0.4 mol 正丁醇，15 mL 甲苯为带水剂，1.0 g 催化剂作用下，回流分水 3 h，酯化率达 97.4%[15]。王顺梅等人用复合固体超强酸 SO_4^{2-}/Fe_2O_3-TiO_2 催化合成了马来酸二丁酯，产品收率达 96%[16]。这是固体超强酸在马来酸二丁酯合成上的应用。对于其他马来酸酯来说，有关固体超强酸为催化剂的报道较少。绿色化学[17]的提出和环保工作的重视，更推进了对该类固体酸催化剂的研究。

【研究内容】

(1) 以本实验提供的文献为基础，查阅相关文献，总结用于催化酯类化合物所用固体酸催化剂的研究进展。

(2) 优化反应条件，选择合适的 SO_4^{2-}/M_xO_y 型固体酸催化剂，合成系列马来酸酯。

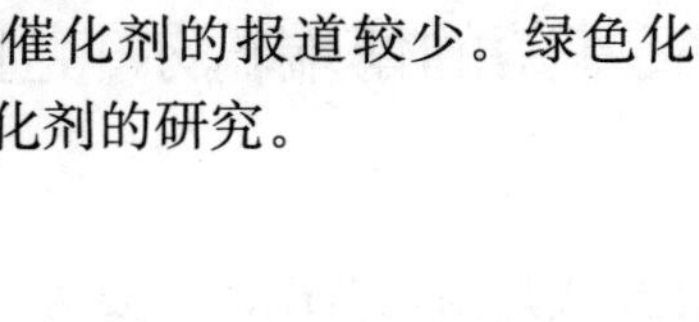

(3) 对合成该类化合物所用催化剂的结构和性能进行表征。

(4) 总结实验结果，撰写总结论文。

【参考文献】

[1] 章思规. 精细有机化学品技术手册(上册). 北京:科学出版社,1993

[2] 朱清时. 绿色化学. 化学进展,2000,12(4):410-414

[3] 战永复. 酯化催化剂的研究. 化学世界,1991,6:258-260

[4] 田部浩三,御园生诚,小野嘉夫,等. 新固体酸和碱及其催化作用. 郑禄彬等译. 北京:化学工业出版社,1992,179-188

[5] 彭振山,陈亚中,蔡铁军,等. 固体酸催化材料的研究进展. 贵州大学学报(自然科学版),2001,18(3):212-217

[6] 沈文霞,王志斌,李春志,等. 固体酸催化剂的制备与应用研究. 宁夏大学学报(自然科学版),2001,22(2):123-124

[7] 韩文爱. 固体酸催化剂在酯化反应中的应用. 石家庄职业技术学院学报,2002,14(4):5-7

[8] 杜迎春,吴彩金. 固体酸催化剂酯化反应研究进展. 工业催化,2003,11(5):30-33

[9] 林进,磷钨酸催化合成癸二酸二乙酯的研究. 精细化工,2000,17(2):86-87

[10] 赵振华. 用 Fe-β 沸石作催化剂合成丁酸苄酯. 湖南师范大学自然科学学报,2001,24(4):64-76

[11] 李鹏飞,庞先燊. 在离子交换树脂上负载 $AlCl_3$ 的固体超强酸催化剂的研究. 精细石油化工,1993,3: 33-36

[12] 石文平,崔波. 固体超强酸的改性研究. 精细石油化工进展,2001,2(1):43-47

[13] 王濰平,吕连海,杨锦宗. 复合固体超强酸 SO_4^{2-}/TiO_2-ZrO_2 催化合成马来酸双酯. 石油化工,1990,19(5):312-317

[14] 李贯良,李纪钦,陈淑敏. 顺丁烯二酸二丁酯的合成. 石油化工,2003,32(10):841-843

[15] 赵汝琪. 稀土固体超强酸 $SO_4^{2-}/TiO_2/La^{3+}$ 催化合成马来酸二丁酯. 精细化工,2000,17(3):180-182

[16] 王顺梅,邵长兴. 固体超强酸催化合成马来酸二丁酯的研究. 新乡教育学院学报,2006,4:20-22

[17] Anastas P T, Bartlett L B, Kirehhoff M M, et al. The role of catalysis in the design, development and implementation of green chemistry. Catalysis Today, 2000, 55: 11-12

(于世涛)

6.5 分子筛催化 2-甲氧基萘的傅瑞德尔-克拉夫茨酰基化反应研究

【研究背景】

傅瑞德尔-克拉夫茨酰基化反应是制备芳酮的重要方法之一,具有反应简单、选择性高等优点。芳酮作为重要的化工产品及中间体,在染料、医药、农药、塑料、化妆品等领域都有着十分广泛的应用。例如,二苯甲酮类紫外线吸收剂以其优异的性能在工业中获得大规模应用。傅瑞德尔-克拉夫茨酰基化反应自 1877 年被发现以来,一直以路易斯酸和布朗斯台德酸等均相催化剂为最常用的催化剂。这些催化剂有催化活性高、反应条件温和的优点,缺点是严重腐蚀设备、产物颜色加深、污染环境。例如,应用最为广泛的 $AlCl_3$ 由于能与酰基形成等物质的量的配合物,故实际用量大大超过催化剂用量,反应完毕后需要水解而产生大量工业上难以处理的含铝酸性溶液。而且 $AlCl_3$ 催化剂自身具有腐蚀性,遇水强烈分解,放出大量的热,操作处理比较繁琐,放出的热量易使反应产物复杂化。长期以来,人们一直在探索经济方便、环境友好的催化方法来替代传统的均相催化,并进行了多种尝试。

三氟甲磺酸盐[1]、活性锌[2]、离子交换树脂[3]、杂多酸[4]以及沸石分子筛都被用于傅瑞德尔-克拉夫茨酰基化反应。其中沸石分子筛因具有活性高、选择性好、可再生、对环境无污染等突出优点，有广阔的工业化前景。沸石具有与分子大小相称的独特的高均一性孔道，其表面有较强的酸中心，同时晶孔内有强大的库仑场起极化作用，使其催化性能优异。沸石的种类繁多，并可以通过后合成处理对酸性质和孔口尺寸进行调变，对于各种芳环底物的酰化，都有可能通过研究找到合适的沸石分子筛催化反应。因此，沸石分子筛是一种比较理想的傅瑞德尔-克拉夫茨酰基化反应催化剂。例如，6-酰基-2-甲氧基萘是重要的医药中间体，由 2-甲氧基萘通过傅瑞德尔-克拉夫茨酰化反应制得，是消炎、镇痛药萘普生的原料。20 世纪 90 年代以后，陆续有人将酸性沸石作为 2-甲氧基萘进行酰化反应的催化剂制备 6-酰基-2-甲氧基萘。由于萘环的分子尺寸较大，不能在孔径较小的沸石中得到很好的扩散，因此微孔沸石不适合催化甲氧基萘酰化，迄今为止还没有这方面的报道。而 Y、β、M、ZSM-12、L 等类型的沸石都曾被尝试过作为 2-甲氧基萘的酰化催化剂。沸石的孔道结构和尺寸显著影响酰化产物分布和选择性。在超稳 Y 上的酰化反应只能生成 1-酰基-2-甲氧基萘[5]；ZSM-12 催化的产物中也是 1-酰基-2-甲氧基萘比例较高[5,6]。Bharathi 等[7]考察了 2-甲氧基萘的酰化产物在三种十二元环大孔沸石内部的扩散情况，发现三种异构体在椭圆一维孔道的 M 沸石中的扩散都很通畅，而在圆形孔道和二维笼的 L 沸石中，7-酰基-2-甲氧基萘的扩散要比 6-酰基-2-甲氧基萘和 1-酰基-2-甲氧基萘通畅得多；在三维圆形孔道体系的 β 沸石上 6-酰基-2-甲氧基萘的扩散能垒显著低于其他两种异构体。Casagrande 等[8]发现 2-酰基-6-甲氧基萘的选择性随着沸石预处理温度和沸石催化剂量的升高而升高，认为在沸石热处理过程中，骨架外铝的形成有利于活性和选择性的提高。Kantarli 等[9]发现在各种离子交换的 β 沸石中，La^{3+} 交换的沸石表现出很高的 6-位选择性，这是由于 $La(OH)^{2+}$ 提高了 B 酸的酸性，且缩小了沸石孔道，使得没有足够的空间生成体积较大的异构体。介孔分子筛 MCM-41 也被用于 2-甲氧基萘的酰化反应，其孔径较大，对大分子底物的择型催化效果好；但其酸性较弱，影响其应用。强酸型 BO_3^{3-}/Mo-MCM-41的催化活性比 MCM-41 要好，在优化的反应条件下，转化率大于 98.3%，1-酰基-2-甲氧基萘的选择性大于 98%[10,11]。酸酐、酰氯、乙酸等酰化试剂都曾被用于 2-甲氧基萘的酰化反应，其中乙酸酐是最常用且性能较好的酰化试剂。采用大尺寸的酸酐（如丙酸酐、苯甲酸酐）作为酰化试剂时，6-位取代产物选择性较高。用酰氯作为酰化试剂时，产品的收率很低，且 1-位酰化产物容易脱酰基[12]。

【研究内容】

（1）以本实验提供的文献为基础，查阅相关文献。总结用于催化弗瑞德-克来福特酰基化反应中催化剂的进展。

（2）选择合适的分子筛催化剂合成下述化合物：

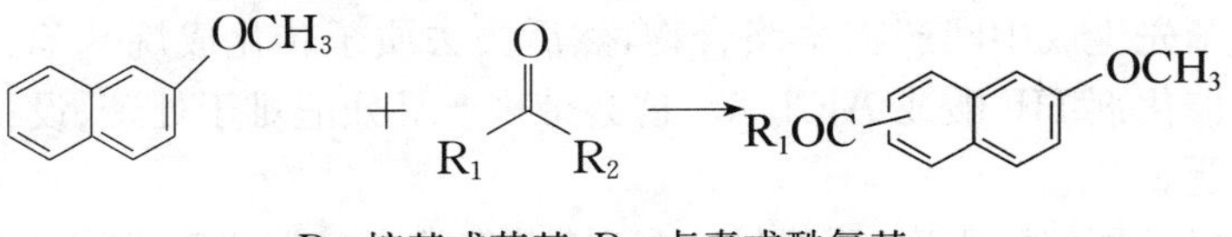

R_1：烷基或芳基；R_2：卤素或酰氧基

(3) 对所用催化剂的结构和性能进行表征。

(4) 总结实验结果,撰写总结论文。

【参考文献】

[1] Kawada A, Mitamura S, Kobayashi S. Lanthanide trifluoromethanesulfonates as reusable catalysts: catalytic Friedel-Crafts acylation. J Chem Soc, Chem Comm, 1993, 14: 1157-1158

[2] Kawada A, Mitamura S, Kobayashi S. Scandium trifluoromethanesulfonate. A novel catalyst for Friedel-Crafts acylation. Synlett, 1994, 7: 545-547

[3] Harmer M. A., Sun Q. Solid acid catalysis using ion-exchange resins. Appl Catal A: general, 2001, 221(1/2). 45-62

[4] Izumi Y, Natsume N, Takamine H, et al. Silica-supported heteropoly acid catalyst for liquid-phase Friedel-Crafts reactions. Bull Chem Soc Jpn, 1989, 62: 2159-2162

[5] Harvey G, Maeder G. The shape-selective acylation of 2-methoxynaphthalene, catalyzed by zeolites Y, Beta and ZSM-12. Collect Czech Chem Comm, 1992, 57(4): 862-868

[6] Neuber M, Leupold E I. Process for the acylation of naphthyl ethers with the aid of zeolite catalysts. USP 5227529, 1993

[7] Bharathi P, Waghmode S B, Sivasanker S, Vetrivel R. Molecular modeling studies on zeolite catalysts for shape-selective electrophilic substitution: I acylation of 2-methoxy naphthalene. Bull Chem Soc Jpn, 1999, 72(10). 2161-2167

[8] Casagrande M, Storaro L, Lenarda M, Ganzerla R. Highly selective Friedel-crafts acylation of 2-methoxynaphthlene catalyzed by H-BEA zeolite. Appl Catal A, 2000, 201(2). 263-270

[9] Kantarli I C, Artok L, Bulut H, et al. Acylation of 2-methoxynaphthalene over ion-exchanged β-zeolite. Stud Surf Sci Catal, 2002, 142A. 799-806

[10] Gunnewegh E A, Gopie S S, vanm Bekkum H. MCM-41 type molecular sieves as catalysts for the Friedel-Crafts acylation of 2-methoxynaphthalene. J Mol Catal A: Chem, 1996, 106(1/2): 151-158

[11] 于世涛,李露,刘福胜,解从霞. BO_3^{3-}/Mo-MCM-41 的制备及其对 2-甲氧基萘乙酰化反应的催化性能. 催化学报, 2003, 24(6). 428-432

[12] 袁冰,乔卫红,李宗石,等. 沸石分子筛在 Friedel-Crafts 酰基化反应中的应用. 化学进展, 2005, 17(4): 686-691

(刘福胜)

6.6 杂多酸催化

【研究背景】

十二烷基苯是生产阴离子洗涤剂的重要原料,直链烷基苯(LAB)用来生产直链烷基苯磺酸(LAS)。苯与长链烯烃或氯代烷烃的烷基化反应是典型的弗瑞德-克来福特反应[1],反应机理可以用碳正离子理论阐述:烯烃与质子酸反应生成极性配合物,缺电子的烷基正离子与苯先生成中间产物 σ-络合物,然后失去质子转化成烷基苯。传统生产工艺中使用腐蚀性催化剂 HF 酸或 $AlCl_3$ 等,这会带来产品残渣难于处理、设备腐蚀和环境污染等一系列问题。

人们为了寻求更好的无毒、无腐蚀、对环境友好的新型催化剂进行了广泛而又深入的研究，近年来以进一步提高催化剂活性和选择性为目的，基于分子筛和负载杂多酸催化剂的 LAB 合成研究报道逐年增多[2-5]。杂多酸是由两种或两种以上无机含氧酸缩合而成的复杂多元酸的总称，其中心原子(或称杂原子，如 P、Si、Fe、Co 等)和配位原子(或称多原子，如 Mo、W、V、Nb、Ta 等)按一定的结构通过氧原子配位桥连组成一类含氧多元酸。杂多酸化合物具有很高的催化活性，既具有酸性，还具有氧化还原性，对环境无污染，是一类绿色的催化剂。因杂多酸独特的酸性、“准液相”行为、多功能等优点，使其在催化研究领域中受到广泛重视。

金英杰等[6]对中孔分子筛负载杂多酸催化剂在苯与十二烯烷基化反应中的失活行为及再生方法进行了研究。结果发现：负载型催化剂的活性、稳定性和产物分布均优于 HY 分子筛催化剂，反应过程中由烯烃聚合物衍生的焦质沉积在催化剂表面上，导致催化剂失活，并且反应温度越高，催化剂粒径越大，催化剂活性稳定性越差。王兴等[7]采用活性炭、SiO_2 和 MCM-41 等不同载体来负载硅钨酸($H_4SiW_{12}O_{40} \cdot xH_2O$)，并比较了它们的催化活性。结果显示，全硅介孔 MCM-41 沸石效果最好。邓威等[8]制备了不同负载量的负载型 PW/MCM-41 催化剂，通过 XRD、NH_3-TPD(程序升温脱附)和 N_2 吸附研究其酸性以及孔结构对苯与 1-十二烯烷基化反应性能的影响，并与 HY 分子筛催化剂进行比较。结果表明，在磷钨杂多酸负载量不高于 50%时，系列负载型 PW/MCM-41 催化剂兼备较强酸性和单一的中孔结构特性，MCM-41 载体的骨架结构保持较完整，杂多酸分散程度较高；通过改变预处理温度和杂多酸的负载量，可有效调整 PW/MCM-41 的催化性能；与 HY 分子筛相比，PW/MCM-41 催化剂对苯与 1-十二烯烷基化反应显出较高的催化活性、稳定性和线性烷基苯选择性，而且线性烷基苯异构体分布更合理。温朗友[9]对各种 SiO_2 载体负载 PW 催化剂的性能进行了系统的研究，通过筛选适宜的载体，用氟化物和金属离子改性等手段对负载杂多酸催化剂进行了改进，研制出 PW-F/H 负载杂多酸，并且对催化剂的寿命、失活原因及再生方法进行了研究。结果表明，PW-2F/H 催化剂具有较长的单程寿命，在反应釜中可使用 50 次以上，在固定床反应器中单程寿命达到400 h。

【研究内容】

(1) 以本实验提供的文献为基础，查阅相关文献。总结用于烷基化反应所用杂多酸催化剂的研究进展。

(2) 选择合适类型的杂多酸催化剂，合成直链十二烷基苯：

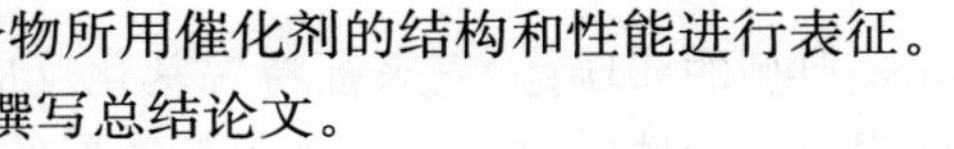

(3) 对合成该类化合物所用催化剂的结构和性能进行表征。

(4) 总结实验结果，撰写总结论文。

【参考文献】

[1] 王二强，张金昌，李成岳. 苯与长链烯烃烷基化反应技术的研究进展. 现代化工，2002，22(2)：11-14

[2] 田玲，李建伟，李英霞，等. 磷改性 MCM-22 分子筛上苯与 1-十二烯烷基化合成十二烷基苯. 催化学报，2008，29(9)：889-894

[3] 徐龙伢，高玉华，王清遐，等. 苯与直链烯烃烷基化制直链烷基苯催化剂及其应用. CN96115437，1998

[4] Han M H，Cui Zh，Xu C，Chen W，Jin Y. Synthesis of linear alkylbenzene catalyzed by H-zeolite. Appl Catal A，2003，238(1)，99-107

[5] 王恩波，胡长文，许林. 多酸化学导论. 北京：化学工业出版社，1998，4

[6] 金英杰，任杰，袁兴东. 苯-长链烯烃烷基化催化剂的稳定性和再生性能. 燃料化学学报，1999，27(6)：495-500

[7] 王兴，徐龙伢，王清遐. 载体对负载型杂多酸催化剂催化性能的影响. 第九届全国催化学术会议论文集. 北京：海潮出版社，1998，442-443

[8] 邓威，金英杰，任杰. PW/MCM-41 催化苯与长链烯烃烷基化. 抚顺石油学院学报，2000，20(1)：38-42

[9] 温朗友，闵恩泽. 固体杂多酚催化剂研究新进展. 石油化工，2000，1，49-55

（吕志国）

6.7 烷基萘磺酸盐表面活性剂的绿色合成

【研究背景】

石油是重要的能源和化工原料，随着原油储量逐年减少，提高采收率的重要性不言而喻。常规的一次、二次采油，采收率一般仅能达到 40%～60%。残存的原油以油滴或斑块的形式存在于岩石孔缝中，受毛细管力的作用而被束缚，难以流动。三次采油(EOR)是有效提高原油采收率的重要技术，而表面活性剂驱油——向油井中注入表面活性剂溶液，使油水界面张力达到超低(10^{-3} mN · m^{-1})，油滴被启动、聚结，形成富油带而被采出——表现出明显的优越性。国内生产的表面活性剂种类已达到 100 多种，但用于三次采油的品种极少，且效果也很不理想。目前国内油田矿场试验用表面活性剂主要靠进口，价格非常昂贵，使这一驱油技术难以得到应用，因此寻找廉价高效的驱油剂是目前三次采油的关键。

三次采油用表面活性剂中，阴离子表面活性剂是研究最为深入的一类，并以磺酸盐型最多。其中重烷基苯磺酸盐(HABS)和石油磺酸盐已经批量生产，但产品质量极不稳定，难以达到稳定高效驱油的要求。考虑到烷基甲基萘与 HABS 的成分之一——萘满的结构相似性，推测烷基甲基萘磺酸盐表面活性剂也应具有良好的界面张力行为。因此，从甲基萘出发，经烷基化、磺化、中和、提纯得到系列结构和组成较为确定的烷基甲基萘磺酸盐表面活性剂，可望大幅度提高原油采收率。

烷基甲基萘磺酸盐表面活性剂的合成主要包括两个化学工艺过程：①甲基萘的长链烷基化；②长链烷基甲基萘的磺化。目前，工业上磺化工艺已经较为成熟，而长链烷基甲基萘的合成是关键问题；而烯烃是廉价易得的烷基化剂，着重研究甲基萘与长链烯烃的烷基化反应有重要意义。

甲基萘的长链烷基化是典型的弗瑞德-克来福特烷基化反应，在目前的工业生产中，一般采用氢氟酸或三氯化铝等腐蚀性催化剂。但由于氢氟酸的强腐蚀性和毒性，难以适应日益提高的环境保护的要求，而且存在设备腐蚀、工作条件恶劣等一系列问题；而采用三氯化铝作催化剂，也存在腐蚀设备、环境污染严重和产品分离及催化剂回收难度等缺点。随着全球环保意识的提高，研究和探索环境友好的催化工艺势在必行。近年来，国内外的科学家都在致力于开发新的无污染、无腐蚀的绿色烷基化催化剂，涉及的材料包括：

改性硅铝等无机氧化物[1]、黏土[2]、各种分子筛[3]、杂多酸[4]以及新开发的离子液体(ILs)[5]等。1976年,Koch等[6]首次报道了离子液体作为溶剂和催化剂用于弗-克反应,受到了人们的广泛关注。在烷基化反应中,离子液体既是催化剂又是溶剂。使用离子液体,转化率与选择性提高,催化剂和产品易于分离。而且离子液体几乎没有蒸汽压,也不会随产品一同带出。分离后的离子液体可以重新使用,经过几个循环,活性也没有明显降低。

Steichen等[7]研究了系列 $R_3NHX\text{-}AlCl_3$ ILs催化苯与十二烯的烷基化。发现含一个烷基($R=C_1\sim C_8$,$C_1\sim C_4$较好)的烷基胺氯铝酸盐($N=0.6\sim0.75$)是良好的烷基化催化剂。采用三甲胺氯铝酸盐ILs作催化剂,反应瞬间完成,烯烃转化率大于99%。Sherif等研究了[BMIm]$Cl\text{-}AlCl_3$、$Et_3NHCl\text{-}AlCl_3$ 及 $Me_3NHCl\text{-}AlCl_3$ 催化苯与十二烯在 N_2 保护下烷基化,催化剂均表现出良好的催化活性,且催化剂可以重复利用。有机铵阳离子、有机鏻阳离子与 H_2SO_4、H_3PO_4 等络合得到的离子液体均为性能优良的烷基化催化剂[8]。乔焜等[9]也研究了苯与十二烯在烷基胺、烷基吡啶、烷基咪唑氯铝酸ILs催化下的烷基化反应,并对反应机理进行了探讨。与传统三氯化铝催化工艺相比,ILs催化剂活性高,单烷化物选择性好,并具有较好的产物分布。Boon等[10]研究了苯与R—Cl($R=CH_3$,C_2H_5,$n\text{-}C_3H_7$,$n\text{-}C_4H_9$ 等)的烷基化,反应放出HCl,有利于催化剂活性的提高。该反应为碳正离子机理,碳正离子发生重排,$Al_2Cl_7^-$ 为活性物种($RCl+Al_2Cl_7^- \rightleftharpoons R^+ + 2AlCl_4^-$)采用不同链长($C_2\sim C_{18}$)烷基咪唑氯铝酸盐催化苯与乙烯反应,也得到了良好效果。其在烷基化反应中既是催化剂,又是溶剂。Song[11]研究了 $Sc(OTf)_3$-ILs催化体系催化苯与不同烯烃的烷基化反应,烯烃转化率均在99%以上,产品选择性好,催化剂可以重复使用。董群等[12]采用吡啶与无水 $AlCl_3$ 组成的离子液体体系作为催化剂进行直链烷基苯合成。结果表明,离子液体催化剂对直链烷基苯合成具有良好的催化性能,且催化剂和产物易于分离,可以重复使用;反应可在常温下进行,反应时间对苯与十二烯的烷基化反应影响不大。Qiao C等[13]采用间歇反应和连续反应两种操作方式研究了1-丁基-3-甲基咪唑氯铝酸离子液体催化苯与1-十二烯烃的烷基化反应。采用连续反应方式研究了催化剂的稳定性,发现反应物料的含水量对催化剂稳定影响很大。反应物料未经干燥处理时,催化剂稳定性差;反应物料经处理后,催化剂的稳定性明显提高,烷基化反应连续运行390 min,烯烃转化率仍维持95%以上。Xiao Y等[14]以溶有 $AlCl_3$ 和 $FeCl_3$ 的吡啶型离子液体为催化剂研究苯的烷基化。结果表明,$FeCl_3$-$[EtPy]^+\cdot[CF_3COO]^-$ 离子液体作为催化剂和溶剂展现出最好的催化性能。孙学文等[15]最近报道了质子酸改性的丁基咪唑氯铁酸离子液体催化苯与己烯的烷基化反应,取得了较好的结果,催化剂重复使用5次,己烯转化率均在88%以上。张彦红等[16]采用FAB对三乙胺盐酸盐与三氯化铝、氯化亚铜及氯化亚锡所形成的离子液体进行分析,发现组成离子液体的阴离子对烷基化反应起主要作用,阳离子仅对反应的选择性有一定影响。

综上所述,离子液体在烷基化反应中既可作催化剂又可作溶剂,且反应条件温和,催化活性高,选择性好。催化剂和产品容易分离,而且离子液体几乎没有蒸气压,也不会随产品一同带出。分离后的离子液体可以重新使用,更重要的是,它避免了使用会造成污染的有机溶剂体系,因此作为环境友好的催化剂和溶剂备受关注,为甲基萘长链烷基化绿色工艺提供可行路线,从而为工业上烷基萘磺酸盐表面活性剂的绿色合成提供可能。

【研究内容】

(1) 以本实验提供的文献为基础,查阅相关文献。总结长链烷基萘磺酸盐表面活性剂的合成方法绿色化进展。

(2) 按下图路线,以长链端烯烃(R′—CH ═CH$_2$,R′=C$_9$~C$_{10}$)为烷基化试剂,分别采用 AlCl$_3$、烷基胺氯铝酸盐离子液体、HY 型沸石分子筛催化合成目标化合物——烷基萘磺酸钠。

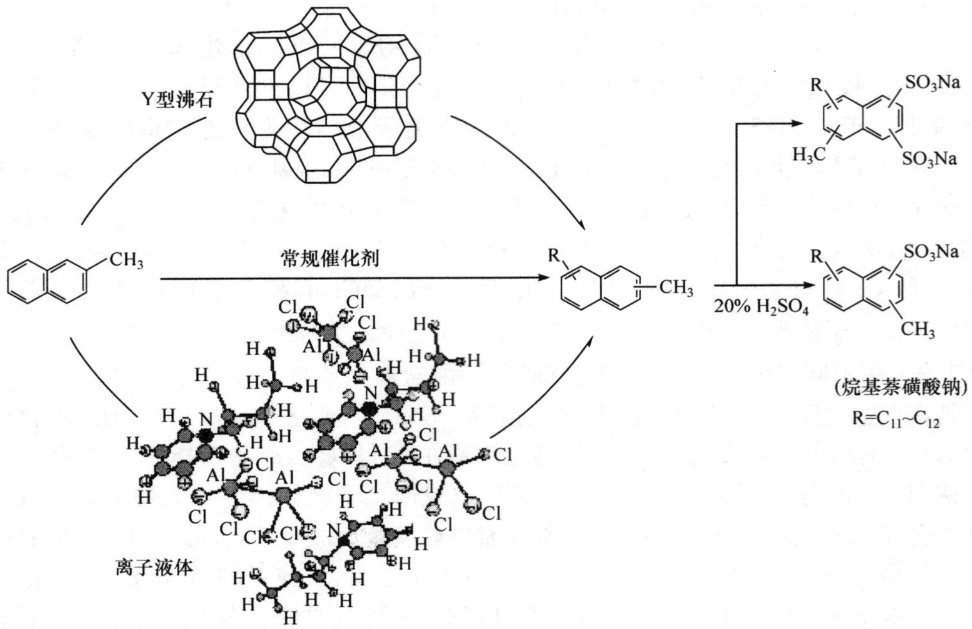

(3) 对所用不同催化方法的反应结果进行比较。

(4) 总结实验结果,撰写总结论文。

【参考文献】

[1] Kacal J A. Detergent alkylation process using a fluorided silica-alumina. US5196574,1993

[2] Chitnis S R, Sharma M M. Alkylation of diphenylamine with α-methylstyrene and diisobutylene using acid-treated clay catalysts. J Catal, 1996, 160(1):84-94

[3] Kadgaonkar M D, Laha S C, Pandey R K, et al. Cerium-containing MCM-41 materials as selective acylation and alkylation catalysts. Catal Today, 2004, 97(4):225-231

[4] Devassy B M, Shanbhag G V, Lefebvre F, et al. Alkylation of p-cresol with tert-butanol catalyzed by heteropoly acid supported on zirconia catalyst. J Mol Catal A:Chem, 2004, 210(1-2):125-130

[5] 陈治明,李存雄,余大坤. 离子液体超酸清洁催化苯的烷基化反应. 有机化学,2004,24(10):1307-1309

[6] Koch V R, Miller L L, Osteryoung R A. Electroinitinated Friedel-Crafts transalkylations in a room-temperaturemolten-salt medium. J Am Chem Soc, 1976, 98:5277-5284

[7] Steichen D S, Shyu L J. In-situ formation of ionic liquid catalyst for an ionic liquid catalyzed chemical reaction. WO98/50153,1998

[8] Keim W. Ionic liquids. World Patant, WO00/16902,2000

[9] Wasserschied P, Keim W. Ionic liquids—new "solutions" for transition metal catalysis. Angew Chem Int Ed, 2000, 39: 3772-3789

[10] Boon J A, Levisky J A, Pflug J L. Friedel-Crafts reactions in ambient-temperaturemolten salts. J Org Chem, 1986, 51: 480-483

[11] Song C E, Shim W H, Roh E J. Scandium(Ⅲ) triflate immobilized in ionic liquids: a novel and recyclable catalytic system for Friedel-Crafts alkylation compounds with alkenes. Chem Commun, 2000, 1695-1696

[12] 董群，翟爱霞，于景波，等. 用离子液体催化剂合成直链烷基苯. 大庆石油学院学报，2004，28(5)：34-36

[13] Qiao C Z, Zhang Y F, Zhang, J C, et al. Activity and stability investigation of [BMIM][$AlCl_4$] ionic liquid as catalyst for alkylation of benzene with 1-dodecene. Appl Catal A: general, 2004, 276: 61-66

[14] Xiao Y, Malhotra S V. Friedel-Crafts alkylation reactions in pyridinium-based ionic liquids. J Mol Catal A: Chem, 2005, 230: 129-133

[15] 孙学文，赵锁奇，王仁安. 离子液体催化苯与己烯的烷基化反应. 石油化工，2003，32(7)：570-572

[16] 张彦红，刘植昌，黄崇品，等. 离子液体结构组成及其 C4 烃类烷基化催化性能研究. 石油化工，2003，32(增刊)：268-270

（袁　冰）

6.8　偶氮染(颜)料的合成

【研究背景】

颜色的特征在于具有在可见光区(400～700 nm)吸收或发射光的能力。从西班牙的 Altamira、法国的 Grotto Chauvet、津巴布韦、古埃及洞穴的岩画和我国西安的兵马俑都可以反映出来，人们从史前年代就已应用天然色素。上述古埃及和我国的遗址尤为令人瞩目，因为在此发现了最早的合成颜料——被称为埃及蓝($CaCuSi_4O_{10}$)、中国蓝(汉蓝，$BaCuSi_4O_{10}$)和中国紫(汉紫，$BaCuSi_2O_4$)。这显然表明，颜色在过去、现今在人类学、心理学、审美、功能和经济等诸多方面对人类社会产生影响。

五光十色的染料和颜料扮靓了色彩斑斓的世界，颜色与我们的生活息息相关。天然纤维、化学纤维、塑料、橡胶、食品、药品、化妆品、油墨、涂料、竹、木、藤、草、金属、皮革、陶瓷、搪瓷、玻璃、水泥、建材、纸、墨、蜡等的着色，需要合成数以万计的不同色泽的染(颜)料，以满足不同领域、不同层次的要求。目前，染(颜)料合成技术已由传统型向高技术的功能染料、符合欧洲认证的纺织品标准的绿色环保型染(颜)料的开发转化，使染(颜)料的应用涉足高科技领域。

自从 1856 年 Perkin 发现了马尾紫(Mauve，或苯胺紫)以来，现代合成染(颜)料工业经历了 150 多年，此间人们合成了几百万种不同的有色化合物，并随着时间的推移，约有 15000 种染(颜)料实现了工业规模的生产。将这些有色化合物按照基本结构进行分类，可分为偶氮型(分子中含有 Ar—N ═N—Ar′)、蒽醌型、醌亚胺型、芳甲烷型(分子中含有二芳基或三芳基甲烷结构)、杂环型、酞菁型、硫化及稠环酮类等，其中偶氮型染料或颜料是品种最多、产量最大的一类。它的特点是合成方法简便、化合物的结构变化多样、摩尔消光系数较高且具有中等到高级的耐光和耐湿处理牢度。

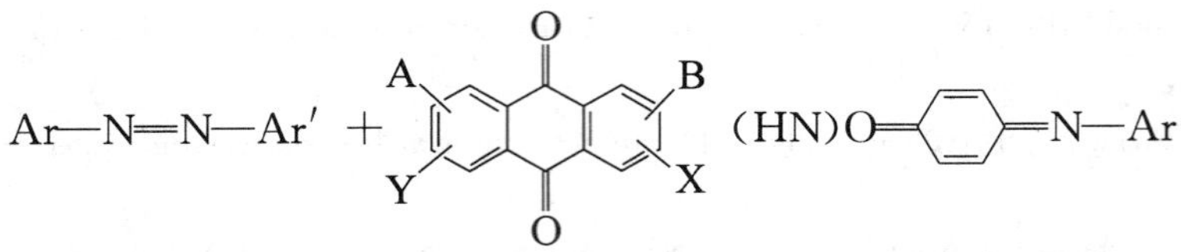

偶氮型染料　　蒽醌型染料　　醌亚胺型染料

【研究内容】

(1) 查阅相关文献，总结近期偶氮类染料(颜料)的进展。

(2) 设计一个单偶氮或多偶氮化合物的结构式。

(3) 用反向合成设计法将偶氮化合物的结构予以拆分和组装。

(4) 通过亲电取代或亲核取代直接或间接地引入取代基而获得芳族中间体。

(5) 用不同的芳族中间体作为亲电的重氮组分或亲核的偶合组分进行合成反应。

(6) 总结实验研究结果，撰写总结论文。

【参考文献】

[1] 侯毓汾，朱振华，王任之．染料化学．北京：化学工业出版社，1994. 4-11

[2] 张红鸣，等．实用着色与配色技术．北京：化学工业出版社，2001

[3] 王大全．精细化工生产流程图解．北京：化学工业出版社，1999，290

[4] Abrahart E N. Dyes and Their Intermediates. London: Edward Arnold(Publishers)，1977. 73

[5] 宋小平．染料制造技术．北京：科学技术文献出版社，2001，733

（孙桂春）

6.9　脂肪酶催化不对称水解合成(S)-萘普生

【研究背景】

手性是生物体的基本特征。手性药物是指药物的分子结构中存在手性因素，而且由具有药理活性的手性化合物组成的药物，其中只含有效对映体或者以有效对映体为主。生物体的手性环境可以识别手性药物对映体，使对映体的药代动力学和药理活性出现差异。许多实例表明，在手性药物中通常只有一种对映体具有药理活性，而另一种对映体则无效甚至具有严重的毒副作用。因此，单一对映体药物的研制和生产在临床上非常重要。统计表明，全球单一对映体药物的生产与销售持续增长。到 2005 年，全球手性药物销售额已达 1720 亿美元[1]。

在手性合成的各种策略中，利用生物催化方法制备各种光学纯“手性砌块”(chiral building blocks) 得到广泛的应用。在生物催化合成“手性砌块”的各种方法中，又以水解酶催化的酰基转移反应(如酯化、酯交换、水解、醇解、氨解等)和氧化还原酶催化的羰基不对称还原反应最为常见和实用[2,3]。生物酶具有立体、位点、区域和底物的高度专一性，利用酶促反应或微生物转化，与化学催化相比，具有反应条件温和(一般为室温或略高于室温)、位点选择性强、副反应少、收率高、光学纯度高、环境友好等优点[4]。

萘普生的化学名为2-(6-甲氧基-2-萘基)-丙酸，属2-芳基丙酸类药物，是一种非甾体类解热、镇痛、消炎、抗风湿药物，其药理活性与分子的手性密切相关，(*S*)-对映体的药理活性是(*R*)-对映体的28倍。

本研究在有机溶剂-水双相体系中，用圆柱状假丝酵母脂肪酶(*Candida rugosa lipase*)催化萘普生甲酯不对称水解，制备(*S*)-萘普生[5,6]，其反应式如下：

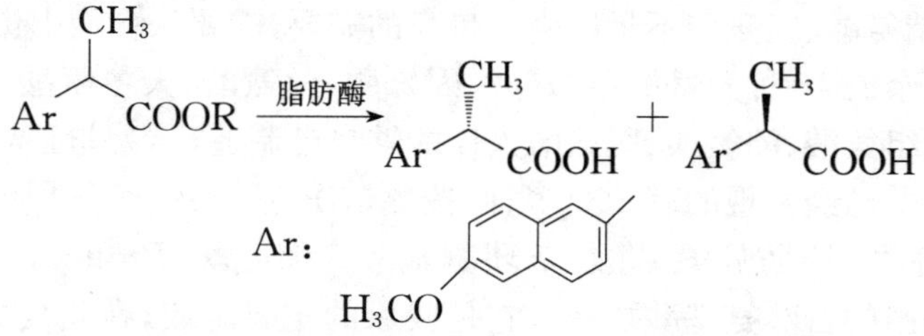

考察酶、有机介质、体系水含量、pH、温度、添加剂等反应条件对酶活性、反应转化率和选择性的影响，研究酶的固定化和对映体过量值(e. e.)的测定、产物的分离方法等。

【研究内容】

(1) 以本实验提供的文献为基础，查阅相关文献资料，总结酶催化制备(*S*)-萘普生的研究和工业化生产进展，总结酶催化制备手性羧酸和手性醇的研究进展。

(2) 研究反应条件如酶及其用量、有机介质、体系水含量、pH、温度、添加剂等反应条件对酶活性、反应转化率和选择性的影响。

(3) 研究酶的固定化和产物分离、回收方法。

(4) 利用旋光仪、HPLC或GC色谱仪进行光学纯度和对映体过量值的测定研究。

(5) 总结实验研究结果，撰写总结论文。

【参考文献】

[1] 庄英萍，许建和，张嗣良．手性药物的酶法拆分研究近况. 中国药学杂志，1998，33(4)：197-201.

[2] 帕特尔 R N. 立体选择性生物催化. 方唯硕主译. 北京：化学工业出版社，2004

[3] 王明慧，李亚丰，刘永军，张书圣. 脂肪酶催化转酯化反应动力学拆分2-氯-1-(3，4-二氯苯基)乙醇. Chin J Chem，2007，25(11)：1700-1703

[4] 张玉彬. 生物催化的手性合成. 北京：化学工业出版社，2002

[5] 辛嘉英，李树本，徐毅，等. 有机溶剂-水双液相体系脂肪酶不对称水解合成(S)-(+)-萘普生. 分子催化，1998，12(6)：412-416

[6] 崔玉敏，魏东芝，周文瑜，俞俊棠．酶促萘普生酯的选择性水解拆分. 华东理工大学学报，2001，27(2)：121-123

(王明慧)

6.10　脯氨酸及其衍生物的合成与应用

【研究背景】

氨基酸是含有氨基和羧基的一类有机化合物的通称，其在多方面都发挥着举足轻重的作用[1-3]。氨基酸是构建生物机体的众多生物活性大分子之一，是构建细胞、修复组织的基础材料，被人体用于制造抗体蛋白以对抗细菌和病毒的侵染，制造血红蛋白以传送氧气，制造酶和激素以维持和调节新陈代谢，能够为机体和大脑活动提供能源，是一切生命之元。已知基本氨基酸有 20 种，其中赖氨酸、苏氨酸、亮氨酸、异亮氨酸、缬氨酸、蛋氨酸、色氨酸、苯丙氨酸 8 种氨基酸人体不能自己制造，称为必需氨基酸，需要由食物提供。此外，人体合成的精氨酸、组氨酸不足以满足自身的需要，需要从食物中摄取一部分，称为半必需氨基酸。其余的 10 种氨基酸：甘氨酸、丙氨酸、丝氨酸、天冬氨酸、谷氨酸(及其胺)、脯氨酸、精氨酸、组氨酸、酪氨酸、胱氨酸人体能够自己制造，称为非必需氨基酸。

天然的氨基酸已经发现的有 300 多种，按侧链 R-基团的化学性质，氨基酸可分为三大类：芳香族氨基酸、脂肪族氨基酸、杂环氨基酸。脯氨酸(Proline)是一种脂肪族氨基酸，也是 20 种普遍的自然氨基酸之一。它是胶原的重要组成，在猪皮之类的食物中很常见，是合成人体蛋白质的重要氨基酸之一，广泛应用在食品、医药工业，是合成卡托普利、依那普利等 ACE 抑制剂的主要中间体[4,5]。其结构式为

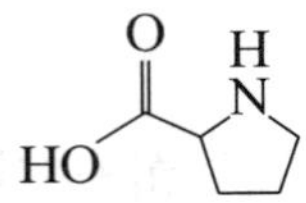

近年来，脯氨酸及其衍生物在不对称催化反应方面得到了广泛的应用[6-8]。与手性过渡金属催化剂及酶相比，脯氨酸及其衍生物这类手性有机小分子催化剂具有独特的优势，如不含金属、容易制备、价格低廉、反应条件温和、稳定性好、对环境友好等，因此对手性有机小分子催化的研究受到了人们的重视。随着对脯氨酸催化性能的深入了解和认识，人们意识到脯氨酸在一些方面还存在很大的局限性，如脯氨酸催化的反应类型及其底物适用范围小，溶剂的选择也受到一定的限制，通常需要用高极性的溶剂，催化剂的负载量也比较大。为了克服这些局限性，人们开始着手对脯氨酸的结构进行修饰，希望设计出活性更高、对映选择性更优良、使用范围更广的手性有机小分子催化剂。

目前，文献报道的对于脯氨酸的结构改造包括对五元环的改造和对羧基的改造，主要集中于对羧基的改造[9]。在此介绍用—$CH_2PO_3H_2$ 基团修饰的 L-脯氨酸。将 L-脯氨酸、亚磷酸、盐酸混合后加热回流，5 min 后向其混合液中加入甲醛溶液，继续搅拌回流，再用乙醇溶液重结晶即得到修饰后的化合物 *N*-(膦酰甲基)脯氨酸。

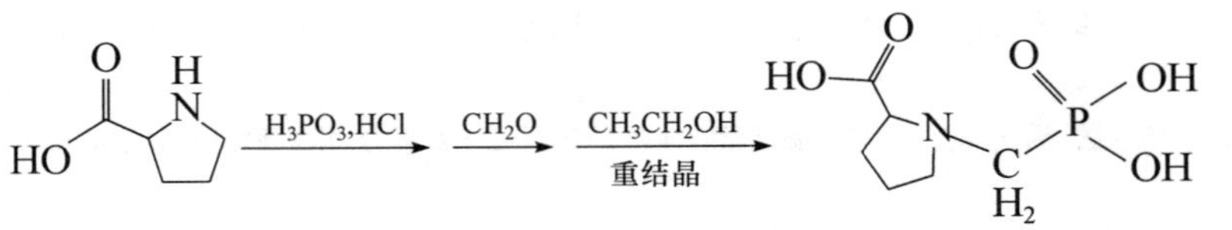

脯氨酸及其衍生物这种新型手性有机小分子催化剂具有独特优势，对映选择性好，在不对称合成中发挥着越来越重要的作用，可以高立体选择性地催化醇醛缩合、曼尼希和迈克尔等反应，应用前景广阔。可以预见，对脯氨酸进行修饰，使它在催化反应中得到更广泛的应用，将是未来几年的主要研究方向。

【研究内容】

(1) 以本实验所提供的文献为基础,查阅相关文献资料,总结脯氨酸及其衍生物的研究进展。

(2) 设计合理的实验方案,合成一脯氨酸衍生物。

(3) 研究脯氨酸衍生物在不对称催化中的应用。

(4) 总结实验研究结果,撰写总结论文。

【参考文献】

[1] 丁邦琴,邱鑫,周烽. L-谷氨酰胺生化性质、用途及生产方法概述. 氨基酸和生物资源,2008,30(4):42-45

[2] 王斌. L-精氨酸的抗疲劳作用研究. 氨基酸和生物资源,2008,30(2):44-47

[3] 宋见惠,吕建敏,杨赛珍,等. 不同粗蛋白和氨基酸组合日粮对实验兔氮代谢和免疫功能的影响. 上海交通大学学报(农业科学版),2008,26(3):223-227

[4] 徐珊,周敏,包剑锋,张永生. 肝纤维化不同证型与肝功能和肝组织羟脯氨酸关系的实验研究. 中华中医药学刊,2008,26(9):1855-1857

[5] 叶秀林. 脯氨酸的双功能催化作用对制备光学活性环型羟酮的机理研究. 化学学报,2001,59(10):1680-1685

[6] 刘宝友,杨会龙,等. 脯氨酸催化的直接不对称 Michael 反应. 河北工业科技,2007,24(1):54-57

[7] Yamaguchi M, Shiraishi T. Hirama Asymmetric Michael addition of malonate anions to prochiral acceptors catalyzed by L-proline rubidium salt. J Org Chem,1996,61(10):3520-3530

[8] Sabitha G, Kumar M R, Reddy M S K, et al. Tetrahedron Letts,2005,46(10):1659-1661

[9] 程传玲,郝二军,等. 脯氨酸衍生物有机小分子催化剂的研究进展. 精细石油化工,2007,24(5):75-78

(王　磊)

6.11　糖簇分子的设计与合成

【研究背景】

糖在生命过程中除了充当细胞的能量来源和细胞的骨架外,还参与许多重要的生理过程,如细胞间的识别、胚胎的产生、病毒的感染、癌细胞的转移等,是细胞与胞外环境接触的桥梁,因此研究蛋白质-糖之间的相互作用是糖生物学的重要内容[1]。

研究表明,大多数单个的蛋白质-糖之间的亲和力太弱,不能进行紧密有效的联系。事实上,人们在研究中发现,在生物体内蛋白与糖间的相互作用是多个蛋白—糖协同作用的结果。生物体内糖和蛋白质之间的这种多价效应或簇效应能够增加它们之间的亲和性和选择性。利用化学手段对这一效应进行模拟,可设计合成含有多个糖基的配体,即糖簇分子(glycocluster) 和糖树状分子(glycodendrimer)。其中前者由于分子结构相对较简单,合成方法较灵活,更重要的是它们仍能够较好地模拟多天线的寡糖链,体现多价的协同效应,因此受到人们更多的关注[2-4]。

糖类化合物的化学合成较为复杂,涉及保护基团、糖基供体和活化条件的选择等,而多价糖配体分子结构上较单价配体更复杂,合成及分离的难度更大[5-7]。合成糖簇分子较为简单的办法是利用多分支骨架进行偶连,具体过程如下:

单糖分子 ⟹ 保护 ⟹ 糖苷化衍生 ⟹ 与多分支骨架反应 ⟹ 脱保护

研究发现多价配体与受体的结合形式受其结构的影响，因此改变多价配体分子结构中的任意结构特点，如价数、连接方式、连接位置、骨架形式等，都会改变其空间结构，进而改变其与受体的结合情况，改变其活性的强弱，但却不会改变它与特定受体的识别特性。本研究拟从配体分子的上述结构特点出发，设计合成一种甘露糖簇分子，并研究其与模型蛋白伴刀豆球蛋白 A(Con A)的结合情况。

【研究内容】

(1) 以本实验提供的文献为基础，查阅相关文献资料。总结糖簇分子的生物活性及合成方法的研究进展。

(2) 以多分支羧酸或多分支胺为骨架，选择合理的路线合成一种甘露糖簇分子并予以表征。

(3) 参照文献以 α-甲基甘露糖为对照，通过酶连凝集素分析 ELLA 实验研究所合成的甘露糖簇分子对 Con A 的结合能力。

(4) 总结实验研究结果，撰写总结论文。

【参考文献】

[1] 俞飙，金城. 糖的化学和生物科学. //杜灿屏，刘鲁生，张恒. 21 世纪有机化学发展战略. 北京：化学工业出版社，2002：298-306

[2] 张晓茹，李英霞，等. 有机化学，2004，24(2)，119-126

[3] 曾盈，孔繁祚，等. 化学进展，2005，17(1)，111-121

[4] 卢伟伸，张晓茹. 化学进展，2005，17(6)，1054-1059

[5] Roy R. Current Opinion in Structural Biology，1996，6，692-702

[6] Fan E，Zhang Z S，et al. J Am Chem Soc，2000，122，2663-2664

[7] Li Y X，Zhang X R，et al. Carbohydr Res，2004，339(4)，873-879

（张晓茹）

6.12 衣康酸类共聚物阻垢剂的合成

【研究背景】

结垢、腐蚀和微生物生长是水应用的三大问题，目前，普遍采用化学处理的方法来解决。研究和开发性能优良的水处理化学品，是水处理技术的基础，其中阻垢剂是工业循环冷却水和油田回注水处理的主要组成药剂。20 世纪 60 年代是阻垢剂使用的起步阶段，主要药剂有木质素磺酸钠等；70 年代开始使用聚羧酸；80 年代广泛使用多官能团共聚物，冷却水处理技术走向成熟。

80 年代以来，随着人们环保意识的日益加强，“绿色药剂”已成为 21 世纪水处理剂的发展方向，阻垢剂的生产技术由单一的磷系向多元化发展。针对不同的应用情况，越来越多的其他阻垢分散剂得到研究和开发，其中共聚物类药剂的出现使得水处理技术水平显著提高[1-3]。这类新型水处理剂，由于具有防垢性能好、热稳定性高、无毒或低毒等优点，近年来一直是国内外水处理药剂领域的研究热点，其中含磺酸和羧酸基团的共聚物尤为引人注目。这类阻垢分散剂中同时含有强酸基团（—SO_3H）、弱酸基团（—COOH）、非离子基团（C—O—C，C═O，—OH），这些官能团在阻垢、分散方面起着各不相同的作用。弱酸基团对难溶盐微晶的活性部分有着强的吸附作用，从而起到低剂量效应抑制结晶的产生。强酸基团则保持离子特性，从而有助于难溶盐解离。而非离子基团对悬浮物有着较强的吸附作用，并将其分散在水中。这些基团经有效结合产生协同效应，使药剂具有良好的阻垢分散性能。国内类似产品工业化应用效果也十分显著。我国 1999 年开始执行 HG/T 3642—1999 行业标准“水处理剂：丙烯酸/2-甲基-2-丙烯酰胺基丙磺酸类共聚物”。马志等人以水为溶剂，以过硫酸铵（APS）为引发剂，合成了丙烯酸/马来酸酐/2-丙烯酰胺基-2-甲基丙磺酸三元共聚物[4]。这类含磺酸基团、羧酸基团等多官能团的共聚物，由于多种官能团的并存使得该共聚物兼有各基团阻垢分散性能的特点。

衣康酸（IA）分子中不但含有自由基聚合反应所需的碳碳双键官能团，而且在双键的两侧分别连有一个羧酸基团，后者赋予衣康酸共聚物优良的负电分散性能，因此低相对分子质量的衣康酸类共聚物对于负电胶体分散体系具有很强的分散能力，能有效阻止碳酸钙、硫酸钙、磷酸钙等污垢的凝聚和沉积。同时衣康酸是无毒生物发酵制品，属于环境友好型产品[5-7]。

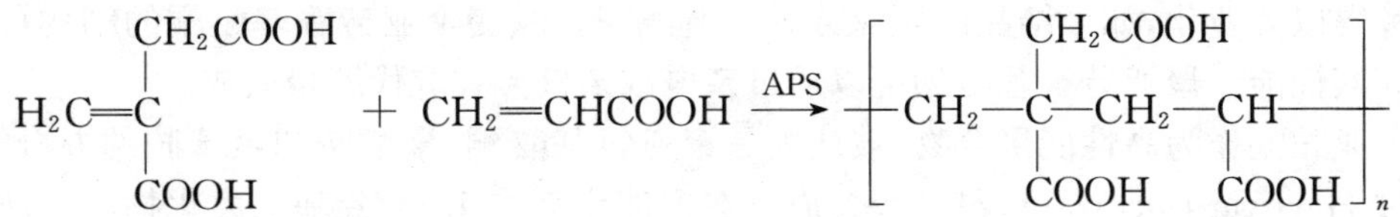

【研究内容】

（1）以本实验提供的文献为基础，查阅相关文献，总结羧酸类共聚物阻垢剂的应用研究进展。

（2）选择合适的方法，合成衣康酸、丙烯酸、丙烯磺酸、马来酸、2-丙烯酰胺基-2-甲基丙磺酸等单体的二元或三元共聚物。

（3）分别以国家标准（碳酸钙沉积法，GB/T16632—1996）[8]和油田行业标准（Q/SHSLJ 1452—2002）[9]研究其阻垢能力。

（4）总结实验结果，撰写总结论文。

【参考文献】

[1] 何焕杰，王永红. 膦基丙烯酸/马来酸酐阻垢剂 ZPS-01 的合成及阻垢性能. 油田化学，1999，16(2)：143-145

[2] 沈炫东，赵邦蓉. 聚马来酸阻垢性能的研究. 北京化工大学学报，1996，26(3)：64-66

[3] 魏锡文，许家友. 防垢剂 AM/AA/MA 三元共聚物的合成及性能研究. 精细石油化工，1998，5：3-6

[4] 马志，魏天俊，冯光瑛，等. AA/MA/AMPS 共聚物的合成及其阻垢分散性能. 精细化工，2000，17(1)：1-3

[5] 于跃芹，武玉民，董爱想，等. 衣康酸/苯乙烯磺酸/丙烯酸共聚物阻垢剂的合成研究. 工业水处理，2006，8(26)：18-20

[6] Yu Y Q，Li Z Z，Dong A X，et al. Synthesis and mechanism of anti-scaling effect of itaconic acid/allyl sulphonic

acid/acrylic acid terpolymer. J Indian Chem Soc,2006,83(6):1-4

[7] 于跃芹,董爱想,李忠珍. 衣康酸共聚物阻垢剂的合成与应用. 工业水处理,2005,10(25):44-46

[8] 国家技术监督局. 水处理剂阻垢性能的测定　碳酸钙沉积法(GB/T16632—1996). 北京:中国标准出版社,1996

[9] 中国石化集团胜利油田管理局. 油田采出水处理防垢剂通用技术条件(Q/SHSLJ 1452—2002). 2002

(于跃芹)

6.13　聚亚胺酮的合成

【研究背景】

随着航空航天、电子信息、汽车工业、家用电器等诸多技术领域日新月异的发展,对材料提出的要求也越来越高,如高的耐热性、机械性能、优良的电性能和耐久性等,因此材料的研究也在不断地朝着高性能化、多功能化、轻量化和低成本化方向发展。20 世纪 80 年代,高性能聚合物在特殊用途上被认为是最具有价值的一类聚合物,其中包括聚醚酮(PEKs)、聚酰胺(PAAs)、聚苯胺(PANI)、聚亚胺酮(PIKs)、聚酰亚胺(PI)等。鉴于它们显著的物理特性,如聚酰胺具有高的热稳定性、良好的抗化学腐蚀性能及高抗张性能,聚苯胺具有导电性等,都具有广阔的应用前景[1]。但由于该类聚合物生产成本昂贵,只有少数几种得以商业化,如半结晶的聚亚芳香基醚酮[2]。改变聚亚芳香基醚酮的结构可控制和提高其性能。聚亚芳香基醚酮可以通过亲电或亲核芳香取代缩聚而成。

聚亚胺酮作为高性能聚合物,被认为是聚亚氨基醚酮、聚酰胺和聚苯胺的混合结构,可通过 Hartwig-Buchwald 反应[3-5]合成。在钯催化剂作用下,芳基二卤化物与伯胺的胺基化反应是一条重要的合成路线。该合成路线可用于制药、电子材料以及金属催化剂配体中各种苯胺的制备。通过钯催化的芳香胺也可进行缩聚反应[6],使得聚胺及其相关的聚芳胺没有或具备很少的交联结构。在 $Pd_2(dba)_3$/BINAP 催化体系下,由不同的芳香二卤化物与芳香二伯胺进行缩聚反应得到可溶性聚亚胺酮。

聚亚胺酮具有较高的玻璃化转变温度,良好的热稳定性($T_g > 200$ ℃,$T_d > 500$ ℃)[7],良好的机械性能,以及相对较好的溶解性能,是一类新型高性能材料。通过选择合适的芳香二溴化合物和芳香二胺可以引入不同的功能性基团,从而使其符合特定的应用要求。十几年来,钯催化卤代芳烃的胺化反应的研究只停留在合成芳胺化合物的范围,即只是实现了单卤和单胺的化合反应。本研究实现了二卤化芳香酮和芳香二胺的缩聚反应,得到高相对分子质量的聚合物,实现了从化合物到聚合物的发展。从芳胺化合物到新型聚合物的发展是钯催化的胺化反应的一次飞跃,架起了科学成果到实践应用之间的桥梁。

【研究内容】

(1) 以本实验提供的文献为基础,查阅相关文献,总结新型高性能材料——聚亚胺酮的研究进展。

(2) 选择合适的方法,合成下述化合物:

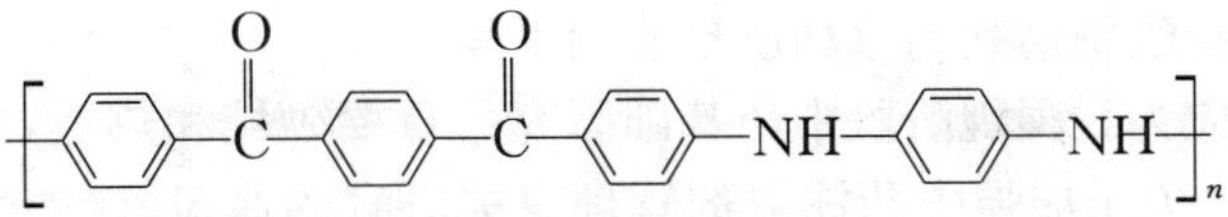

提示：首先利用弗-克酰基化反应合成相应的芳香二卤化合物。

(3) 对合成的化合物进行表征，对其进行性能研究。

(4) 总结实验结果，撰写总结论文。

【参考文献】

[1] 王祖明，袁宝庆．化工新型材料，2004，11，1-5

[2] 唐伟家．聚酰胺材料开发进展．上海塑料，2003，123：5-8

[3] Wolfe J P，Tomori H，Sadighi J P，et al. J Org Chem，2000，65：1158

[4] Hartwig J F，Kawatsura M，Alcazar-Roman L M，et al. J Org Chem，1999，64：5575

[5] Al-Hussaini A S，Klapper M，et al. Macromolecules，2002，37：8245-8254

[6] 常冠军，罗炫，等．合成化学，2007，(15)：91-92

[7] Chang G J，Lin R X，Luo X. Chin J Chem，2007，25：1-10

（林润雄）

6.14　多组分体系的指纹图谱

【研究背景】

由多组分构成的体系，当体系中某些物质的存在与量构成该体系的基本特征时，就可以作为指纹图谱的研究对象。指纹图谱是以各种光谱、波谱、色谱等技术为依托建立的一种质量控制模式，强调体系图谱的"完整面貌"，即整体性。例如，植物化学成分受样品采集时间、地点的影响而不稳定，无法精密度量而具有模糊性。整体性和模糊性为指纹图谱的基本属性，指纹图谱的相似性通过这两种基本属性来体现，强调准确辨认，而不是精密计算，比较图谱时强调相似而不是相同。因此，指纹图谱可以作为识别的依据，其实用性包括非常广泛的范围。

中药治疗疾病的物质基础是其中包含的物质群(或称为化合物库)，其中存在对治疗疾病显效的有效成分和辅助成分，它们的存在与否和含量高低可以通过其指纹图谱的测定来确定，因此指纹图谱与药效存在相关性。对于确定的中药材或中成药可以用某些化合物的存在及确定的含量范围作为质量控制标准。

以指纹图谱作为天然药物提取物及制剂的质量控制方法，目前已经在国际上达成共识，各种符合天然药物特色的指纹图谱控制技术体系正在研究和建立。世界卫生组织(WHO)在 1996 年《草药评价指南》中规定，如果草药的活性成分不明确，可以提供色谱指纹图谱以证明产品质量的一致。欧洲共同体在《草药质量指南》中也认为，仅靠测定某种有效成分考察质量的稳定性是不够的，因为草药及其制剂是以整体为活性物质的。美国食品药品管理局(FDA)《植物药产品工业指南》(2000 年)、《美国草药典》(1999～2001 年)、《英国草药典》(1996 年)、《印度草药典》(1998 年)、德国药用植物学会、加拿大药用及芳香植物学会都把指纹图谱列为草药质量控制手段。

中药指纹图谱应为我国现阶段中药基础研究的重要领域和热点，国家医药管理局在2001年分别颁发了《关于加强中药注射剂管理有关事宜的通知》、《中药注射剂指纹图谱研究的技术要求(暂行)》，2002年颁发文件全面启动中药注射剂指纹图谱研究工作，颁布了《指南》和两个相关的软件(国家药典委员会：中药色谱指纹图谱相似度评价系统2004A)。

色谱方法是指纹图谱研究中最常用的方法，HPLC、TLC和GC为公认的三种常规分析手段，其中HPLC分离效能高、选择性高、检测灵敏度高、分析速度快、应用范围广，为获取中药指纹图谱的首选方法。随着色谱-质谱、色谱-核磁共振等联用技术的发展，利用计算机图谱解析技术将使指纹图谱技术更趋完善。

建立指纹图谱的方法：

(1) 收集一定数量的原料、加工半成品和产品样品作为研究对象。

(2) 进行化学预处理，用不同极性的溶剂提取、分离得到测试洋。

(3) 对测试洋进行各种色谱分析，获取样品的色谱图，同时进行针对性药效试验。

(4) 采用计算机图谱解析技术对测试样品的色谱图进行解析处理，获取指纹特征。

(5) 寻找指纹特征与药效之间的对应关系，确立指纹图谱。

(6) 用指纹图谱评价药品质量稳定性。

由此可见，指纹图谱应该满足特征性、重现性和可操作性等实用要求。

【研究内容】

(1) 以本实验提供的文献为基础，查阅相关文献，了解指纹图谱的研究进展。

(2) 选择合适的实验对象，设计实验。

(3) 制作符合规范的指纹图谱。

(4) 总结实验结果，撰写总结论文。

【参考文献】

[1] 蔡宝昌，刘训红．常用中药材HPLC指纹图谱测定技术．北京：化学工业出版社，2005

[2] 周玉新．指纹图谱研究技术．北京：化学工业出版社，2000

[3] 谢培山．中药色谱指纹图谱鉴定的概念、属性、技术与应用．中国中药杂志，2001，26(10)：653

[4] 伍德权．中药指纹图谱质控技术的意义与作用．中药新药与临床药理，2001，12(3)：135

[5] 苏薇薇，吴忠，全健．中药指纹图谱的构建及计算机解析．中药材，2001，24(4)：295

[6] 王玺，王文宇，张克荣，等．中药HPLC指纹图谱相似性研究探讨．沈阳药科大学学报，2003，20(5)：360

[7] 国家药品监督管理局．中药注射剂指纹图谱研究的技术要求(暂行)．2000

[8] 刘朝桑，王冬梅，白洁，等．色谱技术在中药指纹图谱研究中的应用．色谱，2003，21(6)：572

[9] 蔡宝昌，潘扬，殷武．指纹图谱在中药研究中的应用．世界科学技术——中药现代化，2000，2(5)：9

[10] 孙国祥，王真，王玲娇，等．中药指纹图谱的本质特征研究．第17届全国色谱学术报告会及仪器展览会会议论文集．长沙，2009，1148-1149

【参考实验】

银杏叶的指纹图谱

银杏叶主要含银杏内酯和双黄酮类化合物等化学成分，银杏内酯有银杏内酯 A（ginkgolide A）、银杏内酯 B（ginkgolide B）、银杏内酯 C（ginkgolide C）、银杏内酯 M（ginkgolide M）；银杏双黄酮有白果黄素（bilobetin）、银杏黄素（ginkgetin）、西阿多黄素（sciadopitisin）。此外，尚含槲皮素（quercetin）、异鼠李素（isorhamnetin）、山柰酚（kaempferol）、β-谷甾醇（β-sitosterol）、莽草酸（shikimic acid）等。部分化合物的结构式如下：

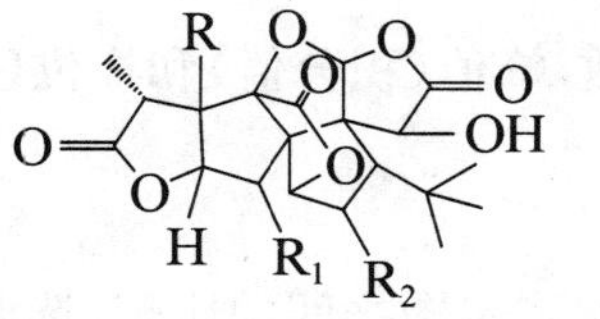

	R	R_1	R_2
银杏内酯 A	OH	H	H
银杏内酯 B	OH	OH	H
银杏内酯 C	OH	OH	OH

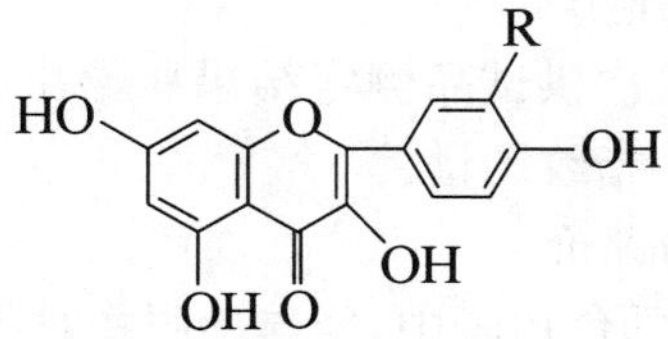

	R
槲皮素	OH
异鼠李素	OCH_3
山柰酚	H

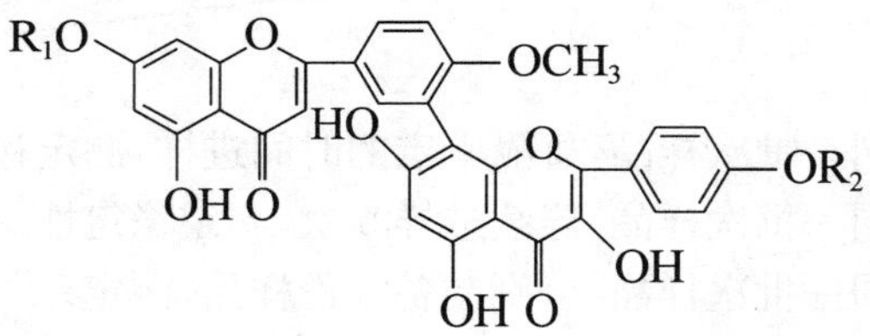

	R_1	R_2
白果黄素	H	H
银杏黄素	CH_3	H
西阿多黄素	CH_3	CH_3

实验部分：

1）实验材料

样品：银杏科植物银杏 *Ginkgo biloba* L. 的干燥叶片。

对照品：白果内酯、银杏内酯 A、银杏内酯 B。

试剂：甲醇（分析纯）、甲醇（色谱纯）、重蒸去离子水。

2）溶液制备

试样制备：精密称取样品粉末（过 20 目筛）10 g，加 60%乙醇 100 mL，不断搅拌，70 ℃热浸 5 h，过滤；残渣再同法提取 3 h，过滤，合并滤液，减压回收乙醇至无醇味。加水稀释到 20 mL，用预处理过的 D101 大孔树脂吸附 30 min，水洗脱至水洗脱液无色；用 95%乙醇洗脱，收集洗脱液约 500 mL，减压回收乙醇并浓缩到少量，用 1 g 聚酰胺（80 目）拌匀，挥发干，转移到聚酰胺小柱（80 目，4 g，ϕ 2.5 cm）。用 30%乙醇洗脱，收集洗脱液 200 mL，低温挥发除去乙醇，浓缩液加 NaCl 至饱和；用乙酸乙酯萃取 3 次，每次约

20 mL、20 mL、10 mL，合并乙酸乙酯提取液，挥发至干，残渣加丙酮-水(1∶1)定容至10 mL，混匀，经 0.45 μm 的微孔滤膜滤过，弃去初滤液约 5 mL，取续滤液。精密吸取上液 200 μL，以丙酮-水(1∶1)稀释到 1 mL，作为试样。

参照物制备：精密称取白果内酯、银杏内酯 A、银杏内酯 B 对照品各适量，加甲醇制成 1 mL 含 0.125 mg 的溶液，作为参照物。

3) 色谱条件

日立 2000 液相色谱仪，紫外检测器；色谱柱：(5 μm，125 mm×4.0 mm)；流动相：重蒸馏水与甲醇梯度洗脱；流速：1.0 mL·min^{-1}；柱温：30 ℃；检测波长：220 nm；分析时间：60 min；进样量：试样 10 μL，参照物 20 μL。

4) 指纹图谱

根据 10 批次供试品测定结果所给出的峰数，峰值(积分值)和峰位(相对保留时间)等，制定优化的指纹图谱。

5) 分析与评价

从分离出的色谱峰中，经与参照物对照，多次测定图之间的比较，选取其中 7 个作为指纹图谱的特征峰。

6) 测试方法

取待测溶液适量，注入液相色谱仪，按选定的测试条件，测定色谱图，并进行实验方法学考察。

7) 方法学考察

(1) 稳定性实验：同一批次样品，每隔一定的时间进样，测定稳定性。

(2) 精密度实验：同一批次样品，连续进样 5 次，测定稳定性。

(3) 重现性实验：同一批次样品，分别制备 5 份样品，测定。

流动相选择：经实验比较，重蒸水与甲醇为流动相，梯度洗脱能较好地使样品中各色谱峰分离且出峰最多；分析时间 60 min，样品 1.5 h 图谱显示 60 min 后无特征峰出现。

(钟惠民)

6.15　硫化促进剂 NS 的合成研究

【研究背景】

橡胶的硫化，就是利用硫化剂使橡胶的大分子进行交联。在进行硫化时，特别是用硫黄进行硫化时，除硫化剂外，一般还要加入硫化促进剂才能很好地完成硫化。硫化促进剂可简称促进剂，在橡胶硫化时用以加快硫化速度，缩短硫化时间，降低硫化温度，减少硫化剂用量，同时还可以改善硫化胶的物理机械性能[1-3]。

橡胶硫化促进剂 NS(又称 TBBS)，化学名称是 *N*-叔丁基-2-苯并噻唑次磺酰胺，结构式为

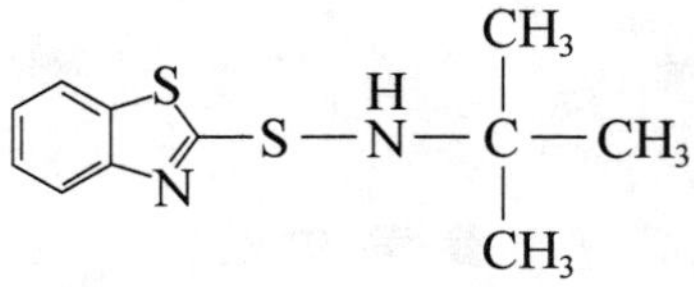

NS 是目前次磺酰胺类硫化促进剂的重要品种之一，具有防焦、安全、无毒、硫化快等特点，主要用于天然橡胶、顺丁橡胶、丁苯橡胶、异戊橡胶中。目前，促进剂 NS 的主要合成方法为水相次氯酸钠氧化缩合，先将硫醇基苯并噻唑(M) 用氢氧化钠溶液制成钠盐，再与叔丁胺氧化缩合制成 NS[4-5]，其反应方程式为

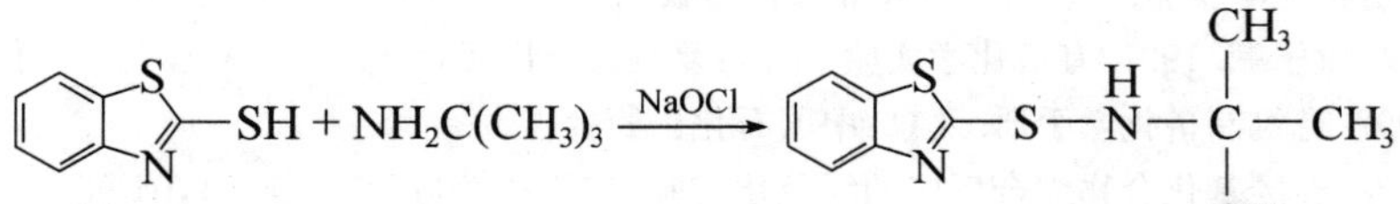

M

【研究内容】

(1) 查阅文献资料，总结促进剂 NS 的国内外研究进展、目前存在的问题以及以后的发展方向。

(2) 设计合理的合成工艺，合成促进剂 NS，并对其进行表征。研究促进剂 NS 在橡胶硫化中的应用。

(3) 总结实验结果，写出实验报告。

【参考文献】

[1] 章思规．实用精细化学品手册．北京：化学工业出版社，1996，492

[2] 徐万平，邓凤霞，等．精细化工，2000，17：277-279

[3] 谭雄文，徐军才．广东化工，2006，33：17-19

[4] 张越，李小云，李建云．河北师范大学学报，1998，22：226-228

[5] 曹耀强，肖波，卜晓光．石化技术与应用，2004，22：252-255

（胡志强）

参考文献

《有机化学实验技术》编写组.1978.有机化学实验技术.北京:科学出版社

北京大学化学系.1990.有机化学实验.北京:北京大学出版社

丁长江.2006.有机化学实验.北京:科学出版社

段晓英,姚天明,杨勇,温鸣.2008.巧设综合实验,提升综合能力.实验室研究与探索,27(4),97-99

高占先.2004.有机化学实验.4版.北京:高等教育出版社

谷珉珉,贾韵仪,姚子鹏.1991.有机化学实验.上海:复旦大学出版社

韩广甸,等.1997.有机制备化学手册.北京:中国石化出版社

黄强,张树波.2008.羰基化合物缩合反应的绿色化实验.实验技术与管理,25(5),64-66

兰州大学、复旦大学化学系有机教研室.1994.有机化学实验.2版.北京:高等教育出版社

李吉海,刘金庭.2007.基础化学实验(Ⅱ):有机化学实验.2版.北京:化学工业出版社

李良助,等.1992.有机合成原理和技术.北京:高等教育出版社

李述文,范如霖.1981.实用有机化学手册.上海:上海科学技术出版社

李艳玲.2008.综合性设计性实验的开设与管理.实验室研究与探索,27(8),110-111

林建原,夏静芬,腾丽华,等.2008.研究性化学实验的教学模式初探.实验室研究与探索,27(6),115-117

刘宝殿.2005.化学合成实验.北京:高等教育出版社

刘湘,刘士荣.2007.有机化学实验.北京:化学工业出版社

罗一鸣,唐瑞仁.2005.有机化学实验与指导.长沙:中南大学出版社

聂志刚,刘正东.2008.实验教学中的综合性设计性实验.实验技术与管理,25(3),140-141

帕维亚 D L,兰普曼 G M,小克里兹 G S.1985.现代有机化学实验技术导论.北京:科学出版社

彭新华.2007.大学化学实验2:合成实验与技术.北京:化学工业出版社

熊春华.2007.以设计性实验为主线的化学开放实验.实验室研究与探索,26(12),96-97

徐伟亮.2005.基础化学实验.北京:科学出版社

张小林,周美华,李茂康.2007.综合性、设计性实验教学改革探索与实践.实验技术与管理,24(7),94-96

张治广,李英俊,孙淑琴,于世钧.2008.开展半微量多步骤综合型有机合成实验教学,提高学生创新能力.实验室研究与探索,27(5),105-107

郑家茂.2007.对大学实验教学若干问题的厘析.实验技术与管理,24(7),1-5

周建峰.2002.有机化学实验.上海:华东理工大学出版社

周科衍.1997.有机化学实验教学指导.北京:高等教育出版社

周鲜成.2007.规范综合性、设计性实验教学的探索与研究.实验技术与管理,24(7),103-105

周志高,蒋鹏举.2005.有机化学实验.北京:化学工业出版社

朱红军.2008.有机化学微型实验.北京:化学工业出版社

Doxsee K M,Hutchison J E.2005.绿色有机化学——理论与实验.任玉杰译.上海:华东理工大学出版社

Vogel A I.1989.Textbook of practical organic chemistry.5th ed.Revised by Furniss B S,Hannaford A J,Smith P W G,Tatchell A R.New York:Longman Inc

附　　录

附录1　常用有机溶剂的纯化

在有机化学实验中，经常使用各类溶剂作为反应介质或用来分离提纯粗产物。反应的特点和物质的性质不同，对溶剂规格的要求也不相同。有些反应（如格氏试剂的制备反应）对溶剂的要求较高，即使微量杂质或水分的存在，也会影响实验的正常进行。这种情况下，就需对溶剂进行纯化处理，以满足实验的正常要求。这里介绍几种实验室中常用的有机溶剂的纯化方法。

1. 丙酮

丙酮沸点 56.2 ℃，折光率 1.3588，相对密度 0.7899。普通丙酮常含有少量的水及甲醇、乙醛等还原性杂质。其纯化方法有：

(1) 在 250 mL 丙酮中加入 2.5 g 高锰酸钾回流，若高锰酸钾紫色很快消失，再加入少量高锰酸钾继续回流，至紫色不褪为止。然后将丙酮蒸出，用无水碳酸钾或无水硫酸钙干燥，过滤后蒸馏，收集 55～56.5 ℃的馏分。用此法纯化丙酮时，必须注意丙酮中含还原性物质不能太多，否则会过多消耗高锰酸钾和丙酮，使处理时间增长。

(2) 将 100 mL 丙酮装入分液漏斗中，先加入 4 mL 10%硝酸银溶液，再加入 3.6 mL 1 $mol \cdot L^{-1}$ 氢氧化钠溶液，振摇 10 min，分出丙酮层，再加入无水硫酸钾或无水硫酸钙进行干燥。最后蒸馏收集 55～56.5 ℃馏分。此法比方法(1)要快，但硝酸银较贵，只宜做少量纯化用。

2. 四氢呋喃

四氢呋喃沸点 67 ℃(64.5 ℃)，折光率 1.4050，相对密度 0.8892。四氢呋喃与水能混溶，并常含有少量水分及过氧化物。如要制得无水四氢呋喃，可用氢化铝锂在隔绝潮气下回流（通常 1000 mL 需 2～4 g 氢化铝锂）除去其中的水和过氧化物，然后蒸馏，收集 66 ℃的馏分（蒸馏时不要蒸干，将剩余少量残液即倒出）。精制后的液体加入钠丝并应在氮气氛中保存。

处理四氢呋喃时，应先用少量进行试验，在确定其中只有少量水和过氧化物，反应不致过于激烈时，方可进行纯化。

四氢呋喃中的过氧化物可用酸化的碘化钾溶液来检验。如过氧化物较多，应另行处理为宜。

3. 二氧六环

二氧六环（1,4-二氧环己烷）沸点 101.5 ℃，熔点 12 ℃，折光率 1.4424，相对密度

1.0336。二氧六环能与水任意混合，常含有少量二乙醇缩醛与水，久储的二氧六环可能含有过氧化物(鉴定和除去参阅乙醚)。二氧六环的纯化方法：在 500 mL 二氧六环中加入 8 mL浓盐酸和 50 mL 水的溶液，回流 6～10 h，在回流过程中，慢慢通入氮气以除去生成的乙醛。冷却后，加入固体氢氧化钾，直到不能再溶解为止，分去水层，再用固体氢氧化钾干燥 24 h。然后过滤，在金属钠存在下加热回流 8～12 h，最后在金属钠存在下蒸馏，压入钠丝密封保存。精制过的二氧六环应当避免与空气接触。

4. 吡啶

吡啶沸点 115.5 ℃，折光率 1.5095，相对密度 0.9819。分析纯的吡啶含有少量水分，可供一般实验用。如要制得无水吡啶，可将吡啶与粒状氢氧化钾(钠)一同回流，然后隔绝潮气蒸出备用。干燥的吡啶吸水性很强，保存时应将容器口用石蜡封好。

5. 石油醚

石油醚为轻质石油产品，是低相对分子质量烷烃类的混合物。其沸程为 30～150 ℃，收集的温度区间一般为 30 ℃左右，有 30～60 ℃、60～90 ℃、90～120 ℃等沸程规格的石油醚。其中含有少量不饱和烃，沸点与烷烃相近，用蒸馏法无法分离。

石油醚的精制：通常将石油醚用等体积的浓硫酸洗涤 2～3 次，再用 10%硫酸加入高锰酸钾配成的饱和溶液洗涤，直至水层中的紫色不再消失为止。然后再用水洗，经无水氯化钙干燥后蒸馏。若需绝对干燥的石油醚，可加入钠丝(与纯化无水乙醚相同)。

6. 甲醇

甲醇沸点 64.96 ℃，折光率 1.3288，相对密度 0.7914。普通未精制的甲醇含有 0.02%丙酮和 0.1%水，而工业甲醇中这些杂质的含量达 0.5%～1%。为了制得纯度达 99.9%以上的甲醇，可将甲醇用分馏柱分馏。收集 64 ℃的馏分，再用镁去水(与制备无水乙醇相同)。甲醇有毒，处理时应防止吸入其蒸气。

7. 乙酸乙酯

乙酸乙酯沸点 77.06 ℃，折光率 1.3723，相对密度 0.9003。乙酸乙酯一般含量为 95%～98%，含有少量水、乙醇和乙酸。可用下法纯化：于 1000 mL 乙酸乙酯中加入 100 mL乙酸酐，10 滴浓硫酸，加热回流 4 h，除去乙醇和水等杂质，然后进行蒸馏。馏液加 20～30 g 无水碳酸钾，振荡，再蒸馏。产物沸点为 77 ℃，纯度可达 99%以上。

8. 乙醚

乙醚沸点 34.51 ℃，折光率 1.3526，相对密度 0.71378。普通乙醚常含有 2%乙醇和 0.5%水。久藏的乙醚常含有少量过氧化物。

过氧化物的检验和除去：在干净的试管中加入 2～3 滴浓硫酸、1 mL 2%碘化钾溶液(若碘化钾溶液已被空气氧化，可用稀亚硫酸钠溶液滴到黄色消失)和 1～2 滴淀粉溶液，混合均匀后加入乙醚，出现蓝色即表示有过氧化物存在。除去过氧化物可用新配制的硫酸亚铁稀溶液($FeSO_4/H_2O$ 60 g、100 mL 水和 6 mL 浓硫酸)。将 100 mL 乙醚和 10 mL 新配制的硫酸亚铁溶液放在分液漏斗中洗数次,至无过氧化物为止。

醇和水的检验和除去:乙醚中加入少许高锰酸钾粉末和一粒氢氧化钠。放置后,氢氧化钠表面附有棕色树脂,即证明有醇存在。水的存在用无水硫酸铜检验。先用无水氯化钙除去大部分水,再经金属钠干燥。其方法是:将 100 mL 乙醚加入干燥锥形瓶中,加入 20～25 g 无水氯化钙,瓶口用软木塞塞紧,放置一天以上,并间断摇动,然后蒸馏,收集 33～37 ℃的馏分。用压钠机将 1 g 金属钠直接压成钠丝放于盛乙醚的瓶中,用带有氯化钙干燥管的软木塞塞住。或在木塞中插一末端拉成毛细管的玻璃管,这样,既可防止潮气浸入,又可使产生的气体逸出。放置至无气泡发生即可使用;放置后,若钠丝表面已变黄变粗时,必须再蒸一次,然后再压入钠丝。

9. 乙醇

乙醇沸点 78.5 ℃,折光率 1.3616,相对密度 0.7893。制备无水乙醇的方法很多,可根据对无水乙醇质量要求的不同而选择不同的方法。

若要 98%～99%的乙醇,可采用下列方法:

(1) 利用苯、水和乙醇形成低恒沸物的性质,将苯加入乙醇中进行分馏,在 64.9 ℃时蒸出苯、水、乙醇的三元恒沸物,多余的苯在 68.3 ℃与乙醇形成二元恒沸物被蒸出,最后蒸出乙醇。工业上多采用此法。

(2) 用生石灰脱水。于 100 mL 95%乙醇中加入新鲜的块状生石灰 20 g,回流 3～5 h,然后进行蒸馏。

若要 99%以上的乙醇,可采用下列方法:

(1) 在 100 mL 99%乙醇中,加入 7 g 金属钠,待反应完毕,再加入 27.5 g 邻苯二甲酸二乙酯或 25 g 草酸二乙酯,回流 2～3 h,然后进行蒸馏。

金属钠虽能与乙醇中的水作用,产生氢气和氢氧化钠,但所生成的氢氧化钠又与乙醇发生平衡反应,因此单独使用金属钠不能完全除去乙醇中的水,必须加入过量的高沸点酯,如邻苯二甲酸二乙酯与生成的氢氧化钠作用,抑制上述反应,从而达到进一步脱水的目的。

(2) 在 60 mL 99%乙醇中加入 5 g 镁和 0.5 g 碘,待镁溶解生成醇镁后,再加入 900 mL 99%乙醇,回流 5 h 后,蒸馏,可得到 99.9%乙醇。

由于乙醇具有非常强的吸湿性,因此在操作时,动作要迅速,尽量减少转移次数以防止空气中的水分进入,同时所用仪器必须事前干燥好。

10. 二甲基亚砜

二甲基亚砜(DMSO)沸点 189 ℃,熔点 18.5 ℃,折光率 1.4783,相对密度 1.100。二甲基亚砜能与水混合,可用分子筛长期放置加以干燥。然后减压蒸馏,收集 76 ℃/1600 Pa(12 mmHg)馏分。蒸馏时,温度不可高于 90 ℃,否则会发生歧化反应生成二甲砜和二甲硫醚。也可用氧化钙、氢化钙、氧化钡或无水硫酸钡来干燥,然后减压蒸馏。也可用部分结晶的方法纯化。二甲基亚砜与某些物质混合时可能发生爆炸,如氢化钠、高碘酸或高氯酸镁等，应予注意。

11. *N*,*N*-二甲基甲酰胺(DMF)

N,*N*-二甲基甲酰胺(DMF)沸点 149～156 ℃，折光率 1.4305，相对密度 0.9487。无色液体，与多数有机溶剂和水可任意混合，对有机和无机化合物的溶解性能较好。

N,*N*-二甲基甲酰胺含有少量水分。常压蒸馏时有些分解，产生二甲胺和一氧化碳。在有酸或碱存在时，分解加快，所以加入固体氢氧化钾(钠)在室温下放置数小时后，即有部分分解。因此，最常用硫酸钙、硫酸镁、氧化钡、硅胶或分子筛干燥，然后减压蒸馏，收集 76 ℃/4800 Pa(36 mmHg)的馏分。其中如含水较多时，可加入其体积 1/10 的苯，在常压及 80 ℃以下蒸去水和苯，然后再用无水硫酸镁或氧化钡干燥，最后进行减压蒸馏。纯化后的 *N*,*N*-二甲基甲酰胺要避光储存。

N,*N*-二甲基甲酰胺中如有游离胺存在，可用 2,4 二硝基氟苯产生颜色来检测。

12. 二氯甲烷

二氯甲烷沸点 40 ℃，折光率 1.4242，相对密度 1.3266。使用二氯甲烷比氯仿安全，因此常用它来代替氯仿作为比水重的萃取剂。普通的二氯甲烷一般都能直接作萃取剂用。如需纯化，可用 5%碳酸钠溶液洗涤，再用水洗涤，然后用无水氯化钙干燥，蒸馏收集 40～41 ℃的馏分，保存在棕色瓶中。

13. 二硫化碳

二硫化碳沸点 46.25 ℃，折光率 1.6319，相对密度 1.2632。二硫化碳为有毒化合物，能使血液神经组织中毒。具有高度的挥发性和易燃性，因此，使用时应避免与其蒸气接触。

对二硫化碳纯度要求不高的实验，可在二硫化碳中加入少量无水氯化钙干燥几小时，在 55～65 ℃水浴中加热蒸馏、收集。如需要制备较纯的二硫化碳，在试剂级的二硫化碳中加入 0.5%高锰酸钾水溶液洗涤三次，除去硫化氢，再用汞不断振荡以除去硫。最后用 2.5%硫酸汞溶液洗涤，除去所有的硫化氢(洗至没有恶臭为止)，再经氯化钙干燥，蒸馏收集。

14. 氯仿

氯仿沸点 61.7 ℃，折光率 1.4459，相对密度 1.4832。氯仿在日光下易氧化成氯气、氯化氢和光气(剧毒)，故应储于棕色瓶中。市场上供应的氯仿多用 1%酒精作稳定剂，以消除产生的光气。氯仿中乙醇的检验可用碘仿反应，游离氯化氢的检验可用硝酸银的醇溶液。

除去乙醇：可将氯仿用其 1/2 体积的水振摇数次分离下层的氯仿，用氯化钙干燥 24 h，然后蒸馏。

另一种纯化方法：将氯仿与少量浓硫酸一起振荡两三次。每 200 mL 氯仿用 10 mL 浓硫酸，分去酸层以后的氯仿用水洗涤，干燥，然后蒸馏。

除去乙醇后的无水氯仿应保存在棕色瓶中并避光存放，以免光化作用产生光气。

15. 苯

苯沸点 80.1 ℃，折光率 1.5011，相对密度 0.87865。普通苯常含有少量水和噻吩，噻吩沸点 84 ℃，与苯接近，不能用蒸馏的方法除去。

噻吩的检验：取 1 mL 苯加入 2 mL 溶有 2 mg 吲哚醌的浓硫酸，振荡片刻，若酸层呈蓝绿色，即表示有噻吩存在。噻吩和水的除去：将苯装入分液漏斗中，加入相当于苯体积 1/7 的浓硫酸，振摇使噻吩磺化，弃去酸液，再加入新的浓硫酸，重复操作几次，直到酸层呈现无色或淡黄色并检验无噻吩为止。将上述无噻吩的苯依次用 10%碳酸钠溶液和水洗至中性，再用氯化钙干燥，蒸馏收集 80 ℃的馏分，最后用金属钠脱去微量的水得无水苯。

附录 2　实验室常用有机化合物的物理常数

化合物		相对分子质量	熔点/℃	沸点/℃	相对密度	折光率	溶解度			
							水	95%乙醇	乙醚	其他
饱和烃	甲烷	16.04	−182.48	−164	(A) 0.5540	—	0.35^{20}cc	47.1^{20}cc	104^{10}cc	
	乙烷	30.07	−183.2	−88.63	(A) 1.049	—	4.7^{20}cc	150cc(abs)	—	
	丙烷	44.11	−187.7	−42.1	(A) 1.562	—	$6.5^{17.8}$cc	$926^{16.6}$cc	$1299^{16.6}$cc	
	丁烷	58.12	−138.35	−0.50	0.5788^{20}_{4}(lq)	1.3543^{-13}	15^{17}cc (772atm)	1883^{17}cc (775atm)	2980^{17}cc (775atm)	
	异丁烷	58.12	−159.42	−11.7	0.549^{20}(lq)	—	13^{17}cc (772atm)	1320^{17}cc (772atm)	2790^{17}cc (772atm)	
	戊烷	72.15	−129.72	36.07	0.6262^{20}	1.3575^{20}	0.036^{16}	∞	∞	苯∞
	环戊烷	70.14	−93.88	49.26	0.7457^{20}_{4}	1.4065^{20}	i	∞	∞	苯∞
	环己烷	84.16	6.55	80.74	0.7786^{20}_{4}	1.4266^{20}	i	∞	∞	苯∞
	正己烷	86.18	−95	68.95	0.6603^{20}_{4}	1.3751^{20}	i	50^{33}	s	氯仿 s
	正庚烷	100.21	−90.61	98.42	0.6838^{20}_{4}	1.3878^{20}	0.0052^{18}	vs	∞	苯∞
	顺十氢化萘	138.25	−43.01	195.65	0.8965^{20}_{4}	1.4810^{20}	i	∞	vs	苯∞
	反十氢化萘	138.25	−30.4	187.25	0.8699^{20}_{4}	1.4695^{20}	i	vs	vs	苯∞

续表

化合物		相对分子质量	熔点/℃	沸点/℃	相对密度	折光率	溶解度			
							水	95%乙醇	乙醚	其他
不饱和烃	乙烯	28.05	−169.15	−103.71	0.566_4^{-102}	—	25.60cc	360cc	s	
	丙烯	42.08	−185.25	−47.7	0.5193_4^{20}(lq)	1.3567^{-70}	44.6cc	1200cc	—	乙酸 500cc
	1-丁烯	56.12	−185.4	−6.3	0.5951_4^{20}	1.3962^{-20}	i	vs	vs	
	异丁烯	56.12	−140.35	6.9	0.5942_4^{20}(lq)	1.3926^{-25}	i	vs	vs	苯 s
	环戊烯	68.13	−135.08	44.24	0.7720_4^{20}	1.4225^{20}	i	s	s	苯 s
	环戊二烯	66.10	−97.2	40.0	0.8021_4^{20}	1.4440^{20}	i	∞	∞	苯∞
	异戊二烯	68.13	−146.0	34.0	0.6810_4^{20}	1.4219^{20}	i	∞	∞	苯∞
	环己烯	82.15	−103.5	82.98	0.8102_4^{20}	1.4465^{20}	i	∞	∞	苯∞
	乙炔	26.04	−80.8	−84.0	0.6208_4^{-82}	—	100^{18}cc	600^{18}cc	—	丙酮 2500^{15}cc
芳香烃	苯	78.12	5.5	80.1	0.8786_4^{20}	1.5011^{20}	0.07^{22}	∞(abs)	∞	丙酮∞
	甲苯	92.15	−95	110.6	0.8669_4^{20}	1.4961^{20}	i	∞(abs)	∞	苯∞
	乙苯	106.17	−94.97	136.2	0.8670_4^{20}	1.4959^{20}	0.01^{15}	∞	∞	
	o-二甲苯	106.17	−25.18	144.4	0.8802_4^{20}	1.5055^{20}		∞(abs)	∞	苯∞
	m-二甲苯	106.17	−47.87	139.1	0.8642_4^{20}	1.4972^{20}	i	∞(abs)	∞	苯∞
	p-二甲苯	106.17	13.26	138.35	0.8611_4^{20}	1.4958^{20}	i	s	vs	苯∞
	苯乙烯	104.16	−30.63	145.2	0.9060_4^{20}	1.5468^{20}	i	s	s	苯∞
	异丙苯	120.20	−96	152.4	0.8618_4^{20}	1.4915^{20}	i	∞	∞	苯∞
	萘	128.19	80.55	218.0	1.02532_4^{20}	1.5898^{85}	0.003^{25}	$9.5^{19.5}$	vs	苯 49^{16}
	联苯	154.21	71	255.9	0.8660_4^{20}	1.588^{77}	i	$9.98^{19.5}$	s	苯 vs
	四氢化萘	132.21	−35.79	207.57	0.9702_4^{20}	1.5414^{20}	i	s	s	苯∞
	蒽	178.24	216.2～216.4	340	1.283_4^{20}	—	i	1.9^{20}(abd)		甲苯 12.2^{100}
	菲	178.24	101	340	0.9800_4^{20}	1.5943	i	2^{14}	s	苯 s

续表

化合物		相对分子质量	熔点/℃	沸点/℃	相对密度	折光率	溶解度			
							水	95%乙醇	乙醚	其他
卤代烃	一氯甲烷	50.49	−97.73	−24.2	0.9159_4^{20}	1.3389^{20}	208^{16}cc	3500^{20}cc	—	
	氯仿	119.38	−63.5	61.7	1.4832_4^{20}	1.4459^{20}	0.82^{20}	∞	∞	
	四氯化碳	153.82	−22.99	76.8	1.5940_4^{20}	1.4601^{20}	0.08^{20}	s	∞	苯∞
	氯乙烷	64.52	−136.4	12.37	0.8978_4^{20}	1.3676^{20}	0.45^{0}	vs	∞	
	氯乙烯	62.50	−153.8	−13.37	0.9106_4^{20}	1.3700^{20}	sl	s	vs	
	烯丙基氯	76.53	−134.5	45	0.9376_4^{20}	1.4154^{20}	<0.1	∞	∞	丙酮∞
	1-氯丙烷	78.54	−122.8	46.7	0.890_4^{20}	—	0.27^{20}	∞	∞	
	2-氯丙烷	78.54	−117	34.8	0.895_4^{20}	—	0.31^{20}	∞	∞	
	1-氯丁烷	92.57	−123.1	78.44	0.8862_4^{20}	1.4021^{20}	$0.07^{12.5}$	∞	∞	
	2-氯丁烷	92.57	−131.3	68.3	0.873_4^{20}	—	i	∞	∞	
	叔丁基氯	92.57	−25.4	52	0.8420_4^{20}	1.3857^{20}	sl	∞	∞	苯 s
	氯苯	112.56	−45.6	132.0	1.1058_4^{20}	1.5241^{20}	0.049^{20}	∞	∞	苯∞
	溴乙烷	108.97	−118.6	38.4	1.4604_4^{20}	1.4239^{20}	0.9^{30}	∞	∞	
	溴苯	157.02	−30.82	156	1.4950_4^{20}	1.5597^{20}	i	vs	vs	苯 vs
	碘仿	393.73	123	218	4.008_4^{20}	—	0.01^{25}	1.5^{17}	13.6^{25}	
	邻硝基氯苯	157.56	33.5～35	246	1.305_4^{80}	—	i	s	s	苯 s
	对硝基氯苯	157.56	83.6	242	$1.2979^{90.5}$	1.5376^{100}	i	vs(h)	s	
醇类	甲醇	32.04	−93.9	64.96	0.7914_4^{20}	1.3288^{20}	∞	∞	∞	苯 vs
	乙醇	46.07	−117.3	78.5	0.7893_4^{20}	1.3611^{20}	∞	—	∞	苯 s
	正丙醇	60.11	−126.3	97.4	0.8035_4^{20}	1.3856^{20}	∞	∞	∞	苯 vs
	异丙醇	60.11	−89.5	82.4	0.7855_4^{20}	1.3776^{20}	∞	∞	∞	苯 vs
	烯丙醇	58.08	−129	97	0.8540_4^{20}	1.4135^{20}	∞	∞	∞	
	乙二醇	62.07	−11.5	198	1.1088_4^{20}	1.4318^{20}	∞	∞	1.0	苯 sl

续表

化合物		相对分子质量	熔点/℃	沸点/℃	相对密度	折光率	溶解度			
							水	95%乙醇	乙醚	其他
醇类	1,3-丙二醇	76.11	—	189	1.0361^{20}_{4}	1.4324^{20}	∞	∞	8	苯 s
	甘油	92.11	20	290(d)	1.2613^{20}_{4}	1.4746^{20}	∞	∞	sl	苯 i
	正丁醇	74.12	−89.53	117.25	0.8098^{20}_{4}	1.3993^{20}	9^{15}	∞	∞	苯 s
	异丁醇	74.12	−108	108.1	0.802^{20}_{4}	$1.3986^{17.5}$	10^{15}	∞	∞	
	仲丁醇(dl)	74.12	−114.7	99.5	0.8063^{20}_{4}	1.3986^{20}	12.5^{20}	∞	∞	苯 s
	叔丁醇	74.12	25.5	82.2～82.3	0.7887^{20}_{4}	1.3878^{20}	∞	∞	∞	
	正戊醇	88.15	−79	137.3^{748}	0.8144^{20}_{4}	1.4101^{20}	2.7^{22}	∞	∞	
	异戊醇	88.15	−117.2	128.5^{750}	0.8092^{20}_{4}	1.4053^{20}	2^{14}	∞	∞	
	正己醇	102.18	−46.7	158	0.8136^{20}_{4}	1.4178^{20}	0.6^{20}	s	∞	苯∞
	正庚醇	116.21	−34.1	176	0.8219^{20}_{4}	1.4249^{20}	0.18^{25}	∞	∞	
酚类	苯酚	94.11	43	181.75	1.0576^{20}_{4}	1.5509^{21}	$8.2^{15}_{65.3}$∞	s	vs	苯∞(h)
	o-甲苯酚	108.15	30.94	191.0	1.0273^{20}_{4}	1.5361^{20}	2.5	vs	vs	苯∞
	m-甲苯酚	108.15	11.5	202.2	1.0336^{20}_{4}	1.5438^{20}	0.5	∞	∞	苯∞
	p-甲苯酚	108.15	34.8	201.9	1.0178^{20}_{4}	1.5312^{20}	1.5	∞,36	∞,36	苯∞
	对苯二酚	110.11	173～174	285^{730}	1.328^{15}	—	6^{15}	vs	s	苯 i
	α-萘酚	144.19	96	288	1.0989^{99}_{4}	1.6224^{99}	sl(h)	vs	vs	苯 s
	β-萘酚	144.19	123～124	295	1.28^{20}	—	0.1(c) 1.25(h)	vs	vs	苯 s
醚类	乙醚	74.12	−116.2(fz)	34.51	0.7138^{20}_{4}	1.3526^{20}	7.5^{20}	∞	—	苯∞
	异丙醚	102.18	−85.89	68	0.7241^{20}_{4}	1.3679^{20}	0.2	∞	∞	
	正丁醚	130.23	−95.3	142	0.7689^{20}_{4}	1.3992^{20}	<0.05	∞	∞	
	苯甲醚	108.15	−37.5	155	0.9961^{20}_{4}	1.5179^{20}	i	s	s	苯 vs
	苯乙醚	122.17	−29.5	170	0.9666^{20}_{4}	1.5076^{20}	i	s	s	苯 s
	二苯醚	170.21	26.84	257.93	1.0748^{20}	1.5787^{25}	sl	5～10(87%)	s	苯 s

续表

化合物		相对分子质量	熔点/℃	沸点/℃	相对密度	折光率	溶解度			
							水	95%乙醇	乙醚	其他
醚类	环氧乙烷	44.05	−111	13.5746	0.8824^{10}_{10}	1.35977	s	s	s	
	环氧丙烷	58.08	−104.4	34.3	0.859^{0}_{4}	1.3670^{25}	33^{33}	∞	∞	
	四氢呋喃	72.12	−108.56 (fz)	67	0.8892^{20}_{4}	1.4050^{20}	s	vs	vs	苯 vs
	二氧六环	88.12	11.8	101^{750}	1.0337^{20}_{4}	1.4224^{20}	∞	∞	∞	苯∞
醛类	甲醛	30.03	−92	−21	0.815^{-20}_{4}	—	s	s	∞	
	乙醛	44.05	−121	20.8	0.7834^{18}_{4}	1.3316^{20}	∞	∞	∞	苯∞
	丙醛	58.08	−81	48.8	0.8058^{20}_{4}	1.3636^{20}	20^{20}	∞	∞	
	丙烯醛	56.07	−86.95	52.5～53.5	0.8410^{20}_{4}	1.4017^{20}	40	s	s	
	正丁醛	72.12	−99	75.7	0.8170^{20}_{4}	1.3843^{20}	4	∞	∞	苯 vs
	异丁醛	72.12	−65.9	$63～64^{757}$	0.794^{20}_{4}	1.3730	11^{20}	∞	∞	苯∞
	正戊醛	86.14	−91.5	103	0.8095^{20}_{4}	1.3944^{20}	sl	s	s	
	异戊醛	86.14	−51	92.5	0.7977^{20}_{4}	1.3902^{20}	sl	s	s	
	糠醛	96.09	−38.7	161.7	1.1594^{20}	1.5291^{20}	9.1^{13}	vs	∞	苯 s
	苯甲醛	106.13	−26	178.1	1.0415^{15}_{4}	1.5463^{20}	0.3	∞	∞	苯 vs
酮类	丙酮	58.08	−95.35	56.2	0.7899^{20}_{4}	1.358820	∞	∞	∞	苯∞
	丁酮	72.12	−86.35	79.6	0.8054^{20}_{4}	1.3788^{20}	37	∞	∞	苯∞
	乙烯酮	42.04	−151	−56	—	—	(d)	(d)	sl	
	2-戊酮	86.14	−77.8	102	0.8089^{20}_{4}	1.3895^{20}	sl	∞	∞	
	3-戊酮	86.14	−39.8	101.7	0.8138^{20}_{4}	1.3924^{20}	4.7^{20}	∞	∞	
	2,4-戊二酮	100.13	−23	139^{746}	0.9721^{25}_{4}	1.4494^{20}	12.5	∞	∞	苯∞
	环己酮	98.15	−16.4	155.65	0.9478^{20}_{4}	1.4507^{20}	s	s	s	苯 s
	苯乙酮	120.16	20.5	202.3	1.0281^{20}_{4}	1.537220	i	s	s	苯 s
	二苯甲酮	182.21	(α)48.1 (β) 26	305.9	(α)1.146^{20} (β)1.1076	(α)1.6077^{19} (β)1.6059^{23}		6.5^{15}	15^{13}	苯 s

续表

化合物		相对分子质量	熔点/℃	沸点/℃	相对密度	折光率	溶解度			
							水	95%乙醇	乙醚	其他
羧酸及衍生物	甲酸	46.03	8.4	100.7	1.220_4^{20}	1.3714^{20}	∞	∞	∞	苯 s
	乙酸	60.05	16.6	117.9	1.049_4^{20}	1.3716^{20}	∞	∞	∞	苯∞
	丙酸	74.08	−20.8	140.99	0.9930^{20}	1.3869^{20}	∞	∞	s	氯仿∞
	丁酸	88.12	−4.26	163.53	0.9577_4^{20}	1.3980^{20}	∞	∞	∞	
	戊酸	102.13	−33.83	186	0.9391_4^{20}	1.4085_4^{20}	3.3^{16}	s	s	
	己酸	116.16	−2～−1.5	205	0.9274_4^{20}	1.4163^{20}	1.10^{20}	s	s	
	丙烯酸	72.06	13.0	141.6	1.0511^{20}	1.4224^{20}	∞	∞	∞	苯 s
	草酸	90.04	(α)189.5 (β)182	157 （升华）	(α)1.900_4^{17} (β)1.895	—	10^{20}	24^{15} (abs)	1.3^{15} (abs)	苯 i
	丙二酸	104.06	130～ 135(d)	—	1.631^{15}	—	138^{16}	42^{25}	8^{15}(abs)	
	丁二酸	118.09	188	235(d)	1.572_4^{25}	1.450	6.8^{20}	9.9^{15}	1.2^{15}	苯 i
	顺丁烯二酸	116.07	139～140		1.590^{20}		79^{25}	70^{20}	8^{25}	
	反丁烯二酸	116.07	300～302 （封闭）	165(226.6 Pa 升华)	1.635_4^{20}		0.7^{17}	$5.75^{29.7}$	0.7^{25}	
	己二酸	146.14	153	265^{100}	1.360_4^{25}	—	1.4^{15}	vs	0.6^{15}	
	苯甲酸	122.12	122.4 (100 ℃升华)	249	1.2659_4^{15}	1.504^{132}	0.21^{175}	46.6^{15} (abs)	66^{15}	苯 s
	水杨酸	138.12	159 (76 ℃升华)	$211_{\pm}^{20}$	1.443_4^{20}	1.565	0.16^{4}	49.6^{15} (abs)	50.5^{15}	
	邻苯二甲酸	166.14	161 （封闭）	(d)	1.593_4^{20}	—	0.54^{14}	11.7^{18} (abs)	0.68^{15}	
	对苯二甲酸	166.14	425 （封闭）	306 （升华）		—	0.001(c)	sl(h)	i	
	光气	98.92	−118	7.56	1.381_4^{20}	—	sl(d)	(d)		苯 s
	乙酰氯	78.50	−112.0	50.9	1.1051_4^{20}	1.3898^{20}	(d)	(d)	∞	苯∞
	乙酸酐	102.09	−73.1	140.0	1.0820_4^{20}	1.3901^{20}	12(c)(hd)	s(hd)	∞	苯 s
	乙酸乙酯	88.12	−83.58	77.06	0.9003_4^{20}	1.3723^{20}	8.5^{15}	∞	∞	苯∞
	乙酸正丁酯	116.16	−77.9	126.5	0.8825_4^{20}	1.3941^{20}	0.7	∞	∞	
	乙酸苯酯	136.15	—	195.7	1.0780_4^{20}	1.5033^{20}	sl	∞	∞	

续表

化合物		相对分子质量	熔点/℃	沸点/℃	相对密度	折光率	溶解度			
							水	95%乙醇	乙醚	其他
羧酸及衍生物	乙酰乙酸乙酯	130.15	<−80	180.4	1.0282_4^{20}	1.4194^{20}	13^{17}	∞	∞	苯 s
	乙酰苯胺	135.17	114.3	304	1.219_4^{15}		0.53^{6}	21^{20}	7^{25}	
	丁二酸酐	100.08	119.6	261	1.2340_4^{20}	—	i	s	sl	
	顺丁烯二酐	98.06	60	197～199	1.314^{60}	—	16.3^{30}	—	s	丙酮 s
	苯甲酰氯	140.57	−1	197.2	1.2120_4^{20}	1.5537^{20}	(d)	(d)	∞	苯 s
	苯甲酸苯酯	198.22	71	314	1.235_4^{20}	—	i	s(h)	s(h)	
	苯酐	148.12	131.16	295.1（升华）	1.527^{4}	—	sl	s	sl	
含氮化合物	硝基甲烷	61.04	−28.5	101.2	1.1371_4^{20}	1.3817^{20}	9.5^{20}	s	s	
	硝基苯	123.11	5.7	210.8	1.2037_4^{20}	1.5562^{20}	0.19^{20}	vs	vs	苯∞
	甲胺	31.06	−93.5	−6.3	0.699^{-11}	—	959^{25} cc/cc	s	—	
	乙胺	45.09	−81	16.6	0.6829_4^{20}	1.3663^{0}	∞	∞	∞	
	二乙胺	73.14	−48	56.3	0.7056_4^{20}	1.3864^{20}	vs	∞	s	
	三乙胺	101.19	−114.7	89.3	0.7275_4^{20}	1.4010^{20}	s	s	s	
	乙二胺	60.11	8.5	116.5	0.8995_4^{20}	1.4568^{20}	vs	∞	0.3	苯 i
	正丙胺	59.11	−83.0	47.8	0.7173_4^{20}	1.3870^{20}	s	vs	vs	
	正丁胺	73.14	−49.1	77.8	0.7414_4^{20}	1.4031^{20}	∞	sl	s	
	苯胺	93.13	−6.3	184.13	1.0213_4^{20}	1.5863^{20}	3.9^{18}	∞	∞	
	重氮甲烷	42.04	−145	−23	—	—	(a)	s(h)	s	
	乙腈	41.05	−45.72	81.6	0.7857^{20}	1.3442^{20}	∞	∞	∞	
	丙烯腈	53.06	−83.5	77.5～77.9	0.8060_4^{20}	1.3911^{20}	s	∞	∞	

续表

化合物		相对分子质量	熔点/℃	沸点/℃	相对密度	折光率	溶解度			
							水	95%乙醇	乙醚	其他
其他化合物	苯磺酰氯	176.62	14.5	251～252(d)	1.3842^{15}_{15}	—	i(hd)	vs(hd)	s	
	对甲苯磺酸	172.21	104～105	140^{20}		—	vs	s	s	
	硫酸二甲酯	126.13	−31.75	188.5(d)	1.3283^{20}	1.3874^{20}	s	∞	s	
	二硫化碳	76.14	−111.53	46.25	1.2632^{20}_{4}	1.6319^{20}	0.2^{0}	∞	∞	
	二甲亚砜	78.13	18.45	189	1.1014^{20}_{4}	1.4770^{20}	s	s	s	
	呋喃	68.08	−85.95	31.36	0.9514^{20}_{4}	1.4214^{20}	i	vs	vs	苯 s
	吡咯	67.09	−24	130～131	0.9691^{20}_{4}	1.5058^{20}	8^{25}	s	s	苯 s
	噻吩	84.14	−38.25	84.16	1.0649^{20}_{4}	1.5289^{20}	—	∞	∞	苯∞
	吡啶	79.10	−42	115.5	0.9819^{20}	1.5095^{20}	∞	∞	∞	

注：① 表中仍用过去的实用单位，其换算为 1atm=101.080 kPa，1 mmHg=133.322 kPa，1 cc=1 cm^3。

② 熔点："82(d)"表示在 82 ℃下熔融同时分解。"(82d)"表示在 82 ℃时分解而不熔融。

③ 沸点：如不标明压力，表示在常压下(760 mmHg) 的沸点。"82^{15}"表示在 15 mmHg 下，沸点为 82 ℃。

④ 相对密度：如不标明温度，表示在室温下(15～20 ℃) 物质相对于 4 ℃的水的密度比。"1.5243^{30}_{4}"表示在 30 ℃下物质相对于 4 ℃的水的密度比。标明"(A)"指明对于空气的密度。

⑤ 折光率：如未特别指明，表示为 n_D(钠光)。"0.6652^{40}"表示在 40 ℃下物质对于钠光折射率为 0.6652。

⑥ 溶解度："92^{15}"表示 100 份溶剂在 15 ℃下可溶解物质 92 份。"10^2 cc"表示在 2 ℃下 100 g 溶剂可溶解气体物质 100cc。

⑦ 缩写字表示的意义：A. 空气；abs. 绝对无水；anh. 无水的；atm. 标准大气压；fz. 凝固点；h. 热的；hd. 热分解；i. 不溶；l. 左旋体；lq. 液体；m. 间位或内消旋体；o. 邻位；p. 对位；c. 冷的；cc. 立方厘米；d. 分解或右旋体；dl. 外消旋体；s. 可溶；sl. 略溶；sld. 略微分解；vs. 易溶；∞. 互溶；±. 左右。

附录 3　常见化学基团的红外光谱特征吸收

2.5～3.1 μm 区域	波长/μm	波数/cm^{-1}
O—H 伸缩		
醇类和酚类		
自由 O—H	2.75～2.8(尖)	3636～3571
氢键		
二聚体	2.80～2.90(尖)	3571～3448
多聚体	2.94～3.10(宽)	3401～3226

续表

2.5～3.1 μm 区域	波长/μm	波数/cm^{-1}
羧酸	3.0～4.0(宽)	3333～2500
N—H 伸缩		
胺和酰胺		
自由 N—H		
伯	2.8～2.9 和 2.9～3.0	3571～3448 和 3448～3333
仲	2.85～2.95	3509～3390
氢键	约 2.99～3.25(宽)	3344～3077
乙炔型 C—H	3.0～3.1(尖)	3333～3226
3.2～4.0 μm 区域	波长/μm	波数/cm^{-1}
C—H 伸缩		
烯类	3.23～3.32	3096～3012
芳烃类	约 3.30	约 3030
烷类	3.37～3.52	2967～2841 2899～2817
醛($-\overset{\overset{O}{\|}}{C}-H$)	3.45～3.55 和 3.6～3.7	2899～2817 和 2778～2703
O—甲基,N—甲基	3.54～3.62	2825～2762
4.2～5.0 μm 区域	波长/μm	波数/cm^{-1}
C≡Y 伸缩		
腈(—C≡N)	4.42～4.51	2262～2217
乙炔(—C≡C—)	4.43～4.76	2257～2101
5.5～6.0 μm 区域	波长/μm	波数/cm^{-1}
C═O 伸缩		
酸酐($-\overset{\overset{O}{\|}}{C}-O-\overset{\overset{O}{\|}}{C}-$)	约 5.5 和约 5.7	约 1818 和约 1754
酰氯		
脂肪酰氯($R-\overset{\overset{O}{\|}}{C}-Cl$)	约 5.55	约 1802
芳香酰氯($Ar-\overset{\overset{O}{\|}}{C}-Cl$)	约 5.68	约 1761
酯		
饱和酯($R-\overset{\overset{O}{\|}}{C}-OR$)	5.71～5.78	1751～1730
α,β-不饱和酯和芳香酸酯	5.78～5.82	1730～1718

续表

5.5～6.0 μm 区域	波长/μm	波数/cm^{-1}
饱和酸(R—C(=O)—OH)	5.80～5.88	1724～1701
α,β-不饱和酸和芳香酸	5.88～5.94	1701～1684
饱和醛(RrCH=O)	5.75～5.81	1739～1721
α,β-不饱和醛(>C=C(—)—CH=O)	5.78～5.93	1730～1686
芳香醛(ArCH=O)酮	5.83～5.89	1715～1698
环戊酮(环戊基=O)	约 5.75	约 1739
饱和酮(R—C(=O)—R)	约 5.83	约 1715
芳香酮(R—C(=O)—Ar)	5.88～5.95	1701～1681
α,β-不饱和酮(—C(—)=C(—)—C(=O)—R)	5.94～6.01	1684～1664
酰胺(—C(=O)—N<)	5.88～6.14	1701～1629
6.0～7.4 μm 区域	**波长/μm**	**波数/cm^{-1}**
C=C 伸缩		
单烯	5.95～6.17	1681～1621
二烯(C=C—C=C)	约 6.06 和约 6.25	约 1650 和约 1600
芳环	6.25～6.35 6.6～6.7 和 6.9	1600～1575 1515～1493 和 1450
硝基伸缩		
硝基烷类(RNO_2)	约 6.4 和 7.4	约 1563 和约 1351
硝基芳烃($ArNO_2$)	约 6.6 和 7.4	约 1515 和约 1351
—NH_2 弯曲	6.1～6.3	1639～1587
—CH_2—变形	6.74～6.92	1485～1445
C—CH_3 变形	6.8～7.0 和 7.25～7.32	1471～1429 和 1379～1366
7.4～11 μm 区域(指纹区)	**波长/μm**	**波数/cm^{-1}**
C—O 伸缩		
酚(Ar—OH)	约 8.33	约 1200
醇		
伯(RCH_2OH)	约 9.5	约 1053
仲(R_2CHOH)	约 9.1	约 1099
叔(R_3COH)	约 8.7	约 1149

续表

7.4～11 μm 区域(指纹区)	波长/μm	波数/cm^{-1}
醚(R—O—R)	8.7～9.35	1150～1070
C—N 伸缩		
胺		
脂肪(R—N<)	8.2～9.8	1220～1020
芳香(Ar—N<)	7.4～8.0	1350～1250

附录 4　常见基团质子的化学位移

常见基团质子	化学位移 δ/ppm	常见基团质子	化学位移 δ/ppm
RCH_3	0.9	R—C(=O)—CH_3	2.2
R_2CH_2	1.3		
R_3CH	1.5	R—C(=O)—O—CH_3	3.6
RCH_2Cl	3.5～4.0		
RCH_2Br	3.0～3.7	R—O—H	3.0～6.0
RCH_2I	2.0～3.5	Ar—O—H	6.0～8.0
R—O—CH_3	3.2～3.5	R—C(=O)—H	9.0～10.0
R—O—CH_2—CH_3	1.2～1.4		
C═C—H	5.0～5.3	R—C(=O)—O—H	10.5～11.5
C≡C—H	2.5		
Ar—H	6.5～8.0	R—NH_2	1.0～4.0
C═C—CH_3	1.7	Ar—NH_2	3.0～4.5
C≡C—CH_3	1.8	R_2N—CH_3	2.2
Ar—CH_3	2.3		

附录 5　常用干燥剂的性能与应用范围

干燥剂	吸水产物	吸水容量	干燥性能	干燥速度	应用范围
五氧化二磷	H_3PO_4	—	强	快,但吸水后表面为黏浆液覆盖,操作不便	醚、烃、卤代烃、腈中痕量水分,不适用于醇、酸、胺、酮

续表

干燥剂	吸水产物	吸水容量	干燥性能	干燥速度	应用范围
金属钠	$NaOH+H_2$	—	强	快	醚、烃类中痕量水分，切成小块或压成钠丝使用
分子筛	物理吸附	约0.25	强	快	适于各类有机化合物的干燥
硫酸钙	$2CaSO_4 \cdot H_2O$	0.06	强	快	中性，常与硫酸镁(钠)配合，作最后干燥之用
氯化钙	$CaCl_2 \cdot nH_2O$ ($n=1,2,4,6$)	0.97 按 $CaCl_2 \cdot 6H_2O$ 计	中等	较快，但吸水后表面为薄层液体所覆盖，故放置时间应长些为宜	能与醇、酚、胺、酰胺、某些醛、酮形成配合物，因而不能用于干燥这些化合物。其工业品中可能含氢氧化钙和碱式氧化钙，故不能用于干燥酸类
氢氧化钾(钠)	溶于水	—	中等	快	弱碱性，用于胺及杂环等碱性化合物，不能干燥醇、醛、酮、酯、酸、酚等
碳酸钾	$K_2CO_3 \cdot 0.5H_2O$	0.2	较弱	慢	弱碱性，用于醇、酮、酯、胺及杂环等碱性化合物，不适用酸、酚及其他酸性化合物
硫酸镁	$MgSO_4 \cdot nH_2O$ ($n=1,2,4,5,6,7$)	1.05 按 $MgSO_4 \cdot 7H_2O$ 计	较弱	较快	中性，可代替氯化钙，也可用于酯、醛、酮、腈、酰胺等不能用氯化钙干燥的化合物
硫酸钠	$Na_2SO_4 \cdot 10H_2O$	1.25	弱	缓慢	中性，用于有机液体的初步干燥

附录6　常用恒沸物组成

常见二元恒沸物

组分 A(沸点)	组分 B(沸点)	共沸点/℃	恒沸物质量分数/% A	恒沸物质量分数/% B
水(100 ℃)	苯(80.6 ℃)	69.3	9	91
	甲苯(231.08 ℃)	84.1	19.6	80.4
	氯仿(61 ℃)	56.1	2.8	97.2
	乙醇(78.3 ℃)	78.2	4.5	95.5
	丁醇(117.8 ℃)	92.4	38	62
	异丁醇(108 ℃)	90.0	33.2	66.8
	仲丁醇(99.5 ℃)	88.5	32.1	67.9

组分 A(沸点)	组分 B(沸点)	共沸点/℃	恒沸物质量分数/% A	恒沸物质量分数/% B
水(100 ℃)	叔丁醇(82.8 ℃)	79.9	11.7	88.3
	烯丙醇(97.0 ℃)	88.2	27.1	72.9
	苄醇(205.2 ℃)	99.9	91	9
	乙醚(34.6 ℃)	110	79.76	20.24
	二氧六环(101.3 ℃)	(最高)87	20	80

续表

组分		共沸点/℃	恒沸物质量分数/%		组分		共沸点/℃	恒沸物质量分数/%	
A(沸点)	B(沸点)		A	B	A(沸点)	B(沸点)		A	B
水(100 ℃)	四氯化碳(76.8 ℃)	66	4.1	95.9	甲醇(64.7 ℃)	四氯化碳(76.8 ℃)	55.7	21	79
	丁醛(75.7 ℃)	68	6	94		苯(80.6 ℃)	58.3	39	61
	三聚乙醛(115 ℃)	91.4	30	70	乙酸乙酯(77.1 ℃)	四氯化碳(76.8 ℃)	74.8	43	57
	甲酸(100.8 ℃)	107.3	22.5	77.5		二硫化碳(46.3 ℃)	46.1	7.3	92.7
	乙酸乙酯(77.1 ℃)	(最高)70.4	8.2	91.8	丙酮(56.5 ℃)	二硫化碳(46.3 ℃)	39.2	34	66
	苯甲酸乙酯(212.4 ℃)	99.4	84	16		氯仿(61 ℃)	65.5	20	80
乙醇(78.3 ℃)	苯(80.6 ℃)	68.2	32	68		异丙醚(69 ℃)	54.2	61	39
	氯仿(61 ℃)	59.4	7	93					
	四氯化碳(76.8 ℃)	64.9	16	84	己烷(69 ℃)	苯(80.6 ℃)	68.8	95	5
						氯仿(61 ℃)	60.0	28	72
	乙酸乙酯(77.1 ℃)	72	30	70	环己烷(80.8 ℃)	苯(80.6 ℃)	77.8	45	55

三元恒沸物

组分(沸点)			恒沸物质量分数/%			共沸点/℃
A	B	C	A	B	C	
水(100 ℃)	乙醇(78.3 ℃)	乙酸乙酯(77.1 ℃)	7.8	9.0	83.2	70.3
		四氯化碳(76.8 ℃)	4.3	9.7	86	61.8
		苯(80.6 ℃)	7.4	18.5	74.1	64.9
		环己烷(80.8 ℃)	7	17	76	62.1
		氯仿(61 ℃)	3.5	4.0	92.5	55.6
	正丁醇(117.8 ℃)	乙酸乙酯(77.1 ℃)	29	8	63	90.7
	异丙醇(82.4 ℃)	苯(80.6 ℃)	7.5	18.7	73.8	66.5
	二硫化碳(46.3 ℃)	丙酮(56.4 ℃)	0.81	75.21	23.98	38.04

附录 7　常用溶剂极性

化合物名称	极性/D	沸点/℃	化合物名称	极性/D	沸点/℃
异戊烷(*i*-pentane)	0	30	正戊烷(*n*-pentane)	0	36

续表

化合物名称	极性/D	沸点/℃	化合物名称	极性/D	沸点/℃
石油醚(petroleum ether)	0.01	30～60	正丁醇(*n*-butanol)	3.7	117
己烷(hexane)	0.06	69	乙酸丁酯(*n*-butyl acetate)	4	126
环己烷(cyclohexane)	0.1	81	丙醇(*n*-propanol)	4	98
异辛烷(isooctane)	0.1	99	甲基异丁基酮(methyl isobutyl ketone)	4.2	119
三氟乙酸(trifluoroacetic acid)	0.1	72	四氢呋喃(tetrahydrofuran)	4.2	66
三甲基戊烷(trimethylpentane)	0.1	99	乙酸乙酯(ethyl acetate)	4.30	77
环戊烷(cyclopentane)	0.2	49	异丙醇(*i*-propanol)	4.3	82
庚烷(*n*-heptane)	0.2	98	氯仿(chloroform)	4.4	61
丁基氯(butyl chloride)	1	78	甲基乙基酮(methyl ethyl ketone)	4.5	80
三氯乙烯(trichloroethylene)	1	87	二氧六环(dioxane)	4.8	102
四氯化碳(carbon tetrachloride)	1.6	77	吡啶(pyridine)	5.3	115
三氯三氟乙烷(trichlorotrifluoroethane)	1.9	48	丙酮(acetone)	5.4	57
异丙醚(*i*-propyl ether)	2.4	68	硝基甲烷(nitromethane)	6	101
甲苯(toluene)	2.4	111	乙酸(acetic acid)	6.2	118
对二甲苯(*p*-xylene)	2.5	138	乙腈(acetonitrile)	6.2	82
氯苯(chlorobenzene)	2.7	132	苯胺(aniline)	6.3	184
邻二氯苯(*o*-dichlorobenzene)	2.7	180	二甲基甲酰胺(dimethyl formamide)	6.4	153
乙醚(ethyl ether)	2.9	35	甲醇(methanol)	6.6	65
苯(benzene)	3	80	乙二醇(ethyleneglycol)	6.9	197
异丁醇(isobutyl alcohol)	3	108	二甲亚砜(dimethyl sulfoxide)	7.2	189
二氯甲烷(methylene chloride)	3.4	240	水(water)	10.2	100
二氯乙烷(ethylene dichloride)	3.5	84			

附录 8　常用热浴液体介质及其使用温度范围

热浴名称	介　质	温度范围/℃	热浴名称	介　质	温度范围/℃
水浴	水	0～80	酸浴	浓硫酸	20～250
油浴	植物油	100～220		80%磷酸	20～250
	石蜡油	60～300		40%硫酸钾硫酸溶液	100～365
	甘油	0～260	空气浴	空气	80～300
	硅油	0～250	合金浴	伍德合金	70～350

附录 9　常用冷浴冰-盐混合物及其最低温度

化合物	质量分数/%	最低温度/℃	化合物	质量分数/%	最低温度/℃	化合物	质量分数/%	最低温度/℃
碳酸钠	5.9	−2.1	硝酸钠	37.0	−18.5	氯化钠	23.3	−21.1
硫酸钠	12.7	−3.6	氯化钾	20.0	−11.1	氯化镁	21.6	−33.6
硫酸镁	19.0	−3.9	氯化铵	18.6	−15.8	氯化钙	30.0	−55.0

附录 10　气体钢瓶的颜色

<table>
<tr><th>序号</th><th>介质名称</th><th>化学式</th><th>钢瓶颜色</th><th>字　样</th><th>字　色</th></tr>
<tr><td>1</td><td>氢</td><td>H_2</td><td>淡绿</td><td>氢</td><td>大红</td></tr>
<tr><td>2</td><td>氧</td><td>O_2</td><td>淡酞蓝</td><td>氧</td><td rowspan="2">黑</td></tr>
<tr><td>3</td><td>氨</td><td>NH_3</td><td>淡黄</td><td>氨</td></tr>
<tr><td>4</td><td>氯</td><td>Cl_2</td><td>深绿</td><td>氯</td><td rowspan="2">白</td></tr>
<tr><td>5</td><td>空气</td><td></td><td rowspan="2">黑</td><td>空气</td></tr>
<tr><td>6</td><td>氮</td><td>N_2</td><td>氮</td><td>淡</td></tr>
<tr><td>7</td><td>硫化氢</td><td>H_2S</td><td>白</td><td>液化光气</td><td>大红</td></tr>
<tr><td>8</td><td>二氧化碳</td><td>CO_2</td><td>铝白</td><td>液化二氧化碳</td><td>黑</td></tr>
<tr><td>9</td><td>甲烷</td><td>CH_4</td><td rowspan="9">棕</td><td>甲烷</td><td rowspan="5">白</td></tr>
<tr><td>10</td><td>乙烷</td><td>C_2H_6</td><td>液化乙烷</td></tr>
<tr><td>11</td><td>丙烷</td><td>C_3H_8</td><td>液化丙烷</td></tr>
<tr><td>12</td><td>正丁烷</td><td>n-C_4H_{10}</td><td>液化正丁烷</td></tr>
<tr><td>13</td><td>异丁烷</td><td>2-C_4H_{10}</td><td>液化丁烷</td></tr>
<tr><td>14</td><td>乙烯</td><td>C_2H_4</td><td>液化乙烯</td><td rowspan="4">淡黄</td></tr>
<tr><td>15</td><td>丙烯</td><td>C_3H_6</td><td>液化丙烯</td></tr>
<tr><td>16</td><td>丁烯-1</td><td>C_4H_8[1]</td><td>液化丁烯</td></tr>
<tr><td>17</td><td>1,3 丁二烯</td><td>C_4H_6[1,3]</td><td>液化丁二烯</td></tr>
</table>

续表

序号	介质名称	化学式	钢瓶颜色	字　样	字　色
18	氩	Ar	银灰	氩	深绿
19	氦	He		氦	
20	氖	Ne		氖	
21	氪	Kr		氪	
22	一氧化二氮	N_2O		液化一氧化二氮	黑
23	氯化氢	HCl		液化氯化氢	
24	二氧化硫	SO_2		液化二氧化硫	
25	六氟化硫	SF_6		液化六氟化硫	
26	环氧乙烷	CH_2OCH_2		液化环氧乙烷	大红
27	特种气体类		橘黄		深绿
28	其他气体类		银灰		可燃气体:大红 不燃气体:黑

附录 11　锂、钠和钾的使用及处理

锂的熔点为 180.5 ℃,密度为 0.53 g · cm^{-3}。钠的熔点为 97.8 ℃,密度为 0.97 g · cm^{-3}。钾的熔点为 63.6 ℃,密度为 0.86 g · cm^{-3}。

锂、钠和钾是最软的金属,并具有低的熔融温度。这些金属的熔点有规则地随原子序数的增加而降低,硬度也随着原子序数的增加而下降,锂虽能用刀切割,但较困难。它们都是非常活泼的金属,在空气中极易氧化。

$$4Na+O_2 \longrightarrow 2Na_2O$$

$$2Na+2H_2O \longrightarrow 2NaOH+\underbrace{H_2+\text{热量}}_{\text{点燃}}$$

这些碱金属都能与水剧烈作用,并伴随着放出大量热量,使释放出来的氢气点燃发出爆鸣声。因此在处理这些碱金属时,必须绝对避免与水接触。

这些碱金属与醇作用的剧烈程度略有降低,其反应速度随着醇中烃链的增长而减慢。因此金属钠可直接加入乙醇中生成乙醇钠,反应中放出的热量足以使乙醇沸腾,因而需分批加入钠,或在冷却条件下向反应瓶中加钠,这样可使反应不过于激烈。

$$2CH_3CH_2OH+2Na \longrightarrow 2CH_3CH_2ONa+H_2$$

$$2H_3C-\overset{\displaystyle CH_3}{\underset{\displaystyle CH_3}{\overset{|}{\underset{|}{C}}}}-OH+2K \longrightarrow 2H_3C-\overset{\displaystyle CH_3}{\underset{\displaystyle CH_3}{\overset{|}{\underset{|}{C}}}}-OK+H_2$$

乙醇钠和叔丁醇钾都是强碱,通常在有机合成中作为碱催化剂。

1. 锂、钠和钾的储存

新鲜切割的金属锂、钠和钾易与空气中的潮气和氧作用，在金属表面形成氧化物和氢氧化物组成的氧化层，使金属表面立即失去光泽呈暗灰色。为防止生成厚厚的氧化层，必须将锂、钠和钾储存于高沸点的惰性溶剂(如二甲苯、煤油和矿物油)中。钠和钾通常呈块状储存于溶剂油中。

2. 锂、钠和钾的切割和称量

在 50 mL 烧杯中加入 25 mL 无水二甲苯，盛有二甲苯的烧杯用台秤称量。用镊子取出块状钠放于培养皿上，用纸巾揩去溶剂油，用小刀切去表面的硬皮，得到表面银光亮泽的钠，迅速将其放入盛有二甲苯的烧杯中，待钠快到达所需质量时可切成小块加入，直至到达所需质量。然后将多余的钠放回储存瓶中。为了加快反应速度，通常将烧杯中的钠在二甲苯覆盖下用小刀切成小块。最后，用镊子取出小块钠，揩去二甲苯投入反应瓶中。

钾的切割和称量与钠相同。

锂常以丝的形式储存于溶剂油中，单位长度的质量是已知的，只需按所需质量切割相应长度的锂丝即可。

3. 锂、钠和钾的后处理

称好金属钠后，在切割钠的培养皿中放入乙醇分解残余钠屑。将擦钠的纸巾和小刀放入烧杯中，在纸上倒入少量乙醇，待作用完毕后才能倒入废液缸中。切勿将钠皮直接倒入废液缸中，以免引起燃烧爆炸事故。

锂和钾的后处理与钠的后处理一样。

附录 12　常用易爆易燃物品的性能及储藏条件的要求

1. 爆炸性物品

1) 苦味酸(又称三硝基酚)

黄色针状结晶，无臭，味极苦，强热或剧烈撞击能发生剧烈爆炸，燃烧猛烈，固体有毒，浓溶液能刺激皮肤、发炎起泡，爆炸能产生极大灾害。

储藏：必须盛于非金属容器内，并加水浸没，储藏于阴凉通风处，与有机物易燃品氧化剂隔离。

2) 叠氮钠

白色六角形晶体，极毒，能溶于水与氨水中，微溶于醇，不溶于醚，不稳定，加热至 30 ℃分解，微高热或剧烈震动能强剧爆炸。

储藏：必须与有机物、易燃物、氧化剂隔离，存放阴凉处。

2. 氧化剂

1) 高锰酸钾

黑紫色细长单针柱状结晶，加热能放出氧气，与乙醚、酒精、易燃气体、硫酸、硫、磷、氧化剂接触、撞击或加热能发生爆炸，与甘油混合能自燃。

储藏：必须与有机物、易燃物、酸类，尤其硫酸、氯酸盐、硝酸盐隔离储藏。

2) 重铬酸钾(又称红矾钾)

透明、光亮、黄色结晶，遇酸或高热能放出氧气，使有机物发热、燃烧，微有毒，勿与伤口接触以防止皮肤吸入，粉末能刺激呼吸器官，使鼻腔发炎。

3. 腐蚀性物品

1) 过氧化氢

无色无臭浓厚液体，比水重，能与水以任意比混合，长时间暴露时过氧化氢的气体能刺激皮肤、眼及肺。

储藏：必须盛于密封容器内，储藏于阴凉、黑暗、通风处，与有机物易燃液体、铁、铜、铬等金属粉末隔离储藏。

2) 硝酸(智利硝)

无色、透明、有潮解性、味咸微苦，比水重，能溶解于水，燃烧时发出有毒和刺激性的过氧化氮和氧化氮气体。

储藏：必须储藏于干燥处，与有机物、易燃物、酸类隔离储藏。

4. 压缩和液化气体

气体用高压压缩或液化后储藏于钢瓶内，如使用不慎将其跌落或环境温度过高受热膨胀，钢瓶破裂易产生漏气，所以应时常检查其容器，并由专人保管，并储藏于阴凉处。

附录 13 常见有毒化学药品及极限安全值

1. 高毒性固体

极少量就能使人迅速中毒甚至致死。

高毒性固体及极限安全值(TLV)

名 称	TLV/(mg · m^{-3})	名 称	TLV/(mg · m^{-3})
三氧化锇	0.002	砷化合物	0.5(按 As 计)
汞化合物(特别是烷基汞)	0.01	五氧化二钒	0.5
铊盐	0.1(按 Tl 计)	草酸和草酸盐	1
硒和硒化合物	0.2(Se 计)	无机氰化物	5(按 CN 计)

2. 毒性危险气体

毒性危险气体及极限安全值(TLV)

名　称	TLV/(μg·g⁻¹)	名　称	TLV/(μg·g⁻¹)	名　称	TLV/(μg·g⁻¹)
氟	0.1	氟化氢	3	重氮甲烷	0.2
光气	0.1	二氧化氮	5	磷化氢	0.3
臭氧	0.1	硝酰氯	5	氰化氢	10
三氟化硼	1	氰	10	氯	1
硫化氢	10	一氧化碳	50		

3. 毒性危险液体和刺激性物质

长期少量接触可能引起慢性中毒,其中许多物质的蒸气对眼睛和呼吸道有强刺激性。

几种毒性危险液体和刺激性物质及极限安全值(TLV)

名　称	TLV/(μg·g⁻¹)	名　称	TLV/(μg·g⁻¹)	名　称	TLV/(μg·g⁻¹)
羰基镍	0.001	硫酸二甲酯	1	三溴化硼	1
异氰酸甲酯	0.02	硫酸二乙酯	1	氢氟酸	3
丙烯醛	0.1	四溴乙烷	1	2-氯乙醇	1
溴	0.1	烯丙醇	2	四氯乙烷	5
3-氯丙烯	1	2-丁烯醛	2	苯	10
溴甲烷	15	二硫化碳	20		

4. 其他有害物质

(1) 许多溴代烷、氯代烷以及多卤衍生物,特别是下列化合物:

几种溴代烷和氯代烷及极限安全值(TLV)

名　称	TLV/(μg·g⁻¹)	名　称	TLV/(μg·g⁻¹)
溴仿	0.5	1,2-二溴乙烷	20
碘甲烷	5	1,2-二氯乙烷	50
四氯化碳	10	溴乙烷	200
氯仿	10	二氯甲烷	200

(2) 芳胺和脂肪族胺类中的低级脂肪族胺的蒸气有毒。全部芳胺,包括它们的烷氧基、卤素、硝基取代物都有毒性。下面是一些代表性例子:

几种芳胺和脂肪族胺及极限安全值(TLV)

名　称	TLV	名　称	TLV/($\mu g \cdot g^{-1}$)
对苯二胺(及其异构体)	$0.1\ mg \cdot m^{-3}$	苯胺	5
甲氧基苯胺	$0.5\ mg \cdot m^{-3}$	邻甲苯胺(及其异构体)	5
对硝基苯胺(及其异构体)	$1\ \mu g \cdot g^{-1}$	二甲胺	10
N-甲基苯胺	$2\ \mu g \cdot g^{-1}$	乙胺	10
N,*N*-二甲基苯胺	$5\ \mu g \cdot g^{-1}$	三乙胺	25

(3) 酚和芳香族硝基化合物:

酚和芳香族硝基化合物及极限安全值(TLV)

名　称	TLV/($mg \cdot m^{-3}$)	名　称	TLV/($\mu g \cdot g^{-1}$)
苦味酸	0.1	硝基苯	1
二硝基苯酚,二硝基甲苯酚	0.2	苯酚	5
对硝基氯苯(及其异构体)	1	甲苯酚	5
间二硝基苯	1		

5. 致癌物质

下面列举一些已知的危险致癌物质:

(1) 芳胺及其衍生物:联苯胺(及某些衍生物),β-萘胺,二甲氨基偶氮苯,α-萘胺。

(2) *N*-亚硝基化合物,*N*-甲基-*N*-亚硝基苯胺,*N*-亚硝基二甲胺,*N*-甲基-*N*-亚硝基脲,*N*-亚硝基氢化吡啶。

(3) 烷基化剂:双(氯甲基)醚,硫酸二甲酯,氯甲基甲醚,碘甲烷,重氮甲烷,β-羟基丙酸内酯。

(4) 稠环芳烃:苯并[a]芘,二苯并[c,g]咔唑,二苯并[a,h]蒽,1,2-二甲基苯并[a]蒽。

(5) 含硫化合物:硫代乙酰胺(thioacetamide),硫脲。

(6) 石棉粉尘。

6. 具有长期积累效应的毒物

这些物质进入人体不易排出,在人体内累积,引起慢性中毒。这类物质主要有:①苯;②铅化合物,特别是有机铅化合物;③汞和汞化合物,特别是二价汞盐和液态的有机汞化合物。

在使用以上各类有毒化学药品时,都应采取妥善的防护措施。避免吸入其蒸气和粉尘,不要使它们接触皮肤。有毒气体和挥发性的有毒液体必须在效率良好的通风橱中操作。汞的表面应该用水覆盖,不可直接暴露在空气中。装盛汞的仪器应放在搪瓷盘上以防溅出的汞流失。溅洒汞的地方迅速撒上硫黄石灰糊。

附录 14　有机类实验废液的处理方法

1. 注意事项

（1）尽量回收溶剂，在对实验没有妨碍的情况下，可反复使用。

（2）为了方便处理，其收集分类往往分为：①可燃性物质；②难燃性物质；③含水废液；④固体物质等。

（3）可溶于水的物质，容易成为水溶液流失，因此回收时要加以注意。但是，甲醇、乙醇及乙酸之类溶剂，能被细菌作用而易于分解，故对这类溶剂的稀溶液，经用大量水稀释后，即可排放。

（4）含重金属的废液，将其有机质分解后，作无机类废液进行处理。

2. 处理方法

1）焚烧法

（1）将可燃性物质的废液，置于燃烧炉中燃烧。如果数量很少，可装入铁制或瓷制容器，选择室外安全的地方将其燃烧。点火时，取一长棒，在其一端扎上沾有油类的破布或用木片等，站在上风方向进行点火。并且，必须监视至烧完为止。

（2）对难以燃烧的物质，可与可燃性物质混合燃烧，或者喷入配备有助燃器的焚烧炉中燃烧。对多氯联苯之类难于燃烧的物质，往往会排出一部分还未焚烧的物质，要加以注意。对含水的高浓度有机类废液也可用此法进行焚烧。

（3）对由于燃烧而产生 NO_2、SO_2 或 HCl 之类有害气体的废液，必须用配备有洗涤器的焚烧炉燃烧。此时，必须用碱液洗涤燃烧废气，除去其中的有害气体。

（4）对固体物质，也可将其溶解于可燃性溶剂中，然后使之燃烧。

2）溶剂萃取法

（1）对含水的低浓度废液，用与水不相混溶的正己烷类挥发性溶剂进行萃取，分离出溶剂层后，进行焚烧。再用吹入空气的方法，将水层中的溶剂吹出。

（2）对形成乳浊液之类的废液，不能用此法处理，要用焚烧法处理。

3）吸附法

用活性炭、硅藻土、矾土、层片状织物、聚丙烯、聚酯片、氨基甲酸乙酯泡沫塑料、稻草屑及锯末之类能良好吸附溶剂的物质，使其充分吸附后，与吸附剂一起焚烧。

4）氧化分解法（参照含重金属有机类废液的处理方法）

在含水的低浓度有机类废液中，对易氧化分解的废液，用 H_2O_2、$KMnO_4$、NaOCl、$H_2SO_4+HNO_3$、HNO_3+HClO_4、$H_2SO_4+HClO_4$ 及废铬酸混合液等物质，将其氧化分解。然后，按上述无机类实验废液的处理方法加以处理。

5）水解法

对有机酸或无机酸的酯类，以及一部分有机磷化合物等容易发生水解的物质，可加入 NaOH 或 $Ca(OH)_2$ 在室温或加热下进行水解。水解后，若废液无毒害，中和、稀释后，即可排放。如果含有有害物质，用吸附等适当的方法加以处理。

6）生物化学处理法

用活性污泥之类东西并吹入空气进行处理。例如，对含有乙醇、乙酸、动植物性油脂、蛋白质及淀粉等的稀溶液，可用此法进行处理。

3. 含一般有机溶剂的废液

一般有机溶剂是指醇类、酯类、有机酸、酮及醚等由 C、H、O 元素构成的物质。

对此类物质废液中的可燃性物质，用焚烧法处理。对难于燃烧的物质及可燃性物质的低浓度废液，则用溶剂萃取法、吸附法及氧化分解法处理。再者，废液中含有重金属时，要保管好焚烧残渣。但是，对易被生物分解的物质(通过微生物的作用而容易分解的物质)，其稀溶液用水稀释后，即可排放。

4. 含石油、动植物性油脂的废液

此类废液包括：苯、己烷、二甲苯、甲苯、煤油、轻油、重油、润滑油、切削油、机器油、动植物性油脂及液体和固体脂肪酸等物质的废液。

对可燃性物质，用焚烧法处理。对难于燃烧的物质及低浓度的废液，则用溶剂萃取法或吸附法处理。对含机油之类的废液，含有重金属时，要保管好焚烧残渣。

5. 含 N、S 及卤素类的有机废液

此类废液包括：吡啶、喹啉、甲基吡啶、氨基酸、酰胺、二甲基甲酰胺、二硫化碳、硫醇、烷基硫、硫脲、硫酰胺、噻吩、二甲亚砜、氯仿、四氯化碳、氯乙烯类、氯苯类、酰卤化物和含 N、S、卤素的染料、农药、颜料及其中间体等。

对可燃性物质，用焚烧法处理，但必须采取措施除去由燃烧而产生的有害气体(如 SO_2、HCl、NO_2 等)。对多氯联苯类物质，因难以燃烧而有一部分直接被排出，要加以注意。

对难以燃烧的物质及低浓度的废液，用溶剂萃取法、吸附法及水解法进行处理。但对氨基酸等易被微生物分解的物质，用水稀释后，即可排放。

6. 含酚类物质的废液

此类废液包括：苯酚、甲酚、萘酚等。

对浓度大的可燃性物质，可用焚烧法处理。而浓度低的废液，则用吸附法、溶剂萃取法或氧化分解法处理。

7. 含有酸、碱、氧化剂、还原剂及无机盐类的有机类废液

此类废液包括：含有硫酸、盐酸、硝酸等酸类和氢氧化钠、碳酸钠、氨等碱类，以及过氧化氢、过氧化物等氧化剂与硫化物、联氨等还原剂的有机类废液。

首先，按无机类废液的处理方法，分别加以中和。然后，若有机类物质浓度大时，用焚烧法处理(保管好残渣)。能分离出有机层和水层时，将有机层焚烧，对水层或其浓度低的废液，则用吸附法、溶剂萃取法或氧化分解法进行处理。但是，对易被微生物分解的物质，

用水稀释后，即可排放。

8. 含有机磷的废液

此类废液包括：含磷酸、亚磷酸、硫代磷酸及膦酸酯类、磷化氢类以及磷系农药等物质的废液。

对浓度高的废液进行焚烧处理(因含难以燃烧的物质多，故可与可燃性物质混合进行焚烧)。对浓度低的废液，经水解或溶剂萃取后，用吸附法进行处理。

9. 含有天然及合成高分子化合物的废液

此类废液包括：含有聚乙烯、聚乙烯醇、聚苯乙烯、聚二醇等合成高分子化合物，以及蛋白质、木质素、纤维素、淀粉、橡胶等天然高分子化合物的废液。

对含有可燃性物质的废液，用焚烧法处理。而对难以焚烧的物质及含水的低浓度废液，经浓缩后，将其焚烧。但对蛋白质、淀粉等易被微生物分解的物质，其稀溶液不经处理即可排放。